AF752955

Der Vorrang der Individualabrede

Schriften zum
Unternehmens- und Wirtschaftsrecht

Herausgegeben von Marcus Bieder, Andreas Fuchs,
Lars Leuschner, Markus Stoffels und Dirk A. Verse

Band 31

PETER LANG

Theresa Bauerdick

Der Vorrang der Individualabrede

PETER LANG

Bibliografische Information der Deutschen Nationalbibliothek
Die Deutsche Nationalbibliothek verzeichnet diese Publikation in der Deutschen Nationalbibliografie; detaillierte bibliografische Daten sind im Internet über http://dnb.d-nb.de abrufbar.

Zugl.: Heidelberg, Univ., Diss., 2021

D 16
ISSN 1865-696X
ISBN 978-3-631-84912-5 (Print)
E-ISBN 978-3-631-86059-5 (E-PDF)
E-ISBN 978-3-631-86060-1 (EPUB)
DOI 10.3726/b19145

© Peter Lang GmbH
Internationaler Verlag der Wissenschaften
Berlin 2022
Alle Rechte vorbehalten.

Peter Lang – Berlin · Bern · Bruxelles · New York · Oxford · Warszawa · Wien

Das Werk einschließlich aller seiner Teile ist urheberrechtlich geschützt. Jede Verwertung außerhalb der engen Grenzen des Urheberrechtsgesetzes ist ohne Zustimmung des Verlages unzulässig und strafbar. Das gilt insbesondere für Vervielfältigungen, Übersetzungen, Mikroverfilmungen und die Einspeicherung und Verarbeitung in elektronischen Systemen.

Diese Publikation wurde begutachtet.

www.peterlang.com

Vorwort

Die vorliegende Arbeit wurde im Wintersemester 2020/2021 von der Juristischen Fakultät der Ruprecht-Karls-Universität Heidelberg als Dissertation angenommen. Literatur und Rechtsprechung wurden bis Ende 2019 berücksichtigt.

Danken möchte ich zunächst meinem Doktorvater Herrn Prof. Dr. Markus Stoffels, an dessen Lehrstuhl am Institut für Bürgerliches Recht, Arbeitsrecht und Insolvenzrecht ich als studentische und wissenschaftliche Mitarbeiterin viele schöne und lehrreiche Jahre verbringen durfte. Durch seine wertvollen Anmerkungen und Gespräche hat er entscheidend zum Gelingen dieser Arbeit beigetragen. Herrn Prof. Dr. Dr. h.c. Thomas Pfeiffer danke ich für die freundliche Übernahme und Erstellung des Zweitgutachtens.

Ein herzlicher Dank gilt auch allen Mitarbeiterinnen und Mitarbeitern des Lehrstuhls, insbesondere Hazel Franke, Dr. Verena Hettche, Florian Klein, Dr. Christian Warns und Nicole Bung für die tolle und stets freudige Zusammenarbeit.

Mein größter Dank gilt schließlich meinen Eltern Julia und Jochen Bauerdick, meiner Schwester Charlott Bauerdick sowie Philipp Lang. Ohne ihre großartige Unterstützung wären meine Ausbildung und diese Arbeit nicht möglich gewesen. Ihnen widme ich diese Arbeit.

München, im April 2021

Theresa Bauerdick

Inhaltsübersicht

Vorwort 5

A. Einleitung 17

I. Problemstellung 17

II. Gang der Bearbeitung 21

B. Historische Entwicklung 25

I. Monografie von *Ludwig Raiser* 25

II. Frühere Rechtsprechung 26

III. Kodifikation des Vorrangprinzips 32

C. Grundlagen des Vorrangprinzips 47

I. Funktionales Rangverhältnis 48

II. Rechtsnatur des § 305b BGB 61

III. Verhältnis zu den anderen AGB-Vorschriften 91

IV. Auswirkungen auf die Prüfung der §§ 305 ff. BGB 102

D. Tatbestand des § 305b BGB 105

I. Abdingbarkeit des § 305b BGB 105

II. Vorliegen einer Individualabrede 108

III. Wirksamkeit der Vertragsbestandteile 126

IV. Form der Individualabrede 130

V. Inhaltliche Abweichung zwischen Allgemeiner Geschäftsbedingung und Individualabrede 146

VI. Erweiterung des Tatbestands 173

E. Rechtsfolgen und prozessuale Geltendmachung 191
I. Auswirkungen auf die Allgemeinen Geschäftsbedingungen 191
II. Prozessuale Geltendmachung 200

F. Besondere Sachprobleme 209
I. Verträge im unternehmerischen Verkehr 209
II. Verbraucherverträge i. S. d. § 310 Abs. 3 BGB 231
III. Bereichsausnahme gemäß § 310 Abs. 4 S. 1 BGB 239
IV. Das Vorrangprinzip im Arbeitsrecht 240

G. Fazit und Schlussbetrachtung 265

Abkürzungsverzeichnis 271

Literaturverzeichnis 275

Inhaltsverzeichnis

Vorwort ... 5

A. Einleitung ... 17

I. Problemstellung ... 17

II. Gang der Bearbeitung ... 21

B. Historische Entwicklung ... 25

I. Monografie von *Ludwig Raiser* ... 25

II. Frühere Rechtsprechung ... 26

1. Rechtsprechung des Reichsgerichts ... 26
2. Rechtsprechung des Bundesgerichtshofs ... 28

III. Kodifikation des Vorrangprinzips ... 32

1. Der Gesetzesentwurf der Bundesregierung ... 33
   a) Erster Teilbericht der Arbeitsgruppe beim Bundesminister der Justiz ... 33
   b) Referentenentwurf eines Gesetzes über Allgemeine Geschäftsbedingungen ... 35
   c) Gesetzesentwurf der Bundesregierung ... 35
2. Der Gesetzesentwurf der CDU/CSU-Fraktion ... 36
   a) Gesetzentwurf des Bundesarbeitskreises Christlich-Demokratischer Juristen ... 36
   b) Gesetzesentwurf der CDU/CSU-Fraktion ... 37
3. Die parlamentarischen Beratungen im Bundestag ... 38
   a) Die erste Lesung der Gesetzesentwürfe ... 38
   b) Die Beratungen im Rechtsausschuss ... 38
4. Der Gesetzesbeschluss des Bundestages ... 39
5. Schuldrechtsmodernisierungsgesetz ... 40
6. Bedeutung und Bewertung der Kodifikation ... 41
7. Zusammenfassung ... 45

C. Grundlagen des Vorrangprinzips ... 47
I. Funktionales Rangverhältnis ... 48
1. Rechtsnatur Allgemeiner Geschäftsbedingungen ... 48
a) Normentheorie ... 49
b) Die Vorzugswürdigkeit der Vertragstheorie ... 50
2. Unterschiedliches Zustandekommen von Individualabrede und Allgemeiner Geschäftsbedingung ... 53
a) „Aushandeln“ als Ausdruck beidseitiger Vertragsfreiheit ... 53
b) „Stellen“ als Ausdruck einseitiger Vertragsfreiheit ... 56
3. Zusammenfassung ... 60
II. Rechtsnatur des § 305b BGB ... 61
1. Analyse der dogmatischen Ansätze ... 61
a) Kollisionsregel eigener Art ... 62
b) Ausdruck des Spezialitätsgrundsatzes ... 62
(1) Inhaltliche Spezialität ... 63
(2) Vertragliche und wirtschaftliche Funktion der Individualabrede ... 64
c) Ausdruck des Verbots „venire contra factum proprium“ ... 65
d) Auslegungsregel ... 68
(1) Auslegung der Einbeziehungs- oder Individualabrede ... 70
(2) Inhalt und Geltungsanspruch der AllgemeinenGeschäftsbedingungen ... 72
e) Negative Einbeziehungsvoraussetzung ... 74
2. Vereinbarkeit mit der Richtlinie 93/13 EWG ... 77
a) Keine Änderung durch die Verbraucherrechterichtlinie ... 78
b) Anwendungsbereich der Klauselrichtlinie ... 79
c) Keine § 305b BGB entsprechende Regelung ... 80
d) Indirekte Ableitung des Vorrangprinzips ... 82
(1) Art. 4 Abs. 1 der Klauselrichtlinie ... 82
(2) Art. 3 Abs. 1, Abs. 2 der Klauselrichtlinie ... 83
(3) Anhang der Klauselrichtlinie gemäß Art. 3 Abs. 3 ... 84
(a) Nr. 1 lit. j, k ... 84

(b) Nr. 1 lit. n 86
e) Kein Ausschluss der Regelung der Einbeziehungsfrage 87
3. Zusammenfassung 90
III. Verhältnis zu den anderen AGB-Vorschriften 91
1. Abgrenzung zu §§ 305 Abs. 2, 3, 305a BGB 92
2. Abgrenzung zu § 305c Abs. 1 BGB 94
3. Abgrenzung zu § 305c Abs. 2 BGB 97
4. Abgrenzung zu §§ 307–309 BGB 97
a) Verhältnis von Einbeziehungs- und Inhaltskontrolle 98
b) Tendenziell individualvertragswidrige Klauseln 100
IV. Auswirkungen auf die Prüfung der §§ 305 ff. BGB 102

D. Tatbestand des § 305b BGB 105
I. Abdingbarkeit des § 305b BGB 105
1. Durch Allgemeine Geschäftsbedingungen 105
2. Durch Individualabreden 106
II. Vorliegen einer Individualabrede 108
1. Begriffsbestimmung 108
a) Anwendung der Grundsätze zu § 305 Abs. 1 S. 3 BGB 108
(1) Bedeutung des § 305 Abs. 1 S. 3 BGB 109
(2) Begriff des „Aushandelns“ 110
b) Jede „spezielle“ Vereinbarung 113
c) Jede „verhandelte“ Vereinbarung 114
d) Negative Abgrenzung zu § 305 Abs. 1 S. 1 BGB 114
e) Stellungnahme 116
2. Sonderfälle 121
a) Individuelle Zusätze und Streichungen im vorformulierten Text 122
b) Vertragsangebote 124
c) Sonstige einseitige Willenserklärungen und Rechtshandlungen 125

III. Wirksamkeit der Vertragsbestandteile ... 126
1. Individualabrede ... 126
2. Allgemeine Geschäftsbedingung ... 129
IV. Form der Individualabrede ... 130
1. Schriftformklauseln ... 131
a) Individualvertragliche Schriftformklausel ... 132
(1) Einfache Schriftformklauseln ... 133
(2) Doppelte Schriftformklausel ... 134
b) Formularvertragliche Schriftformklauseln ... 136
(1) Historischer Hintergrund ... 137
(2) Meinungsstand im Schrifttum ... 138
(3) „Einfache" Schriftformklausel ... 140
(4) „Doppelte" Schriftformklausel ... 142
(5) Bestätigungsklauseln ... 143
c) Zusammenfassung ... 144
2. Vollständigkeitsklauseln ... 144
3. Beschränkungen der Vertretungsmacht ... 145
V. Inhaltliche Abweichung zwischen Allgemeiner Geschäftsbedingung und Individualabrede ... 146
1. Auslegung der Individualabrede ... 147
a) Grundsätzliches ... 147
b) Individualabredekonkretisierende Funktion von Allgemeinen Geschäftsbedingungen ... 148
2. Auslegung der Allgemeinen Geschäftsbedingungen ... 150
a) Grundsatz der objektiven Auslegung ... 150
b) Auslegungsmittel und -maßstab ... 153
c) Vorrang eines übereinstimmenden Parteiwillens ... 154
d) Die individualvertragskonforme Auslegung ... 156
3. Feststellung des Widerspruchs ... 158
a) Unmittelbarer Widerspruch ... 159
b) Mittelbarer Widerspruch ... 159

c) Die Erweiterung des Funktionsbereichs des Individualvertrags 161
d) Anwendung zugunsten des Verwenders 163
(1) Keine teleologische Reduktion des § 305b BGB 164
(2) Aufklärungspflicht des Verwenders 166
4. Zeitpunkt des Widerspruchs 167
a) Vor bzw. bei Vertragsschluss geschlossene Individualabrede 168
b) Nachträgliche Einbringung der Individualabrede 169
(1) Anwendung des § 305b BGB 169
(2) Anwendung des § 305 Abs. 1 S. 3 BGB 170
c) Nachträgliche Einbringung bzw. Änderung der Allgemeinen Geschäftsbedingung 171
5. Zusammenfassung 172
VI. Erweiterung des Tatbestands 173
1. Kollision von Allgemeinen Geschäftsbedingungen 174
2. Kollision von Beschaffenheitsvereinbarung und Gewährleistungsausschluss 175
a) Individualvertragliche Beschaffenheitsvereinbarung und individualvertraglicher Gewährleistungsausschluss 177
(1) Wirksamkeit des Haftungsausschlusses bei gleichzeitiger Vereinbarung einer Beschaffenheit 177
(2) Auslegung des Haftungsausschlusses 179
b) Individualvertragliche Beschaffenheitsvereinbarung und formularvertraglicher Gewährleistungsausschluss 181
3. Formularvertragliche Beschaffenheitsangabe und kaufrechtliche Beschaffenheitsfiktion 183
a) Beschaffenheitsfiktion als Individualabrede 184
b) Vorrang kraft gesetzlicher Fiktion des § 434 Abs. 1 S. 2 Nr. 2, S. 3 BGB 186

E. Rechtsfolgen und prozessuale Geltendmachung 191

I. Auswirkungen auf die Allgemeinen Geschäftsbedingungen 191

1. Subsidiäre Fortgeltung der Allgemeinen Geschäftsbedingungen 191
2. Nichteinbeziehung der Allgemeinen Geschäftsbedingung 195
3. Differenzierende Betrachtung bei Vorliegen eines „Wiederauflebewillens“ 197
4. Anwendung des § 306 Abs. 2, 3 BGB 198

II. Prozessuale Geltendmachung 200

1. Individualprozess 200
2. Verbandsklage gemäß § 1 UKlaG 200
   a) Keine direkte Anwendbarkeit des § 305b BGB 201
   b) Verknüpfung des § 305b BGB mit § 1 UKlaG 203

F. Besondere Sachprobleme 209

I. Verträge im unternehmerischen Verkehr 209

1. Anwendung des § 305b BGB im Rahmen des § 310 Abs. 1 S. 1 BGB 209
2. Begriff der Individualabrede i. S. d. § 305 Abs. 1 S. 3 BGB 209
   a) „Verhandeln“ statt „Aushandeln“ 211
   b) Entwicklung eines Kriterienkatalogs 213
   c) Feste Wertgrenzen 214
   d) Individualvertraglicher Verzicht 215
   e) Ergänzung des § 305 Abs. 1 BGB um einen Satz 4 und Satz 5 216
   f) Stellungnahme 216
      (1) De lege lata 216
      (2) De lege ferenda 219
3. Das kaufmännische Bestätigungsschreiben 221
   a) Dogmatische Einordnung 222
   b) Voraussetzungen 224
   c) Einbeziehung Allgemeiner Geschäftsbedingungen 226

d) Kollision mit einer widersprechenden Individualabrede 227
(1) Kollision im kaufmännischen Bestätigungsschreiben .. 227
(2) Individualabrede nicht im kaufmännischen Bestätigungsschreiben enthalten 227
II. Verbraucherverträge i. S. d. § 310 Abs. 3 BGB 231
1. Standardverträge gemäß § 310 Abs. 3 Nr. 1 BGB 231
2. Einmalbedingungen gemäß § 310 Abs. 3 Nr. 2 BGB 233
a) Kollision von Individualabrede und Einmalbedingung 235
b) Richtlinienkonforme Auslegung des § 310 Abs. 3 Nr. 2 BGB 236
c) Grundsätze der allgemeinen Rechtsgeschäftslehre 237
III. Bereichsausnahme gemäß § 310 Abs. 4 S. 1 BGB 239
IV. Das Vorrangprinzip im Arbeitsrecht 240
1. Besonderheiten des Arbeitsrechts gemäß § 310 Abs. 4 S. 2 Hs. 1 BGB 241
a) Grundsätzliches Verhältnis zu § 305b BGB 242
b) Verhältnis des § 305b BGB zum Günstigkeitsprinzip 244
c) Anwendung des § 305b BGB allein zugunsten des Arbeitnehmers 245
2. Schriftformklauseln 247
a) § 2 NachwG 247
b) Anwendung zugunsten des Arbeitgebers 248
c) Verhältnis zur betrieblichen Übung 250
(1) Dogmatischer Hintergrund 250
(2) Individualabrede i. S. d. § 305 b BGB 251
(a) Meinungsstand im Schrifttum 252
(b) Stellungnahme 253
(c) Individualübung 256
(3) Inhaltliche Wirksamkeit gemäß §§ 307–309 BGB 256
(a) § 307 Abs. 3 S. 1 BGB 257
(b) § 309 Nr. 13 BGB 257
(c) § 307 Abs. 2 Nr. 1 BGB 258
(d) § 307 Abs. 1 S. 2 BGB 259

(e) § 307 Abs. 1 S. 1 BGB 261
(4) Formulierungsvorschlag 262
d) Freiwilligkeitsvorbehalte 262

G. Fazit und Schlussbetrachtung 265

Abkürzungsverzeichnis 271

Literaturverzeichnis 275

A. Einleitung

Allgemeine Geschäftsbedingungen i.S.d. § 305 Abs. 1 S. 1 BGB sind in einer marktwirtschaftlich organisierten und hochtechnisierten Industriegesellschaft weit verbreitet. Um nicht jeden Vertrag einzeln aushandeln zu müssen, ist dazu übergegangen worden, gleichbleibende Vertragsbedingungen im Vorfeld zu formulieren und sie dem jeweiligen Einzelvertrag zugrunde zu legen. Dergestalt rationalisieren und vereinfachen Allgemeine Geschäftsbedingungen die Geschäftsabwicklung, spezialisieren die oftmals unzureichenden gesetzlichen Bestimmungen und dienen nicht zuletzt als Mittel zur Verlagerung von Risiken, die mit der Vertragsdurchführung verbunden sind.[1] Infolgedessen haben sie in weiten Teilen der Industrie, des Handels sowie des Dienstleistungsgewerbes den vom bürgerlichen Vertragsrecht vorausgesetzten Typ des individuell zwischen den Parteien vereinbarten und ausgehandelten Vertrags verdrängt.[2]

I. Problemstellung

Allerdings erschöpft sich auch der Inhalt eines Formularvertrags in der Regel nicht ausschließlich in den darin enthaltenen Allgemeinen Geschäftsbedingungen. Die vorformulierten Verträge sind vielmehr auf eine Ergänzung durch individuelle Absprachen angelegt. Lücken weisen sie insbesondere für die nähere Bestimmung des Leistungsgegenstands sowie des hierfür zu entrichtenden Preises auf.[3] Darüber hinaus können die Vertragsparteien besondere Absprachen treffen, mit deren Hilfe bestimmte Einzelpunkte abweichend vom vorformulierten Klauseltext geregelt werden sollen.[4] Denn der Vertragspartner hat bei Vertragsabschluss ein signifikantes Interesse daran, einzelne ihm nachteilige und daher unliebsame Regelungen in den Allgemeinen Geschäftsbedingungen des Verwenders individualvertraglich abzuändern. Schließlich ist denkbar, dass die Vertragsparteien nachträglich, das heißt erst im laufenden Vertragsverhältnis, von den einbezogenen Allgemeinen Geschäftsbedingungen abweichende

---

1 *Wolf/Neuner*, BGB AT, § 47 Rn. 2 f.; *Teske*, Schriftformklauseln in Allgemeinen Geschäftsbedingungen, S. 23.

2 BT-Drucksache 7/3919, S. 9; vgl. auch *Wendland* in: Staudinger/Eckpfeiler, Kap. E Rn. 1.

3 *Ghassemi-Tabar* in: Gewerberaummiete/BGB, § 305b Rn. 1; *Lehmann-Richter* in: BeckOGK/BGB, § 305b Rn. 2; *Stoffels*, AGB-Recht, Rn. 344.

4 *Stoffels*, AGB-Recht, Rn. 344.

mündliche oder schriftliche Individualvereinbarungen treffen, die zu einer Änderung des ursprünglichen Vertragsinhalts führen sollen.[5]

Die zwischen den Vertragsparteien getroffenen Vereinbarungen sind daher häufig eine Kombination von individuellen und formularvertraglichen Regelungen. Bei Abschluss der individuellen Abreden verzichten die Vertragsparteien allerdings zumeist darauf, die Allgemeinen Geschäftsbedingungen auf inhaltliche Widersprüche zu überprüfen und gegebenenfalls anzupassen.[6] Neben angemessener Zeit fehlt es ihnen in der Regel auch an der notwendigen Rechts- und Geschäftskunde, das individuell Vereinbarte rechtlich richtig zu qualifizieren und in das vorformulierte Regelwerk einzuordnen.[7] Treffen die Vertragsparteien erst nach dem ursprünglichen Vertragsschluss weitere (Änderungs-)Vereinbarungen, denken sie darüber hinaus oft einfach nicht mehr an die entgegenstehenden Klauseln in den Allgemeinen Geschäftsbedingungen.[8]

Infolgedessen steht im Rechtsverkehr oftmals eine individuell von den Parteien getroffene Abrede mit einer Allgemeinen Geschäftsbedingung des Verwenders in Widerspruch. Lässt sich diese Kollision nicht mithilfe der allgemeinen Auslegungsgrundsätze auflösen, liegen hinsichtlich des betroffenen Regelungsgegenstands zwei sich inhaltlich widersprechende Konsense vor. Die Vertragsparteien scheinen sich sowohl auf die individuell getroffene Abrede als auch auf die entsprechende vorformulierte Klausel in den Allgemeinen Geschäftsbedingungen geeinigt zu haben. Nach den Grundsätzen der allgemeinen Rechtsgeschäftslehre hätte dies eigentlich zur Folge, dass die Individualabrede sowie die Allgemeine Geschäftsbedingung hinsichtlich des sich überschneidenden Teils aufgrund von Perplexität unwirksam sind.[9]

Handelt es sich bei dem betroffenen Regelungsgegenstand um eine wesentliche Vertragsbedingung, käme der Vertrag dementsprechend insgesamt nicht zustande. Betrifft der widersprüchliche Vertragsinhalt eine Nebenabrede, läge hingegen ein versteckter Dissens i.S.d. § 155 BGB vor, wenn den Vertragsparteien der Widerspruch zwischen der Individualabrede und den Allgemeinen

---

5 *Ghassemi-Tabar* in: Gewerberaummiete/BGB, § 305b Rn. 1.

6 Vgl. *Schulte-Nölke* in: HK/BGB, § 305b Rn. 1.

7 *Basedow* in: MüKo/BGB, § 305b Rn. 1; *Locher*, Das Recht der Allgemeinen Geschäftsbedingungen, S. 49.

8 *Stoffels*, AGB-Recht, Rn. 344.

9 *A. Stein*, AGB-Gesetz, § 4 AGBG Rn. 1; *Böhle*, JuS 2019, S. 523 (526); zur Nichtigkeit von zwei gleichrangigen und in unlösbarem Widerspruch stehenden Bestimmungen, vgl. OLG Hamburg v. 29.1.1997, ZMR 1997, S. 350 (350 f.); zur Auslegungsfähigkeit widersprüchlicher Willenserklärungen, vgl. *Arnold* in: Erman/BGB, § 133 Rn. 13.

Geschäftsbedingungen, wie üblich, unbekannt geblieben ist. Der übrige Vertrag bliebe damit zwar als solcher wirksam, sofern anzunehmen ist, dass die Parteien ihn auch ohne Einigung über den widersprüchlichen, das heißt nichtigen, Punkt geschlossen hätten. Die im Vertrag entstandene Lücke müsste allerdings entgegen dem erklärten Parteiwillen durch das dispositive Gesetzesrecht geschlossen werden.

Da dies von den Vertragsparteien im Regelfall nicht gewollt ist, hilft ihnen das Gesetz an dieser Stelle weiter und weist der Individualabrede gemäß § 305b BGB den Vorrang vor der kollidierenden Allgemeinen Geschäftsbedingung zu. Die Vorschrift ist die am kürzesten gefasste Norm im Abschnitt über die Allgemeinen Geschäftsbedingungen und scheint auf den ersten Blick völlig klar und eindeutig zu sein. Es vermag daher nicht zu überraschen, dass in dem dort kodifizierten Vorrangprinzip vereinzelt eine bloße Selbstverständlichkeit gesehen wird, die kaum Erwähnung verdiene.[10] Bei genauerer Betrachtung zeigen sich jedoch bis heute sowohl hinsichtlich der dogmatischen Grundlagen als auch rechtlichen Handhabung des § 305b BGB erhebliche Problematiken. Denn während es zu Schriftformklauseln, also einer Teilfrage des Tatbestands von § 305b BGB, eine Vielzahl an Äußerungen gibt,[11] sind zum Vorrangprinzip selbst, neben den einschlägigen Kommentaren, nur wenige Beiträge erschienen. Es fehlt daher gegenwärtig, soweit ersichtlich, eine umfassende wissenschaftliche Betrachtung bezüglich der Beweggründe des Gesetzgebers für die gewählte Regelungstechnik und die inhaltlichen Anforderungen, die an eine nach § 305b BGB vorrangige Individualabrede zu stellen sind.

Zentraler Gegenstand der vorliegenden Arbeit soll demgemäß die Frage sein, wann und unter welchen Voraussetzungen Individualabreden tatsächlich ein „Vorrang“ einzuräumen ist. Ziel ist es, die Vielzahl an Einzelfallentscheidungen und verschiedenen Literaturansichten zu durchdringen und sich auf diesem Weg einer einheitlichen Handhabung des Vorrangprinzips zu nähern, unter die jegliche relevanten Fallgestaltungen gefasst werden können. Obwohl der Streit um die Interpretation des Vorrangprinzips und seines Anwendungsbereichs

---

10 Vgl. etwa Bundesminister der Justiz (Hrsg.), Erster Teilbericht, S. 49; BT-Drucksache 7/3919, S. 20; *H. Schmidt* in: BeckOK/BGB, § 305b Rn. 1; *Thamm/Pilger*, Taschenkommentar zum AGBG, § 4 AGBG Rn. 1; *Hellwege*, Allgemeine Geschäftsbedingungen, S. 402.

11 Vgl. etwa nur *Teske*, Schriftformklauseln in Allgemeinen Geschäftsbedingungen; *Körnig*, Schriftformklausel und mündliche Abreden: ein Beitrag zu § 125 Satz 2 BGB; *Breitling*, Bedeutung und Wirkung von Schriftformklauseln.

mittlerweile schon einige Jahrzehnte andauert, hat sich an seiner Brisanz und Aktualität nichts geändert. Neben den bislang ungeklärten Rechtsfragen lassen vor allem neue Aspekte in der Praxis sowie der europäischen Gesetzgebung eine Auseinandersetzung mit § 305b BGB selbst 40 Jahre nach seiner Einführung in der inhaltsgleichen Vorschrift des § 4 AGBG[12] gerechtfertigt erscheinen.

Die Analyse beschränkt sich dabei auf das deutsche AGB-Recht in den §§ 305 ff. BGB[13] unter Berücksichtigung der europäischen Einflüsse im Primär- und Sekundärrecht. An dieser Stelle soll jedoch darauf hingewiesen werden, dass Europäische Impulse für die Entwicklung des Privatrechts inzwischen nicht mehr nur vom Primär- und Sekundärrecht der Europäischen Union ausgehen. So ist z.B. aufgrund der vielfältigen Regelungen auf dem Gebiet des Privatrechts durch europäische Richtlinien in den letzten Jahrzehnten die Idee eines europaeinheitlichen Zivilgesetzbuchs entstanden. Mithilfe europäischer Förderung und aus akademischer Motivation heraus haben sich Arbeitsgemeinschaften gebildet, die an seiner Entwicklung arbeiten und bereits entsprechende Entwürfe vorgelegt haben.[14] Auch das in der vorliegenden Arbeit thematisierte Vorrangprinzip wurde darin immer wieder aufgegriffen und fand u.a. in Art. 5:104 PECL[15] sowie wortgleich in Art. 6:202 der Acquis Principles (Contract I)[16] und unter dem Abschnitt „Vertragsauslegung" in Art. II. – 8:104 DCFR[17] eine ausdrückliche Regelung. Danach haben individuell ausgehandelte Bestimmungen ebenfalls Vorrang vor solchen, die nicht individuell ausgehandelt sind. Weiterhin

12 Gesetz zur Regelung des Rechts der Allgemeinen Geschäftsbedingungen vom 9.12.1976, BGBl. I, S. 3317.

13 Zur Sondervorschrift des § 5 VVG im Versicherungsrecht, vgl. *Ulmer/Schäfer* in: Ulmer/Brandner/Hensen, § 305b BGB Rn. 18; *Schlosser* in: Staudinger/BGB, 2013, § 305b Rn. 34; *Mäsch* in: Staudinger/BGB, 2019, § 305b Rn. 16; *Lindacher/Hau* in: Wolf/Lindacher/Pfeiffer, § 305b Rn. 13; *Reiff* in: MüKo/VVG, 50. Allgemeine Versicherungsbedingungen Rn. 106 ff.; *Kummer* in: Niebling/AGB-Recht, § 305b Rn. 47.

14 Ausführlich dazu *Spruß*, Die Einbeziehung Allgemeiner Geschäftsbedingungen, S. 483 ff.; *Arnold*, Zum Verhältnis von Rechtsphilosophie, Rechtstheorie und europäischem Vertragsrecht, S. 1 ff.; *Pfeiffer*, ZEuP 2008, S. 679 ff.; *Sirena*, ZEuP 2018, S. 838 ff.; *Martens*, EuZW 2010, S. 527 ff.; *Meyer*, BB 2004, S. 1285 ff.; *Mittwoch*, JuS 2010, S. 767 ff.; *Taupitz/Wille*, JA 2005, S. 385 ff.

15 Vgl. *Lando/Beale*, Principles of European Contract Law, S. 295.

16 Research Group on Existing EC Private Law (Acquis Group), Principles of the Existing EC Contract Law (Acquis-Principles), Contract I: pre-contractual obligations, conclusion of contract, unfair terms, abgedruckt in: ZEuP 2007, S. 896 ff., 1152 ff.

17 Abgedruckt in: *Bar/Clive/Schulte-Nölke*, Principles, Definitions and Model Rules of European Private Law, S. 217.

wurde das Vorrangprinzip mit unterschiedlichen Formulierungsvorschlägen in Art. 2.1.21[18] der UNIDROIT-Prinzipien[19] und Art. 62[20] des Vorschlags für ein Gemeinsames Europäisches Kaufrecht[21] aufgenommen.

Angesichts der weltweit differenten Rechtssysteme und Rechtstraditionen bestehen überdies auch auf dem Gebiet des internationalen Handelsrechts deutliche Bestrebungen, die einzelnen Regelungen zu vereinheitlichen. Anders als die europäischen Entwürfe sieht das UN-Kaufrecht[22] eine ausdrückliche Normierung des Vorrangprinzips allerdings nicht vor. Doch soll es dort im Ergebnis ebenfalls unbestritten sein, dass den Individualabreden ein Vorrang vor kollidierenden AGB-Klauseln einzuräumen ist.[23] Im Wege der Auslegung sei aus dem vermuteten Willen der Parteien herzuleiten, dass die Vertragsparteien mit ihrer individuellen Vereinbarung in der Regel von der widersprechenden AGB-Klausel abweichen wollen.[24]

II. Gang der Bearbeitung

Im ersten Schritt der Arbeit wird die seit fast einhundert Jahren andauernde Diskussion und historische Entwicklung des Vorrangprinzips, die schließlich in

18 Art. 2.1.21 der UNIDROIT-Prinzipien lautet: „Im Falle eines Widerspruchs zwischen einer allgemeinen Geschäftsbedingung und einer Bedingung, welche keine allgemeine Geschäftsbedingung ist, geht die letztere vor."

19 UNIDROIT, Principles of International Commercial Contracts, 2004, abgedruckt in: ZEuP 2005, S. 470 ff.; ausführlich dazu auch *Spruß*, Die Einbeziehung Allgemeiner Geschäftsbedingungen, S. 584 f.

20 Art. 62 des Vorschlags für ein Gemeinsames Europäisches Kaufrecht lautet: „Soweit ein inhaltlicher Widerspruch besteht, haben individuell ausgehandelte Vertragsbestimmungen Vorrang vor solchen, die im Sinne von Artikel 7 nicht individuell ausgehandelt worden sind."

21 Vorschlag für eine Verordnung des Europäischen Parlaments und des Rates über ein Gemeinsames Europäisches Kaufrecht v. 11.10.2010, KOM (2011) 635, dort Anhang I.

22 Übereinkommen der Vereinten Nationen über Verträge über den internationalen Warenkauf v. 11.4.1980, BGBl. 1989 II S. 588.

23 Ausführlich zum Vorrangprinzip im UN-Kaufrecht, *Spruß*, Die Einbeziehung Allgemeiner Geschäftsbedingungen, S. 546 ff.; *Schmidt-Kessel* in: Schlechtriem/Schwenzer/Schroeter, Art. 8 Rn. 58; *Witz* in: Witz/Salger/Lorenz, Art. 8 Rn. 14; *Schwenzer/Hachem/Kee*, Global Sales and Contract Law, Rn. 12.25, S. 170 f.; *Schultheiß*, Allgemeine Geschäftsbedingungen im UN-Kaufrecht, S. 45.

24 *Schmidt-Kessel* in: Schlechtriem/Schwenzer/Schroeter, Art. 8 Rn. 58; *Hellwege*, Allgemeine Geschäftsbedingungen, S. 372.

der Kodifikation des § 4 AGBG (heute § 305b BGB) mündete, vorgestellt (B.). Im Anschluss daran folgt eine Bestandsaufnahme und Analyse der dogmatischen Bestimmungsansätze zur Einordnung des Vorrangprinzips in das Recht der Allgemeinen Geschäftsbedingungen (C.). Dies dient zum einen der Beantwortung der Frage, ob es sich dabei tatsächlich um ein dogmatisch einheitliches Rechtsinstitut handelt, zum anderen können so die wesentlichen dogmatischen Kernfragen dieses Kontrollinstituts ermittelt werden. Hierzu ist zunächst das grundsätzliche Verhältnis von Individualabrede und Allgemeiner Geschäftsbedingung zu untersuchen. Es bedarf der Klärung, warum der Individualabrede abweichend von den Grundsätzen der allgemeinen Rechtsgeschäftslehre ein „Vorrang" vor den Allgemeinen Geschäftsbedingungen einzuräumen ist und wie dies von § 305b BGB sichergestellt werden kann.

Maßgebend dafür ist insbesondere die der Vorschrift zugrunde liegende Rechtsnatur. Ihre Bestimmung bildet gleichzeitig die Vorfrage aller sich im Anschluss weiter stellenden Rechtsfragen. Zu berücksichtigen ist in diesem Zusammenhang, dass auch dem europäischen Richtlinienrecht maßgeblicher Einfluss auf die mitgliedstaatliche und damit deutsche Gesetzgebung zukommt. Relevanz für die vorliegende Arbeit hat vornehmlich die Richtlinie 93/13/EWG[25]. Zwar sieht diese eine ausdrückliche Regelung für den vorliegend zu untersuchenden Grundsatz vom Vorrang der Individualabrede nicht vor, dennoch ist nicht auszuschließen, dass sich aus dem Kontext der Klauselrichtlinie gewisse Mindestanforderungen ergeben, die es im Rahmen des § 305b BGB zu berücksichtigen gilt. Die für das nationale Recht gefundenen Ergebnisse müssen folglich auf ihre Vereinbarkeit mit den Vorgaben der Richtlinie 93/13/EWG untersucht werden. Abschließend werden das Konkurrenzverhältnis von § 305b BGB zu den anderen AGB-rechtlichen Normen und die daraus resultierenden Auswirkungen auf die Prüfung von Allgemeinen Geschäftsbedingungen herausgearbeitet.

Darauf aufbauend wird der Tatbestand von § 305b BGB untersucht und werden die wesentlichen Kriterien bestimmt, anhand derer der Vorrang einer Individualabrede festgestellt werden kann (D.). Ein Schwerpunkt liegt dabei in der Bestimmung des Begriffs der „Individualabrede" i.S.d. § 305b BGB. Ferner ist zu überlegen, ob die bis dahin herausgearbeiteten Grundsätze über den allgemeinen Anwendungsbereich des § 305b BGB hinaus auf andere Kollisionsfälle angewendet werden können. Widersprüche treten nämlich nicht nur im Verhältnis zwischen AGB-Klauseln und Individualabreden auf, sondern sind

25 Richtlinie 93/13/EWG des Rates für missbräuchliche Klauseln in Verbraucherverträgen vom 5.4.1993, ABl. Nr. L 095 v. 21.4.1993, S. 29 ff.

auch zwischen einzelnen vorformulierten Teilen des Vertrags denkbar. Ob in dieser Situation – mit Ausnahme der auf Aufstellungs- und Formulierungsmängeln beruhenden Widersprüche, die mithilfe der Unklarheitenregel des § 305c Abs. 2 BGB zu lösen sind[26] – zur Auflösung der Kollision zweier Allgemeiner Geschäftsbedingungen auf die Grundsätze des § 305b BGB zurückgegriffen werden kann, wird in Literatur und Rechtsprechung unterschiedlich beurteilt und ist daher näher zu untersuchen.

Darüber hinaus ist zu prüfen, in welchem Verhältnis formular- und individualvertragliche Beschaffenheitsvereinbarungen i.S.d. § 434 Abs. 1 S. 1 BGB zu Gewährleistungsausschlüssen und das Vorrangprinzip in § 305b BGB zu gesetzlichen Fiktionen, wie in § 434 Abs. 1 S. 2 Nr. 2 und S. 3 BGB stehen. Insbesondere ist zu klären, ob sich die kaufrechtlichen Beschaffenheitsfiktionen auch gegenüber solchen vorformulierten Beschaffenheitsangaben durchsetzen, mit deren Hilfe das gesetzlich vorgesehene Schutzniveau herabgesetzt werden soll. Im Anschluss daran erfolgt eine Analyse, welche Rechtsfolgen ein Verstoß gegen das Vorrangprinzip in § 305b BGB mit sich bringt und wie diese prozessual geltend gemacht werden können (E.).

Nach Ermittlung der allgemeinen Prüfungskriterien und Rechtsfolgen des Vorrangprinzips ist schließlich zu erörtern, ob diese im Anwendungsbereich des § 310 BGB, der in bestimmten Teil- und Spezialbereichen Sonderbestimmungen für die Anwendung der §§ 305 ff. BGB enthält, zu modifizieren sind (F.). § 310 Abs. 1 BGB regelt dabei zunächst die Anwendung des AGB-Rechts auf Unternehmer. In diesem Zusammenhang ist zu überprüfen, ob die Anforderungen an das Vorliegen einer Individualabrede aufgrund der unternehmerischen Selbstbestimmung und Selbstverantwortung herabzusetzen sind. Daneben bereitet im Hinblick auf das Vorrangprinzip insbesondere der Vertragsschlussmechanismus mithilfe des sog. kaufmännischen Bestätigungsschreibens Probleme. Zu klären ist, in welchem Verhältnis Individualabreden zu derartigen inhaltlich kollidierenden Allgemeinen Geschäftsbedingungen stehen, die mithilfe eines konstitutiven kaufmännischen Bestätigungsschreibens einbezogen werden sollen. Darüber hinaus sieht § 310 Abs. 3 Nr. 2 BGB keine Verweisung auf § 305b BGB vor. Fraglich ist, welche Bedeutung dies für die Anwendung des Vorrangprinzips auf Einmalbedingungen im Rahmen von Verbraucherverträgen hat.

Schließlich kommt auch dem Arbeitsrecht seit jeher eine Sonderstellung bei der AGB-Kontrolle zu. Zwar ist die Kontrolle von Allgemeinen Arbeitsbedingungen

---

26 *Ulmer/Schäfer* in: Ulmer/Brandner/Hensen, § 305b Rn. 24, *dies.* in: Ulmer/Brandner/Hensen, § 305c Rn. 88.

mittlerweile den §§ 305 ff. BGB unterstellt. Dessen ungeachtet sieht das Gesetz in § 310 Abs. 4 S. 2 BGB vor, dass die Besonderheiten des Arbeitsrechts bei der Anwendung dieser Vorschriften zu berücksichtigen sind. Ob sich daraus möglicherweise Modifikationen des Vorrangprinzips ergeben, bedarf im letzten Teil der vorliegenden Arbeit ebenfalls einer eingehenden Betrachtung. Dabei steht insbesondere das Verhältnis des Vorrangprinzips zum Günstigkeitsprinzip sowie seiner Anwendbarkeit zugunsten des Arbeitgebers im Mittelpunkt. Ferner ist zu erörtern, ob die betriebliche Übung als Individualabrede i.S.d. § 305b BGB einzuordnen ist und welche Auswirkungen dies auf die Verwendung von formularvertraglichen Schriftformklauseln hat, mit deren Hilfe das Entstehen einer betrieblichen Übung von vornherein verhindert werden soll.

B. Historische Entwicklung

Bereits vor dem Zweiten Weltkrieg erfolgten beachtliche Versuche, das Problem der Allgemeinen Geschäftsbedingungen zu analysieren und dogmatisch zu bewältigen.[27] Auch das Vorrangprinzip beschäftigt Literatur[28] und Rechtsprechung[29] schon seit Beginn des letzten Jahrhunderts. Dabei war es, soweit ersichtlich, zu keinem Zeitpunkt umstritten, dass Individualabreden ein Vorrang vor den im Widerspruch dazu stehenden Allgemeinen Geschäftsbedingungen einzuräumen ist.[30] Mangels gesetzlicher Grundlage bereitete die dogmatische Begründung dieses Ergebnisses allerdings erhebliche Schwierigkeiten.

I. Monografie von *Ludwig Raiser*

Erstmals befasste sich, soweit ersichtlich, *Ludwig Raiser* in seiner das moderne Recht der Allgemeinen Geschäftsbedingungen einleitenden und die rechtspolitische Diskussion bis heute prägenden Monografie über „Das Recht der Allgemeinen Geschäftsbedingungen" aus dem Jahr 1935 explizit mit der Vorrangproblematik.[31] *Raiser* vertritt darin die Auffassung, dass das Vorrangprinzip auf den allgemeinen Grundsatz, nach dem die speziellere die allgemeinere Norm verdränge, zurückzuführen sei.[32]

Als vorformulierte Vertragsbestandteile seien Allgemeine Geschäftsbedingungen stets auf eine individuelle Ergänzung und Vereinbarung über Leistung und Gegenleistung durch die Vertragsparteien angelegt. Die für den konkreten Einzelfall geschaffene Individualabrede gehe demgemäß stets den abstrakt allgemeinen und für eine unbestimmte Vielzahl von Geschäften aufgestellten Richtlinien in den Allgemeinen Geschäftsbedingungen bei auftretenden Widersprüchen vor.[33] Die Verweisung auf die Allgemeinen Geschäftsbedingungen sei folglich im Zweifel dergestalt auszulegen, als enthalte sie die Einschränkung

---

27 Vgl. etwa *Großmann-Doerth*, Selbstgeschaffenes Recht der Wirtschaft und staatliches Recht (1933); *Raiser*, Das Recht der Allgemeinen Geschäftsbedingungen (1935).

28 Vgl. *Raiser*, Das Recht der Allgemeinen Geschäftsbedingungen, S. 230 ff.; *Hilderbrandt*, AcP 143 (1937), S. 326 (339).

29 Vgl. RG v. 12.11.1929, RGZ 126, S. 348 ff.

30 So auch *A. Stein*, AGB-Gesetz, § 4 AGBG Rn. 1.

31 Vgl. *Raiser*, Das Recht der Allgemeinen Geschäftsbedingungen, S. 230 ff.

32 *Raiser*, Das Recht der Allgemeinen Geschäftsbedingungen, S. 230.

33 *Raiser*, Das Recht der Allgemeinen Geschäftsbedingungen, S. 230.

„soweit wir [die Vertragsparteien] nichts Abweichendes besonders vereinbart haben".[34] Dieses Ergebnis entspreche dem typischen Parteiwillen und dem im Rahmen der Auslegung von Willenserklärungen vertretenen Grundsatz vom Vorrang individueller vor objektiv generellen Momenten.[35]

Gleichzeitig führe diese „Auslegungsregel" als Hilfskonstruktion letztlich zur Statuierung eines Rangverhältnisses zwischen den von den Parteien getroffenen Individualvereinbarungen und der dem Vertrag zugrunde liegenden Allgemeinen Geschäftsbedingungen, wie folgende Aussage *Raisers* verdeutlicht: „Die Auslegung schafft die Kollision aus der Welt, indem sie ein Rangverhältnis der kollidierenden Bestimmungen einführt".[36] Abweichungen von diesen Grundsätzen sollten dadurch allerdings nach Auffassung *Raisers* nicht ausgeschlossen sein. Er ging vielmehr davon aus, dass seine Auslegungsregel immer dann keine Anwendung finde, wenn sich aus anderen Momenten ergebe, dass nach dem Parteiwillen den besonderen Vereinbarungen in den Individualabreden keine Geltung zukommen soll.[37] Der von *Raiser* entwickelte Grundsatz vom Vorrang der Individualabrede vor Allgemeinen Geschäftsbedingungen stellte deshalb zu diesem Zeitpunkt noch kein generelles und rechtlich zwingendes Prinzip dar.[38]

II. Frühere Rechtsprechung

Bis zum Erlass des Gesetzes zur Regelung des Rechts der Allgemeinen Geschäftsbedingungen ergingen in der Rechtsprechung lediglich wenige Entscheidungen zur Vorrangproblematik. Allerdings kam ihnen, wie sich im Anschluss zeigen wird, bei der Kodifikation des § 4 AGBG (heute § 305b BGB) ein erheblicher Einfluss zu, sodass sie im Folgenden näher darzustellen sind.

1. Rechtsprechung des Reichsgerichts

Mit der Bedeutung und Wirkung des Vorrangs der Individualabrede vor Allgemeinen Geschäftsbedingungen setzte sich zum ersten Mal nachweislich der 2. Zivilsenat des Reichsgerichts in seinem Urteil vom 12. November 1929 auseinander.[39] In dem zur Entscheidung stehenden Fall ging es um den Erwerb eines

34 *Raiser*, Das Recht der Allgemeinen Geschäftsbedingungen, S. 231.

35 *Raiser*, Das Recht der Allgemeinen Geschäftsbedingungen, S. 230 f.

36 *Raiser*, Das Recht der Allgemeinen Geschäftsbedingungen, S. 233.

37 Vgl. dazu mit verschiedenen Beispielen *Raiser*, Das Recht der Allgemeinen Geschäftsbedingungen, S. 233 ff.

38 Zum heute zwingenden Charakter des § 305b BGB siehe Seite 98 ff.

39 Vgl. RG v. 12.11.1929, RGZ 126, S. 348 ff.

Pfandrechts an Wechseln gemäß § 1292 BGB. Der Erwerb eines solchen Pfandrechts setzt voraus, dass zwischen der klagenden Bank und der beklagten Wechselausstellerin ein sog. Begebungsvertrag zu hPfandzwecken geschlossen wurde.

Das Berufungsgericht war insoweit zunächst davon ausgegangen, dass sich die Indossantin als Kundin der Bank deren Allgemeinen Geschäftsbedingungen unterworfen hatte. Diese sahen vor, dass die Bank an allen Werten ihrer Vertragspartner, in deren Besitz sie gelangte, ein Pfandrecht erwarb. Das Berufungsgericht stellte insoweit zunächst klar, dass ungeachtet dieser Unterwerfung unter die Allgemeinen Geschäftsbedingungen zwischen den Parteien im Einzelfall etwas anderes vereinbart werden könne.[40] Es spreche allerdings eine Rechtsvermutung dafür, dass sämtliche Rechtsgeschäfte zwischen der Bank und ihren Vertragspartnern unter die von ihr gestellten Allgemeinen Geschäftsbedingungen fallen. Ein Vertragspartner, der seiner Bank Wechsel zur Diskontierung übersende, sei demzufolge ohne Weiteres mit einer Verpfändung der Wechsel einverstanden, selbst wenn die Diskontierung von der Bank abgelehnt werde. Etwas anderes gelte nur dann, wenn der Vertragspartner – anders als in dem zur Entscheidung stehenden Fall – bei Hingabe der Wechsel ausdrücklich einen anderen Willen zu erkennen gegeben habe.[41]

Dem Ansatz des Berufungsgerichts folgte das Reichsgericht sodann zu Recht nicht. Vielmehr ging der 2. Zivilsenat davon aus, dass der Vertragspartner durch das Übersenden der Wechsel gegenüber der Bank allein ein auf den Abschluss eines Wechselbegebungsvertrags gerichtetes Angebot unter der Bedingung, dass die Bank zum Diskontieren bereit sei, abgegeben habe. Bei Ablehnung der Diskontierung sei somit kein Begebungsvertrag zustande gekommen und die Wechsel müssten an den Indossanten zurückgegeben werden.[42] Nach Auffassung des Reichsgerichts handelte es sich in dieser Situation um einen typischen Fall, in dem die Allgemeinen Geschäftsbedingungen der Bank durch die Willenserklärung des Vertragspartners für ein einzelnes Geschäft außer Kraft gesetzt wurden. Folgerichtig lehnte der 2. Zivilsenat das Entstehen eines Pfandrechts gemäß § 1292 BGB auf Grundlage der Allgemeinen Geschäftsbedingungen der klagenden Bank ab.[43]

Dieser Argumentation lässt sich zwar nicht ausdrücklich, aber erstmals indirekt ein Vorrang der Individualabrede vor den im Widerspruch dazu stehenden

40 Vgl. RG v. 12.11.1929, RGZ 126, S. 348 (350).

41 Vgl. RG v. 12.11.1929, RGZ 126, S. 348 (350).

42 RG v. 12.11.1929, RGZ 126, S. 348 (350).

43 RG v. 12.11.1929, RGZ 126, S. 348 (350 f.).

Allgemeinen Geschäftsbedingungen entnehmen. Zur Begründung dieses Ergebnisses stellte das Reichsgericht mangels anderweitiger gesetzlicher Grundlage darauf ab, dass es einen groben Verstoß gegen den Grundsatz von Treu und Glauben mit Rücksicht auf die Verkehrssitte i.S.d. § 242 BGB und einen offensichtlichen Missbrauch des der Kundin ihrer Bank entgegengebrachten Vertrauens darstelle, wenn die klagende Bank aufgrund ihrer Geschäftsbedingungen die Rückgabe der Wechsel verweigere, obwohl der Vertragspartner diese für diesen Fall außer Kraft gesetzt und ihr die Wechsel ursprünglich mit jener Maßgabe ausgegeben hatte.[44]

2. Rechtsprechung des Bundesgerichtshofs

In der Folgezeit erging, soweit ersichtlich, über 20 Jahre keine weitere Entscheidung zur Vorrangproblematik mehr. Erst das Oberlandesgericht Frankfurt am Main griff die Argumentation des Reichsgerichts im Jahr 1952[45] wieder auf und stellte fest, dass sich eine Bank auf eine in ihren Allgemeinen Geschäftsbedingungen enthaltene Klausel, nach der sie jederzeit auch ohne berechtigten Grund zur Kündigung des Kreditvertrags berechtigt ist, nicht berufen könne, wenn sie mit dem Kreditnehmer eine von den Allgemeinen Geschäftsbedingungen abweichende Sonderregelung vereinbart habe.[46] Neue und über die Ausführungen des Reichsgerichts hinausgehende Erkenntnisse kamen damit allerdings nicht zum Ausdruck.

Mit Urteil des Bundesgerichtshofs vom 17. Dezember 1959 gelangte der Grundsatz vom Vorrang der Individualabreden schließlich in ein breiteres Bewusstsein.[47] Der 8. Zivilsenat stellte mit Verweis auf *Raiser* erstmals ausdrücklich klar, dass die individuelle Vereinbarung einer anderslautenden Bestimmung in den Allgemeinen Lieferbedingungen des Vertragspartners vorgehe.[48] Ausführungen zur Begründung dieses Ergebnisses musste das Gericht nicht vornehmen, da sich bereits der für die Anwendung des Vorrangprinzips notwendige Widerspruch von Individualabrede und Allgemeiner Geschäftsbedingung nicht feststellen ließ.[49]

---

44 RG v. 12.11.1929, RGZ 126, S. 348 (351).
45 OLG Frankfurt am Main v. 2.9.1959, BB 1952, S. 871.
46 OLG Frankfurt am Main v. 2.9.1959, BB 1952, S. 871.
47 BGH v. 17.12.1959, BB 1960, S. 227.
48 BGH v. 17.12.1959, BB 1960, S. 227.
49 Zur Feststellung eines Widerspruchs siehe Seite 157 ff.

In späteren Entscheidungen knüpfte derselbe Senat allerdings daran an und erklärte, dass auch ein handschriftlicher Zusatz, der den Auftraggeber zum maklerlosen Verkauf berechtigt, dem formularmäßig vereinbarten Alleinauftrag für einen Makler vorgehe[50] bzw. ein Haftungsausschluss in Allgemeinen Geschäftsbedingungen nicht solche Schäden betreffe, die sich aus dem Fehlen der individuell zugesicherten Tauglichkeit eines Klebstoffs ergeben[51].

Insbesondere die letzte Entscheidung war für die weitere Entwicklung des Vorrangprinzips von entscheidender Bedeutung.[52] Der Senat stellte wie zuvor bereits das Reichsgericht zur Begründung dieses Ergebnisses darauf ab, dass es den Grundsätzen von Treu und Glauben gemäß § 242 BGB widerspreche, wenn das individuell Vereinbarte durch Beifügung der Allgemeinen Geschäftsbedingungen wieder zunichte gemacht werde. Der im Widerspruch zur Individualabrede stehenden Klausel könne daher keine rechtliche Wirkung zuerkannt werden.[53] Im Ergebnis formulierte der 8. Zivilsenat des Bundesgerichtshofs damit die auch heute noch geltende Rechtsregel, nach der sich die aus mündlichen Vereinbarungen ergebenden Verpflichtungen nicht durch Allgemeine Geschäftsbedingungen wieder aufgehoben werden dürfen.[54]

Weitaus größere Probleme bereitete der Rechtsprechung sodann allerdings die Frage nach den konkreten Rechtsfolgen bei Auftreten eines nicht auflösbaren Widerspruchs von Individualabrede und Allgemeiner Geschäftsbedingung.[55] Der 8. Zivilsenat ging im Anschluss an seine vorherige Entscheidung zunächst davon aus, dass die Individualvereinbarung die Allgemeine Geschäftsbedingung nur für die Zeit des Bestehens eines Widerspruchs außer Kraft setze.[56] Im Wege der Auslegung sei davon auszugehen, dass Letztere subsidiär fortgelte, sollten die Parteien von der Individualabrede einverständlich keinen Gebrauch machen.[57] In einer späteren Entscheidung beurteilte dies derselbe Senat im Rahmen einer

50 BGH v. 6.11.1967, BGHZ 49, S. 84 (87).

51 BGH v. 29.5.1968, BGHZ 50, S. 200 (207).

52 Vgl. dazu auch *Schmidt-Salzer*, Anm. zu Nr. 3 BGH v. 29.5.1968, NJW 1968, S. 1622.

53 BGH v. 29.5.1968, BGHZ 50, S. 200 (207); zur Frage der Ergänzung auf mittelbare Widersprüche, vgl. *Schmidt-Salzer*, Anm. zu Nr. 3 BGH v. 29.5.1968, NJW 1968, S. 1622.

54 Vgl. auch *Bunte*, Handbuch der Allgemeinen Geschäftsbedingungen, S. 66 f.

55 Zu den Rechtsfolgen eines Verstoßes gegen § 305b BGB siehe Seite 193 ff.

56 BGH v. 26.3.1969, BGHZ 52, S. 30 (35).

57 BGH v. 26.3.1969, BGHZ 52, S. 30 (35).

Freizeichnungsklausel hingegen anders und erklärte die Allgemeine Geschäftsbedingung ausdrücklich für nichtig.[58]

Darüber hinaus hatte auch die rechtsdogmatische Einordnung des Vorrangprinzips zum Grundsatz von Treu und Glauben keinen dauerhaften Bestand. So wurde das Vorrangprinzip im Anschluss an die genannten Entscheidungen vereinzelt als Teil der Inhaltskontrolle, die zu diesem Zeitpunkt gleichwohl ebenfalls noch in § 242 BGB verortet wurde,[59] verstanden.[60] In anderen Entscheidungen brachte die Rechtsprechung Fragen des Vorrangs indes sowohl mit jenen des Einbeziehungsvertrags[61] als auch der Auslegung[62] in Verbindung. Ferner wurden Klauseln, die eigentlich den Vorrang der Individualabrede betrafen, mitunter als überraschend[63] oder aber die Berufung auf sie als rechtsmissbräuchlich[64] angesehen. Eine einheitliche Zuordnung zu einem der Kontrollinstrumente gelang der früheren Rechtsprechung nicht.

In diesem Zusammenhang ist schließlich auch die kurz vor Erlass des Gesetzes zur Regelung des Rechts der Allgemeinen Geschäftsbedingungen zur Frage der Zulässigkeit von Schriftformklauseln in Allgemeinen Geschäftsbedingungen ergangene Entscheidung des 8. Zivilsenats vom 12. Mai 1976 anzuführen.[65] Dabei handelt es sich um einen später in der Rechtsprechung und Literatur viel beachteten Problemkreis des Vorrangprinzips.[66] Bemerkenswert ist indes, dass der Senat in der genannten Entscheidung noch in keinster Weise darauf einging.

---

58 BGH v. 24.2.1971, NJW 1971, S. 1036 (1037); ebenfalls unter ausdrücklicher Hervorhebung der Nichtigkeitsfolge im Anschluss daran BGH v. 4.3.1977, WM 1977, S. 533 (534); in der Instanzrechtsprechung, AG Passau v. 6.7.1977, BB 1978, S. 121 (122).

59 Vgl. etwa BGH v. 29.10.1956, BGHZ 22, S. 90 (97 ff.); BGH v. 4.11.1964, NJW 1965, S. 246; ebenso BGH v. 11.11.1968, BGHZ 51, S. 55 (59); BGH v. 4.6.1970, BGHZ 54, S. 106 (109); BGH v. 24.2.1971, BB 1971, S. 413 (414); BGH v. 27.11.1974, BGHZ 63, S. 256 (258 f.); BGH v. 7.7.1976, NJW 1976, S. 2345 (2346); BGH v. 15.12.1976, NJW 1977, S. 624 (625); BGH v. 23.2.1977, BGHZ 68, S. 118 (124); BGH v. 8.2.1978, BGHZ 70, S. 304 (310).

60 Vgl. *Brandner*, JZ 1973, S. 613 (615); so wohl im Ergebnis auch BGH v. 12.5.1976, BB 1977, S. 61 (62).

61 BGH v. 24.2.1971, BB 1971, S. 413 (414) („stillschweigender Unterwerfungswille").

62 BGH v. 6.11.1967, BGHZ 49, S. 84 (86 f.); BGH v. 19.3.1969, BGHZ 52, S. 30 (35).

63 BGH v. 9.2.1970, NJW 1970, S. 992 (993).

64 Das OLG Köln v. 15.10.1975, BB 1976, S. 106 sprach einer mündlichen Kulanzregelung den Vorrang vor Allgemeinen Geschäftsbedingungen zu, allerdings nur unter dem Gesichtspunkt der rechtsmissbräuchlichen Berufung auf die Schriftformklausel.

65 Vgl. BGH v. 12.5.1976, BB 1977, S. 61 ff.

66 Zu formularvertraglichen Schriftformklauseln siehe Seite 133 ff., 252 ff.

Lediglich die Frage nach der Billigkeit der Schriftformklausel wurde unter dem Aspekt sog. „schutzwürdiger Belange des Verkäufers“ erörtert. Konsequenterweise hätte die Zulässigkeit der Schriftformklausel allerdings bereits an dieser Stelle unter dem Gesichtspunkt des Vorrangprinzips beurteilt werden müssen, da derartige Klauseln konkrete Regeln für das Zustandekommen von Individualvereinbarungen aufstellen und damit ihre Wirksamkeit begrenzen sollen.[67] Das eigentliche Problem der Schriftformklausel wurde insofern zu diesem Zeitpunkt vom Bundesgerichtshof noch vollständig verkannt.[68]

Festzuhalten bleibt, dass die frühere Rechtsprechung den Vorrang der Individualabrede trotz fehlender gesetzlicher Grundlage dem Grunde nach als allgemeinen Rechtsgrundsatz des Zivilrechts zwar anerkannte, ihn jedoch nicht immer deutlich genug und dogmatisch zutreffend zum Ausdruck brachte.[69] Die konkrete Anwendung des Vorrangprinzips war zu dieser Zeit mit erheblichen Schwierigkeiten verbunden. So gingen die Gerichte in ihren Entscheidungsgründen oftmals überhaupt nicht oder aber zu oberflächlich auf das im Wege der richterrechtlichen Rechtsfortbildung geschaffene Prinzip ein.

Insgesamt kann die Rechtsprechung vor der Schaffung des Gesetzes zur Regelung der Allgemeinen Geschäftsbedingungen daher nur als vage und in weiten Strecken als unzureichend bezeichnet werden. Es gelang ihr nicht, eine einheitliche dogmatische Grundlage und rechtssichere Handhabung des Vorrangprinzips herauszuarbeiten. Tragweite und Anwendungsbereich des Vorrangprinzips konnten lediglich im Ansatz bestimmt werden,[70] mit der Folge, dass die Rechtsprechung auch die praktische Reichweite dieses Grundsatzes nicht abschließend festlegen konnte. Das Vorrangprinzip stellte zu dieser Zeit noch kein systemintegriertes Rechtsprinzip, sondern eher einen „Argumentationstopos

---

67 Zu Recht die Kritik von *Trinkner*, Anm. zu BGH v. 12.5.1976, BB 1968, S. 61 (63).

68 *Trinkner*, Anm. zu BGH v. 12.5.1976, BB 1968, S. 61 (63).

69 Vgl. auch BGH v. 13.1.1982, WM 1982, S. 447 (450); BGH v. 12.02.1987, NJW 1987, S. 2076 (2077); *Trinkner* in: Löwe/Westphalen/Trinkner, § 4 AGBG Rn. 5, 9; *Lingemann*, NZA 2002, S. 181 (185).

70 Dies galt vor allem für solche Fälle, in denen die Klauseln in den Allgemeinen Geschäftsbedingungen wesentliche Umgestaltungen des von den Parteien geschlossenen Individualvertrags enthielten. Das konkrete Vorgehen in dieser Situation blieb bis zuletzt unklar. So verwendeten z.B. das OLG Nürnberg v. 30.12.1964, OLGZ 1965, S. 6 (8) und das LG Nürnberg-Fürth v. 4.2.1966, BB 1966, S. 1081 den Begriff „Missverhältnis zwischen Leistung und Gegenleistung“, das KG v. 26.1.1965, OLGZ 1965, S. 14 (16) sprach von „Unklarheitenregel“ und das OLG München v. 30.3.1965, OLGZ 1965, S. 17 (18 f.) von „Treu und Glauben“.

unter anderen" dar.[71] Das Vorrangprinzip konnte so noch nicht die Stelle im Kontrollsystem der Allgemeinen Geschäftsbedingungen einnehmen, die es von seiner dogmatischen Grundlegung her eigentlich hätte einnehmen müssen.[72]

III. Kodifikation des Vorrangprinzips

Seit Beginn der 1960er-Jahre wurde mit wachsendem Nachdruck eine gesetzliche Regelung des Rechts der Allgemeinen Geschäftsbedingungen gefordert. Ziel war es, dem Vertragspartner des Verwenders von Allgemeinen Geschäftsbedingungen einen gesetzlich verbindlichen Maßstab für die Kontrolle an die Hand zu geben. Darüber hinaus sollte auf diesem Weg die – auch im Hinblick auf das Vorrangprinzip – mitunter zersplitterte und zuweilen uneinheitliche Rechtsprechung geordnet und durch Gesetzeskraft gestärkt werden.[73] In ihrem „Ersten Bericht zur Verbraucherpolitik" aus dem Jahr 1971 hielt schließlich auch die Bundesregierung „einen wirksamen Schutz der Verbraucher gegenüber unangemessenen Vertragsbedingungen, in denen sich die missbräuchliche Verfolgung einseitiger Interessen verkörpert, für unerlässlich".[74]

Für die weitere Entwicklung zur Schaffung eines Gesetzes zur Regelung des Rechts der Allgemeinen Geschäftsbedingungen waren sodann zwei unterschiedliche Gesetzesentwürfe maßgebend: Zum einen handelte es sich um einen Gesetzesentwurf der Bundesregierung.[75] Dieser ging aus einem Gesetzesvorschlag, den die vom Bundesminister der Justiz eingesetzte Arbeitsgruppe zur Verbesserung des Verbraucherschutzes gegenüber Allgemeinen Geschäftsbedingungen unterbreitete[76] und aus dem Referentenentwurf eines Gesetzes über Allgemeine Geschäftsbedingungen[77] hervor. Daneben legte auch die CDU/CSU-Fraktion des 7. Deutschen Bundestages[78] einen Gesetzesentwurf vor, der auf einem vom

---

71 So auch *Coester*, DB 1982, S. 1551 (1552); *Trinkner* in: Löwe/Westphalen/Trinkner, § 4 AGBG Rn. 9 geht sogar soweit, dass die Rechtsprechung insgesamt „nur zu Verwirrung beigetragen" habe.

72 *Trinkner* in: Löwe/Westphalen/Trinkner, § 4 AGBG Rn. 5.

73 Vgl. *Burckhardt*, Das AGB-Gesetz unter dem Einfluss der EG-Richtlinie, S. 20.

74 Vgl. BT-Drucksache 6/2724, S. 1 (8); zur weiteren Diskussion bzgl. der Schaffung eines AGB-Gesetzes siehe auch Bundesminister der Justiz (Hrsg.), Erster Teilbericht, S. 18 ff.

75 BR-Drucksache 360/75 = BT-Drucksache 7/3919 mit Stellungnahme des Bundesrates und Gegenäußerung der Bundesregierung.

76 Vgl. Bundesminister der Justiz (Hrsg.), Erster Teilbericht, S. 25 ff.

77 Abgedruckt in: DB 1974, Beilage 18.

78 Vgl. BT-Drucksache 7/3200.

Bundesarbeitskreis christlich-demokratischer Juristen ausgearbeiteten Entwurf eines Gesetzes über Allgemeine Geschäftsbedingungen[79] beruhte. Ob und gegebenenfalls wie darin das Problem des Vorrangs der Individualabrede vor im Widerspruch dazu stehenden Allgemeinen Geschäftsbedingungen zu lösen versucht worden ist, wird im Anschluss näher thematisiert.

1. Der Gesetzesentwurf der Bundesregierung

a) Erster Teilbericht der Arbeitsgruppe beim Bundesminister der Justiz

Bereits der erste Teilbericht, der im März 1974 von der vom Justizminister eingesetzten Arbeitsgruppe betreffend die materiell-rechtlichen Regelungen zum Schutz des Verbrauchers gegen Allgemeine Geschäftsbedingungen vorgestellt wurde, griff den von Literatur und Rechtsprechung entwickelten Grundsatz des Vorrangs der Individualabrede auf. Der diesbezügliche Regelungsvorschlag lautete in § 4 des Gesetzesentwurfs: „Individuelle Vertragsabreden haben ohne Rücksicht auf die Form, in der sie getroffen werden, Vorrang vor Allgemeinen Geschäftsbedingungen. Gesetzliche Formvorschriften bleiben unberührt".[80]

Zur Begründung führte die Arbeitsgruppe u.a. Folgendes an: „Die Vorschrift soll klarstellen, dass Vereinbarungen, die besonders für einen bestimmten Einzelvertrag getroffen werden, durch inhaltlich abweichende Allgemeine Geschäftsbedingungen nicht zunichte gemacht oder ausgehöhlt werden können. In vielen Fällen wird der Vertrag zwar unter Verwendung vorformulierter Vertragsbestimmungen geschlossen, jedoch werden in Einzelpunkten auch schriftliche Vereinbarungen getroffen, die von den vorformulierten Klauseln abweichen. Dass bei solchen Widersprüchen die für den Einzelfall getroffene Regelung den Vorrang vor der formularmäßigen Bestimmung haben muss, scheint fast selbstverständlich. Allgemeine Geschäftsbedingungen können als typische Regelungen für eine Vielzahl von Fällen den Besonderheiten des Einzelfalles einschließlich etwaiger besonderer Wünsche einer individuellen Vertragspartei naturgemäß nicht Rechnung tragen. Regeln die Parteien eines Einzelvertrages eine Frage abweichend von dem Schema, das die eine Vertragspartei gewöhnlich verwendet, so hat das Schema insoweit gegenüber der speziellen Vereinbarung zurückzutreten […]".[81]

---

79 Abgedruckt in: BB 1974, Beilage 9.

80 Bundesminister der Justiz (Hrsg.), Erster Teilbericht, S. 26.

81 Bundesminister der Justiz (Hrsg.), Erster Teilbericht, S. 49.

Die vom Justizminister eingesetzte Arbeitsgruppe übernahm damit die von *Raiser* und der Rechtsprechung aufgestellten Grundsätze. Als problematisch wurde dabei allein die Behandlung der sog. Schriftform- und Bestätigungsklauseln erachtet.[82] Eine nähere Auseinandersetzung mit der zu diesem Zeitpunkt ebenfalls ungeklärten Frage nach der konkreten Rechtsfolge bei Vorliegen eines Widerspruchs von Individualabrede und Allgemeiner Geschäftsbedingung sowie der damit verbundenen dogmatischen Einordnung des Vorrangprinzips in das System des AGB-Rechts unterblieb.

Gleichzeitig sah § 12 Abs. 1 lit. a des Gesetzesentwurfs eine Einschränkung des personellen Anwendungsbereichs der AGB-Vorschriften vor. Danach sollten die Vorschriften des Gesetzes bei Allgemeinen Geschäftsbedingungen gegenüber einem eingetragenen Kaufmann keine Anwendung finden, wenn der Vertrag zum Betrieb seines Handelsgewerbes gehörte. Die Arbeitsgruppe war der Auffassung, dass es zu weit ginge, das Gesetz uneingeschränkt auch auf Vollkaufleute für anwendbar zu erklären.[83] Allerdings ging sie zugleich davon aus, dass die Herausnahme der Vollkaufleute aus dem Schutzbereich des Gesetzes nicht dahin gehend missverstanden werden dürfe, dass Auswirkungen der Vorschriften auf Rechtsgeschäfte zwischen ihnen damit vollständig ausgeschlossen seien. Vielmehr sollten die Grundgedanken des Gesetzes anwendbar bleiben, wenn dies der besonderen Lage und dem Schutzbedürfnis der Kaufleute entsprach.[84]

In diesem Zusammenhang ist zu beachten, dass § 4 Abs. 2 des Gesetzesentwurfs für Minderkaufleute i.S.d. § 4 HGB a.F. bestimmte Einzelvorschriften aus den beiden Katalogen (§ 7 und § 8) für unanwendbar erklärte. Die Arbeitsgruppe ging davon aus, dass diese Verbote die Minderkaufleute bei ihrer gewerblichen Tätigkeit zu sehr einschränken würden.[85] Im Rahmen der Beratungen sprach sich ein Mitglied der Arbeitsgruppe dafür aus, auch das in § 4 vorgesehene Vorrangprinzip aus dem Anwendungsbereich zu exkludieren, da der Vorrang mündlicher Individualabreden nicht für die besonderen Verhältnisse bei Minderkaufleuten passe. Die Bestimmung könne den Besonderheiten der einzelnen Branchen und dem kaufmännischen Geschäftsverkehr nicht ausreichend Rechnung tragen.[86] Diesem Einwand folgte die Mehrheit der Arbeitsgruppe jedoch

82 Vgl. dazu ausführlich *Teske*, Schriftformklauseln in Allgemeinen Geschäftsbedingungen, S. 89 ff.
83 Bundesminister der Justiz (Hrsg.), Erster Teilbericht, S. 99 f.
84 Bundesminister der Justiz (Hrsg.), Erster Teilbericht, S. 99 f.
85 Bundesminister der Justiz (Hrsg.), Erster Teilbericht, S. 102.
86 Bundesminister der Justiz (Hrsg.), Erster Teilbericht, S. 102 f.

nicht. Im Umkehrschluss ist daher davon auszugehen, dass der Grundgedanke des Vorrangs einer Individualabrede vor inhaltlich kollidierenden Allgemeinen Geschäftsbedingungen auch gegenüber (Minder-)Kaufleuten umfassend und ohne Einschränkung gelten sollte.[87]

b) *Referentenentwurf eines Gesetzes über Allgemeine Geschäftsbedingungen*

Der im Herbst 1974 veröffentlichte Referentenentwurf I übernahm den Vorschlag des ersten Teilberichts I zur Regelung des Vorrangprinzips unverändert.[88] Eine ausführliche Darstellung ist daher nicht erforderlich.

c) *Gesetzesentwurf der Bundesregierung*

Auf Grundlage dieser Vorarbeiten leitete die Bundesregierung ihren Entwurf eines Gesetzes zur Regelung des Rechts der Allgemeinen Geschäftsbedingungen im Mai 1975 dem Bundesrat zur Stellungnahme zu.[89] Auffällig ist in diesem Zusammenhang, dass die bis dahin vorgesehene Regelung über die Unerheblichkeit der Form der Individualabrede gestrichen wurde und § 4 des Gesetzesentwurfs nur noch lautete: „Individuelle Vertragsabreden haben Vorrang vor Allgemeinen Geschäftsbedingungen".

Sinn und Zweck dieser Streichung war es, den zuvor geäußerten Bedenken Rechnung zu tragen und Schriftformklauseln im kaufmännischen Bereich zu ermöglichen. Für das Verhältnis zu Nichtkaufleuten sah § 9 Nr. 17 RegE AGBG ohnehin ein generelles Verbot vorformulierter Schriftformklauseln vor, welches die Wirksamkeit auch von mündlichen Abreden sicherstellen sollte.[90] Eine zusätzliche Regelung in § 4 des Gesetzesentwurfs für den nicht kaufmännischen Bereich wurde demgemäß als entbehrlich angesehen. Im Übrigen hielt der Gesetzesentwurf der Bundesregierung ohne Änderungen an der zuvor aufgezeigten Begründung fest.

---

87 Die Beschränkung des persönlichen Anwendungsbereichs eines AGB-Gesetzes allein auf den nichtkaufmännischen Bereich entfachte heftige Kritik, vgl. etwa *Bastian/Böhm*, BB 1974, S. 110 ff.; *Eith*, NJW 1974, S. 16 (19 f.); *Nicklisch*, BB 1974, S. 941 (945 ff.).

88 Vgl. DB 1974, Beilage 18, S. 2, 8 f.

89 Die Stellungnahme des Bundesrates sowie die dazu abgegebene Gegenäußerung der Bundesregierung sind abgedruckt in: BT-Drucksache 7/3919, S. 47 ff.

90 BT-Drucksache 7/3919 S. 39 f.; vgl. auch *Ulmer/Schäfer* in: Ulmer/Brandner/Hensen, § 305b Rn. 3.

2. Der Gesetzesentwurf der CDU/CSU-Fraktion

a) Gesetzentwurf des Bundesarbeitskreises Christlich-Demokratischer Juristen

Fast zum selben Zeitpunkt wie der Referentenentwurf wurde der von der Fachkommission „Verbraucherschutz" des Bundesarbeitskreises Christlich-Demokratischer Juristen verfasste Entwurf eines Gesetzes über Allgemeine Geschäftsbedingungen veröffentlicht.[91] Dieser entsprach in seinen materiell-rechtlichen Vorschriften weitgehend den in Teilbericht I enthaltenen Ergebnissen der vom Justizminister eingesetzten Arbeitsgruppe. Hinsichtlich des vorliegend zu untersuchenden Vorrangprinzips sah der Gesetzesentwurf in § 3 unter der Überschrift „Verhältnis von Individualvertrag und Allgemeiner Geschäftsbedingung" allerdings eine Abweichung vor: Danach sollten Bestimmungen in Allgemeinen Geschäftsbedingungen „unwirksam" sein, soweit sie den Vereinbarungen im Individualvertrag widersprechen.[92]

In der Begründung zum Gesetzesentwurf heißt es dazu: „Die Rechtsprechung geht davon aus, dass AGB-Bestimmungen, die Vereinbarungen im Individualvertrag widersprechen, unwirksam sind (BGH NJW 1968, 1626; BB 1971, 414) und zwar auch bei einem nur mittelbaren Widerspruch. Diese Ergebnisse der Rechtsprechung übernimmt der Entwurf. Die Regelung findet ihre Rechtfertigung darin, dass Vereinbarungen im Individualvertrag ein höherer Wert beizumessen ist als einseitig vorformulierten Allgemeinen Geschäftsbedingungen. Dies gilt auch für die häufig anzutreffende Bestimmung, dass mündliche zusätzliche oder abweichende Vereinbarungen nicht anerkannt werden oder dass solche Vereinbarungen der Schriftform bedürfen. Die Vertragspartei, die auf eine derartige Bestimmung besonderen Wert legt, mag sie in den Individualvertrag aufnehmen. Im Übrigen ist aus der Regelung des Entwurfs eine unvertretbare Erschwerung für die Vertragspartei, die sich nunmehr auch mündliche Änderungsvereinbarungen entgegenhalten muss, kaum zu erwarten; denn wer sich auf eine solche Änderung beruft, hat den sicher oft schwierigen Beweis hierfür zu führen. Gelingt ihm dieser indessen, ist es auch gerecht die Änderungsvereinbarung anzuerkennen."[93]

Anders als der Entwurf der Bundesregierung griff der Gesetzesentwurf des Bundesarbeitskreises Christlich-Demokratischer Juristen damit die bislang

---

91 Abgedruckt in: BB 1974, Beilage 9, S. 1 ff.

92 Vgl. BB 1974, Beilage 9, S. 2.

93 Vgl. BB 1974, Beilage 9, S. 7.

ungeklärte Frage der Rechtsfolge eines Widerspruchs von Individualabrede und Allgemeiner Geschäftsbedingung auf und erklärte die mit einer Individualabrede kollidierende Allgemeine Geschäftsbedingung ausdrücklich für nichtig.

Auch zur Anwendung des Vorrangprinzips im kaufmännischen Geschäftsverkehr nahm der Gesetzesentwurf des Bundesarbeitskreises Christlich-Demokratischer Juristen anders als der Entwurf der Bundesregierung konkret Stellung, indem er in § 25 lediglich die §§ 8, 9, 11, 16, 17, 19, 21 Abs. 1 Nr. 2 bis 5, 22 aus dem Anwendungsbereich für Handelsgeschäfte von Kaufleuten herausnahm. In der Gesetzesbegründung wurde ausdrücklich klargestellt, dass das Vorrangprinzip in § 3 auch im kaufmännischen Verkehr umfassend anwendbar bleiben sollte. Für eine Ausnahme seien keine ausreichend schutzwürdigen Interessen erkennbar.[94]

b) Gesetzesentwurf der CDU/CSU-Fraktion

Im Anschluss daran brachte die CDU/CSU-Fraktion ihren Entwurf eines Gesetzes über Allgemeine Geschäftsbedingungen im 7. Deutschen Bundestag ein.[95] Der Gesetzesentwurf der CDU/CSU-Fraktion übernahm in § 3 Abs. 1 den Vorschlag des Bundesarbeitskreises Christlich-Demokratischer Juristen und erklärte die Bestimmungen in Allgemeinen Geschäftsbedingungen ebenfalls für unwirksam, soweit sie den Vereinbarungen im Individualvertrag widersprachen. Darüber hinaus wurde der Regelungsvorschlag um einen Abs. 2 ergänzt, nach welchem der Ausschluss mündlicher Nebenabreden durch Allgemeine Geschäftsbedingungen unberührt bleiben sollte. Als „*lex specialis*"-Regelung gegenüber § 3 Abs. 1 wurde damit die Verwendung von Schriftform- und Bestätigungsklauseln in Allgemeinen Geschäftsbedingungen im Ergebnis ausdrücklich für zulässig erklärt.[96] Hinsichtlich des unternehmerischen Geschäftsverkehrs übernahm der Gesetzesentwurf der CDU/CSU in § 25 den Vorschlag des Bundesarbeitskreises Christlich-Demokratischer Juristen.

---

94 Vgl. BB 1974, Beilage 9, S. 13.

95 Vgl. BT-Drucksache 7/3200.

96 Dazu ausführlich auch *Teske*, Schriftformklauseln in Allgemeinen Geschäftsbedingungen, S. 96 f.

3. Die parlamentarischen Beratungen im Bundestag

a) Die erste Lesung der Gesetzesentwürfe

Die erste Lesung des von der CDU/CSU-Fraktion eingebrachten Entwurfs für ein Gesetz über Allgemeine Geschäftsbedingungen[97] erfolgte am 25. April 1975.[98] Nach einer kurzen Debatte, innerhalb welcher das Parlament auf die einzelnen Bestimmungen nicht näher einging,[99] wurde der Gesetzesentwurf an den Rechtsausschuss und zur Mitberatung an den Ausschuss für Wirtschaft verwiesen. Nachdem die Bundesregierung ihren Entwurf eines Gesetzes zur Regelung des Rechts der Allgemeinen Geschäftsbedingungen zunächst dem Bundesrat zur Stellungnahme zugeleitet und dieser hierzu in seiner Sitzung vom 11. Juli 1975 Stellung genommen hatte,[100] fand die erste Lesung dieses Gesetzesentwurfs am 25. September 1975 im Bundestag statt.[101] Im Mittelpunkt der Diskussion stand erneut allein die Frage nach der Zulässigkeit der Verwendung von Schriftform- und Bestätigungsklauseln.[102] Die weiteren im Umgang mit dem Vorrangprinzip bekannten Probleme fanden hingegen ungeachtet der unterschiedlichen Formulierungsvorschläge in den Gesetzesentwürfen keine Erörterung.

b) Die Beratungen im Rechtsausschuss

Im Anschluss daran befasste sich der Rechtsausschuss des Bundestages in seinen nachfolgenden Beratungen[103] ebenfalls lediglich damit, ob in § 4 AGBG eine

---

97 Vgl. BT-Drucksache 7/3200.

98 Vgl. dazu den stenographischen Bericht über die 168. Sitzung des Deutschen Bundestages in der 7. Legislaturperiode vom 25.4.1975, S. 11769 (11795 ff.).

99 Der Abgeordnete *Thürk* äußerte sich zu § 4 AGBG allein dahin gehend, dass Unklarheiten bei der Auslegung der Allgemeinen Geschäftsbedingungen danach stets zulasten des Verwenders gingen, vgl. stenographischer Bericht über die 168. Sitzung des Deutschen Bundestages in der 7. Legislaturperiode vom 25.4.1975, S. 11769 (11797).

100 Abgedruckt in: BR-Drucksache 360/75 (Beschluss) und als Anlage 2 zu BT-Drucksache 7/3919, S. 47 ff.

101 Vgl. dazu den stenographischen Bericht über die 187. Sitzung des Deutschen Bundestages in der 7. Legislaturperiode vom 25.9.1975, S. 13123 (13153 ff.).

102 Stenographischer Bericht über die 187. Sitzung des Deutschen Bundestages in der 7. Legislaturperiode vom 25.9.1975, S. 13123 (13156); vgl. auch *Teske*, Schriftformklauseln in Allgemeinen Geschäftsbedingungen, S. 98 ff.

103 Vgl. dazu die veröffentlichten stenographischen Protokolle der 97. Sitzung vom 5.5.1976, Prot. 97/76 ff.; der 98. Sitzung vom 19.5.1976, Prot. 98/5 ff., 151 ff.; der 99. Sitzung vom 21.5.1976, Prot. 99/5 ff. und der 100. Sitzung vom 2.6.1976, Prot. 100/5 ff. mit Anlagen 1–10.

mit § 3 Abs. 2 des Entwurfs der CDU/CSU-Fraktion vergleichbare Bestimmung, nach der mündliche Nebenabreden schlechthin unwirksam sind, wenn sie nicht schriftlich bestätigt werden, aufgenommen werden sollte.[104] Diejenigen Mitglieder des Rechtsausschusses, welche die Notwendigkeit einer derartigen Regelung bejahten, betonten, dass dadurch insgesamt die Rechtssicherheit erhöht werden könne.[105]

Die Gegner des Normierungsvorschlags gestanden dies zwar ein, gaben allerdings gleichzeitig zu bedenken, dass eine derartige Regelung für die Rechtsprechung im Einzelfall wegen mangelnder Flexibilität zu einem Hindernis werden könnte, wenn sich der Vertragspartner auf eine nachgewiesene mündliche Abrede beruft.[106] Der Antrag, den Text des § 3 Abs. 2 des CDU/CSU-Entwurfs dem § 4 des Regierungsentwurfs als Abs. 2 anzufügen, wurde daher von der Mehrheit im Rechtsausschuss abgelehnt und § 4 in der Fassung des Regierungsentwurfs ohne Gegenstimmen, bei Stimmenthaltung der CDU/CSU-Ausschussmitglieder beschlossen.[107]

4. Der Gesetzesbeschluss des Bundestages

Nach Anrufung des Rechtsausschusses wurde die Gesetzesvorlage der Bundesregierung am 24. Juni 1976 in der 2. und 3. Lesung verabschiedet und § 4 des Entwurfs eines Gesetzes zur Regelung des Rechts der Allgemeinen Geschäftsbedingungen, wie vom Rechtsausschuss in seinem Antrag vorgeschlagen,[108] mit Zustimmung aller Fraktionen einstimmig angenommen.[109] Die Änderungen, welche der Gesetzesbeschluss des Bundestages aufgrund der Anrufung des

---

104 Auf ein generelles Verbot der Schriftformklausel in den Klauselkatalogen wurde in den Gesetzesberatungen schließlich ganz verzichtet, vgl. dazu ausführlich *Teske*, Schriftformklauseln in Allgemeinen Geschäftsbedingungen, S. 98 f.

105 So der Abgeordnete *Thürk*, Rechtsausschuss, stenographisches Protokoll der 98. Sitzung vom 19.5.1976, Prot. 98/20.

106 So die Abgeordnete *Däubler-Gmelin*, Rechtsausschuss, stenographisches Protokoll der 98. Sitzung vom 19.5.1976, Prot. 98/21; vgl. auch Bericht des Rechtsausschusses in BT-Drucksache 7/5422, S. 3, 5.

107 Vgl. dazu Rechtsausschuss, stenographisches Protokoll der 98. Sitzung vom 19.5.1976, Prot. 98/24.

108 BT-Drucksache 7/5412, S. 4 ff.

109 Vgl. dazu den stenographischen Bericht über die 253. Sitzung des Deutschen Bundestages in der 7. Legislaturperiode vom 24.6.1976, S. 17973 (18068 f.).

Vermittlungsausschusses durch den Bundesrat[110] und der nachfolgenden parlamentarischen Beratungen[111] noch erfuhr, betrafen ausschließlich den verfahrensrechtlichen Teil des neuen Gesetzes.[112]

Die materiell-rechtlichen Vorschriften hingegen blieben unverändert, sodass dieser Teil des Gesetzes und damit auch das Vorrangprinzip in § 4 am 15. Dezember 1976 im Bundesgesetzblatt verkündet werden konnten.[113] Ausweislich des § 24, der lediglich die §§ 2, 10, 11 und 14 aus dem persönlichen Anwendungsbereich des Gesetzes herausnahm, galt das Vorrangprinzip in § 4 ebenso für Allgemeine Geschäftsbedingungen zwischen Kaufleuten. Vorbehaltlich einiger Sonderregelungen, die vornehmlich das Verfahrensrecht betrafen, trat das AGB-Gesetz mitsamt des Vorrangprinzips in § 4 AGBG sodann am 1. April 1977 in Kraft (vgl. § 30 AGBG).[114]

5. Schuldrechtsmodernisierungsgesetz

Am 1. Januar 2002 löste das Schuldrechtsmodernisierungsgesetz[115] das Gesetz zur Regelung des Rechts der Allgemeinen Geschäftsbedingungen schließlich auf und integrierte dessen materielle Regelungen in den §§ 305–310 BGB. Die verfahrensrechtlichen Regelungen wurden zusammen mit der verbraucherrechtlichen Verbandsklage in das Unterlassungsklagengesetz eingestellt. Mit der Integration der AGB-Bestimmungen in das Schuldrecht des Bürgerlichen Gesetzbuchs bezweckte der Gesetzgeber, die Zahl der Sondergesetze zu reduzieren und so die Übersichtlichkeit des Schuldrechts zu erhöhen.[116] Ungeachtet

---

110 Vgl. dazu BR-Drucksache 443/76 (Beschluss) sowie die Anlage; stenographisches Protokoll über die 437. Sitzung des Bundesrates vom 16.7.1976, S. 344 sowie die Anlagen 6 bis 8.

111 Vgl. dazu BT-Drucksache 7/5617 (Unterrichtung des Bundestages durch den Bundesrat über die Anrufung des Vermittlungsausschusses); BT-Drucksache 7/5635 (Antrag des Vermittlungsausschusses); BR-Drucksache 652/76 (Beschluss des Bundestages); stenographischer Bericht über die 258. Sitzung des Deutschen Bundestages in der 7. Legislaturperiode vom 10.11.1976, S. 18535 (18556 ff.) und das stenographische Protokoll über die 440. Sitzung des Bundesrates am 12.11.1976, S. 413 ff.

112 Vgl. dazu ausführlich *Gaul*, FS Beitzke, S. 997 (1011 ff.).

113 Vgl. Gesetz zur Regelung des Rechts der Allgemeinen Geschäftsbedingungen (AGB-Gesetz) vom 9.12.1976, BGBl. I, S. 3317.

114 Zur Entstehungsgeschichte des AGB-Gesetzes insgesamt auch *Hensen*, FS Heinrichs, S. 335 ff.

115 Vgl. Gesetz zur Modernisierung des Schuldrechts vom 26.11.2001, BGBl. I, S. 3138.

116 Zum Streit über die Integration des AGB-Gesetzes siehe BT-Drucksache 14/6040, S. 97; *Ulmer*, JZ 2001, S. 491 ff.; *Stoffels*, AGB-Recht, Rn. 52, 60; kritisch zu der

dieser gesetzessystematischen Veränderung ist die sachliche Substanz des AGB-Rechts weitestgehend gleich geblieben. Allein in Einzelpunkten erfolgten Klarstellungen oder Anpassungen an das neue Schuldrecht. Das Vorrangprinzip war davon nicht betroffen und konnte somit unverändert in § 305b BGB übernommen werden. Am bisherigen Wortlaut der Vorschrift sowie der Gesetzesbegründung hielt der Gesetzgeber ohne Ergänzungen bzw. Änderungen fest.[117]

Die Behandlung Allgemeiner Geschäftsbedingungen im unternehmerischen Rechtsverkehr wird seither von § 310 Abs. 1 BGB geregelt. Diesbezüglich haben sich hinsichtlich der grundsätzlichen Anwendbarkeit des Vorrangprinzips ebenfalls keine Änderungen ergeben.[118] Allerdings wurden im Rahmen der Verbraucherverträge die sog. Einmalbedingungen neu in das Recht der Allgemeinen Geschäftsbedingungen aufgenommen. Die §§ 305c Abs. 2, 306, 307–309 BGB finden nun gemäß § 310 Abs. 2 Nr. 3 BGB auf sie ebenfalls Anwendung. Eine Verweisung auf das Vorrangprinzip in § 305b BGB fehlt jedoch.[119]

6. Bedeutung und Bewertung der Kodifikation

Mit der ausdrücklichen Statuierung des Vorrangprinzips wollte der Gesetzgeber sicherstellen, dass Vereinbarungen, die für einen bestimmten Einzelfall getroffen werden, durch inhaltlich abweichende Allgemeine Geschäftsbedingungen weder zunichte gemacht noch ausgehöhlt werden können.[120] Die Kodifizierung des Vorranggebots sollte zudem keine gesetzgeberische Neuschaffung, sondern lediglich zu einer gesetzlichen Fixierung eines durch die richterliche Rechtsfortbildung entwickelten und in der Literatur anerkannten Aspekts der AGB-Kontrolle führen. Der Gesetzgeber bezweckte explizit keine Änderung der bisherigen Rechtslage, sondern lediglich die Klarstellung eines bereits in der Rechtsprechung angewandten Rechtsprinzips.[121] Auch der Bundesgerichtshof

---

gesetzessystematischen Verortung im allgemeinen Schuldrecht, *Wolf/Pfeiffer*, ZRP 2001, S. 303 ff.; *Pfeiffer* in: Wolf/Lindacher/Pfeiffer, Einl. Rn. 12 ff.; *Weick*, JZ 2002, S. 442 (445); *Westphalen*, NJW 2002, S. 12 (12 f.); verteidigend BT-Drucksache 14/6040, S. 149.

117 Vgl. BT-Drucksache 14/6040, S. 153.

118 Zur Anwendung des § 305b BGB im unternehmerischen Geschäftsverkehr ausführlich Seite 212 ff.

119 Zur Kollision von Einmalbedingungen und Individualabreden siehe Seite 237 ff.

120 BT-Drucksache 7/3919, S. 20; *Trinkner* in: Löwe/Westphalen/Trinkner, § 4 AGBG Rn. 1; *U. Stein* in: Soergel/BGB, § 4 AGBG Rn. 1.

121 BT-Drucksache 7/3919, S. 20; *U. Stein* in: Soergel/AGBG, § 4 AGBG Rn. 1; *A. Stein*, AGB-Gesetz, § 4 AGBG Rn. 1.

betonte selbst nach Schaffung des AGB-Gesetzes, dass sich der Vorrang der Individualabrede unabhängig von der positiven Regelung in § 4 AGBG [heute § 305b BGB] bereits aus allgemeinen Rechtsgrundsätzen ergebe.[122] Dies mag im Ergebnis einer der Gründe dafür sein, warum das Vorrangprinzip in der Literatur bislang kaum im Mittelpunkt des Interesses gestanden hat.

Die Auswirkungen des legislativen Akts sind jedoch nicht zu unterschätzen: Durch die Kodifikation ist das Vorrangprinzip vom Richter- zum Gesetzesrecht befördert und damit erheblich gestärkt worden. Die Höherwertigkeit des Gesetzesrechts gegenüber dem Richterrecht ergibt sich aus der überlegenen Qualität der vom demokratisch legitimierten Gesetzgeber geschaffenen Norm, die einen universellen Geltungsanspruch zu begründen vermag.[123] Zwar kann das Richterrecht, wenn ihm die Gerichte folgen und der Rechtsverkehr sich entsprechend orientiert, faktisch die gleiche Geltung wie ein Gesetz erlangen. Normative Geltung im Sinne einer Verbindlichkeit, welcher die Gerichte und die Behörden nachkommen müssen, besitzt es jedoch in der Regel nicht.[124] Richterrecht weist keinen Normgehalt außerhalb des pflichtgemäßen und von der Richtigkeitsüberzeugung des einzelnen Richters getragenen Gesetzesverständnisses auf.[125] Im Verlauf der parlamentarischen Beratungen wurde insofern zu Recht immer wieder darauf hingewiesen, dass eine gesetzliche Regelung des Rechts der Allgemeinen Geschäftsbedingungen notwendig sei, um die auf diesem Gebiet bestehende Rechtsunsicherheit zu beseitigen.[126]

Auch hinsichtlich des Vorrangprinzips sah sich der Gesetzgeber bei Schaffung des § 4 AGBG und § 305b BGB verpflichtet, ihm zu einer umfassenden Legitimation und Rechtssicherheit zu verhelfen. Denn, wie bereits dargelegt, verfuhr die frühere Rechtsprechung bei der konkreten Anwendung dieses Grundsatzes

---

122 BGH v. 13.1.1982, WM 1982, S. 447 (450); BGH v. 12.02.1987, NJW 1987, S. 2076 (2077); so auch *Trinkner* in: Löwe/Westphalen/Trinkner, § 4 AGBG Rn. 5; *Jacobs* in: BeckOK/ArbR, § 305b BGB Rn. 1; *Däubler* in: Däubler/Bonin/Deinert, § 305b BGB Rn. 1; *Lingemann*, NZA 2002, S. 181 (185).

123 *Schuhmacher*, NZM 2003, S. 13 (14).

124 *Larenz*, Methodenlehre der Rechtswissenschaft, S. 415.

125 *Esser*, FS v. Hippel, S. 95 (113 f.).

126 So z.B. der Abgeordnete *Schoeler* in der 187. Sitzung des Deutschen Bundestages in der 7. Legislaturperiode vom 25.9.1975, stenographischer Bericht, S. 13123 (13157); die Abgeordnete *Däubler-Gwelin* in der 253. Sitzung des Deutschen Bundestages in der 7. Legislaturperiode vom 24.6.1976, stenographischer Bericht, S. 17973 (18059 f.) und der Abgeordnete *Kleinert* in der 253. Sitzung des Deutschen Bundestages in der 7. Legislaturperiode vom 24.6.1976, stenographischer Bericht, S. 17973 (18066).

ungeachtet seiner grundsätzlichen Anerkennung äußerst uneinheitlich. Die Kodifikation bedeutete für das Vorrangprinzip insgesamt eine Aufwertung und führte zu einem gestärkten Geltungsanspruch. Dem Prinzip kommt erst seitdem ein eigenständiger und fester Platz im Kontrollsystem der Allgemeinen Geschäftsbedingungen zu, den es vom Rechtsanwender uneingeschränkt zu beachten gilt.

Zugleich ist allerdings auch von einer inhaltlichen Bedeutung der Kodifikation des Vorrangprinzips auszugehen. Die Kodifizierung von Richterrecht setzt als Verwirklichung gesetzgeberischer Gestaltungsmacht voraus, dass die vorhandene judikative Praxis in ihren wesentlichen Grundzügen überprüft und auf dieser Basis entweder akzeptiert, modifiziert, ergänzt bzw. verworfen wird.[127] Das Ergebnis dieser Prüfung muss sodann in der Kodifikation nachvollziehbar und subsumtionsfähig niedergelegt werden. Denn der angestrebte Zuwachs an Legitimation und Rechtssicherheit kann lediglich dann erreicht werden, wenn die neue Kodifikation den Gerichten verständlichere Vorgaben gibt.[128] Dies erscheint aber im Hinblick auf das Vorrangprinzip und die Entstehungsgeschichte des § 305b BGB (früher § 4 AGBG) mehr als fraglich.

Zwar wird seither weitaus besser als zuvor sichergestellt, dass der Verwender von Allgemeinen Geschäftsbedingungen, der sich konkret und individuell mit seinem Vertragspartner auf einen bestimmten Leistungsinhalt geeinigt hat, diese Abrede nicht wieder durch die „Hintertür des Kleingedruckten“ umgehen kann.[129]Die Behandlung und Diskussion des Vorrangprinzips selbst ist im gesamten Gesetzgebungsverfahren, wie gezeigt, allerdings nur sehr oberflächlich verlaufen. Von der Aufstellung weniger allgemeiner Grundsätze abgesehen, ist der Gesetzgeber nicht auf die vielen Einzelheiten des Vorrangprinzips eingegangen. Weder in den verschiedenen Entwürfen zur Schaffung eines Gesetzes zur Regelung des Rechts der Allgemeinen Geschäftsbedingungen noch im Rahmen der parlamentarischen Beratungen sind die im Zusammenhang mit dem Vorrangprinzip stehenden Probleme umfassend erörtert worden.

Sichtbar wird dies bereits daran, dass dieser für das Recht der Allgemeinen Geschäftsbedingungen doch „besonders wichtige[n] Bestimmung“[130] in der

127 *Dauner-Lieb*, Kodifikation von Richterrecht, S. 305 (307); *Picker*, AcP 183 (1983), S. 369 (517 ff.).

128 *Dauner-Lieb*, Kodifikation von Richterrecht, S. 305 (307).

129 *Knops*, ZIP 2006, S. 1965 (1965 f).

130 Begründung zum Entwurf eines Gesetzes über Allgemeine Geschäftsbedingungen, BB 1974, Beilage 9, S. 1 (13).

Gesetzesbegründung insgesamt nur ein verhältnismäßig schmaler Raum zur Verfügung gestellt worden ist.[131] Der Schwerpunkt der parlamentarischen Beratungen lag stets in der Problematik, wie Schriftform- und Bestätigungsklauseln zu behandeln seien, und selbst dieser Aspekt musste mangels Konsensfähigkeit letztlich offengelassen werden.

Zu kritisieren ist das Vorgehen des Gesetzgebers insbesondere, weil die Übernahme der alten Rechtsprechung bei Schaffung des Gesetzes zur Regelung des Rechts der Allgemeinen Geschäftsbedingungen ohne weitere Konkretisierung überhaupt nicht möglich gewesen ist. Sie ist zum Zeitpunkt der Kodifikation des § 4 AGBG in keinster Weise gefestigt gewesen. Einigkeit hat dem Grunde nach lediglich hinsichtlich des Ergebnisses selbst bestanden, das heißt, dass den Individualabreden ein Vorrang vor den Allgemeinen Geschäftsbedingungen einzuräumen ist. Der Gesetzgeber hätte daher ein dogmatisches Konzept für die inhaltliche Konkretisierung des Vorrangprinzips entwickeln müssen, das zumindest die zu diesem Zeitpunkt bekannten Problemkreise einer systematisierten Lösung zugeführt hätte. Dieser Verantwortung hat er sich jedoch entzogen. Das Vorrangprinzip wurde weder systematisch einem der bekannten Kontrollinstitute bei der Prüfung Allgemeiner Geschäftsbedingungen zugeordnet, noch wurde ein Verbot bestimmter Klauseln, wie etwa der Schriftform- und Bestätigungsklauseln,[132] festgelegt.

Darüber hinaus hat der Gesetzgeber auch die konkreten Rechtsfolgen eines Verstoßes gegen das Vorrangprinzip nur unzureichend bestimmt. Zwar kann der Tatsache, dass der Gesetzesentwurf der CDU/CSU-Fraktion noch vorsah, dass bei einem Widerspruch von einer Unwirksamkeit der Allgemeinen Geschäftsbedingungen auszugehen sei, mittelbar entnommen werden, dass der Gesetzgeber einer derart weitgehenden Lösung wohl eine Absage erteilen wollte. Mit der offenen Formulierung „Individualabreden gehen Allgemeinen Geschäftsbedingungen vor" stellte er dem Rechtsanwender jedoch kein inhaltliches Alternativmodell zur Verfügung. Im weiteren Verlauf der Arbeit wird deutlich werden, dass dadurch sowohl die Bestimmung der dem § 305b BGB zugrunde liegenden Rechtsnatur und darauf aufbauend der genaue Umgang mit dem Vorrangprinzip

131 *Trinkner*, FS Cohn, S. 191 befürchtete daher auch, dass die zukünftige Praxis die Reichweite Vorrangprinzips verkennt und damit dem Adressaten Allgemeiner Geschäftsbedingungen in geringerem Umfange Schutz gewähren wird, als dies bei seiner konsequenten Anwendung möglich wäre.

132 Siehe zur Kritik auch *Teske*, Schriftformklauseln in Allgemeinen Geschäftsbedingungen, S. 105 ff.

deutlich erschwert wird. Im Rahmen der Schuldrechtsreform hat der Gesetzgeber die sich ihm erneut bietende Möglichkeit einer umfassenden Auseinandersetzung mit dem Vorrangprinzip und seiner Problemkreise, um gegebenenfalls an der Vorschrift Anpassungen vorzunehmen, ebenfalls nicht genutzt.

7. Zusammenfassung

Zusammenfassend ist festzustellen, dass die Kodifikation des Vorrangprinzips in § 4 AGBG und § 305b BGB nicht zu der erwarteten Rechtssicherheit geführt hat. Die unter Berücksichtigung des Anliegens und der Begründung des Gesetzgebers erwartete und erforderliche Klärung der dogmatischen Strukturen des Vorrangprinzips blieb aus. Der Kodifikation kann daher nicht nur eine bloß klarstellende Funktion der bisherigen Rechtslage zukommen.[133] Vielmehr ist das Vorrangprinzip weiterhin inhaltlich näher zu konkretisieren. Aufgrund seiner Kodifikation bedarf es jedoch keiner Auseinandersetzung mehr mit dem zuvor stets zu berücksichtigenden – und bis dahin strittigen – Legitimationserfordernis des Vorrangprinzips. An die Stelle der prinzipiengestützten Rechtsfortbildung tritt zudem die der Rechtsauslegung, das heißt, die Bestimmung des Inhalts und der Reichweite von § 305b BGB hat allein vom konkreten Gesetzeswortlaut sowie der Gesetzessystematik zu erfolgen. Die zuvor in der Rechtsprechung gewonnenen Erkenntnisse hingegen können im Rahmen der teleologischen bzw. historischen Auslegung des § 305b BGB weiter Berücksichtigung finden.

---

133 So aber BT-Drucksache 7/3919, S. 20; *Lehmann-Richter* in: BeckOGK/BGB, § 305b Rn. 3.1; *Ulmer/Schäfer* in: Ulmer/Brandner/Hensen, § 305b Rn. 7.

C. Grundlagen des Vorrangprinzips

Im Folgenden ist zunächst zu untersuchen, welche dogmatischen Grundlagen dem Vorrangprinzip in § 305b BGB zugrunde liegen und welche Stellung die Vorschrift damit im Recht der Allgemeinen Geschäftsbedingungen einnimmt. Im Rahmen der Vertragsauslegung sind grundsätzlich alle vertraglichen Bestimmungen als gleichrangig zu beachten.[134] Dies gründet auf der Überlegung, dass die Parteien den gesamten Vertragsinhalt ausgehandelt haben und alle Vertragsbestimmungen als Einheit betrachten.

Im Bereich der Normen über das Zustandekommen eines Vertrags zeigt sich dies in der Regel des § 154 Abs. 1 S. 1 BGB. Danach gilt ein Vertrag als nicht geschlossen, solange sich die Parteien nicht über alle Punkte geeinigt haben.[135] Sich in ihren Rechtsfolgen widersprechende gleichrangige Vertragsbestimmungen sind daher, wenn sich der Widerspruch im Wege der Auslegung nicht auflösen lässt, wegen Perplexität unwirksam.[136] Tritt ein solcher Widerspruch allerdings zwischen einer von den Vertragsparteien individuell vereinbarten Abrede und einer dem Einzelvertrag zugrunde gelegten Allgemeinen Geschäftsbedingung i.S.d. § 305 Abs. 1 BGB auf, soll der Individualabrede abweichend von den allgemeinen Grundsätzen ein „Vorrang" zukommen.

In der Literatur wird teilweise vertreten, dass sich dieser Grundsatz – unabhängig von seiner Kodifikation in § 305b BGB – bereits dem Willen der Vertragsparteien entnehmen lasse.[137] Geben die Vertragspartner von den Allgemeinen Geschäftsbedingungen abweichende Willenserklärungen ab, könne dies vernünftigerweise lediglich dergestalt gedeutet werden, dass der anderslautende AGB-Inhalt nicht das für den Vertrag besonders Vereinbarte verdrängen soll.[138] Dieser Ansatz mag zwar in vielen Fällen überzeugen und zu einem interessengerechten Ergebnis führen; das Problem eines auftretenden Widerspruchs zwischen Individualabrede und Allgemeiner Geschäftsbedingung lässt sich damit allerdings nicht vollständig erfassen. Probleme bereitet der Ansatz z.B. bereits

134 *Schmidt-Salzer*, Allgemeine Geschäftsbedingungen, Rn. E. 4.

135 *Schmidt-Salzer*, Allgemeine Geschäftsbedingungen, Rn. E. 5.

136 Vgl. dazu etwa OLG Hamburg v. 29.1.1997, ZMR 1997, S. 350 (350 f.).

137 *Hellwege*, Allgemeine Geschäftsbedingungen, S. 402; so auch schon *Raiser*, Das Recht der Allgemeinen Geschäftsbedingungen, S. 230.

138 *Hellwege*, Allgemeine Geschäftsbedingungen, S. 402; *Raiser*, Das Recht der Allgemeinen Geschäftsbedingungen, S. 231.

dann, wenn die Allgemeine Geschäftsbedingung der Individualabrede nachfolgt, da die Vertragsparteien damit grundsätzlich ihren Willen zur Aufhebung der zuvor getroffenen Abrede zum Ausdruck bringen. Der Parteiwille allein kann daher zur Begründung des Prinzips vom absoluten Vorrang der Individualabrede nicht genügen.[139]

I. Funktionales Rangverhältnis

Daran anknüpfend stellt sich die Frage, weshalb eine Abweichung vom allgemeinen Grundsatz der Gleichbehandlung jeglicher Vertragsbestandteile bei einem Widerspruch von Individualabrede und Allgemeinen Geschäftsbedingungen dennoch gerechtfertigt erscheint. Auf den ersten Blick klingt die Formulierung eines Vorrangs der einzelvertraglichen Vereinbarung vor den Allgemeinen Geschäftsbedingungen in § 305b BGB wie eine Anleihe bei der Normenhierarchie des Gesetzesrechts.[140] Eine solche Rechtsquellenhierarchie, vergleichbar mit dem Verhältnis unterschiedlicher Normarten, setzt jedoch voraus, dass Individualabreden und Allgemeine Geschäftsbedingungen eine unterschiedliche Rechtsnatur aufweisen, die ein abgestuftes Rangverhältnis rechtfertigen.

1. Rechtsnatur Allgemeiner Geschäftsbedingungen

Eine Individualabrede ist dem Grunde nach eine vertragliche Regelung, die nach den allgemeinen Regeln der Rechtsgeschäftslehre durch zwei übereinstimmende Willenserklärungen zum Vertragsbestandteil wird.[141] Allgemeine Geschäftsbedingungen hingegen werden aufgrund von Rationalisierungsgesichtspunkten für eine Mehrzahl von Verträgen konzipiert und dementsprechend abstrakt-generell vorformuliert. Sie nehmen weder auf einen konkreten Vertragsschluss („abstrakt") noch auf einen individuellen Vertragspartner („generell") Bezug. Ihnen kommt damit faktisch eine gesetzesähnliche Wirkung zu.[142] Die Rechtsnatur von Allgemeinen Geschäftsbedingungen ist deshalb auch zwischen den Anhängern der sog. Normen- bzw. Vertragstheorie umstritten. Die

---

139 Zur Problematik des zwingenden Charakters des § 305b BGB siehe Seite 98 ff.

140 Vgl. *Koch/Stübing*, § 4 AGBG Rn. 2; für ein hierarchisches Verständnis *E. Schmidt*, JuS 1987, S. 929 (933), der den Allgemeinen Geschäftsbedingungen sachlichen Normcharakter zuspricht.

141 Zur Begriffsbestimmung der „Individualabrede" i.S.d. § 305b BGB siehe Seite 101 ff.

142 *Spruß*, Die Einbeziehung Allgemeiner Geschäftsbedingungen, S. 6; *Bührer*, AGB-Kollisionen, S. 6 f.

Rechtsprechung hat in dieser Auseinandersetzung zunächst selbst keine klare Stellung bezogen und Allgemeine Geschäftsbedingungen einerseits als „fertig bereitliegende Rechtsordnung“[143] bezeichnet, andererseits in Anlehnung an den Gesetzeswortlaut auch die „Vertragsnatur der Bedingungen“[144] hervorgehoben.

a) Normentheorie

Die Vertreter der sog. Normentheorie sind der Auffassung, dass Allgemeinen Geschäftsbedingungen sachlich Normcharakter zukomme.[145] Begründet wird dies mit der überlegenen Stellung des Verwenders, der seinem Vertragspartner mittels einseitigen Stellens der Allgemeinen Geschäftsbedingungen in der Regel keine Alternative hinsichtlich des Vertragsabschlusses bzw. des konkreten Vertragsinhalts lasse. Der Vertragspartner könne oftmals nur noch darüber entscheiden, die Allgemeinen Geschäftsbedingungen anzunehmen oder den gesamten Vertrag abzulehnen. Dieses Ungleichgewicht zugunsten des Verwenders setze ihn gleichsam in die Position eines Gesetzgebers.[146]

Weiterhin wird angeführt, dass das Gesetz die Allgemeinen Geschäftsbedingungen anders als sonstige Vertragsbestimmungen behandele. So stelle es etwa in §§ 305 Abs. 2, 305c Abs. 1 BGB besondere Voraussetzungen für ihre Einbeziehung auf und unterwerfe sie gleichzeitig in den §§ 307–309 BGB einer verschärften Inhaltskontrolle. Ferner sei für sie in den §§ 1, 8 ff. UKlaG die Möglichkeit eines abstrakten Kontrollverfahrens vorgesehen, das für Verträge grundsätzlich „systemfremd“ sei. Es sei vielmehr aus der Normenkontrolle bekannt, was damit

143 BGH v. 3.11.1994, NJW 1995, S. 1490 (1491); BGH v. 4.5.1995, NJW 1995, S. 2224 (2225 f.); BGH v. 4.5.1995, NJW 1995, S. 3117 (3118).

144 BGH v. 1.3.1982, NJW 1982, S. 1388 (1389).

145 *Pflug*, Kontrakt und Status im Recht der Allgemeinen Geschäftsbedingungen, S. 247 ff., 298 ff.; *Meyer-Cordning*, Die Rechtsnormen, S. 101 ff.; *Mertens*, AG 1982, S. 29 (39); ebenso *E. Schmidt*, JuS 1987, S. 929 (931) („sachlicher Normcharakter der Allgemeinen Geschäftsbedingungen“); *Helm*, FS Schnorr von Carolsfeld, S. 125 (131) („normativer Charakter“ der Allgemeinen Geschäftsbedingungen); *Großmann-Doerth*, Selbstgeschaffenes Recht der Wirtschaft und staatliches Recht, S. 5 (Allgemeine Geschäftsbedingungen als „selbstgeschaffenes Recht der Wirtschaft“); ausführlich zur Normentheorie auch *Fastrich*, Richterliche Inhaltskontrolle, S. 29 ff.

146 *Pflug*, Kontrakt und Status im Recht der Allgemeinen Geschäftsbedingungen, S. 4; *Meyer-Cording*, Die Rechtsnormen, S. 132; *E. Schmidt*, JuS 1987, S. 929 (931 f.); *ders.*, ZIP 1987, S. 1505 (1505 f.).

ebenfalls gegen die Einordnung der Allgemeinen Geschäftsbedingungen als vertragliche Bestimmung spreche.[147]

Daneben würden Allgemeine Geschäftsbedingungen – wie auch Normen – dem Grunde nach objektiv und damit abweichend von den allgemeinen Regeln in den §§ 133, 157 BGB ausgelegt.[148] Entsprechendes gelte schließlich ebenfalls für die Rechtsfolgen im Falle einer Nichteinbeziehung bzw. inhaltlicher Unwirksamkeit einzelner Allgemeiner Geschäftsbedingungen. Gemäß §§ 154, 155 BGB hindere ein offener bzw. verdeckter Einigungsmangel den wirksamen Vertragsschluss bzw. bedinge die Teilnichtigkeit des Vertrags nach § 139 BGB eigentlich seine Gesamtnichtigkeit. Im Falle einer Allgemeinen Geschäftsbedingung hingegen bleibe der übrige Vertrag ausweislich des § 306 Abs. 1 BGB stets wirksam.[149]

b) Die Vorzugswürdigkeit der Vertragstheorie

Andererseits ist zu beachten, dass Allgemeine Geschäftsbedingungen in der Regel lediglich als ein „Anhängsel" zu einem Vertrag verstanden werden und damit bereits vom rein äußerlichen Standpunkt aus betrachtet eine Einordnung als Vertragsbestandteil naheliegt.[150] Darüber hinaus sprechen die Vorschriften in § 305 Abs. 1, 2 BGB ausdrücklich von „Vertragsbedingungen" sowie „Bestandteil eines Vertrags" und betonen damit konsequent die Vertragsnatur der zwischen den Parteien vereinbarten Allgemeinen Geschäftsbedingungen. Die herrschende Lehre (sog. Vertragstheorie) erkennt darin zu Recht eine klare Absage an die Normentheorie.[151] Der Gesetzgeber der Schuldrechtsreform hat diese Sichtweise mittlerweile bestätigt, indem er das Recht der Allgemeinen Geschäftsbedingungen systematisch dem allgemeinen Vertragsrecht („Recht der Schuldverhältnisse") zugeordnet hat.[152] Die aufgezeigten Unterschiede zwischen Allgemeinen Geschäftsbedingungen und sonstigen Vertragsbestimmungen sind insofern lediglich als Modifikationen der allgemeinen Rechtsgeschäftslehre zu

---

147 Vgl. *Buck-Heeb/Dieckmann*, Selbstregulierung im Privatrecht, S. 52.

148 Siehe dazu Seite 148 ff.

149 *E. Schmidt*, JuS 1987, S. 929 (935); vgl. auch *Buck-Heeb/Dieckmann*, Selbstregulierung im Privatrecht, S. 53.

150 *Spruß*, Die Einbeziehung Allgemeiner Geschäftsbedingungen, S. 6.

151 *Pfeiffer* in: Wolf/Lindacher/Pfeiffer, Einl. Rn. 16; *Ulmer/Habersack* in: Ulmer/Brandner/Hensen, Einl. BGB Rn. 39; *Stoffels*, AGB-Recht, Rn. 105; *Habersack*, Vertragsfreiheit und Drittinteressen, S. 168; *M. Wolf*, JZ 1973, S. 229 (231 f.).

152 *Pfeiffer* in: Wolf/Lindacher/Pfeiffer, Einl. Rn. 16.

verstehen, deren Ziel es ist, das gestörte Vertragsgleichgewicht zwischen dem Verwender und seinem Vertragspartner wiederherzustellen.[153]

Überdies vermag die Normentheorie nicht die notwendige einseitige Normsetzungsbefugnis des Verwenders zu erklären.[154] Die Annahme einer richterrechtlich anerkannten, inzwischen zu Gewohnheitsrecht gewordenen einseitigen Rechtsetzungsbefugnis bzw. eine Legitimation der Aufstellung und Verwendung von Allgemeinen Geschäftsbedingungen durch Normsetzung mithilfe der Verabschiedung der §§ 305 ff. BGB entspricht – wie die Vertreter der Normentheorie auch selbst erkennen[155] – nicht den in Art. 80 GG aufgestellten Anforderungen an eine einseitige Rechtsetzung außerhalb der Legislative. Man müsste die §§ 305 ff. BGB daher, zumindest soweit darin die Einbeziehungsvoraussetzungen für Allgemeine Geschäftsbedingungen geregelt werden, als unter der Verfassung stehendes einfaches Recht für verfassungswidrig erachten.[156]

Zwar ist den Vertretern der Normentheorie darin zuzustimmen, dass Allgemeine Geschäftsbedingungen regelmäßig nicht verhandelbar sind, da sich der Verwender oftmals in einer Monopolstellung befindet, mit der Folge, dass für den Einzelnen aus wirtschaftlicher Sicht gegebenenfalls faktisch ein Kontrahierungszwang unter gleichzeitiger Einbeziehung der Allgemeinen Geschäftsbedingungen bestehen kann. Grundlage der Geltung von Allgemeinen Geschäftsbedingungen ist indes nach wie vor die Einigung der Vertragsparteien über die Einbeziehung in das Vertragsverhältnis.[157]

Dem bürgerlich-rechtlichen Vertragsschlussmodell entsprechend stellen die Vorschriften der §§ 305 ff. BGB dem Erfordernis des Stellens und der Hinweisobliegenheit des Verwenders ausdrücklich das Einverständnis der Gegenpartei mit der Geltung der Allgemeinen Geschäftsbedingungen gegenüber. Erst die Zustimmung des Vertragspartners bildet demzufolge die Legitimationsgrundlage der

153 *Pfeiffer* in: Wolf/Lindacher/Pfeiffer, Einl. Rn. 16; *Ulmer/Habersack* in: Ulmer/Brandner/Hensen, Einl. BGB Rn. 39; *Habersack*, Vertragsfreiheit und Drittinteressen, S. 168 f.

154 *Grüneberg* in: Palandt/BGB, § 305 Rn. 2; *Ulmer/Habersack* in: Ulmer/Brandner/Hensen, 11. Aufl. 2011, Einl. BGB Rn. 41.

155 Vgl. etwa *Pflug*, Kontrakt und Status im Recht der Allgemeinen Geschäftsbedingungen, S. 289.

156 *Ulmer/Habersack* in: Ulmer/Brandner/Hensen, 11. Aufl. 2011, Einl. BGB Rn. 42.

157 So schon vor Einführung des AGB-Gesetzes, *Schmidt-Salzer*, Allgemeine Geschäfts- und Versicherungsbedingungen, S. 54; ausführliche Erörterung zur heutigen Rechtslage und Vereinbarkeit der „Vertragstheorie“ mit der Klauselrichtlinie 93/13/EWG bei *Spruß*, Die Einbeziehung Allgemeiner Geschäftsbedingungen, S. 141 ff.

Allgemeinen Geschäftsbedingungen.[158] Es besteht daher für den Vertragspartner stets die Möglichkeit vom Vertragsschluss unter Einbeziehung der gestellten und vorformulierten Geschäftsbedingungen des Verwenders – anders als bei gültigen Rechtsnormen – Abstand zu nehmen.

Schließlich vermag die „Normentheorie" ebenfalls den Kontrollmaßstab der §§ 305 ff. BGB nicht zu erklären. Nach der Normentheorie wäre lediglich eine neutrale Gerechtigkeitskontrolle möglich. Eine einseitige strenge Kontrolle gegen den Verwender, wie sie § 307 Abs. 1 BGB vorsieht („unangemessene Benachteiligung des Vertragspartners des Verwenders"), käme dagegen nicht in Betracht.[159] Des Weiteren ordnet § 307 Abs. 2 Nr. 1 BGB eine Kontrolle am Leitbild des dispositiven Gesetzesrechts an. Prüfungsmaßstab ist demnach die Vertragsgerechtigkeit und die Leitbildfunktion des dispositiven Vertragsrechts, was jedoch ebenso nur bei einer vertragsrechtlichen Einordnung der Allgemeinen Geschäftsbedingungen zu erklären ist.[160]

Allgemeine Geschäftsbedingungen sind im Ergebnis mit der Vertragstheorie als Teil der Vertragsfreiheit und Ausfluss der Privatautonomie des Verwenders zu begreifen.[161] Eine Einordnung der Allgemeinen Geschäftsbedingungen als Normen, die aufgrund einer besonderen Legitimation durch den Gesetzgeber auch von Privaten erlassen werden dürfen, ist nicht möglich. Es bleibt daher dabei, dass es sich bei einem Aufeinandertreffen von Individualabrede und einbezogener Allgemeiner Geschäftsbedingung um zwei Vertragsbestandteile handelt, die dem Grunde nach als gleichrangig zu bewerten sind. § 305b BGB schafft insoweit keine Vertragsbestandteile höheren und niederen Rangs.[162]

---

158 *Pfeiffer* in: Wolf/Lindacher/Pfeiffer, Einl. Rn. 26; *Ulmer/Habersack* in: Ulmer/Brandner/Hensen, Einl. Rn. 39.

159 *Pfeiffer* in: Wolf/Lindacher/Pfeiffer, Einl. Rn. 16.

160 *Fehl,* Systematik des Rechts der Allgemeinen Geschäftsbedingungen, S. 74, 87.

161 So nun auch BGH v. 5.7.2005, NJW 2005, S. 2919 (2921) („keine Rechtsnormen"); *Pfeiffer* in: Wolf/Lindacher/Pfeiffer, Einl. Rn. 18; *Grüneberg* in: Palandt/BGB, § 305 Rn. 2; *Stoffels*, AGB-Recht, Rn. 104; *Canaris*, FS Steindorff, S. 519 (548).

162 So auch *Ulmer/Schäfer* in: Ulmer/Brandner/Hensen, § 305b Rn. 7; a.A. *Schmidt-Salzer*, Allgemeine Geschäftsbedingungen, Rn. E. 7, der von „Allgemeinen Geschäftsbedingungen als rangniedere, akzessorische Vereinbarungen" spricht; für ein hierarchisches Verständnis auch *E. Schmidt*, JuS 1987, S. 929 (933), der den Allgemeinen Geschäftsbedingungen aber sachlichen Normcharakter zuspricht.

2. Unterschiedliches Zustandekommen von Individualabrede und Allgemeiner Geschäftsbedingung

Das Vorrangprinzip in § 305b BGB könnte gleichwohl Ausdruck einer wesensmäßigen, das heißt funktionalen Beschränkung der Allgemeinen Geschäftsbedingungen durch die Individualabrede sein.[163] Ausgangspunkt dieser Überlegung ist dabei das unterschiedliche Zustandekommen der beiden Vertragsbestandteile.

a) „Aushandeln" als Ausdruck beidseitiger Vertragsfreiheit

Das fundamentale Gestaltungsprinzip und Kennzeichen des Privatrechts ist die Privatautonomie.[164] Sie ist verfassungsrechtlich als Teil der allgemeinen Handlungsfreiheit von Art. 2 Abs. 1 GG umfasst.[165] Daneben wird sie teilweise als Ausdruck der personalen Selbstverantwortung der Bürger erachtet, die sich ihrerseits wiederum aus der Menschenwürde ergebe.[166] Als wichtigster Ausfluss der Privatautonomie ist dabei die Vertragsfreiheit zu verstehen.[167] Die Geltung der Vertragsfreiheit als ein Teilbereich der Privatautonomie[168] wurde vom Gesetzgeber des Bürgerlichen Gesetzbuchs als Selbstverständlichkeit begriffen,[169] weshalb dieses Prinzip im Gesetzestext vorausgesetzt, aber nicht erneut ausdrücklich erwähnt wurde.[170] Die

163 BAG v. 20.5.2008, NJW 2009, S. 316 (318); *Peterhänsel* in: Boecken/Düwell/Diller/Hanau, § 305b BGB Rn. 2; *Grüneberg* in: Palandt/BGB, § 305b Rn. 1; wohl auch *Lindacher/Hau* in: Wolf/Lindacher/Pfeiffer, § 305b Rn. 2 „mehr als bloße Auslegungsregel"; ebenso *E. Schmidt*, JuS 1987, S. 929 (933); grundlegend schon vor der Schaffung des AGBG, *Trinkner*, FS Cohn, S. 191; *ders.* in: Löwe/Westphalen/Trinkner, § 4 AGBG Rn. 1.

164 Vgl. nur *Wolf* in: Soergel/BGB, Einl. zum BGB Rn. 2.

165 Siehe nur *Höfling*, Vertragsfreiheit, S. 6 f. m.w.N.

166 *Flume*, BGB AT, Bd. II, S. 1, 6 f.; *Canaris*, FS Lerche, S. 873 (878 ff.).

167 *Busche*, Privatautonomie und Kontrahierungszwang, S. 54 f.; *Zöllner*, FS Bydlinksi, S. 517 (524).

168 *Olzen* in: Staudinger/BGB, 2015, Einl. zum Schuldrecht Rn. 52.

169 In den Motiven zum Entwurf eines Bürgerlichen Gesetzbuches für das Deutsche Reich, Berlin, Leipzig 1888, Band II, Recht der Schuldverhältnisse, S. 2 heißt es: „Vermöge des Prinzips der Vertragsfreiheit, von welchem das Recht der Schuldverhältnisse beherrscht wird, können die Parteien ihre Rechts- und Vertragsbeziehungen nach ihrem Ermessen mit obligatorischer Wirkung unter sich bestimmen, soweit nicht allgemeine oder bestimmte einzelne absolute Gesetzesvorschriften entgegenstehen [...]."

170 Vgl. *Fastrich*, Richterliche Inhaltskontrolle, S. 1.

Privatautonomie gründet dabei auf der Annahme von Selbstverantwortung und Selbstbestimmung.[171]

Vor diesem Hintergrund steht es den Privatsubjektiven als Ausdruck ihrer selbstverantwortlichen Lebensgestaltung zu, ihre privaten Rechtsbeziehungen durch entsprechende Willenserklärungen selbst und nach eigenen Wünschen zu gestalten.[172] Die privaten Parteien können sich willkürlich binden und damit „quasi durch eigene Legislative“ autonomes Recht setzen.[173] Die rechtsgeschäftlichen Wirkungen treten ein, weil die Rechtsordnung dem geäußerten Parteiwillen die Fähigkeit beimisst, die gewollte Rechtswirkung herbeizuführen.[174] Dies setzt jedoch voraus, dass die individuell zwischen den Parteien getroffene Abrede durch beiderseitig beeinflusste und übereinstimmende Willenserklärungen geschlossen worden ist.

Während der Vertragsverhandlungen stehen sich dabei nach der Vorstellung des Gesetzgebers formal gleiche, selbstbestimmungsfähige und umfassend informierte Parteien gegenüber, deren Verhalten maßgeblich durch den Markt bestimmt wird.[175] Aufgrund der Tatsache, dass niemand zu für ihn nachteiligen Bedingungen kontrahiert, müssen die Vertragsparteien während der Vertragsverhandlungen ihre Konditionen so lange anpassen, bis ein für alle Seiten zufriedenstellendes und damit gleichzeitig angemessenes Ergebnis zustande gekommen ist.[176] Ein derart ausgehandelter Vertrag ist sodann Ausdruck der von der Privatautonomie gewährleisteten Vertragsfreiheit. In ihm sind die Interessen der Vertragsparteien in einen angemessenen Ausgleich gebracht worden.[177]

---

171 *Wolf* in: Soergel/BGB, Einl. zum BGB Rn. 2; *Fastrich,* Richterliche Inhaltskontrolle, S. 1.

172 *Merz*, Privatautonomie heute, S. 1 f.; *Flume*, BGB AT, Bd. II, S. 25; *Paulus/Zenker*, JuS 2001, S. 1.

173 *Schroeder*, Die Einbeziehung Allgemeiner Geschäftsbedingungen, S. 9; *Bührer*, AGB-Kollisionen, S. 7.

174 *Höfling*, Vertragsfreiheit, S. 29.

175 BT-Drucksache 7/3919, S. 9; *Wendland* in: Staudinger/Eckpfeiler, Kap. E Rn. 1; *Fastrich,* Richterliche Inhaltskontrolle, S. 82; *Spruß*, Die Einbeziehung Allgemeiner Geschäftsbedingungen, S. 124; *Paulus/Zenker*, JuS 2001, S. 1.

176 *Fastrich*, Richterliche Inhaltskontrolle, S. 82; *Paulus/Zenker*, JuS 2001, S. 1; *E. Schmidt*, DRiZ 1991, S. 81 (82); *Coester-Waltjen*, AcP 190 [1990], S. 1 (24 f.); kritisch *Bunte*, FS Locher, S. 325 (328).

177 *E. Schmidt*, DRiZ 1991, S. 81 (82); *Paulus/Zenker*, JuS 2001, S. 1; *Wackerbarth*, AcP 200 [2000], S. 45 (49 f.).

Schmidt-Rimpler hat in diesem Zusammenhang den Begriff der „Richtigkeitsgewähr" geprägt.[178] Danach ist der beiderseitig gleichberechtigt bestimmte Vertrag ein Mittel, um ohne hoheitliche Regelungen zu einem für die Parteien gerechten Ergebnis zu gelangen. Aufgrund dessen wird davon ausgegangen, dass dem Vertragsschluss eine Richtigkeitsgewähr in dem Sinne innewohnt, dass sich durch ihn nicht nur eine subjektiv gewollte, sondern auch eine objektiv gerechte Ordnung entfaltet.[179] Aus diesem Grund begreift die Rechtsordnung einen Vertrag als „inhaltlich richtig", wenn beide Vertragsparteien im Wege des Aushandelns und der freien Willensbetätigung Einfluss auf ihn nehmen konnten und ihm am Ende zustimmen.[180] Diese Art des Zustandekommens vertraglicher Regelungen stellt sicher, dass sich nicht nur das Interesse eines Vertragspartners durchsetzt. Ein „unrichtiger Wille" der einen Partei wird vielmehr durch das gegenteilige Interesse der anderen Partei korrigiert.[181]

Vor diesem Hintergrund wird verständlich, dass auch ein ungünstiges Rechtsgeschäft selbst verantwortet werden muss.[182] Lediglich Umstände, welche die freie Willensbetätigung und damit eine freie Ausübung der Privatautonomie beeinträchtigen, wie z.B. Mängel in der Geschäftsfähigkeit, Täuschung, Drohung oder Zwang,[183] machen ein staatliches Regulierungsinstrument in Form des zwingenden Rechts (z.B. §§ 106 ff., 119 ff., 142 BGB) erforderlich.[184] Daneben erlaubt es die „Richtigkeitsgewähr" allerdings, Individualvereinbarungen einer nur begrenzten Inhaltskontrolle zu unterziehen.

Insoweit musste der Gesetzgeber nur die äußersten Grenzen der privatautonomen Gestaltungsfreiheit – wie etwa in §§ 134, 138, 242 BGB – näher ausgestalten. Die darüber hinausgehenden Detailregelungen, welche der Gesetzgeber für einzelne Vertragstypen erlassen hat, verstehen sich bloß als ein „Modell eines

178 Vgl. *Schmidt-Rimpler*, AcP 147 [1941], S. 130 ff.; *ders.*, FS Raiser, S. 3 ff.; zum vertragstheoretischen Modell von *Schmidt-Rimpler* siehe auch *Pflug*, Kontrakt und Status im Recht der Allgemeinen Geschäftsbedingungen, S. 132 ff.

179 *Schmidt-Rimpler*, AcP 147 [1941], S. 130 (149 ff.); *ders.*, FS Raiser, S. 3 ff.

180 *Larenz*, Schuldrecht AT, S. 79; *Coester-Waltjen*, AcP 190 [1990], S. 14 f.

181 *Schmidt-Rimpler*, AcP 147 [1941], S. 130 (156, 161).

182 *Flume*, BGB AT, Bd. II, S. 61 f.; *Grunsky*, BB 1972, S. 189 (190).

183 *Fastrich*, Richterliche Inhaltskontrolle, S. 87 f.; *Paulus/Zenker*, JuS 2001, S. 1 (2).

184 *Wendland* in: Staudinger/Eckpfeiler, Kap. E Rn. 1; *Larenz*, Schuldrecht AT, S. 78; *Zöllner*, AcP 196 [1996], S. 1 (2 f.); vgl. auch *Basedow* in: MüKo/BGB, § 305b Rn. 5.

fairen Interessensausgleichs", das nur dann zur Anwendung gelangt, wenn die Vertragsparteien keine davon abweichenden Vereinbarungen getroffen haben.[185]

b) „Stellen" als Ausdruck einseitiger Vertragsfreiheit

Seit Langem besteht allerdings Einverständnis darüber, dass die Verwendung von Allgemeinen Geschäftsbedingungen i.S.d. § 305 Abs. 1 S. 1 BGB zu einer Gefährdung des zwischen den Vertragsparteien grundsätzlich bestehenden Vertragsgleichgewichts führt.[186] Denn anders als individuelle Abreden werden Allgemeine Geschäftsbedingungen nicht ausgehandelt, sondern für eine Vielzahl von Verträgen vorformuliert und vom Verwender bei Abschluss eines Vertrags gestellt.

Vorformulierung bedeutet in diesem Zusammenhang, dass die Vertragsbedingungen vor Vertragsschluss ohne Hinzuziehung des Vertragspartners aufgestellt sein und feststehen müssen.[187] Das Merkmal des „Stellens" setzt zudem voraus, dass der Verwender dem Vertragspartner die Allgemeinen Geschäftsbedingungen einseitig auferlegt und ihre Einbeziehung in den Einzelvertrag verlangen muss.[188] Die Vertragsbedingungen werden damit auf eine Art und Weise in den Vertrag eingebracht, die dem Vertragspartner keine Möglichkeit zum Aushandeln und zur Beeinflussung des konkreten Vertragsinhalts mehr lässt.

Auf diese Weise möchte der Verwender im Verhältnis zu einer Vielzahl von Vertragspartnern inhaltsgleiche vertragliche Regelungen schaffen.[189]Das Kräfteverhältnis zwischen den Parteien lässt dabei oftmals keinen Verhandlungsspielraum zu; insbesondere, wenn das konkrete Produkt oder die Dienstleistung nur vom Verwender angeboten wird oder aber das Ausweichen auf einen anderen Anbieter wegen branchenweit ähnlicher Allgemeiner Geschäftsbedingungen zu keiner Verbesserung der Situation führt, ist der Vertragspartner gezwungen, den Vertrag unter Einbeziehung der gestellten Geschäftsbedingungen abzuschließen.[190] Dies hat zur Folge, dass der Verwender seine Vertragspartner so zur

185 *Coester*, FS Ansay, S. 61 (62); vgl. auch *Preis*, Grundfragen der Vertragsgestaltung im Arbeitsrecht, S. 289 f.

186 So bereits BGH v. 29.10.1956, NJW 1957, S. 17; BGH v. 7.7.1976, NJW 1976, S. 2345 (2346).

187 *Roloff* in: Erman/BGB, § 305 Rn. 9.

188 BGH v. 29.1.1982, NJW 1982, S. 1035; *Pfeiffer* in: Wolf/Lindacher/Pfeiffer, § 305 Rn. 30; *Becker* in: BeckOK/BGB, § 305 Rn. 26; a.A. *Schmidt-Salzer*, NJW 1977, S. 129 (131).

189 *Leenen*, BGB AT, § 21 Rn. 17.

190 *Spruß*, Die Einbeziehung Allgemeiner Geschäftsbedingungen, S. 125 f.

Annahme ihm vorteilhafter Vertragsklauseln drängen und die eigene Stellung einseitig verbessern kann.[191]

Daran anknüpfend wird die von einem Teil der Literatur[192] und Rechtsprechung[193] vorgenommene Deutung des § 305b BGB als Rangregelung von Individualabrede und Allgemeiner Geschäftsbedingung nachvollziehbar: Wie dargelegt, ist die Individualabrede Ausdruck der Privatautonomie beider Vertragsparteien. Sie ist dadurch uneingeschränkt legitimiert und von der „Richtigkeitsgewähr" gedeckt. Allgemeine Geschäftsbedingungen hingegen entstehen nicht aus einem beiderseits gewollten Kompromiss, sondern beruhen auf dem einseitigen Akt des „Stellens". Aufgrund dessen wird bei der Verwendung Allgemeiner Geschäftsbedingungen kein inhaltlicher Konsens angestrebt, sondern dem Vertragspartner das eigene Klauselwerk aufgezwungen.

Dies widerspricht allerdings dem Grundsatz der Privatautonomie, nach welchem beiden Vertragsparteien die Freiheit zukommt, Einfluss darauf zu nehmen, einen Vertrag überhaupt zu schließen (sog. Abschlussfreiheit)[194] sowie den Inhalt des Rechtsgeschäfts mitzubestimmen (sog. Gestaltungsfreiheit).[195] Auf diese Weise wird sichergestellt, dass die Vertragsparteien als Ausdruck ihrer selbstverantwortlichen Lebensgestaltung selbst entscheiden, ob und mit wem sie unter welchen Bedingungen den Vertrag schließen möchten, sofern sie dabei nicht gegen zwingende Vorschriften des geltenden Rechts, gesetzliche Verbote oder die guten Sitten verstoßen.[196]

Voraussetzung ist jedoch, dass die Vertragsparteien gleichermaßen sowohl auf das „ob" des Vertragsschlusses als auch das „wie" des Vertragsinhalts Einfluss nehmen können. Bei der Verwendung von Allgemeinen Geschäftsbedingungen ist eine Verhandlung über den Vertragsinhalt indes nicht möglich, da diese nur dann „vorformuliert" i.S.d. § 305 Abs. 1 S. 1 BGB sind, wenn sie bereits

---

191 Insgesamt zum Hintergrund der Kontrolle Allgemeiner Geschäftsbedingungen, *Spruß*, Die Einbeziehung Allgemeiner Geschäftsbedingungen, S. 123 ff.

192 *Grüneberg* in: Palandt/BGB, § 305b Rn. 1; *H. Schmidt* in: HK/BGB, § 305b Rn. 2; *U. Stein* in: Soergel/BGB, § 4 AGBG Rn. 1; *Lapp/Salamon* in: juris-PK/BGB, § 305b Rn. 1; *K. P. Berger* in: PWW/BGB, § 305b Rn. 1; *Bieder*, SAE 2007, S. 379; vgl. auch *Zoller*, JZ 1991, S. 850 (853).

193 BAG v. 20.5.2008, NJW 2009, S. 316 (318).

194 Vgl. *Herrmann*, ZfA 1996, S. 19 (20 f.); *Zöllner*, AcP 176 [1976], S. 221 (224 f.).

195 *Brox/Walker*, Schuldrecht AT, S. 25; *Larenz*, Schuldrecht AT, S. 41 f.; *Paulus/Zenker*, JuS 2001, S. 1.

196 *Flume*, BGB AT, Bd. II, S. 25; *Merz*, Privatautonomie heute, S. 1 f.; *Paulus/Zenker*, JuS 2001, S. 1; *Hübner*, FS Börner, S. 717 (720).

vor dem Vertragsschluss fertig ausgearbeitet vorliegen, um in künftige Verträge einbezogen zu werden.[197] Mithin kann der Vertragspartner – anders als bei einem Individualvertrag – auf die inhaltliche Ausgestaltung der Allgemeinen Geschäftsbedingungen gerade nicht mehr einwirken. Zwar können teilweise noch die Hauptleistungspflichten mitbestimmt werden, die Begleitumstände und damit auch die Risikoverteilung werden hingegen in der Regel durch den Verwender in den Allgemeinen Geschäftsbedingungen vorgegeben.[198]

Bei der Verwendung von Allgemeinen Geschäftsbedingungen wird die Freiheit der inhaltlichen Vertragsgestaltung im Ergebnis folglich allein vom Klauselverwender in Anspruch genommen. Die Vertragsfreiheit des Vertragspartners bleibt auf eine bloße Abschlussfreiheit beschränkt. Der Umstand, dass Allgemeine Geschäftsbedingungen mithilfe einer Verweisung bzw. Geltungsvereinbarung in den Einzelvertrag einbezogen werden müssen, vermag daran nichts zu ändern. Denn die Anforderungen, welche das Gesetz und die Rechtsprechung daran stellen, sind so gering, dass die Einbeziehungsabrede nicht mit einer gleichberechtigt ausgehandelten Individualabrede gleichgesetzt werden kann.[199] Hat der Verwender seinen Vertragspartner ausdrücklich auf seine Allgemeinen Geschäftsbedingungen hingewiesen und eine zumutbare Möglichkeit der Kenntnisnahme eingeräumt (vgl. § 305 Abs. 2 BGB), so reicht es danach bereits aus, dass der Vertragspartner sein Einverständnis i.S.d. §§ 145 ff. BGB erklärt, unabhängig davon, ob er den Inhalt der Allgemeinen Geschäftsbedingungen kennt oder nicht.[200]

Eine solche Einigung entspricht jedoch nicht dem vom Bürgerlichen Gesetzbuch vorausgesetzten Vertragsschluss, der vom freien Willen beider Parteien getragen wird. *Raiser* spricht an dieser Stelle zu Recht von einer „verdünnten" Freiheit,[201] mit der Folge, dass die bei einem inhaltlich ausgehandelten Vertrag gegebene Richtigkeitsgewähr[202] bzw. Richtigkeitschance[203] bei Allgemeinen Geschäftsbedingungen nicht gegeben ist. Als Ausgleich unterliegen sie deshalb gemäß §§ 307–309 BGB einer strengen Inhaltskontrolle, um so den notwendigen

---

197 *Basedow* in: MüKo/BGB, § 305 Rn. 13; *Roloff* in: Erman/BGB, § 305 Rn. 9.
198 *Hebestreit*, Allgemeine Geschäftsbedingungen, S. 12 f.
199 Zum Begriff der „Individualabrede" i.S.d. § 305b BGB siehe Seite 101 ff.
200 BGH v. 16.12.1982, NJW 1983, S. 816 (817); *Roloff* in: Erman/BGB, § 305 Rn. 41.
201 *Raiser*, FS 100 Jahre DJT, S. 101 (126).
202 *Schmidt-Rimpler*, AcP 147 [1941], S. 130 (151 ff.).
203 *M. Wolf*, Rechtsgeschäftliche Entscheidungsfreiheit, S. 73 f.

Ausgleich für die im Vergleich zu ausgehandelten Individualabreden geringe subjektive Äquivalenz der Allgemeinen Geschäftsbedingungen zu schaffen.[204]

Vor diesem Hintergrund ist davon auszugehen, dass Individualabreden und Allgemeine Geschäftsbedingungen in einem sog. funktionalen Rangverhältnis zueinander stehen.[205] Bestätigt wird dies auch durch die bei der Vereinbarung von Allgemeinen Geschäftsbedingungen benutzte Regelungstechnik. Danach handeln die Parteien die für sie notwendigen Individualabreden grundsätzlich aus und verweisen „im Übrigen" auf die Allgemeinen Geschäftsbedingungen. Letztere bilden demnach nur eine vertragliche Rahmenordnung, denen institutionell die Funktion zukommt, die von den Parteien getroffenen Individualabreden auszufüllen und zu ergänzen.[206] Vorrangig sind die Individualabreden von den Vertragsparteien gewollt. Allein die noch offengelassenen Regelungspunkte des Vertrags werden mithilfe der einbezogenen Allgemeinen Geschäftsbedingungen ausgefüllt.

Diese bloße Ausgestaltungs- und Ergänzungsfunktion spricht im Ergebnis ebenfalls dafür, dass die Allgemeinen Geschäftsbedingungen nicht gleichberechtigt neben den Individualabreden stehen können. Als typische Regelungen für eine Vielzahl von Fällen können sie den Besonderheiten des Einzelfalls naturgemäß nicht Rechnung tragen.[207] Werden Allgemeine Geschäftsbedingungen zu dem Zweck verwendet, eine zwischen den Vertragsparteien einzeln ausgehandelte rechtsgeschäftliche Regelung zu konterkarieren, wäre dies letztlich ein institutioneller Fehlgebrauch.[208]

Das Verhältnis zwischen Allgemeinen Geschäftsbedingungen und Individualabreden ist infolgedessen so aufzufassen, dass die Allgemeinen Geschäftsbedingungen unter dem Vorbehalt ihrer Vereinbarkeit mit dem Einzelvertrag

---

204 Vgl. BT-Drucksache 7/3919, S. 9; *Heinrichs*, NJW 1977, S. 1505; in diese Richtung zielt auch die Auffassung *Flumes*, BGB AT, Bd. II, S. 670, der die Vertragsfreiheit nicht durch das Gesetz zur Regelung des Rechts der Allgemeinen Geschäftsbedingungen begrenzt sieht, sondern diese Beschränkung als der Vertragsfreiheit immanent bewertet; ähnlich auch *Löwe* in: Löwe/Westphalen/Trinkner, Einl. Rn. 4; zum Begriff der subjektiven Äquivalenz, *Daele*, Probleme des gegenseitigen Vertrages, S. 8 ff.

205 *Grüneberg* in: Palandt/BGB, § 305b Rn. 1; *H. Schmidt* in: HK/BGB, § 305b Rn. 2; *Ghassemi-Tabar* in: Gewerberaummiete/BGB, § 305b Rn. 3; *Clemenz* in: Clemenz/Kreft/Krause, § 305b Rn. 2; *Lapp/Salamon* in: juris-PK/BGB, § 305b Rn. 1; a.A. *A. Stein*, AGB-Gesetz, § 4 AGBG Rn. 1.

206 *Grüneberg* in: Palandt/BGB, Vor § 305 Rn. 5.

207 *Stoffels*, AGB-Recht, Rn. 344.

208 *Lindacher/Hau* in: Wolf/Lindacher/Pfeiffer, § 305b Rn. 1.

stehen und gegenüber den Individualabreden nachrangig sind. Letztere können und sollen nur insoweit Geltung für sich beanspruchen, wie die von den Parteien getroffene Individualabrede dafür noch Raum lässt.[209] So wird der Erkenntnis Rechnung getragen, dass individuellen Vereinbarungen den Parteiwillen im konkreten Fall stärker zur Geltung bringen als die abstrakt-generellen Allgemeinen Geschäftsbedingungen. Individualabreden ist insoweit die höhere Dignität zuzusprechen.[210]

3. Zusammenfassung

Bei Individualabreden und einbezogenen Allgemeinen Geschäftsbedingungen handelt es sich um zwei Vertragsbestandteile, die abweichend vom Grundsatz der Gleichbehandlung in einem funktionalen Rangverhältnis stehen. In ihrem unterschiedlichen Zustandekommen zeigt sich eine Rangabstufung, durch welche der AGB-Klausel ein Nachrang hinter der Individualabrede zukommt. Denn Individualabreden werden von den Vertragsparteien im Wege des freien und gleichberechtigten Aushandelns ihrer Interessen geschlossen. Beide Parteien üben durch sie die ihnen von Verfassungs wegen zustehende Privatautonomie in Form der Vertragsfreiheit aus, sodass es in dieser Situation auch des starken Kontrollinstrumentariums der Inhaltskontrolle nach den §§ 307–309 BGB nicht bedarf.

Der Schutzzweck der Inhaltskontrolle besteht – wie der des AGB-Rechts insgesamt – allein darin, den Vertragspartner vor Gefahren zu schützen, die sich daraus ergeben, dass er sich ohne ein Aushandeln auf die vorformulierten Vertragsbedingungen einlässt. Mithilfe der §§ 305 ff. BGB soll das Vertragsgleichgewicht aufrechterhalten werden, da Allgemeine Geschäftsbedingungen gerade nicht aus einem beiderseits gewollten Kompromiss entstehen. Vielmehr werden sie für eine Vielzahl von Verträgen vorformuliert und beruhen auf dem einseitigen Akt des Stellens. Auf diese Weise übt allein der Verwender seine

---

209 So im Ergebnis auch *Schmidt-Salzer*, Allgemeine Geschäftsbedingungen, Rn. E. 7; *Basedow* in: MüKo/BGB, § 305b Rn. 1; *Lindacher/Hau* in: Wolf/Lindacher/Pfeiffer, § 305b Rn. 1; *Ulmer/Schäfer* in: Ulmer/Brandner/Hensen, § 305b Rn. 7; *Grüneberg* in: Palandt/BGB, § 305b Rn. 1; *Schulte-Nölke* in: HK/BGB, § 305b Rn. 2; *Stoffels*, AGB-Recht, Rn. 344; *Zoller*, JZ 1991, S. 850 (851); *E. Schmidt*, JuS 1987, S. 929 (933).

210 Vgl. BGH v. 23.1.2013, NJW 2013, S. 2745 (2747); *K. P. Berger* in: PWW/BGB, § 305b Rn. 1, *Stoffels*, AGB-Recht, Rn. 344; teilweise wird dem Vorrang der Individualabrede sogar Verfassungsrang beigemessen, vgl. *Hanau*, FS zur 600-Jahr-Feier der Universität Köln, S. 183 (206).

Vertragsfreiheit umfassend aus. Der Vertragspartner bleibt auf seine Abschlussfreiheit beschränkt. Allgemeine Geschäftsbedingungen sind deshalb durch den Grundsatz der Privatautonomie weniger legitimiert.[211] Als die schwächer legitimierte „Rechtsquelle“ haben sie im Falle einer Kollision im Rang hinter den Individualabreden zurückzutreten.[212] Dies wird von § 305b BGB zum Ausdruck gebracht.[213]

II. Rechtsnatur des § 305b BGB

Damit ist allerdings noch nicht geklärt, wie dieser Geltungsvorrang der Individualabrede vor den Allgemeinen Geschäftsbedingungen durchgesetzt wird. Maßgebend dafür ist die Rechtsnatur des § 305b BGB. Wenngleich die dogmatische Einordnung der Vorschrift vereinzelt als müßig,[214] da vermeintlich folgenlos und ohne praktische Konsequenzen, erachtet wird,[215] ist die Bestimmung der Rechtsnatur des § 305b BGB als Kriterium der Gesetzesauslegung eine unerlässliche Vorfrage aller sich im Anschluss noch weiter stellenden Rechtsfragen.[216]

1. Analyse der dogmatischen Ansätze

Ungeachtet der kurzen und auf den ersten Blick klaren Aussage des § 305b BGB besteht über die „Natur“ der Vorschrift seit jeher Streit. Schwierigkeiten bereitet ihre Bestimmung insbesondere deshalb, weil die Vorschrift – anders als etwa § 305c Abs. 1 BGB[217] – keine konkrete Rechtsfolge anordnet. Einigkeit zeigt

---

211 *Löwe*, FS Larenz, S. 372 (376); *Fehl*, Systematik des Rechts der Allgemeinen Geschäftsbedingungen, S. 76 ff.; *M. Wolf*, Rechtsgeschäftliche Entscheidungsfreiheit, S. 14 ff.; *E. Schmidt*, JuS 1987, S. 929 (930); *Preis*, Grundfragen der Vertragsgestaltung im Arbeitsrecht, S. 29, 290.

212 Zu den Rechtsfolgen des § 305b BGB siehe Seite 193 ff.

213 *Preis*, Grundfragen der Vertragsgestaltung im Arbeitsrecht, S. 290.

214 *Schlosser* in: Staudinger/BGB, 2013, § 305b Rn. 11; *Mäsch* in: Staudinger/BGB, 2019, § 305b Rn. 17.

215 *Kummer* in: Niebling/AGB-Recht, § 305b Rn. 5; so auch *Roloff* in: Erman/BGB § 305b Rn. 1; *Schlosser* in: Staudinger/BGB, 2013, § 305b Rn. 11; *Mäsch* in: Staudinger/BGB, 2019, § 305b Rn. 17; *Mackenrodt*, Technologie statt Vertrag, S. 88.

216 So auch *Zoller*, JZ 1991, S. 850 (851).

217 § 305c Abs. 1 BGB stellt ausdrücklich klar, dass Bestimmungen in Allgemeinen Geschäftsbedingungen, die nach den Umständen, insbesondere nach dem äußeren Erscheinungsbild des Vertrags, so ungewöhnlich sind, dass der Vertragspartner des Verwenders mit ihnen nicht zu rechnen braucht, nicht Vertragsbestandteil werden.

sich ausweislich der Gesetzesbegründung allein dahin gehend, dass § 305b BGB verhindern soll, dass vertragliche Vereinbarungen, welche die Parteien für den Einzelfall getroffen haben, durch abweichende Bestimmungen in Allgemeinen Geschäftsbedingungen durchkreuzt bzw. ganz oder teilweise zunichte gemacht werden.[218] Auf welcher dogmatischen Grundlage dies erfolgen soll, bleibt indes unklar. Literatur und Rechtsprechung haben daher zur Rechtsnatur des § 305b BGB eine Vielzahl von Begründungsansätzen entwickelt, die im Folgenden zu analysieren sind.

a) Kollisionsregel eigener Art

Eine Ansicht geht davon aus, dass es sich bei § 305b BGB um eine Kollisionsregel eigener Art handele.[219] Ein über die Ablehnung der Auslegungslösung[220] hinausgehender Begründungsansatz wird dabei allerdings nicht deutlich. Die Konstruktion einer Lösung *sui generis* setzt zudem logischerweise voraus, dass alle möglichen Erklärungsansätze insgesamt ausscheiden und eine Subsumtion unter die anderen Normarten nicht möglich ist. Sie verlangt folglich, dass zuvor alle weiteren Lösungsansätze ausreichend untersucht worden sind.[221]

b) Ausdruck des Spezialitätsgrundsatzes

Unter Normen derselben Rangstufe werden Widersprüche in der Weise gelöst, dass die speziellere der allgemeinen Norm vorgeht – *„lex specialis derogat legi generali“* – und die zeitlich jüngere Norm die zeitlich ältere Norm verdrängt – *„lex posterior derogat legi priori“*.[222] Im Rahmen des Anwendungsvorrangs, das heißt der Frage, welche Norm bei der Rechtsanwendung im konkreten Fall heranzuziehen ist, ist demzufolge generell die speziellere und zeitlich jüngere Norm anzuwenden, die auch die rangniedere Norm sein kann, sofern sie mit der höherrangigeren Norm vereinbar ist.[223]

---

218 BT-Drucksache 7/3919, S. 20; *H. Schmidt* in: BeckOK/BGB, § 305b Rn. 1; *Trinker* in: Löwe/Westphalen/Trinkner, § 4 AGBG Rn. 1; *Bunte*, Handbuch der Allgemeinen Geschäftsbedingungen, S. 14.

219 *Roloff* in: Erman/BGB, § 305b Rn. 1; *Basedow* in: MüKo/BGB, § 305b Rn. 2; *Richardi*, NZA 2002, S. 1057 (1059).

220 Näher dazu sogleich Seite 58 ff.

221 *Spruß*, Die Einbeziehung Allgemeiner Geschäftsbedingungen, S. 272 f.

222 *Wolf/Neuner*, BGB AT, § 4 Rn. 70, Fn. 198 f.

223 *Wolf/Neuner*, BGB AT, § 4 Rn. 70, Fn. 198 f.

Diese zur Rangordnung von Rechtsnormen entwickelten Prinzipien können entsprechend im Rahmen vertraglicher Vereinbarungen herangezogen werden.[224] Daran anknüpfend sehen einige Stimmen in § 305b BGB eine Ausprägung des Prinzips „*lex specialis derogat legi generali*", nach welchem die speziellere Individualabrede stets Vorrang vor den generellen Klauseln in den Allgemeinen Geschäftsbedingungen habe.[225] Zur Begründung wird angeführt, dass die Allgemeinen Geschäftsbedingungen für eine Vielzahl von Verträgen vorformulierte Vertragsschablonen seien, die erst bei Bedarf in den konkreten Einzelvertrag einbezogen und so zur Vertragsbestimmung werden.[226] Ob und in welcher Hinsicht sich dadurch allerdings tatsächlich ein Spezialitätsverhältnis zwischen den beiden Vertragsbestandteilen, das heißt der in Widerspruch stehenden Individualabrede und der Allgemeinen Geschäftsbedingung begründen lässt, bleibt konkretisierungsbedürftig.

(1) Inhaltliche Spezialität

Infrage kommt zunächst eine inhaltliche Spezialität der Individualabrede gegenüber der Allgemeinen Geschäftsbedingung. Dies setzt jedoch voraus, dass die Individualabrede im Vergleich zur Allgemeinen Geschäftsbedingung stets den detaillierten Regelungsgehalt aufweist. Zwar stellen Allgemeine Geschäftsbedingung dem Grunde nach für eine Vielzahl von Verträgen vorformulierte und damit abstrakt-generelle Regelungen dar. Dies bedeutet allerdings nicht, dass eine Kollision detailliert gefasster AGB-Klauseln mit generellen Individualabreden damit von vornherein ausgeschlossen ist. So kann eine Individualabrede mit globalem Inhalt (z.B. die Kündigung eines Vertragspartners ist generell möglich) auch in Widerspruch zu einer differenzierteren Regelung in den Allgemeinen Geschäftsbedingungen (z.B. die Kündigung des Vertragspartners ist nur unter

224 *Hoffbauer*, Der Rahmenvertrag in der Lieferbeziehung, S. 45.

225 BT-Drucksache 7/3919, S. 20; BGH v. 22.1.1990, NJW-RR 1990, S. 613 (614); *H. Schmidt* in: BeckOK/BGB, § 305b Rn. 1; *Wendland* in: Staudinger/Eckpfeiler, Kap. E Rn. 35; *Ulmer/Schäfer* in: Ulmer/Brandner/Hensen, § 305b Rn. 7; *Boemke/Ulrici* in: HK/ArbR, § 305b Rn. 1; *U. Stein* in: Soergel/BGB, § 4 AGBG Rn. 1; *Müller-Graff*, JZ 1977, S. 245 (251); *Raiser*, Das Recht der Allgemeinen Geschäftsbedingungen, S. 230 f.; *Leenen*, BGB AT, § 21 Rn. 17; *Köndgen*, NJW 1989, S. 943 (951); *Hellwege*, Allgemeine Geschäftsbedingungen, S. 402.

226 BT-Drucksache 7/3919, S. 20; wohl auch BGH v. 22.1.1990, NJW-RR 1990, S. 613 (614); *Mäsch* in: Staudinger/BGB, 2019, § 305b Rn. 1; *Däubler* in: Däubler/Bonin/Deinert, § 305b Rn. 1; *Wolf/Neuner*, BGB AT, § 47 Rn. 42; angedeutet auch von *Ulmer/Schäfer* in: Ulmer/Brandner/Hensen, § 305b Rn. 7.

bestimmten Voraussetzungen möglich) stehen.[227] In diesem Fall ist die Individualabrede weit genereller gefasst als die Allgemeine Geschäftsbedingung.

Nach dem Grundsatz vom Vorrang der speziellen vor der generellen Abrede dürfte die Individualabrede in dieser Situation nicht vorrangig sein. Dies ist jedoch mit dem Wortlaut des § 305b BGB nicht zu vereinbaren, weil danach gerade keine Anforderungen an die inhaltliche Qualität der Individualabrede gestellt werden.[228] Eine besondere inhaltliche Spezialität wird nicht verlangt. Vielmehr soll das Vorrangprinzip bei Vorliegen eines unauflösbaren Widerspruchs unabhängig von Inhalt und Regelungsgehalt der Individualabrede gelten. Dementsprechend ist eine Charakterisierung der kollidierenden Klauseln bzw. Individualabreden als inhaltlich „spezieller“ oder „genereller“ nicht zielführend und kann deshalb auch nicht zur Begründung eines Vorrangs der Individualabrede herangezogen werden.[229]

(2) Vertragliche und wirtschaftliche Funktion der Individualabrede

Möglicherweise lässt sich der Vorrang der Individualabrede jedoch mit einem „funktionalen Spezialitätsverhältnis“ von Individualabrede und Allgemeiner Geschäftsbedingung begründen. Die Individualabrede könnte deshalb spezieller sein, da sie in ihrer vertraglichen und wirtschaftlichen Funktion auf das konkrete Vertragsverhältnis zugeschnitten ist. Allgemeine Geschäftsbedingungen hingegen sind gemäß § 305 Abs. 1 BGB für eine Vielzahl von Verträgen vorgesehen und dienen den Vertragspartnern daher, wie bereits dargelegt, in der Regel als generelle Rahmenbedingungen und Ersatz für das dispositive Recht.[230] Zur abschließenden Begründung der Rechtsnatur des § 305b BGB und seiner Dogmatik wäre der Grundsatz einer funktionalen Spezialität allerdings nur dann ausreichend, wenn der Normanwendung ein solches Verständnis tatsächlich zugrunde liegt. § 305b BGB müsste die gezeigten unterschiedlichen Funktionen beider Vertragsteile zwingend voraussetzen.[231]

Generell verfolgt der Verwender von Allgemeinen Geschäftsbedingungen mithilfe der Individualabreden den wirtschaftlichen Zweck, die wichtigsten Vertragspunkte speziell neben den generellen formularvertraglichen Rahmenbedingungen zu regeln. Dies bildet den vertragsökonomischen Hintergrund und Sinn

---

227 Vgl. *Zoller*, JZ 1991, S. 850 (851).
228 *Zoller*, JZ 1991, S. 850 (851).
229 *Zoller*, JZ 1991, S. 850 (851).
230 *Wolf/Neuner*, BGB AT, § 47 Rn. 3.
231 *Zoller*, JZ 1991, S. 850 (851).

von Individualabreden in einem ansonsten standardisierten Formularvertrag.[232] Dieser Umstand schließt jedoch nicht aus, dass die Vertragsparteien im Rahmen ihrer Verhandlungen auch standardisierbare Abreden immer wieder aufs Neue einzeln aushandeln. Ein solches Vorgehen mag zwar unökonomisch und damit nicht sinnvoll sein, doch stellen die ausgehandelten Abreden im Ergebnis unstreitig Individualabreden i.S.d. § 305b BGB dar,[233] die den im Widerspruch dazu stehenden Allgemeinen Geschäftsbedingungen entsprechend dem Wortlaut sowie Sinn und Zweck des Vorrangprinzips uneingeschränkt vorgehen.[234]

§ 305b BGB setzt nicht zwingend voraus, dass die Abweichungen zwischen den beiden Vertragsbestandteilen aus einer besonderen Gestaltung des Einzelfalls herrühren müssen. Es kommt nicht darauf an, ob die Individualabrede mit vielen oder allen Vertragspartnern vereinbart wird.[235] Obwohl der wirtschaftliche Sinn und die Funktion einer Individualabrede in der Konkretisierung des Einzelvertragsverhältnisses liegt, ist dieser Funktionsunterschied zur Allgemeinen Geschäftsbedingung im Ergebnis nicht notwendige Voraussetzung des § 305b BGB. Der funktionale Unterschied im Aufgabenbereich, das heißt der die Vertragsverhältnisse vereinheitlichenden Allgemeinen Geschäftsbedingungen einerseits und der den speziellen Vertrag konkretisierenden Individualabrede andererseits, berührt die Anwendbarkeit des § 305b BGB nicht.[236]

Der Umstand, dass Allgemeine Geschäftsbedingungen für eine Vielzahl von Verträgen vorgesehen sind, kann damit im Ergebnis ebenfalls kein Spezialitätsverhältnis begründen. Der Grundsatz vom Vorrang der speziellen Abrede vor der Generellen („*lex specialis derogat legi generali*") wird in § 305b BGB insgesamt nicht sichtbar. Individualabrede und Allgemeine Geschäftsbedingung stehen nicht in dem dafür erforderlichen inhaltlichen bzw. funktionalen Spezialitätsverhältnis.

c) Ausdruck des Verbots „venire contra factum proprium"

Andere betonen daher, dass sich § 305b BGB auf das allgemeine Vertrauensprinzip des Privatrechts zurückführen lasse.[237] Es handele sich bei dem in

---

232 *Zoller*, JZ 1991, S. 850 (851).

233 Zur Begriffsbestimmung der „Individualabrede" i.S.d. § 305b BGB siehe Seite 101 ff.

234 *Zoller*, JZ 1991, S. 850 (851).

235 So auch schon *Raiser*, Das Recht der Allgemeinen Geschäftsbedingungen, S. 233.

236 *A. Stein*, AGB-Gesetz, § 4 AGBG Rn. 1; *Zoller*, JZ 1991, S. 850 (851).

237 *Dittmann/Stahl*, AGB-Kommentar, § 4 AGBG Rn. 225; *Trinkner* in: Löwe/Westphalen/Trinkner, § 4 AGBG Rn. 11; *Bührer*, AGB-Kollisionen, S. 15.

§ 305b BGB kodifizierten Vorrangprinzip um eine Konkretisierung des aus dem Grundsatz von Treu und Glauben gemäß § 242 BGB abgeleiteten Verbots des *„venire contra factum proprium"*.[238] Danach könne ein früheres Verhalten eine spätere Rechtsausübung unzulässig machen, wenn es zwar als solches nicht zu missbilligen ist, sich aber gleichwohl aus einem Gesamtbild des früheren und jetzigen Verhaltens ein Widerspruch ergibt und die Interessen der Gegenpartei im Hinblick darauf vorrangig schutzwürdig erscheinen.[239] Jeder, der veranlasse, dass bei einem anderen in Bezug auf eine bestimmte rechtliche Situation oder die Geltendmachung von Rechten ein Vertrauen entstehe, müsse sich an dem geschaffenen Vertrauenstatbestand festhalten lassen.[240] Auf das Vorrangprinzip in § 305b BGB bezogen, bedeute dies, dass der Verwender in Allgemeinen Geschäftsbedingungen nicht das rückgängig machen darf, was er zuvor individuell vereinbart habe. Er müsse sich an seinem individuell gesetzten Verhalten festhalten lassen. Das Vorrangprinzip in § 305b BGB schütze auf diese Weise das Vertrauen des Vertragspartners in die Geltung der Individualabrede.[241]

Der Grundsatz des *„venire contra factum proprium"* umfasst dem Grunde nach eine Vielzahl an unterschiedlichen Problemstellungen,[242] sodass es nicht von vornherein ausgeschlossen erscheint, § 305b BGB als eine gesetzliche Ausprägung davon zu verstehen. Allen Anwendungsfällen des *„venire contra factum proprium"* ist gemein, dass ein einmal geschaffener Vertrauenstatbestand enttäuscht wird. Zu dessen Feststellung ist eine umfassende Interessenabwägung vorzunehmen, bei der alle Umstände des Einzelfalls zu berücksichtigen sind. Die Einrichtung des Verbots widersprüchlichen Verhaltens wird infolgedessen herkömmlich dem individuellen Rechtsmissbrauch und damit der Ausübungskontrolle zugerechnet.[243]

---

238 *Trinkner* in: Löwe/Westphalen/Trinkner, § 4 AGBG Rn. 11; *Bührer*, AGB-Kollisionen, S. 15; *Dittmann/Stahl*, AGB-Kommentar, § 4 AGBG Rn. 225 legen sich nicht abschließend fest, ob es sich bei dem Vorrangprinzip um eine Konkretisierung des Grundsatzes von Treu und Glauben oder eine Auslegungsregel handelt.

239 Vgl. nur BGH v. 16.7.2014, NJW 2014, S. 3030 (3032); *Schubert* in: MüKo/BGB, § 242 Rn. 309; *Looschelders/Olzen* in: Staudinger/BGB, 2015, § 242 Rn. 284 ff.; *Canaris*, Die Vertrauenshaftung im deutschen Privatrecht, S. 266 ff., 287 ff.; *Wieacker*, Zur rechtshistorischen Präzisierung des § 242 BGB, S. 28.

240 *Dette*, Venire contra factum proprium, S 45 f.

241 *A. Stein*, AGB-Gesetz, § 4 AGBG Rn. 1; *Bührer*, AGB-Kollisionen, S. 15.

242 Eine Übersicht der verschiedenen Fallgruppen findet sich bei *Looschelders/Olzen* in: Staudinger/BGB, 2015, § 242 Rn. 233 ff.

243 *Stoffels*, AGB-Recht, Rn. 525.

Legt man dem § 305b BGB als Rechtsnatur das Verbot des *„venire contra factum proprium"* zugrunde, wäre die Unvereinbarkeit einer von Individualabreden abweichenden Allgemeinen Geschäftsbedingung demnach ohne eine Würdigung der Gesamtumstände und des Verhaltens der Vertragsparteien nicht begründbar. Bei der Anwendung des § 305b BGB ist eine derartige einzelfallbezogene Abwägung der Umstände des Einzelfalls vom Tatbestand der Norm allerdings nicht vorgesehen.[244] Auch vor dem Hintergrund des Rangprinzips kann in § 305b BGB nicht nur der Schutz des Vertrauens in die Geltung der Individualabrede zum Ausdruck gebracht werden. Dies wäre eine zu schwache Rechtsfolge und wie aufgezeigt in unzulässiger Weise vom Willen der Vertragsparteien abhängig. Geschützt werden soll von § 305b BGB letztlich nicht das Vertrauen der anderen Partei, sondern umfassend die tatsächlich getroffene Vereinbarung.[245]

Zudem kann dieser Erklärungsansatz nicht alle das Vorrangprinzip betreffenden Fallgestaltungen erfassen: Denn allein der Verweis auf kollidierende Allgemeine Geschäftsbedingungen, der dem Abschluss einer individuellen Vereinbarung nachfolgt, kann überhaupt einen Verstoß gegen das Prinzip des Verbots des *„venire contra factum proprium"* darstellen.[246] Nicht erklärbar bleibt hingegen der Vorrang der Individualabrede, wenn diese der Einbeziehung der kollidierenden Allgemeinen Geschäftsbedingungen nachfolgt[247] oder aber zugunsten des Verwenders wirkt[248]. In beiden Fällen fehlt es an einem vom Verwender vertrauensbegründenden Verhalten, in welches er sich in Widerspruch setzen kann. Das ihm vom Vertragspartner entgegengebrachte Vertrauen wird in diesen Situationen gerade nicht enttäuscht.

Ferner verlangt die Annahme eines Rechtsmissbrauchs eine besondere Schutzwürdigkeit des Gegners. Diese ist immer dann zu verneinen, wenn der Gegner die tatsächlichen Gegebenheiten und die Absichten des anderen Teils kennt und bei ihm damit kein Vertrauenstatbestand in ein bestimmtes Verhalten erwachsen durfte.[249] Weist der Verwender seinen Vertragspartner nach dem Abschluss der Individualabrede und vor der Einbeziehung seiner Allgemeinen

---

244 *Zoller*, JZ 1991, S. 850 (853).

245 Vgl. *Hellwege*, Allgemeine Geschäftsbedingungen, S. 402.

246 *Bührer*, AGB-Kollisionen, S. 15 f.; *Spruß*, Die Einbeziehung Allgemeiner Geschäftsbedingungen, S. 269.

247 Zum Zeitpunkt der Kollision siehe Seite 167 ff.

248 Zur Anwendung des § 305b BGB zugunsten des Verwenders siehe Seite 162 ff.

249 BGH v. 4.2.2015, NJW 2015, S. 1087 (1089); *Schubert* in: MüKo/BGB, § 242 Rn. 319.

Geschäftsbedingungen auf eine inhaltliche Kollision hin, ist der Vorrang der Individualabrede mit dem Grundsatz *„venire contra factum proprium"* daher nicht zu begründen. Der Vertragspartner zieht die Allgemeinen Geschäftsbedingungen bewusst und in Kenntnis des inhaltlichen Widerspruchs der beiden Vertragsbestandteile ein. Er hat damit kein schutzwürdiges Vertrauen, dass der Verwender in seinen Allgemeinen Geschäftsbedingungen das zuvor individuell Vereinbarte nicht wieder rückgängig macht.

Dieses Ergebnis ist jedoch weder mit dem Wortlaut des § 305b BGB vereinbar noch wird aus der historischen Entwicklung der Vorschrift sichtbar, dass dies dem Willen des Gesetzgebers entspricht. Ausnahmen vom Anwendungsbereich der Vorschrift im Falle einer Kollision von Individualabrede und Allgemeiner Geschäftsbedingung sind danach gerade nicht vorgesehen. Die Vertreter des Grundsatzes *„venire contra factum proprium"* müssten demzufolge zur Begründung des Geltungsvorrangs der Individualabrede auf einen anderen Erklärungsansatz zurückgreifen. Dem § 305b BGB käme damit je nach Einzelfall eine unterschiedliche Rechtsnatur zu. Ein derartiges Vorgehen erscheint nicht überzeugend. Insgesamt kann daher mit dem Grundsatz des *„venire contra factum proprium"* die klare dogmatische Trennung von Allgemeinen Geschäftsbedingungen und Individualabreden sowie des umfassenden Geltungsvorrangs der Individualabrede ebenfalls nicht Rechnung getragen werden.[250]

d) Auslegungsregel

Die bislang wohl herrschende Auffassung[251] versteht die Vorrangregel in § 305b BGB daher als Auslegungsregel für einen Sonderfall des widersprüchlichen Vertrags. Der Satz von der Vorrangigkeit der Individualabreden gegenüber den Allgemeinen Geschäftsbedingungen sei dogmatisch als Ausnahme zu der für die Vertragsauslegung grundsätzlich geltenden Regel zu verstehen, nach der sämtliche Bestimmungen des Einzelvertrags im Zusammenhang zu würdigen und rechtlich gleichrangig sind.[252] Methodisch gehe es in § 305b BGB deshalb

---

250 So im Ergebnis auch *Zoller*, JZ 1991, S. 850 (853).

251 *Ulmer/Schäfer* in: Ulmer/Brandner/Hensen, § 305b Rn. 7 ff.; *Schulte-Nölke* in: HK/BGB, § 305b Rn. 1; *Koch/Stübing*, § 4 AGBG Rn. 2; *Teske*, Schriftformklauseln in Allgemeinen Geschäftsbedingungen, S. 279; *Schmidt-Salzer*, Allgemeine Geschäfts- und Versicherungsbedingungen, S. 173; *Weigel*, Schriftformklauseln, S. 24; *Hellwege*, Allgemeine Geschäftsbedingungen, S. 476; so auch *Ulmer*, FS Tilmann, S. 1001 (1007), der einen Vergleich zu Art. 5:104 PECL zieht.

252 *Schmidt-Salzer*, Allgemeine Geschäftsbedingungen, Rn. E. 8.

um die Kodifizierung des dem Charakter der Allgemeinen Geschäftsbedingungen als vertraglicher Rahmenordnung entsprechenden allgemeinen Auslegungsgrundsatzes, dass Allgemeine Geschäftsbedingungen nur insoweit Geltung beanspruchen, solange die Parteien keine individuellen Sonderregelungen für den konkreten Fall getroffen haben.[253]

Existiere zu einer vertraglichen Regelungsmaterie neben Allgemeinen Geschäftsbedingungen zusätzlich eine Individualabrede, so statuiere § 305b BGB bzgl. der Frage, welche Regelung in dieser Situation gilt, bei Unklarheiten hinsichtlich der Auslegung die Regel, dass die Individualabrede Vorrang habe.[254] § 305b BGB komme demnach eine dem § 305c Abs. 2 BGB vergleichbare Funktion zu, indem sie beide das Ergebnis der Auslegung der Willenserklärungen der Parteien vorgeben.[255] Dadurch ergänze bzw. modifiziere das Vorrangprinzip in § 305b BGB die allgemeine Rechtsgeschäftslehre.[256]

Die Auffassung wird überwiegend damit begründet, dass das Vorrangprinzip bereits vor Inkrafttreten des § 4 AGBG aus einer objektivierten Vertragsauslegung gewonnen worden sei und wie *Raiser* betonte, als Hilfskonstruktion zur Statuierung eines Rangverhältnisses zwischen Individualabrede und Allgemeiner Geschäftsbedingung diente.[257] Mit der anschließenden Kodifikation des Vorrangprinzips habe der Gesetzgeber keine grundlegende Änderung dieser bisherigen Rechtslage herbeiführen wollen.

Hiergegen ist jedoch anzuführen, dass in § 4 AGBG und später in § 305b BGB nur die „fast selbstverständliche" Rechtsfolge des Vorrangprinzips übernommen worden ist, um „klarzustellen", dass Individualabreden durch Allgemeine

---

253 *Ulmer/Schäfer* in: Ulmer/Brandner/Hensen, § 305b Rn. 7.

254 *Ulmer*, FS Tillmann, S. 1001 (1007); *Teske*, Schriftformklauseln in Allgemeinen Geschäftsbedingungen, S. 279; *Weigl*, Schriftformklauseln, S. 24, 46; *Schmidt-Salzer*, Allgemeine Geschäfts- und Versicherungsbedingungen, S. 173.

255 *Lehmann-Richter* in: BeckOGK/BGB, § 305b Rn. 3.

256 *Ulmer/Schäfer* in: Ulmer/Brandner/Hensen, § 305b Rn. 7 f.; *Schulte-Nölke* in: HK-BGB, § 305b Rn. 1; *U. Stein* in: Soergel/BGB, § 4 AGBG Rn. 1; ähnlich *Köndgen* NJW 1989, S. 943 (951) („Interpretationsregel"); a.A. *Hellwege*, Allgemeine Geschäftsbedingungen, S. 402, der davon ausgeht, dass sich der Vorrang der Individualabrede bereits aus §§ 133, 157 BGB ergebe und dennoch eingestehen muss, dass sich mithilfe der allgemeinen Regeln der Rechtsgeschäftslehre nicht alle Konstellationen eines Widerspruchs zwischen Individualabrede und Allgemeiner Geschäftsbedingung lösen lassen.

257 Vgl. *Raiser*, Das Recht der Allgemeinen Geschäftsbedingungen, S. 233; siehe dazu auch Seite 10 f.

Geschäftsbedingungen „nicht zunichte gemacht oder ausgehöhlt" werden können.[258] Ausführungen dahin gehend, dass dieses Ergebnis auf einer objektivierten Auslegung der Allgemeinen Geschäftsbedingungen beruht, unterließ der Gesetzgeber. Die vor Inkrafttreten des Gesetzes zur Regelung der Allgemeinen Geschäftsbedingungen in der Not einer fehlenden anderweitigen gesetzlichen Grundlage gefundene Begründung des Vorrangprinzips als das Ergebnis einer objektivierten Auslegung der Allgemeinen Geschäftsbedingungen ist demgemäß heute nicht mehr ohne Weiteres auf § 305b BGB übertragbar. Die historische Entwicklung und Auslegung der Vorschrift genügt folglich allein nicht, um § 305b BGB als eine Auslegungsregel für Allgemeine Geschäftsbedingungen einordnen zu können.

(1) Auslegung der Einbeziehungs- oder Individualabrede

Vielmehr muss in diesem Zusammenhang zunächst beachtet werden, dass sich eine Auslegungsregel immer nur auf ein konkretes und auslegungsbedürftiges Rechtsgeschäft beziehen kann.[259] Es stellt sich deshalb die Frage, welches Rechtsgeschäft bzw. welche vertragliche Vereinbarung im Rahmen des § 305b BGB den Anknüpfungspunkt der Auslegung bilden soll. Hierbei sind mehrere Möglichkeiten denkbar: Einerseits könnte § 305b BGB als Auslegungsregel der Einbeziehungsvereinbarung i.S.d. § 305 Abs. 2, 3 BGB zu verstehen sein.[260] Diese bildet die Grundlage dafür, dass die Allgemeinen Geschäftsbedingungen zwischen dem Verwender und seinem Vertragspartner gelten. Das Gesetz verlangt dazu vom Verwender, dass dieser die andere Vertragspartei ausdrücklich auf seine Allgemeinen Geschäftsbedingungen hinweist. Dem Vertragspartner soll damit die Erkundungslast abgenommen bzw. dem Verwender die „Klarstellungslast", dass er dem Vertrag seine Allgemeinen Geschäftsbedingungen zugrunde legen möchte, auferlegt werden.[261]

Daneben betont § 305 Abs. 2, 3 BGB allerdings ausdrücklich die rechtsgeschäftliche Geltungsgrundlage der Allgemeinen Geschäftsbedingungen. Die Vorschrift knüpft insofern unmittelbar an die Regelung des Bürgerlichen Gesetzbuchs über Willenserklärungen in §§ 104 ff. BGB sowie den Verträgen in §§ 145 ff. BGB an. Das Einverständnis des Vertragspartners in die Geltung

---

258 BT-Drucksache 7/3919, S. 20.

259 *Zoller*, JZ 1991, S. 850 (852).

260 *Koch/Stübing*, § 4 AGBG Rn. 2; so wohl auch *Schmidt-Salzer*, Allgemeine Geschäftsbedingungen, Rn. E. 10.

261 *Matt*, Das Transparenzgebot in der deutschen AGB-Rechtsprechung, S. 15 f.

der Allgemeinen Geschäftsbedingungen ist daher als Annahmeerklärung zu verstehen, deren Wirksamkeit nach den genannten Vorschriften zu beurteilen ist.[262] Unter Anwendung des § 305b BGB könnte diese Willenserklärung daher dergestalt auszulegen sein, dass sie unter einem Einbeziehungsvorbehalt für den Fall abweichender Individualabreden steht.[263] Dagegen spricht jedoch bereits, dass sich so nur schwer der Vorrang einer Individualabrede zugunsten des Verwenders erklären ließe. Überzeugender erscheint es folglich von vornherein, die Einbeziehungsvereinbarung der Parteien als Ganzes dahin gehend auszulegen, dass sie lediglich vorbehaltlich einer abweichenden Individualabrede gelten soll.[264]

Andererseits erscheint es nicht ausgeschlossen, die im konkreten Einzelfall getroffene Individualabrede ihrerseits derart auszulegen, dass widersprechende Klauseln in den Allgemeinen Geschäftsbedingungen stets unwirksam sind bzw. die Geltung von ihr abweichender Allgemeiner Geschäftsbedingungen konkludent abbedungen wird.[265] Auswirkungen hat diese Unterscheidung in Konstellationen, in denen die auf den Vertragsabschluss und die Einbeziehung der Allgemeinen Geschäftsbedingungen gerichteten Willenserklärungen auseinanderfallen, wie dies etwa bei einem Vertragsschluss im Zuge einer Rahmenvereinbarung der Fall ist.[266]

Im Ergebnis würde jedoch sowohl bei der Heranziehung der Einbeziehungsvereinbarung als auch der konkreten Individualabrede, § 305b BGB nicht zur Auslegung der Allgemeinen Geschäftsbedingungen, sondern zur Auslegung einer Individualabrede herangezogen werden. Gegen ein solches Vorgehen spricht, dass die Vorschrift systematisch im Abschnitt 2 des zweiten Buches des Bürgerlichen Gesetzbuchs und gerade nicht wie die §§ 133, 157 BGB bei den Regelungen über die „Willenserklärungen“ und den „Verträgen“ steht. Das Gesetz regelt in den §§ 305 ff. BGB ausdrücklich das Recht der Allgemeinen Geschäftsbedingungen in ausschließlich auf Allgemeine Geschäftsbedingungen anwendbaren Vorschriften. Obwohl § 305 Abs. 2, Abs. 3 BGB eine Individualannahme des Vertragspartners voraussetzt, führt dies zu keiner Veränderung der rechtlichen Bewertung oder Auslegung einer Individualerklärung. Hierfür gelten nach

262 *Roloff* in: Erman/BGB, § 305 Rn. 41; *Becker* in: BeckOK/BGB, § 305 Rn. 67, 69.
263 *Zoller*, JZ 1991, S. 850 (852).
264 *Zoller*, JZ 1991, S. 850 (852).
265 *Zoller*, JZ 1991, S. 850 (852).
266 Vgl. *Spruß*, Die Einbeziehung Allgemeiner Geschäftsbedingungen, S. 259 f.; zum Verhältnis von Rahmen- und Einzelvertrag auch *Hoffbauer*, Der Rahmenvertrag in der Lieferbeziehung, S. 43 ff.

wie vor die allgemeinen Vorschriften in den §§ 145 ff. BGB. Abschnitt 2 des zweiten Buches des Bürgerlichen Gesetzbuchs befasst sich folglich allein mit der Geltung von Allgemeinen Geschäftsbedingungen und gerade nicht mit der Geltung und inhaltlichen Reichweite von Individualklauseln.[267]

Es handelt sich bei den §§ 305 ff. BGB insoweit um abschließende Sonderregeln für Allgemeine Geschäftsbedingungen. Die Anwendung des AGB-Rechts steht daher unter der Prämisse, dass die anhand der §§ 305 ff. BGB zu überprüfende Regelung die Definition des § 305 Abs. 1 BGB erfüllt. Ausgehend von diesen systematischen Erwägungen kann § 305b BGB keine Vorgaben für die Auslegung von Individualabreden aufstellen und die für sie in den §§ 133, 157 BGB vorgesehenen allgemeinen Auslegungsgrundsätzen modifizieren.[268]

(2) Inhalt und Geltungsanspruch der AllgemeinenGeschäftsbedingungen

Demzufolge kann das Vorrangprinzip in § 305b BGB von vornherein nur als eine kodifizierte Auslegungsregel bezüglich des „Inhalts und Geltungsanspruchs" von Allgemeinen Geschäftsbedingungen aufgefasst werden.[269] Das Vorrangprinzip in § 305b BGB wäre danach so zu verstehen, dass die durch die globale Einbeziehungsvereinbarung zum Vertragsbestandteil gewordenen Allgemeinen Geschäftsbedingungen allein insoweit Geltung für sich beanspruchen, als die Parteien keine individuellen Sonderregelungen für den konkreten Einzelfall getroffen haben.[270] Ist dies der Fall, treten die im Widerspruch dazu stehenden AGB-Klauseln als Rahmenwerk bzw. Ergänzung subsidiär hinter die Individualabrede zurück.[271]

Dem ist jedoch entgegenzuhalten, dass der Anwendung des § 305b BGB bereits eine Auslegung vorgelagert ist, um feststellen zu können, ob überhaupt die für die Einräumung eines Vorrangs notwendige Kollision zwischen Individualabrede und Allgemeiner Geschäftsbedingung vorliegt.[272] Sowohl der Inhalt der Allgemeinen Geschäftsbedingung als auch der Inhalt der Individualabrede müssen zu diesem Zweck zunächst durch Auslegung ermittelt werden.[273] Nur

---

267 *Stoffels*, AGB-Recht, Rn. 346.

268 *Zoller*, JZ 1991, S. 850 (852).

269 So auch *Ulmer/Schäfer* in: Ulmer/Brandner/Hensen, § 305b Rn. 7; *Zoller*, JZ 1991, S. 850 (852).

270 *Ulmer/Schäfer* in: Ulmer/Brandner/Hensen, § 305b Rn. 7.

271 *Ulmer/Schäfer* in: Ulmer/Brandner/Hensen, § 305b Rn. 7 f.; *Zoller*, JZ 1991, S. 850 (852).

272 *Matt*, Das Transparenzgebot in der deutschen AGB-Rechtsprechung, S. 28.

273 Siehe dazu auch Seite 144 ff.

wenn sich dabei ein unauflösbarer Widerspruch zwischen den beiden (Teil-)Auslegungsergebnissen ergibt, ordnet § 305b BGB den Vorrang der Individualabrede an.[274] Das Vorrangprinzip in § 305b BGB betrifft damit eine der Auslegung nachgelagerte Frage. Nach den Vertretern, die in § 305b BGB eine Auslegungsregel sehen, müsste es folglich zu einer doppelten Auslegung der Vertragsabreden kommen. Dies erscheint jedoch als äußerst ungewöhnliches Vorgehen.[275]

Zudem verlangt eine vertragliche Auslegungsregel, dass stets mehrere Vertragsdeutungen im Hinblick auf die Geltung der Allgemeinen Geschäftsbedingungen zulässig sind. Auf das Vorrangprinzip bezogen müsste es nach § 305b BGB möglich sein, dass die Allgemeinen Geschäftsbedingungen des Verwenders – abhängig vom konkreten Auslegungsergebnis – im Einzelfall den Vorrang einer abweichenden Individualabrede begründen oder beseitigen können.[276] Ein solches Verständnis verlangt im Ergebnis die Möglichkeit, dass § 305b BGB durch AGB-Klauseln abbedungen werden kann. Dies ist allerdings nicht der Fall, da es sich bei § 305b BGB um eine nicht dispositive Vorschrift handelt.[277] Für die Geltung der Vorschrift und den Vorrang der Individualabrede kommt es daher gerade nicht auf den Willen der Vertragsparteien an.[278] § 305b BGB schreibt den Vorrang des individuell Vereinbarten zwingend fest.[279] Selbst wenn sich die Parteien bei Vertragsschluss einig waren, wie ein Widerspruch zwischen Allgemeiner Geschäftsbedingung und Individualabrede aufzulösen ist, so gilt dieser abweichende Wille im Rahmen des § 305b BGB nicht.[280]

Folglich bedarf es für den Vorrang der Individualabrede gerade keiner gesonderten Auslegung des Willens der Vertragsparteien. Er vermag an der Rechtsfolge des § 305b BGB, nach der den Allgemeinen Geschäftsbedingungen stets ein Vorrang einzuräumen ist, nichts zu ändern. Damit kann im Umkehrschluss auch

274 *Schulte-Nolke* in: HK/BGB, § 305b Rn. 1; *Clemenz* in: Clemenz/Kreft/Krause, § 305b Rn. 2; vgl. auch *Basedow* in: MüKo/BGB, § 305b Rn. 2.

275 So auch *Basedow* in: MüKo/BGB, § 305b Rn. 2; *Spruß*, Die Einbeziehung Allgemeiner Geschäftsbedingungen, S. 271 („eine doppelte Auslegung erscheint befremdlich"); *Zoller*, JZ 1991, S. 850 (852); *Schindler*, Die Kontrolle Allgemeiner Geschäftsbedingungen, S. 113; *Matt*, Das Transparenzgebot in der deutschen AGB-Rechtsprechung, S. 27 f.; ähnlich *H. Schmidt* in: BeckOK/BGB, § 305b Rn. 2.

276 *Zoller*, JZ 1991, S. 850 (852).

277 Zum zwingenden Charakter des § 305b BGB siehe Seite 98 ff.

278 *Zoller*, JZ 1991, S. 850 (852); *Teske*, Schriftformklauseln in Allgemeinen Geschäftsbedingungen, S. 284 f.

279 *Stoffels*, AGB-Recht, Rn. 346; *Zoller*, JZ 1991, S. 850 (852).

280 A.A. *Hellwege*, Allgemeine Geschäftsbedingungen, S. 477.

nicht davon ausgegangen werden, dass die Vorschrift eine Auslegungsregel darstellt.[281] Darüber hinaus ließe sich so abermals nicht erklären, warum das Prinzip, nach dem der späteren Vereinbarung gegenüber der früheren grundsätzlich der Vorrang zukommt,[282] für Allgemeine Geschäftsbedingungen außer Kraft gesetzt wird. Das Problem des Vorrangs der Individualabrede vor Allgemeinen Geschäftsbedingungen lässt sich daher bei einer Einordnung des § 305b BGB als Auslegungsregel nicht sinnvoll und abschließend erfassen.[283]

e) Negative Einbeziehungsvoraussetzung

Da § 305b BGB davon ausgeht, dass eine Auslegung der betreffenden Allgemeinen Geschäftsbedingungen und der individuell getroffenen Vereinbarung bereits stattgefunden hat und es auf diesem Weg nicht zu einer Bereinigung des Regelungskonflikts gekommen ist,[284] erscheint es überzeugender, die Kollision bereits auf der Ebene der Einbeziehung der Allgemeinen Geschäftsbedingungen zu entscheiden.[285] Dabei ist zu beachten, dass die Vorschriften zur Regelung des Rechts der Allgemeinen Geschäftsbedingungen grundsätzlich eine Trennung von Einbeziehungs- und Inhaltskontrolle vorsehen. Seinem Wortlaut nach kann § 305b BGB jedoch weder dem einen noch dem anderen Kontrollinstitut eindeutig zugeordnet werden.

Systematisch steht § 305b BGB allerdings bei den Vorschriften der Einbeziehungskontrolle. Die benachbarten Vorschriften, das heißt sowohl §§ 305 Abs. 2, 305a BGB als auch § 305c Abs. 1 BGB, befassen sich ausschließlich mit

281 *Zoller*, JZ 1991, S. 850 (852).

282 Vgl. BGH v. 20.10.1994, NJW-RR 1995, S. 179 (180); so auch *Roloff* in: Erman/BGB, § 305b Rn. 1.

283 Zur Vereinbarkeit mit der historischen Entwicklung der Vorschrift, *Zoller*, JZ 1991, S. 850 (852).

284 *Basedow* in: MüKo/BGB, § 305b Rn. 2.

285 *Lindacher/Hau* in: Wolf/Lindacher/Pfeiffer, § 305b Rn. 2; *Wendland* in: Staudinger/Eckpfeiler, Kap. E. Rn. 35, der den Vorrang der Individualabrede gem. § 305b BGB unter der Überschrift „Einbeziehungssperren" behandelt; so auch *Stoffels*, AGB-Recht, Rn. 346; *Reinecke*, NZA-Beil. 2000, S. 23 (27) („Probleme der Einbeziehungskontrolle"); *Leenen*, BGB AT, § 21 Rn. 16 f. („Hindernisse der Einbeziehung"); *Matt*, Das Transparenzgebot in der deutschen AGB-Rechtsprechung, S. 27; *Spruß*, Die Einbeziehung Allgemeiner Geschäftsbedingungen, S. 274 f.; *Zoller*, JZ 1991, S. 850 (853); *Zander*, Kostenfallen im Internet, S. 178; jedenfalls im Ergebnis wohl auch BGH v. 15.2.2007, NJW 2007, S. 2036 (2037); OLG Saarbrücken v. 12.6.2008, BB 2009, S. 2649 (2650).

Einbeziehungsfragen. Darüber hinaus spricht das funktionale Rangverhältnis von Allgemeinen Geschäftsbedingungen und Individualabreden ebenfalls gegen eine Einordnung zur Inhaltskontrolle. Danach sind die Individualabreden höher legitimiert und ist ihnen deshalb ein Vorrang vor den kollidierenden Allgemeinen Geschäftsbedingungen einzuräumen; die Wirksamkeit der im Widerspruch dazu stehenden AGB-Klauseln ist insoweit unbeachtlich.[286] Folgerichtig bedürfen sie daher gerade keiner Inhaltskontrolle mehr.[287]

Auffällig ist gleichwohl, dass § 305b BGB keine besonderen Anforderungen an die Einbeziehungsvereinbarung stellt. Der Vorschrift muss daher im Ergebnis ein eigenständiger Platz bei der Prüfung von Allgemeinen Geschäftsbedingungen zukommen.[288] Anknüpfend daran gehen Teile des Schrifttums davon aus, dass es sich bei § 305b BGB um eine Regelung zur Lösung einer inhaltlichen Kollision zweier Abreden handele, die zuvor unabhängig voneinander in den Vertrag einbezogen worden sind.[289] Damit werde dem funktionalen Rangverhältnis ausreichend entsprochen. Bei der systematischen Einordnung des § 305b BGB zwischen den Einbeziehungsvorschriften § 305a BGB und § 305c Abs. 1 BGB handele es sich um eine gesetzgeberische Fehlleistung.[290]

Allerdings kann die systematische Einordnung des Gesetzgebers an dieser Stelle nicht völlig unberücksichtigt bleiben. Aus den Gesetzesmaterialien wird nicht deutlich,[291] dass der Gesetzgeber davon ausging, es dürfe zunächst zu einer Einbeziehung beider Vertragsbestandteile kommen.[292] Ferner ist nicht anzunehmen, dass der Wille der Vertragsparteien darauf gerichtet ist, die im Rang zurücktretende AGB-Klausel bei Auftreten eines Widerspruchs zu einer ausgehandelten Individualabrede überhaupt in den Einbeziehungskonsens aufzunehmen.[293] Die rechtsgeschäftliche Einigung der Parteien dürfte vielmehr eher

286 Zum ähnlichen Problem der Schriftformklauseln siehe Seite 127 ff.

287 *Zoller*, JZ 1991, S. 850 (854); zu § 4 AGBG auch AG München v. 10.1.1990, WM 1990, S. 1332 (1333); ausführlich zum Verhältnis von § 305b BGB und den §§ 307–309 BGB siehe auch Seite 91 ff.

288 *Spruß*, Die Einbeziehung Allgemeiner Geschäftsbedingungen, S. 274; vgl. auch *Trinkner* in: Löwe/Westphalen/Trinkner, § 4 AGBG Rn. 11.

289 *Weick*, JZ 2002, S. 442 (443); vgl. auch *Matt*, Das Transparenzgebot in der deutschen AGB-Rechtsprechung, S. 27.

290 *Weick*, JZ 2002, S. 442 (443).

291 Siehe Seite 20.

292 So auch *Spruß*, Die Einbeziehung Allgemeiner Geschäftsbedingungen, S. 275.

293 *Stoffels*, AGB-Recht, Rn. 346; *Zoller*, JZ 1991, S. 850 (853); *Matt*, Das Transparenzgebot in der deutschen AGB-Rechtsprechung, S. 27; vgl. auch BGH v. 28.6.1984, NJW 1984, S. 2468 (2468 f.).

dahin gehend zu beschreiben sein, dass die Allgemeinen Geschäftsbedingungen insoweit nicht Bestandteil des Vertrags werden sollen, wenn sie mit individuellen Abreden kollidieren.[294]

Hinsichtlich der dogmatischen Einordnung des § 305b BGB in das Recht der Allgemeinen Geschäftsbedingungen erscheint es demzufolge konsequent, dass es sich bei dem dort kodifizierten Vorrangprinzip um eine negative Einbeziehungsvoraussetzung handelt.[295] Die Vorschrift setzt in Positivierung und Konkretisierung des Verbots des institutionellen Fehlgebrauchs eine parteiwillenunabhängige gesetzliche Einbeziehungsvoraussetzung in Form der sog. Individualabredeverträglichkeit von Allgemeinen Geschäftsbedingung.[296] Sie verhindert damit, dass eine AGB-Klausel, die inhaltlich von einer individuell ausgehandelten Vertragsvereinbarung abweicht, überhaupt Vertragsbestandteil wird. Die globale Einbeziehungsvereinbarung der Vertragsparteien gemäß § 305 Abs. 2, 3 BGB wird insoweit beschränkt.[297] Aufgrund der privatautonom schwächer legitimierten Allgemeinen Geschäftsbedingungen erstreckt sie sich von vornherein lediglich auf solche vorformulierten Bedingungen, die in keiner inhaltlichen Kollision zu den zwischen den Vertragsparteien zusätzlich getroffenen Individualabreden stehen.[298]

Dieser Grundsatz gilt gleichsam bei einer erst nach dem Vertragsschluss und AGB-Einbeziehung erfolgten Vereinbarung einer Individualabrede zwischen Verwender und Vertragspartner. § 305b BGB kommt in dieser Situation die Wirkung einer nachträglichen Einbeziehungssperre zu. Im Ergebnis lässt sich so jede Kollision unabhängig von ihrem zeitlichen Auftreten – anders als bei den zuvor aufgezeigten Lösungsansätzen – mit der dogmatischen Einordnung des § 305b BGB als negative Einbeziehungsvoraussetzung eindeutig und umfassend auflösen. Folgerichtig stellt das Vorrangprinzip in § 305b BGB auch keine Kollisionsregel eigener Art dar.

---

294 *Stoffels*, AGB-Recht, Rn. 346.

295 So auch *Lindacher/Hau* in: Wolf/Lindacher/Pfeiffer, § 305b BGB Rn. 2; *Stoffels*, AGB-Recht, Rn. 346; *Matt*, Das Transparenzgebot in der deutschen AGB-Rechtsprechung, S. 27; *Spruß*, Die Einbeziehung Allgemeiner Geschäftsbedingungen, S. 274 f.; *Zoller*, JZ 1991, S. 850 (853); *E. Schmidt*, JuS 1987, S. 929 (933); *Reinecke*, NZA-Beil. 2000, S. 23 (27).

296 *Lindacher/Hau* in: Wolf/Lindacher/Pfeiffer, § 305b Rn. 2.

297 *Koch/Stübing*, § 4 AGBG Rn. 2.

298 *Stoffels*, AGB-Recht, Rn. 346; *Zoller*, JZ 1991, S. 850 (853); ähnlich auch BGH v. 28.6.1984, NJW 1984, S. 2468 (2468 f.).

2. Vereinbarkeit mit der Richtlinie 93/13 EWG

Indes ist zu beachten, dass das Europarecht die mitgliedstaatliche Gesetzgebung ebenfalls prägt, indem es dem nationalen Gesetzgeber mit dem Ziel der europäischen Integration sowohl im Primär- als auch Sekundärrecht Handlungsanweisungen aufgibt. Der wichtigste Sekundärrechtsakt hinsichtlich der Allgemeinen Geschäftsbedingungen ist die Richtlinie 93/13/EWG des Rates für missbräuchliche Klauseln in Verbraucherverträgen vom 5. April 1993 (im Folgenden: Klauselrichtlinie),[299] die auf Grundlage der Kompetenz zur Förderung des Binnenmarkts und der Kompetenz zur Förderung des binnenmarktbezogenen Verbraucherschutzes gemäß Art. 95, 153 EGV (heute Art. 114, 169 AEUV) erlassen wurde.[300]

Ausweislich der Erwägungsgründe dient sie dazu, durch die Vereinheitlichung des Schutzes des Verbrauchers vor missbräuchlichen Klauseln die Errichtung des Binnenmarkts zu erleichtern.[301] Sie beruht auf dem Gedanken, dass sich der Verbraucher gegenüber einem Gewerbetreibenden in einer schwächeren Verhandlungsposition befindet. Aufgrund dieser strukturellen Unterlegenheit stimmen Verbraucher den vorformulierten Geschäftsbedingungen des Gewerbetreibenden häufig zu, ohne auf deren Inhalt Einfluss nehmen zu können.[302] Ziel der Klauselrichtlinie ist es daher, die formale Ausgewogenheit der Rechte und Pflichten der Vertragsparteien durch eine materielle Ausgewogenheit zu ersetzen, um dergestalt die Gleichheit zwischen Verbrauchern und Gewerbetreibenden wiederherzustellen.[303] Die europäische Klauselrichtlinie verfolgt dabei das Konzept einer Mindestharmonisierung, sodass inhaltlich strengere mitgliedstaatliche Regelungen unionsrechtlich zulässig sind.

---

299 Richtlinie 93/13/EWG des Rates für missbräuchliche Klauseln in Verbraucherträgen vom 5.4.1993, ABl. Nr. L 095 v. 21.4.1993, S. 29 ff.

300 Begründungserwägung 6 der Richtlinie 93/13/EWG des Rates für missbräuchliche Klauseln in Verbraucherträgen vom 5.4.1993, ABl. Nr. L 095 v. 21.4.1993, S. 29; zur Entstehungsgeschichte der Klauselrichtlinie auch *Burckhardt*, Das AGB-Gesetz unter dem Einfluss der EG-Richtlinie, S. 16 ff.

301 Begründungserwägung 5–11 der Richtlinie 93/13/EWG des Rates für missbräuchliche Klauseln in Verbraucherträgen vom 5.4.1993, ABl. Nr. L 095 v. 21.4.1993, S. 29 f.; kritisch zu dem Erfordernis der Harmonisierung und Förderung des Binnenmarktes *Reich*, ZEuP 1994, S. 381 (386); *Bunte*, FS Locher, S. 325 (326 f.).

302 EuGH v. 27.6.2000, verb. Rs. C-240/98 bis C-244/98, Slg. 2000, I-4941, Rn. 25.

303 EuGH v. 26.10.2006, C-168/05, Slg. 2006, I-10421, Rn. 36.

Der aus Art. 249 Abs. 3 EGV (heute Art. 288 Abs. 3 AEUV) folgenden Pflicht zur Umsetzung kam die Bundesrepublik Deutschland durch das am 25. Juli 1996 in Kraft getretene Gesetz zur Änderung des AGB-Gesetzes und Schaffung der §§ 305 ff. BGB nach.[304] Ungeachtet dessen bleibt die Richtlinie nach der Lehre vom „Vorrang des Unionsrechts" für den Bereich der Verbraucherverträge jedoch die ausschlaggebende Rechtsquelle und strahlt vor allem über das Gebot der richtlinienkonformen Auslegung auf die innerstaatliche Rechtsordnung aus.[305] Aufgrund dieser unionsrechtlichen Überformung des nationalen Rechts der Allgemeinen Geschäftsbedingungen ist folglich zu prüfen, ob das zuvor gefundene Ergebnis und die Einordnung des § 305b BGB als negative Einbeziehungsvoraussetzung bei der Prüfung Allgemeiner Geschäftsbedingungen mit der Klauselrichtlinie vereinbar ist.

a) Keine Änderung durch die Verbraucherrechterichtlinie

In diesem Zusammenhang ist zunächst darauf hinzuweisen, dass der ursprüngliche Plan der Europäischen Kommission, die Klauselrichtlinie durch entsprechende Bestimmungen in einer Verbraucherrechterichtlinie zu ersetzen,[306] aufgrund nicht zu beseitigender Unstimmigkeiten verworfen werden musste. Insbesondere der Wechsel von der Mindest- zur Vollharmonisierung hätte im Recht der Allgemeinen Geschäftsbedingungen zu erheblichen Problemen geführt, da dieser Bereich naturgemäß einem stetigen Wandel unterliegt.[307] Die Inhaltskontrolle hätte künftig aber – ergänzt um eine (Auffang-)Generalklausel[308] – anhand sog. schwarzer und grauer Listen stattfinden[309] und deren Anpassung an veränderte Umstände im Wege des eher trägen Komitologieverfahrens erfolgen sollen.[310]

---

304 Gesetz zur Änderung des AGB-Gesetzes und der Insolvenzordnung vom 19.7.1996, BGBl. 1996 Teil I Nr. 36, S. 1013 ff.

305 *Roloff* in: Erman/BGB, Vor § 305 Rn. 8; zum Verhältnis von Klauselrichtlinie und AGB-Recht, *Damm*, JZ 1994, S. 161 (161 f.).

306 Vorschlag für eine Richtlinie des Europäischen Parlaments und des Rates über Rechte der Verbraucher, KOM (2008) 614, abgedruckt z.B. in *Jud/Wendehorst*, Neuordnung des Verbraucherprivatrechts in Europa?, Anhang A, S. 209 ff.

307 *Arnold*, RIW 2009, S. 679 (683); *M.Berger*, ZEuP 2009, S. 451 (454); ausführlich zur Frage der Vollharmonisierung des Rechts der Allgemeinen Geschäftsbedingungen auch *Kieninger*, RabelsZ 73 (2009), S. 793 ff.; *Jansen*, ZEuP 2010, S. 69 ff.

308 Vgl. Art. 32 VRRL-E.

309 Vgl. Art. 34 i.V.m. Anhang II sowie Art. 35 i.V.m. Anhang III Nr. 1 VRRL-E.

310 Kritisch hierzu *Micklitz/Reich*, EuZW 2009, S. 279 (286).

Die Auslegungshoheit hätte dabei abschließend dem Europäischen Gerichtshof zugestanden.[311] Darüber hinaus wurde befürchtet, dass die im Entwurf nicht erfassten Individualabreden auch nach mitgliedstaatlichem Recht keiner Kontrolle – im deutschen Recht etwa nach den §§ 134, 138, 242 BGB – mehr unterliegen dürften.[312] Da die am 25. Oktober 2011 in Kraft getretene Verbraucherrechterichtlinie die Klauselrichtlinie nun jedoch im Wesentlichen unangetastet lässt,[313] verbleibt es für die Beurteilung des hier zu untersuchenden Vorrangprinzips unverändert bei deren Bestimmungen.

b) Anwendungsbereich der Klauselrichtlinie

In persönlicher Hinsicht ist die Klauselrichtlinie gemäß Art. 2, 3 auf Verträge zwischen Unternehmer und Verbraucher beschränkt.[314] Hinsichtlich der kontrollfähigen Klauseln ging der erste Vorschlag für eine Klauselrichtlinie vom 24. Juli 1990[315] zunächst sehr weit. Danach sollten auch im Einzelnen ausgehandelte Individualabreden trotz ihres einzelvertraglichen Zuschnitts zum Gegenstand eines abstrakten Kontrollverfahrens gemacht werden.[316] Aufgrund der damit verbundenen Gleichstellung von Individualabrede und Allgemeiner Geschäftsbedingung musste in den Richtlinienentwurf keine dem § 305b BGB entsprechende Regelung zum Verhältnis der beiden Vertragsbestandteile aufgenommen werden.

Im Laufe des Gesetzgebungsverfahrens wurde dieser weite Anwendungsbereich nach erheblicher Kritik letztlich allerdings als zu weitgehend beurteilt und

---

311 *Arnold*, RIW 2009, S. 679 (683); zu einer möglichen Überforderung des EuGH angesichts der zu erwartenden Zunahme vorlagepflichtiger Rechtsfragen, *Tettinger*, ZGS 2009, S. 106 ff.

312 *Micklitz/Reich*, EuZW 2009, S. 279 (286); *M. Berger*, ZEuP 2009, S. 451 (454); dagegen wohl zu Recht, *Arnold*, RIW 2009, S. 679 (683).

313 Eine geringfügige Änderung der Klauselrichtlinie erfolgte durch Art. 32 VRRL, wonach die Mitgliedstaaten die Kommission nun über gesetzgeberische Neuerungen auf dem Gebiet der missbräuchlichen Klauseln informieren müssen.

314 Zum persönlichen Anwendungsbereich ausführlich, *Spruß*, Die Einbeziehung Allgemeiner Geschäftsbedingungen, S. 46 ff.

315 Vorschlag für eine Richtlinie über missbräuchliche Klauseln in Verbraucherverträgen, vom 24.7.1990, ABl. EG Nr. C 243 S. 2 ff.; vgl. dazu auch *Bunte*, FS Locher, S. 325 ff.; *Kretschmar*, Die Richtlinie 93/13/EWG, S. 55; *Brandner/Ulmer*, BB 1991, S. 701 (703 f.).

316 Hierzu kritisch *Brandner/Ulmer*, BB 1991, S. 701; *Hommelhoff*, AcP 192 (1992), S. 71 (90 ff.).

wieder aufgegeben.[317] Infolgedessen sieht Art. 3 Abs. 1 in der vom Rat angenommenen Fassung der Klauselrichtlinie als tauglichen Prüfungsgegenstand der Missbrauchskontrolle lediglich solche Vertragsklauseln vor, die nicht im Einzelnen ausgehandelt worden sind. Entsprechend den Präzisierungen in Art. 3 Abs. 2 ist eine Klausel immer dann „nicht im Einzelnen ausgehandelt, wenn sie im Voraus abgefasst wurde und der Verbraucher deshalb [...] keinen Einfluss auf ihren Inhalt nehmen konnte". Die Richtlinie umfasst damit generell alle vorformulierten Klauseln in Verbraucherverträgen, einschließlich der vorformulierten Individualverträge.[318]

c) Keine § 305b BGB entsprechende Regelung

Systematisch ähnelt die Klauselrichtlinie in zentralen Punkten dem deutschen Recht der Allgemeinen Geschäftsbedingungen (z.B. Definition der Allgemeinen Geschäftsbedingungen, Strukturen der Inhaltskontrolle, Verbandsklage). Gleichzeitig weisen die Klauselrichtlinie und die §§ 305 ff. BGB nach der Umsetzung ins nationale Recht konzeptionell in weiten Teilen allerdings auch deutlich sichtbare Unterschiede auf. Dies liegt vor allem daran, dass die Richtlinie in Deutschland auf ein etabliertes Gesetz zur Regelung der Allgemeinen Geschäftsbedingungen stieß, dessen bewährte Struktur und Begriffe der deutsche Gesetzgeber bei der Umsetzung nicht aufgeben wollte.[319] Er beschränkte die Eingriffe in das vorhandene Gesetz zur Regelung der Allgemeinen Geschäftsbedingungen daher auf das aus seiner Sicht notwendige Minimum. Ergebnis dieses Vorgehens ist, dass sich die Begriffe und Struktur in den §§ 305 ff. BGB mit denen der Klauselrichtlinie trotz vieler Gemeinsamkeiten nicht vollständig decken.

Wie zuvor bereits angedeutet, fällt vor allem auf, dass in die Richtlinie keine dem § 305b BGB entsprechende Regelung über den Vorrang der Individualvereinbarungen aufgenommen wurde. Sie macht dem nationalen Gesetzgeber

---

317 Gemeinsamer Standpunkt des Rates im Hinblick auf die Annahme der Richtlinie über mißbräuchliche Klauseln in Verbraucherverträgen, Art. 3 Abs. 2, ZIP 1992, S. 1591 (1593); Stellungnahme des Wirtschafts- und Sozialausschusses zu dem Vorschlag über eine Richtlinie des Rates über mißbräuchliche Klauseln in Verbraucherverträgen, 91/C 159/13, ABl. 1991 C 159/34 (36) unter 2.3.1; vgl. dazu auch *Stoffels*, AGB-Recht, Rn. 43; *Kretschmar*, Die Richtlinie 93/13/EWG, S. 55, 57 ff.; *Brandner/Ulmer*, BB 1991, S. 701 (703 f.); *Bunte*, FS Locher, S. 325 (331).

318 Zum sachlichen Anwendungsbereich ausführlich auch *Spruß*, Die Einbeziehung Allgemeiner Geschäftsbedingungen, S. 43 ff.

319 *Schwerdtfeger*, DStR 1997, S. 499.

deshalb auch keine Vorgaben, eine § 305b BGB entsprechende Regelung einzuführen.[320] Zwar hatte die Europäische Kommission, im Anschluss an die Stellungnahme des Wirtschafts- und Sozialausschusses,[321] in Art. 5 Abs. 1 S. 3 des geänderten Vorschlags zunächst eine Vorschrift aufgenommen, nach der „bei Widersprüchen zwischen vorgedruckten Vertragsklauseln und bei Abschluss des Vertrages hinzugefügten Zusatzklauseln letztere [gelten sollen]".[322] Auf die Übernahme dieser Vorrangregel wurde im Gemeinsamen Standpunkt sodann jedoch verzichtet.[323]

Erklärbar ist dieses Vorgehen mit der der Klauselrichtlinie zugrunde liegenden einzelvertraglichen Konzeption, die in der Legaldefinition des Art. 3 Abs. 2 S. 2 sichtbar wird.[324] Danach schließt die Tatsache, dass bestimmte Elemente einer Vertragsklausel oder eine ganze Klausel im Einzelnen ausgehandelt worden sind, die Anwendung des Artikels auf den übrigen Vertrag nicht aus, sofern es sich nach der Gesamtwertung dennoch um einen vorformulierten Standardvertrag handelt. Die Richtlinie sieht die Gefährdung des Verbrauchers damit nicht in der Vielzahl der Vertragsabschlüsse.[325] Anders als das deutsche Recht geht die Klauselrichtlinie damit nicht davon aus, dass Allgemeine Geschäftsbedingungen als gewissermaßen autonomes „Regelwerk" die zusätzlich dazu getroffenen Individualvereinbarungen ergänzen.[326] Die Klauselrichtlinie betrachtet den Einzelvertrag vielmehr als eine Einheit, sodass es keine außerhalb des Einzelvertrags liegenden Vertragsbestimmungen geben kann, die in einem Konfliktverhältnis zum Einzelvertrag stehen. Die Klärung eines Rangverhältnisses zwischen Individualabrede und Allgemeiner Geschäftsbedingung ist demzufolge nicht notwendig, sodass konsequenterweise keine Vorrangregelung in die Klauselrichtlinie aufgenommen werden musste.[327]

---

320 *Lehmann-Richter* in: BeckOGK/BGB, § 305b Rn. 22.

321 Stellungnahme des Wirtschafts- und Sozialausschusses zu dem Vorschlag für eine Richtlinie des Rates über mißbräuchliche Klauseln in Verbraucherverträgen, 91/C 159/13, ABl. 1991 C 159/34 (36) unter 2.5.2.

322 Geänderter Vorschlag für eine Richtlinie des Rates über mißbräuchliche Klauseln in Verbraucherverträgen KOM (92) 66 endg. – SYN 285, ABl. 1992 Nr. C 73/5.

323 Vgl. Gemeinsamer Standpunkt des Rates im Hinblick auf die Annahme der Richtlinie über mißbräuchliche Klauseln in Verbraucherverträgen, ZIP 1992, S. 1591 (1593); dazu auch *Ponik*, Die Richtlinie über mißbräuchliche Klauseln in Verbraucherverträgen, S. 68.

324 *Schmidt-Salzer*, BB 1995, S. 733 (735 f.).

325 *Spruß*, Die Einbeziehung Allgemeiner Geschäftsbedingungen, S. 62.

326 *Schmidt-Salzer*, NJW 1995, S. 1641 (1643); *Schwerdtfeger*, DStR 1997, S. 499 (502).

327 *Schmidt-Salzer*, NJW 1995, S. 1641 (1643); *Schwerdtfeger*, DStR 1997, S. 499 (502).

d) Indirekte Ableitung des Vorrangprinzips

Der Grundsatz vom Vorrang der Individualabrede vor Allgemeinen Geschäftsbedingungen gilt jedoch seit jeher auch im europäischen Privatrecht als Ausdruck eines allgemeinen Prinzips, das bereits vor Schaffung der Klauselrichtlinie in anderen Regelungen Anerkennung gefunden hatte.[328] Das Vorrangprinzip könnte deshalb der Klauselrichtlinie ebenfalls zugrunde liegen und indirekt in ihren Regelungen zum Ausdruck kommen.

(1) Art. 4 Abs. 1 der Klauselrichtlinie

Gemäß Art. 4 Abs. 1 der Klauselrichtlinie ist die Missbräuchlichkeit einer Vertragsklausel unter Berücksichtigung aller den Vertragsabschluss begleitenden Umstände zu beurteilen. Daraus wird abgeleitet, dass die Missbrauchskontrolle i.S.d. Art. 3 der Klauselrichtlinie anhand eines konkret-individuellen Kontrollmaßstabs vorzunehmen ist.[329] Anknüpfend daran wird in der Literatur vereinzelt die Auffassung vertreten, daraus lasse sich mittelbar ein Vorrang der Individualabrede entnehmen.[330]

Zur Begründung wird angeführt, dass sich die nach Art. 4 Abs. 1 der Klauselrichtlinie im Einzelfall zu berücksichtigenden berechtigten Verbrauchererwartungen auch aus einzeln ausgehandelten – insbesondere mündlich getroffenen – Individualabreden ergeben können. Jede Individualabrede begründe regelmäßig eine bestimmte, berechtigte Verbrauchererwartung. Der Inhalt einer zwischen den Parteien vereinbarten Individualabrede müsse infolgedessen bei der Missbrauchskontrolle Berücksichtigung finden, denn eine von der Individualabrede abweichende Klausel enttäusche die Erwartungen des Verbrauchers und sei daher regelmäßig als missbräuchlich einzuordnen.[331]

Eine derartige Gleichsetzung von Vorrangverstoß und Missbrauchskontrolle kann jedoch zur Herleitung und Begründung des Vorrangprinzips nicht vollständig überzeugen. Aufgrund des dadurch entstehenden individuell-konkreten Kontrollmaßstabs werden Einzelfallentscheidungen ermöglicht, die Abweichungen vom Vorrangprinzip nicht ausschließen. So kann etwa in anders gelagerten Fällen der Parteiwille ausnahmsweise auch gegen den Vorrang der

328 Vgl. dazu *Maultzsch* in: Schmidt-Kessel, S. 203 (224 f.); *Schütt*, Die Vertragskontrolle von Ausgleichsquittungen, S. 243 (Fn. 1113).

329 Ausführlich dazu *Burckhardt*, Das AGB-Gesetz unter dem Einfluss der EG-Richtlinie, S. 166; *Spruß*, Die Einbeziehung Allgemeiner Geschäftsbedingungen, S. 54 ff.

330 *Pfeiffer* in: Wolf/Lindacher/Pfeiffer, Art. 4 Rn. 15.

331 *Pfeiffer* in: Wolf/Lindacher/Pfeiffer, Art. 4 Rn. 15.

Individualabrede sprechen. Art. 4 Abs. 1 der Klauselrichtlinie ist folglich allein nicht ausreichend, um das Vorrangprinzip zu einem der Richtlinie generell zugrunde liegenden und in allen Mitgliedstaaten geltenden Grundsatz des Vertragsrechts zu manifestieren.[332]

(2) Art. 3 Abs. 1, Abs. 2 der Klauselrichtlinie

Allerdings enthält Art. 3 Abs. 1, Abs. 2 S. 1 der Klauselrichtlinie Bestimmungen, welche das Zusammenspiel von ausgehandelter und nicht ausgehandelter Vertragsklausel regeln. Danach ist eine Vertragsklausel, die nicht im Einzelnen ausgehandelt worden ist, als missbräuchlich anzusehen, wenn sie entgegen dem Gebot von Treu und Glauben zum Nachteil des Verbrauchers ein erhebliches und ungerechtfertigtes Missverhältnis der vertraglichen Rechte und Pflichten der Vertragspartner verursacht. Nicht einzeln ausgehandelt ist eine Vertragsklausel danach immer dann, wenn sie im Voraus abgefasst worden ist und der Verbraucher deshalb, insbesondere im Rahmen eines vorformulierten Standardvertrags, keinen Einfluss auf ihren Inhalt mehr nehmen konnte.[333] Die Klauselrichtlinie geht damit ebenfalls von einer unterschiedlichen Behandlung von vorformulierten Klauseln und einzeln ausgehandelten Abreden aus.

Zu Recht wird daraus geschlussfolgert, dass sich der Klauselrichtlinie damit zumindest mittelbar ein Vorrang von individuell ausgehandelten Abreden ableiten lässt.[334] Zur Begründung lässt sich anführen, dass es gemäß Art. 3 Abs. 3 EUV Zweck der Europäischen Gemeinschaft ist, einen gemeinsamen Binnenmarkt zu errichten. Entsprechend dieser Marktverfassung und dem Prinzip des unverfälschten Wettbewerbs beruht auch das europäische Privatrecht von Primärrechts wegen auf den Prinzipien der Privatautonomie sowie der Vertragsfreiheit und -bindung.[335] Daran anknüpfend unterliegt jede vorformulierte Klausel gemäß Art. 3 Abs. 1 der Klauselrichtlinie einer Missbrauchskontrolle, da

---

332 So im Ergebnis auch *Pfeiffer* in: Wolf/Lindacher/Pfeiffer, Art. 4 Rn. 15.

333 Zum Begriff des „Aushandelns" i.S.d. Art. 3 Abs. 2 der Klauselrichtlinie, vgl. *Kapnopoulou*, Das Recht der missbräulichen Klauseln in der Europäischen Union, S. 71 ff.

334 *Pfeiffer/Ebers* in: Contract II, Acquis-principles, Art. 6:202 Rn. 2; *Kummer* in: Niebling/AGB-Recht, § 305b Rn. 51.

335 EuGH v. 16.6.1998, Rs. C-162/96, Slg. 1998 I-3655, Rn. 49; EuGH v. 5.10.1999, Rs. C-240/97, Slg. 1999, I-6571, Rn. 99; *Basedow*, Die Europäische Union zwischen Marktfreiheit und Überregulierung, S. 85 ff.; *Canaris*, FS Lerche, S. 873 (889 f.); *Rittner*, JZ 1990, S. 838 (840 f.).

sie im Voraus abgefasst worden ist und der Verbraucher deshalb auf ihren Inhalt keinen Einfluss nehmen konnte.[336]

Die individuell ausgehandelten Abreden hingegen sind – wie bereits für das nationale Recht dargelegt – Ausdruck der privatautonomen Vertragsgestaltung beider Vertragsparteien. Dementsprechend finden die Verbraucherschutzvorschriften nach Maßgabe der Klauselrichtlinie auf sie keine Anwendung. Wie auch § 305b BGB bringt die Klauselrichtlinie insofern indirekt zum Ausdruck, dass in dem unterschiedlichen Zustandekommen beider vertraglichen Regelungen eine Hierarchie zwischen vorformulierten Klauseln und individuell ausgehandelten Abreden begründet ist und eine Gleichstellung von Individualabreden und Allgemeinen Geschäftsbedingungen mit dem allgemein anerkannten Grundsatz der Privatautonomie und der daraus abzuleitenden Vertragsfreiheit nicht vereinbar wäre.[337]

(3) Anhang der Klauselrichtlinie gemäß Art. 3 Abs. 3

Unterstützt wird dieses Ergebnis durch den Anhang zu Art. 3 Abs. 3 der Klauselrichtlinie. Dabei handelt es sich um eine „als Hinweis dienende und nicht erschöpfende Liste der Klauseln, die für missbräuchlich erklärt werden können". In ihnen wird der Grundsatz, dass der Verwender von Allgemeinen Geschäftsbedingungen sich in seinen formulierten Klauseln nicht wieder von vertraglich übernommenen Verpflichtungen lösen können soll, ebenfalls teilweise sichtbar. Allerdings unterscheidet die Klauselrichtlinie dabei insoweit nicht zwischen der Aufhebung individual- und formularvertraglich übernommener Verpflichtungen.[338]

(a) Nr. 1 lit. j, k

Zunächst ist in diesem Zusammenhang auf Nr. 1 lit. j zu verweisen. Danach können Klauseln für missbräuchlich erklärt werden, die darauf abzielen oder zur

---

336 Vgl. Art. 3 Abs. 2 der Klauselrichtlinie; *Damm*, JZ 1994, S. 161 (163); *Frey*, ZIP 1993, S. 572 (576); *Ulmer*, EuZW 1993, S. 337 (342 f.).

337 Im Ergebnis auch *Ulmer/Schäfer* in: Ulmer/Brandner/Hensen, § 305b Rn. 3a; *Roloff* in: Erman/BGB, § 305b Rn. 2; *Schmidt-Salzer*, NJW 1995, S. 1641 (1643); *Kapnopoulou*, Das Recht der missbräulichen Klauseln in der Europäischen Union, S. 89 ff.; anders wohl *Schwerdtfeger*, DStR 1997, S. 499 (502), der Widersprüche zwischen Allgemeinen Geschäftsbedingungen und Individualabreden bei Verbraucherverträgen im Wege der Auslegung lösen will.

338 *H. Schmidt* in: BeckOK/BGB, § 305b Rn. 4.

Folge haben, dass der Gewerbetreibende die Vertragsklauseln einseitig ohne triftigen und im Vertrag aufgeführten Grund ändern kann. Das Klauselverbot zielt auf den Schutz des Verbrauchers vor einseitiger Vertragsänderung seitens des Gewerbetreibenden ab.[339] Der Gewerbetreibende soll sich in vorformulierten Vertragsbedingungen nicht das Recht vorbehalten dürfen, Vertragsklauseln einseitig zu ändern, es sei denn, es liegt ein triftiger Grund vor, der im Vertrag aufgeführt gewesen ist.[340] Der Begriff der Vertragsklauseln ist dabei in einem weiten Sinn zu verstehen. Er umfasst alle Vereinbarungen, die Gegenstand des Vertrags sind, vor allem solche, welche den Leistungsinhalt betreffen.[341] Gleichzeitig sieht Nr. 1 lit. k vor, dass die einseitige und nicht auf triftige Gründe gestützte Änderung des zu liefernden Gegenstands oder der zu erbringenden Leistung als missbräuchlich zu erachten ist.

Dieses Klauselverbot nimmt damit auf vorformulierte Vertragsbedingungen Bezug, die den Gewerbetreibenden in die Lage versetzen, die von ihm zu liefernden Erzeugnisse bzw. die von ihm zu erbringende Dienstleistung einseitig und ohne triftigen Grund zu ändern. Es geht dabei folglich um die inhaltliche Kontrolle derartiger Klauseln, die ein Recht des Gewerbetreibenden auf Änderung der Leistungsbeschreibung vorsehen.[342] Das Klauselverbot zielt dementsprechend darauf ab, zwischen folgenden Interessenlagen einen Ausgleich herzustellen: Einerseits kann objektiv ein Bedürfnis nach Anpassung der Leistungsmerkmale an veränderte Umstände bestehen, andererseits darf das ursprünglich vereinbarte Äquivalenzverhältnis keiner Störung zum Opfer fallen.[343]

Beiden Klauselbeispielen, das heißt sowohl Nr. 1 lit. j als auch Nr. 1 lit. k, ist gemein, dass sie dem Verwender die einseitige Abänderung der Allgemeinen Geschäftsbedingungen verbieten. Gleichzeitig setzt dies im Umkehrschluss jedoch voraus, dass beiderseits gewollte und übereinstimmende individuelle Abänderungen der Vertragsparteien möglich sein müssen. Der Verbraucher befindet sich in dieser Situation nicht in der von Nr. 1 lit. j und Nr. 1 lit. k angenommen schwächeren Verhandlungsposition.[344]

---

339 *Pfeiffer* in: Wolf/Lindacher/Pfeiffer, Anhang Rn. 82.

340 *Schmidt* in: Ulmer/Brandner/Hensen, § 308 Nr. 4 Rn. 3b f.

341 Vgl. dazu auch *Henke*, Liste des Anhangs der Klauselrichtlinie, S. 107 ff.

342 Vgl. dazu auch *Henke*, Liste des Anhangs der Klauselrichtlinie, S. 117 ff.

343 *Pfeiffer* in: Grabitz/Hilf/Nettesheim, 2008, A. 5 Richtlinie 93/13/EWG, Anhang Klauseln gem. Art. 3 Abs. 3 Rn. 93.

344 *Spruß*, Die Einbeziehung Allgemeiner Geschäftsbedingungen, S. 60.

(b) Nr. 1 lit. n

Darüber hinaus ist für das Vorrangprinzip vor allem das Klauselbeispiel in Nr. 1 lit. n maßgebend.[345] Danach können auch solche Klauseln für missbräuchlich erklärt werden, die darauf abzielen oder zur Folge haben, dass die Verpflichtung des Gewerbetreibenden zur Einhaltung der von seinen Vertretern eingegangenen Verpflichtungen eingeschränkt wird oder diese Verpflichtung von der Einhaltung einer besonderen Formvorschrift abhängig gemacht wird. Das Klauselverbot schützt damit das Vertrauen des Verbrauchers auf eine wirksame Vertretungsmacht und einen wirksamen Vertragsschluss mit dem Vertretenen.[346]

Dabei differenziert Nr. 1 lit. n grundsätzlich zwei Fallgestaltungen: Zum einen dürfen die durch Einschaltung eines Vertreters zustande gekommenen Verpflichtungen des Gewerbetreibenden nicht mittels vorformulierter Vertragsbedingungen eingeschränkt werden. Der Gewerbetreibende soll an die Verpflichtungen gebunden sein, die von Personen eingegangen werden, welche nach nationalem Recht zur Begründung von Verpflichtungen zulasten des Gewerbetreibenden berechtigt sind. Zum anderen darf die Wirksamkeit der durch den Stellvertreter eingegangenen Verpflichtungen des Gewerbetreibenden nicht mittels vorformulierter Vertragsbedingungen von der Einhaltung einer besonderen Formvorschrift abhängig gemacht werden.[347]

Diese Alternative bezieht sich nach dem Wortlaut von Nr. 1 lit. n ausdrücklich auf sog. Vertretergeschäfte, da „diese" Verpflichtung die durch den Vertreter eingegangene Verpflichtung meint. So soll sichergestellt werden, dass der Verbraucher auf die Wirksamkeit der durch den Vertreter des Gewerbetreibenden abgegebenen Erklärungen vertrauen kann. Das Klauselverbot knüpft damit an ein Teilproblem des Vorrangprinzips an.[348] *Spruß* weist an dieser Stelle zu Recht darauf hin, dass Nr. 1 lit. n keine eigenständige Bedeutung zukomme, würde in dieser Situation eine durch einen Vertreter ausgehandelte individuelle Vertragsabrede dem vorformulierten Klauselwerk nicht vorgehen. Der dahinterstehende Unternehmer müsste nie befürchten, dass eine Individualabrede eine seiner im Klauselwerk einseitig vorgegebene Bestimmung verdrängt.[349] Im Ergebnis setzt

---

345 *Pfeiffer* in: Wolf/Lindacher/Pfeiffer, Anhang Rn. 128; *H. Schmidt* in BeckOK/BGB, § 305b Rn. 4.

346 *Pfeiffer* in: Wolf/Lindacher/Pfeiffer, Anhang Rn. 121.

347 *Pfeiffer* in: Grabitz/Hilf/Nettesheim, 2008, A. 5 Richtlinie 93/13/EWG, Anhang Klauseln gem. Art. 3 Absatz 3 Rn. 121.

348 *Basedow* in: MüKo/BGB, § 305b Rn. 4; *Heinrichs*, FS Reich, S. 527 (549).

349 *Spruß*, Die Einbeziehung Allgemeiner Geschäftsbedingungen, S. 60.

damit auch dieses Klauselbeispiel voraus, dass sich individuell ausgehandelte Vereinbarungen gegenüber den kontrollfähigen Klauseln i.S.d. Klauselrichtlinie durchsetzen.

e) Kein Ausschluss der Regelung der Einbeziehungsfrage

Im Ergebnis ist zu konstatieren, dass der europäische Richtliniengeber den Vorrang individueller Abreden vor Allgemeinen Geschäftsbedingungen als einen allgemeinen Grundsatz des Europäischen Vertragsrechts anerkennt.[350] Im Hinblick auf § 305b BGB erscheint es jedoch problematisch, dass das Vorrangprinzip durch den deutschen Gesetzgeber als negative Einbeziehungsvoraussetzung ausgestaltet worden ist, wohingegen die Klauselrichtlinie in ihrem Anhang bestimmte Klauseln als inhaltlich unangemessen einstuft und damit scheinbar der Inhaltskontrolle zuordnet. Insbesondere das Klauselbeispiel Nr. 1 lit. n impliziert, dass die formularmäßig vereinbarte Schriftformklausel in der geregelten Situation inhaltlich unangemessen ist.[351] Es ist demzufolge die Frage zu stellen, ob die Einordnung des Vorrangprinzips, die als negative Einbeziehungsvoraussetzung die Grundlage für alle weiteren Auseinandersetzungen bildet, mit den konkreten Regelungen und Vorgaben des Sekundärrechts der Europäischen Union in Einklang steht.

Zunächst ist darauf hinzuweisen, dass § 305b BGB der Einbeziehung einer Schriftformklausel in den Vertrag als solche mangels inhaltlicher Kollision mit der konkret getroffenen Individualabrede nicht entgegensteht. Der Sinn und Zweck der Schriftformklausel besteht vielmehr darin, die Geltung von mündlichen Individualabreden zu verhindern.[352] Darüber hinaus verbietet das Klauselbeispiel Nr. 1 lit. n lediglich solche Schriftformklauseln, welche das Vertreterhandeln einer bestimmten Form bzw. Genehmigung unterwerfen. Sämtliche Situationen, in denen ein Vertreter nicht beteiligt ist, werden davon nicht näher berührt. Letztlich sind daher nur wenige Anwendungsfälle denkbar, in denen es überhaupt zu einer richtlinienwidrigen Kollision zwischen dem Verbot von vorformulierten Formvorschriften bei einem Vertreterhandeln und dem Vorrangprinzip kommt.[353]

---

350 So auch *Basedow* in: MüKo/BGB, § 305b Rn. 3; *Ulmer*, FS Tilmann, S. 1001 (1007); *Spruß*, Die Einbeziehung Allgemeiner Geschäftsbedingungen, S. 60.

351 *Spruß*, Die Einbeziehung Allgemeiner Geschäftsbedingungen, S. 60.

352 Zu den Schriftformklauseln im deutschen Recht siehe Seite 127 ff., 252 ff.

353 *Spruß*, Die Einbeziehung Allgemeiner Geschäftsbedingungen, S. 282.

Darüber hinaus kann der Schutz des Verbrauchers, den Nr. 1 lit. n der Klauselrichtlinie für ihn vorsieht, im Überschneidungsbereich mit § 305b BGB sogar noch erhöht werden. In diesem Fall wird sie nämlich nicht nur für inhaltlich missbräuchlich erklärt, vielmehr wird ihr aufgrund der Wirkung des § 305b BGB als negative Einbeziehungssperre im konkreten Einzelvertrag jegliche Geltung verweigert, da sie nicht Vertragsbestandteil wird. Im Hinblick auf Art. 8 der Klauselrichtlinie, der strengere Bestimmungen der Mitgliedstaaten zur Erreichung eines höheren Schutzniveaus für die Verbraucher ausdrücklich zulässt, scheint ein solches Verständnis nicht zu beanstanden zu sein.[354] Damit ist jedoch noch nicht geklärt, ob die Klauselrichtlinie die Berücksichtigung einzelner Regelungen auf der Einbeziehungsebene nicht generell verbietet.

Auf den ersten Blick enthält die Klauselrichtlinie keine speziellen Einbeziehungsregeln.[355] Ebenso wenig enthält sie allerdings eine Aussage, nach der eine Regelung über die Einbeziehung von Allgemeinen Geschäftsbedingungen im nationalen Recht vollständig ausgeschlossen sein soll. Zwar hatte die Europäische Kommission, einem Vorschlag des Wirtschafts- und Sozialausschusses folgend,[356] in Art. 5 Abs. 2 des geänderten Vorschlags eine Vorschrift aufgenommen, nach der „Vertragsklauseln [...] nur als vom Verbraucher angenommen anzusehen [sind], wenn dieser vor Vertragsschluss tatsächlich die Möglichkeit hatte, davon Kenntnis zu nehmen“.[357] Diese Einbeziehungsregel blieb jedoch nur in den Präambelerwägungen erhalten,[358] da ihr im Gesamtkonzept der Richtlinie keine Relevanz beigemessen wurde.[359] Aufgrund der einzelvertraglichen

---

354 *Spruß*, Die Einbeziehung Allgemeiner Geschäftsbedingungen, S. 282; *Stoffels*, AGB-Recht, Rn. 356 weist darauf hin, dass die Gerichte, die im Streitfall die Wirksamkeit einer Schriftformklausel in einem Verbrauchervertrag erwägen, die Sache wohl dem EuGH zur abschließenden Klärung vorlegen müssen.

355 Vgl. *Kretschmar*, Die Richtlinie 93/13/EWG, S. 176 f.

356 Stellungnahme des Wirtschafts- und Sozialausschusses zu dem Vorschlag für eine Richtlinie des Rates über mißbräuchliche Klauseln in Verbraucherverträgen, 91/C 159/13, ABl. 1991 C 159/34 (36) unter 2.5.2.

357 Geänderter Vorschlag für eine Richtlinie des Rates über mißbräuchliche Klauseln in Verbraucherverträgen KOM (92) 66 endg. – SYN 285, ABl. 1992 Nr. C 73/5 (9).

358 Begründungserwägung 20 der Richtlinie 93/13/EWG des Rates für missbräuchliche Klauseln in Verbraucherträgen vom 5.4.1993, ABl. Nr. L 095 v. 21.4.1993, S. 30; dazu auch *Ponik*, Die Richtlinie über mißbräuchliche Klauseln in Verbraucherverträgen, S. 68.

359 Vgl. Gemeinsamer Standpunkt des Rates im Hinblick auf die Annahme der Richtlinie über mißbräuchliche Klauseln in Verbraucherverträgen, ZIP 1992, S. 1591 (1593).

Konzeption der Richtlinie war eine Regelung der Einbeziehungsvereinbarung über das allgemeine Vertragsrecht hinaus nicht zwingend notwendig.[360]

Betrachtet man vor diesem Hintergrund allerdings den Wortlaut der Klauselrichtlinie, so nennt Art. 2 lit. a im Rahmen der Definition der missbräuchlichen Klauseln „Vertragsklauseln". Dies könnte darauf schließen lassen, dass die jeweilige Klausel bereits in den Vertrag einbezogen worden sein muss, bevor sie inhaltlich kontrolliert werden kann. Demzufolge wäre die Einbeziehungsfrage nicht Regelungsgegenstand der Klauselrichtlinie – mit der Folge, dass eine Einordnung des Vorrangprinzips als negative Einbeziehungsvoraussetzung richtlinienwidrig sein könnte.

Überzeugender scheint es jedoch, die Formulierung – wie auch im Rahmen des § 305 Abs. 1 S. 1 BGB[361] – so zu verstehen, dass die konkret infrage stehende Klausel ihrer Bestimmung nach in den Vertrag einbezogen werden und den Inhalt des Vertrags gestalten soll.[362] So kann sie von solchen Regelungen abgegrenzt werden, die entweder nicht Vertragsbestandteil werden sollen oder aber keine vertragliche oder privatrechtliche Rechtsnatur aufweisen.[363] Ausweislich der 4. Begründungserwägung zur Klauselrichtlinie müssen die Mitgliedstaaten zudem dafür Sorge tragen, dass die mit den Verbrauchern abgeschlossenen Verträge keine missbräuchlichen Klauseln „enthalten". Damit erscheint es nicht ausgeschlossen, dass die Mitgliedstaaten besondere Vorschriften zur Einbeziehungskontrolle erlassen dürfen. Werden die Klauseln danach nicht zum Vertragsbestandteil, können sie auch nicht darin „enthalten" sein.[364]

Liegen wie vorliegend seitens des europäischen Richtliniengebers keine eindeutigen Vorgaben vor, kann der mitgliedstaatliche Gesetzgeber grundsätzlich selbst entscheiden, wie die Umsetzung der Richtlinie ins nationale Recht erfolgen soll. Entsprechend dem Charakter der Richtlinie als ein allein zielverbindliches Recht lässt ihm die Klauselrichtlinie – soweit im nationalen Recht eine Unterscheidung im Kontrollsystem der Allgemeinen Geschäftsbedingungen vorgesehen ist – ein Wahlrecht für die Umsetzung auf der Einbeziehungs-, der Inhaltskontrollebene oder im Rahmen einer dritten eigenständigen Kontrollinstanz.[365]

---

360 *Schmidt-Salzer*, NJW 1995, S. 1641 (1642).

361 Vgl. BGH v. 3.7.1996, NJW 1996, S. 2574 (2575); *Grüneberg* in: Palandt/BGB, § 305 Rn. 4.

362 *Spruß*, Die Einbeziehung Allgemeiner Geschäftsbedingungen, S. 58.

363 *Pfeiffer* in: Grabitz/Hilf/Nettesheim, 2008, A. 5 Richtlinie 93/13/EWG, Art. 5 Rn. 33.

364 *Spruß*, Die Einbeziehung Allgemeiner Geschäftsbedingungen, S. 58.

365 *Spruß*, Die Einbeziehung Allgemeiner Geschäftsbedingungen, S. 77.

Bestätigt wird dies durch Art. 7 Abs. 1 der Klauselrichtlinie, wonach die einzelnen Mitgliedstaaten dafür Sorge zu tragen haben, dass im Interesse der Verbraucher und der gewerbetreibenden Wettbewerber angemessene und wirksame Mittel vorhanden sind, damit der Verwendung missbräuchlicher Klauseln durch einen Gewerbetreibenden in den Verträgen, die er mit Verbrauchern schließt, ein Ende gesetzt wird. Die Klauselrichtlinie untersagt es dem nationalen Gesetzgeber damit nicht, Einbeziehungsvorschriften im Anwendungsbereich der Klauselrichtlinie zu erlassen.[366] Die dogmatische Einordnung des Vorrangprinzips in § 305b BGB als negative Einbeziehungsvoraussetzung steht mit den Vorgaben des Primär- und Sekundärrechts der Europäischen Union in Einklang.

3. Zusammenfassung

Der Privatautonomie kommt nicht zuletzt aufgrund verfassungsrechtlicher Vorgaben und der liberalen Tradition, die dem Bürgerlichen Gesetzbuch zugrunde liegt, im Privatrecht eine überragende Bedeutung zu. Die daraus abzuleitende Vertragsfreiheit entfaltet ihre freiheitssichernde Funktion überall dort, wo Vertragsbedingungen von Vertragspartnern mit annähernd gleichwertiger Ausgangsposition frei bestimmt ausgehandelt werden. In dieser Situation hat die Privatautonomie funktioniert, da beide Seiten ihre rechtsgeschäftliche Gestaltungsmacht wahrgenommen und ausgeübt haben. In dieser Situation besteht keine Notwendigkeit einer staatlichen Kontrolle. Das Aushandeln bewährt sich dabei als das die gegensätzlichen Interessen ausgleichendes Regulativ.

Da es jedoch bei einseitig vorformulierten Bedingungen versagt, besteht die Gefahr, dass die Vertragsfreiheit für den Vertragspartner zur bloßen Abschlussfreiheit und die Vertragsgerechtigkeit zur einseitigen Interessenverfolgung seitens des Verwenders herabgesetzt wird. Wegen dieses Mangels im Zustandekommen („gestellt" statt „ausgehandelt") sind Allgemeine Geschäftsbedingungen daher im Vergleich zur Individualabrede schwächer legitimiert. Die Zivilrechtsordnung zieht demgemäß den beiderseits gewollten Kompromiss den nur einseitig auferlegten Allgemeinen Geschäftsbedingungen vor und sieht es als gerechtfertigt an, der Individualabrede den Vorrang vor der Allgemeinen Geschäftsbedingung zuzuweisen. § 305b BGB verkörpert demnach eine Grundsatzentscheidung bzgl. des funktionalen Rangverhältnisses von Individualabrede und Allgemeiner Geschäftsbedingung. Gleichzeitig wird die Frage beantwortet,

366 Zur Frage, welche konkreten Anforderungen die Klauselrichtlinie an die Einbeziehung von Allgemeinen Geschäftsbedingungen stellt, *Spruß*, Die Einbeziehung Allgemeiner Geschäftsbedingungen, S. 67 ff.

ob der Individualvertrag den Geltungsbereich der Allgemeinen Geschäftsbedingungen wesensmäßig beschränken kann.

Zur dogmatischen Einordnung und Rechtsnatur des § 305b BGB lässt sich im Hinblick auf dieses nicht abänderbare Rangverhältnis festhalten, dass es sich bei der Vorschrift um eine parteiwillenunabhängige, das heißt gesetzliche negative Einbeziehungsvoraussetzung bei der Prüfung von Allgemeinen Geschäftsbedingungen handelt. Die Vorschrift drückt damit die sog. Individualabredeverträglichkeit von Allgemeinen Geschäftsbedingungen aus. Die Einbeziehungsvereinbarung erstreckt sich danach von vornherein nur auf solche vorformulierten Bedingungen, die im Einklang mit den von den Parteien getroffenen Individualabreden stehen.

Dieses Ergebnis steht mit den Vorgaben des unionsrechtlichen Primär- und Sekundärrechts in Einklang. Ein Vorrang der Individualabrede kann der insoweit maßgeblichen Klauselrichtlinie indirekt aus Art. 3 Abs. 1, Abs. 2 sowie den Klauselbeispielen Nr. 1 lit. j, lit. k und lit. n des Anhangs zu Art. 3 Abs. 3 der Klauselrichtlinie entnommen werden. Dem Umstand, dass der deutsche Gesetzgeber das Vorrangprinzip als Einbeziehungsschranke geregelt hat, steht nicht entgegen, dass das Klauselbeispiel Nr. 1 lit. n der Klauselrichtlinie bestimmte Schriftformklauseln als inhaltlich unangemessen einstuft. § 305b BGB verhindert nicht die Einbeziehung von Schriftformklauseln als solche, sondern verhilft lediglich den mündlich getroffenen Individualabreden zur Geltung, deren Verbindlichkeit durch die Schriftformklauseln zugunsten der einseitig vorformulierten AGB-Klauseln des Verwenders gerade verhindert werden soll. Ferner ist zu bedenken, dass das Klauselbeispiel Nr. 1 lit. n nicht jede Schriftformklausel erfasst, sondern nur jene, welche das Vertreterhandeln einer bestimmten Form bzw. Genehmigung unterwerfen. Schließlich untersagt es die Klauselrichtlinie dem nationalen Gesetzgeber auch dem Grunde nach nicht, Einbeziehungsvorschriften im Anwendungsbereich der Klauselrichtlinie zu erlassen.

III. Verhältnis zu den anderen AGB-Vorschriften

Im Anschluss daran ist die systematische Stellung und das Verhältnis des in § 305b BGB normierten Vorrangprinzips zu den anderen Vorschriften des Rechts der Allgemeinen Geschäftsbedingungen näher zu untersuchen. Ziel ist es, das Vorrangprinzip in das Prüfungsschema der Allgemeinen Geschäftsbedingungen einzuordnen und seine prozessualen Auswirkungen herausarbeiten zu können.

Der Wortlaut des § 305b BGB verlangt für das Eingreifen des Vorrangverhältnisses zuallererst, dass in einem Vertrag sowohl Individualabreden als auch

Allgemeine Geschäftsbedingungen vorhanden sind. § 305 Abs. 1 BGB bestimmt dabei die positiven und negativen Tatbestandsvoraussetzungen, die für das Vorliegen Allgemeiner Geschäftsbedingungen notwendig sind. § 305 Abs. 1 BGB ist damit der Prüfung des § 305b BGB zwingend vorgelagert.[367] Im Übrigen ist das Verhältnis zwischen den Vorschriften der Einbeziehungs-, Auslegungs- und Inhaltskontrolle und dem Vorrangprinzip im Schrifttum allerdings umstritten.

1. Abgrenzung zu §§ 305 Abs. 2, 3, 305a BGB

Das Verhältnis zwischen der Einbeziehungskontrolle nach den §§ 305 Abs. 2, Abs. 3, 305a BGB und dem Vorrangprinzip wird maßgeblich von der dogmatischen Einordnung des § 305b BGB geprägt:

Interpretiert man § 305b BGB als Auslegungsregel, folgt daraus zwingend ein logischer Vorrang der Regeln über die Einbeziehung von Allgemeinen Geschäftsbedingungen.[368] Das in § 305b BGB normierte Kollisionsproblem kann sich demnach nur stellen, wenn beide Vertragsbedingungen, das heißt sowohl die Individualabrede als auch die Allgemeine Geschäftsbedingung wirksam in den Vertrag einbezogen wurden.[369] Die Vorrangregel des § 305b BGB kommt danach folglich nur zum Tragen, wenn keine Einbeziehungshindernisse i.S.d. §§ 305 Abs. 2, Abs. 3, 305a BGB vorliegen.[370]

Lehmann-Richter hingegen differenziert an dieser Stelle zwischen den verschiedenen Kollisionszeitpunkten.[371] Werden die sich widersprechende Individualabrede und Allgemeine Geschäftsbedingung zeitgleich bei Abschluss des Einzelvertrags getroffen, so lasse sich das Kollisionsproblem bereits mithilfe des § 305 Abs. 2 BGB lösen. Dem Verwender fehle es in dieser Situation hinsichtlich der im Widerspruch zur Individualabrede stehenden Allgemeinen Geschäftsbedingung an einem Einbeziehungsverlangen, sodass sie bereits deshalb nicht

---

367 BGH v. 9.4.1987, NJW 1987, S. 2011; *Lehmann-Richter* in: BeckOGK/BGB, § 305b Rn. 10; *H. Schmidt* in: BeckOK/BGB, § 305b Rn. 8; *Mäsch* in: Staudinger/BGB, 2019, § 305b Rn. 2.

368 *Ulmer/Schäfer* in: Ulmer/Brandner/Hensen, § 305b Rn. 2; so auch *Roloff* in: Erman/BGB, § 305b Rn. 2, der in § 305b BGB allerdings eine Kollisionsnorm sui generis sieht; *H. Schmidt* in: BeckOK/BGB, § 305b Rn. 8, der darauf abstellt, dass sich im Vorrangprinzip der Grundsatz zeige, dass die spezielle Regelung der allgemeinen vorgehe.

369 *Roloff* in: Erman/BGB, § 305b Rn. 2; *H. Schmidt* in: BeckOK/BGB, § 305b Rn. 8; ebenso *U. Stein* in: Soergel/BGB, § 4 AGBG Rn. 4.

370 *Ulmer/Schäfer* in: Ulmer/Brandner/Hensen, § 305b Rn. 2.

371 *Lehmann-Richter* in: BeckOGK/BGB, § 305b Rn. 12 f.

zum Vertragsgegenstand werden könne. Eines Rückgriffs auf die Regelung in § 305b BGB bedürfe es insoweit nicht.[372]

Dagegen spricht allerdings, dass Abweichungen im Willen des Verwenders nicht auszuschließen sind. Das Vorrangprinzip in § 305b BGB gilt jedoch ungeachtet jeglichen, das heißt auch davon abweichenden Parteiwillens und ist demzufolge nicht zu berücksichtigen.[373] Zudem erschwert ein unterschiedliches Vorgehen je nach Zeitpunkt der Kollision dem Rechtsanwender die Prüfung eines Verstoßes gegen das Vorrangprinzip. Des Weiteren ist nicht auszuschließen, dass die vorgeschlagene Aufspaltung zu unterschiedlichen Rechtsfolgen bei der Behandlung von auftretenden Widersprüchen zwischen Individualabreden und Allgemeinen Geschäftsbedingungen führt. Die einheitliche Anwendung des § 305b BGB gewährleistet daher insgesamt mehr Rechtssicherheit und Rechtsklarheit.

Ordnet man das Vorrangprinzip hingegen – wie hier – richtigerweise als negative Einbeziehungsvoraussetzung ein, so wird teilweise vertreten, dass ein zwingendes Rangverhältnis zwischen den Vorschriften zu verneinen sei und beide Vorschriften gleichrangig nebeneinander angewendet werden können.[374] Dagegen wird eingewandt, dass ausschließlich generell in den Vertrag einbezogene Allgemeine Geschäftsbedingungen mit einer Individualabrede kollidieren können. Die Frage nach dem Vorrang der Individualabrede sei daher von vornherein nur dann zu stellen, wenn die betroffenen Klauseln nicht bereits an §§ 305 Abs. 2, Abs. 3, 305a BGB gescheitert sind.[375] Im Streitfall sei deshalb zunächst die wirksame Einbeziehung der Allgemeinen Geschäftsbedingungen als solche zu klären. Andernfalls käme ihnen bereits aus diesem Grund für den zwischen den Parteien geschlossenen Einzelvertrag keine Relevanz zu. Erst im Anschluss daran sei festzustellen, ob Widersprüche zu den getroffenen Individualabreden vorliegen und die betroffenen Klauseln in den Allgemeinen Geschäftsbedingungen gemäß § 305b BGB in ihrer Geltung beschränkt sind.

Zu beachten ist allerdings, dass es sich sowohl bei § 305b BGB als auch §§ 305 Abs. 2, 3, 305a BGB um gesetzliche Einbeziehungsvoraussetzungen

---

372 *Lehmann-Richter* in: BeckOGK/BGB, § 305b Rn. 12 f. mit erläuternden Beispielen; so auch *Hellwege*, Allgemeine Geschäftsbedingungen, S. 402.

373 Zur Unabdingbarkeit des § 305b BGB siehe Seite 98 ff.

374 *Lindacher/Hau* in: Wolf/Lindacher/Pfeiffer, § 305b Rn. 3.

375 *Ulmer/Schäfer* in: Ulmer/Brandner/Hensen, § 305b Rn. 2; so auch *Lapp/Salamon* in: juris-PK/BGB, § 305b Rn. 6; *U. Stein* in: Soergel/BGB, § 4 AGBG Rn. 4; a.A. wohl *Lindacher/Hau* in: Wolf/Lindacher/Pfeiffer, § 305b Rn. 3; *H. Schmidt*, BeckOK/BGB, § 305b Rn. 8.

handelt. Es ist nicht zu erkennen, warum die Prüfung, ob die Allgemeinen Geschäftsbedingungen nach §§ 305 Abs. 2, 3, 305a BGB zum Vertragsbestandteil geworden sind, der Prüfung, ob Allgemeine Geschäftsbedingungen wegen einer vorrangigen Individualabrede nach § 305b BGB nicht in den Vertrag aufgenommen werden, systematisch vorgehen soll. Als gesetzliche Einbeziehungsvoraussetzungen müssen beide Voraussetzungen kumulativ vorliegen, damit eine AGB-Klausel Vertragsbestandteil werden kann. Der Umstand, dass §§ 305 Abs. 2, 3, 305a BGB positiv und § 305b BGB negativ formuliert ist, vermag daran nichts zu ändern. Ein zwingend denknotwendiges Rangverhältnis zwischen der Einbeziehungskontrolle nach § 305b BGB und § 305 Abs. 2, 3 BGB ist infolgedessen abzulehnen.[376] Der entscheidende Richter oder ein anderer Rechtsanwender kann die Einbeziehung der streitgegenständlichen AGB-Klausel nach § 305 Abs. 2, 3 BGB daher zunächst offen lassen und eine Anwendung der AGB-Klausel am Vorrangprinzip des § 305b BGB scheitern lassen.[377]

2. Abgrenzung zu § 305c Abs. 1 BGB

Daneben besteht in der Literatur Uneinigkeit darüber, in welchem Verhältnis § 305b BGB zu dem Verbot überraschender Klauseln gemäß § 305c Abs. 1 BGB steht. Grundsätzlich sieht § 305c Abs. 1 BGB vor, dass Bestimmungen in Allgemeinen Geschäftsbedingungen, die nach den Umständen, insbesondere nach dem äußeren Erscheinungsbild des Vertrags, so ungewöhnlich sind, dass der Vertragspartner des Verwenders mit ihnen nicht zu rechnen braucht, nicht Vertragsbestandteil werden. Die Vorschrift schafft damit ebenfalls eine negative Einbeziehungsvoraussetzung, deren Nichteinhaltung die AGB-Klauseln vom sonstigen Vertragsinhalt ausklammert.[378]

Mithilfe des § 305c Abs. 1 BGB wird der Grundsatz durchbrochen, dass die Parteien an einen unterzeichneten Vertrag gebunden sind. Dies wird dadurch gerechtfertigt, dass der Vertragspartner in der Regel bei Vertragsabschluss aufgrund der Kürze der Zeit nicht fähig ist, sämtliche Klauseln in den Allgemeinen Geschäftsbedingungen sorgfältig zu studieren und deren umfassende Bedeutung zu erkennen.[379] § 305c Abs. 1 BGB möchte daher verhindern, dass der Verwender in seinen Allgemeinen Geschäftsbedingungen Klauseln versteckt,

---

376 So auch*Lindacher/Hau* in: Wolf/Lindacher/Pfeiffer, § 305b Rn. 3.

377 Ähnlich auch *Lindacher/Hau* in: Wolf/Lindacher/Pfeiffer, § 305b Rn. 3; *Lehmann-Richter*, BeckOGK/BGB, § 305b Rn. 11.

378 *Roloff* in: Erman/BGB, § 305c Rn. 1 f.; *Ulmer/Schäfer* in: Ulmer/Brandner/Hensen, § 305c Rn. 4; *Grüneberg* in: Palandt/BGB, § 305c Rn. 1.

379 *Roloff* in: Erman/BGB, § 305c Rn. 2.

auf die sich sein Vertragspartner so nicht eingelassen hätte. Der Vertragspartner soll darauf vertrauen können, dass die Allgemeinen Geschäftsbedingungen dem Grunde nach das enthalten, womit bei einem solchen Vertrag zu rechnen ist, unabhängig davon, ob er die einzelnen Klauseln gelesen hat oder nicht.[380]

Daran anknüpfend geht eine Ansicht davon aus, dass eine inhaltlich von den individuellen Vereinbarungen der Parteien abweichende Klausel für den Vertragspartner auch stets überraschend und demzufolge ebenso wegen eines Verstoßes gegen § 305c Abs. 1 BGB unwirksam sei.[381] Denn anders als die zur Ergänzung des Vertragsverhältnisses herangezogenen Allgemeinen Geschäftsbedingungen, erzeugen individuell getroffene Vereinbarungen beim Vertragspartner eine bestimmte Erwartungshaltung. Werde diese durch eine ihr widersprechende Klausel in den Allgemeinen Geschäftsbedingungen enttäuscht, stelle dies für den Vertragspartner gleichzeitig eine Überraschung dar.[382] Aufgrund des Schutzzwecks der Vorschrift könne sich jedoch nur der Vertragspartner, nicht der Verwender selbst, auf das Überraschungsverbot in § 305c Abs. 1 BGB berufen.[383]

Dagegen ist anzuführen, dass das Einbeziehungserfordernis des § 305c Abs. 1 BGB dadurch einen subjektiv-individuellen Bezug erhielte.[384] Dieser ist so im Gesetz jedoch nicht angelegt und mit dem Massencharakter der Allgemeinen Geschäftsbedingungen sowie ihrer grundsätzlich objektiven gesetzlichen Kontrolle nicht in Einklang zu bringen.[385] Zudem geht § 305b BGB in seinem Anwendungsbereich über den des Überraschungsverbots in § 305c Abs. 1 BGB hinaus. Denn das Vorrangprinzip in § 305b BGB lässt die Individualvereinbarungen selbst dann gelten, wenn der Kunde die abweichende Regelung der Allgemeinen Geschäftsbedingungen genau kennt und daher von dieser eigentlich nicht überrascht wird.[386] Eine faktische Gleichsetzung beider Vorschriften ist vor diesem Hintergrund daher abzulehnen.[387]

---

380 *Basedow* in: MüKo/BGB, § 305c Rn. 1.

381 *Schlosser* in: Staudinger/BGB, 2013, § 305c Rn. 24; *Lapp/Salamon* in: juris-PK/BGB, § 305b Rn. 2; *Lindacher/Hau* in: Wolf/Lindacher/Pfeiffer, § 305c Rn. 34; *H. Schmidt*, BeckOK/BGB, § 305c Rn. 11.

382 *Schlosser* in: Staudinger/BGB, 2013, § 305c Rn. 24; a.A. *Ulmer/Schäfer* in: Ulmer/Brandner/Hensen, § 305c Rn. 4.

383 *Lapp/Salamon* in: juris-PK/BGB, § 305b Rn. 2.

384 *Ulmer/Schäfer* in: Ulmer/Brandner/Hensen, § 305c Rn. 4.

385 *Ulmer/Schäfer* in: Ulmer/Brandner/Hensen, § 305c Rn. 4; zur Frage der Anwendbarkeit des § 305c BGB bei sog. mittelbaren Widersprüchen siehe Seite 159 f.

386 *Medicus/Petersen*, BGB AT, Rn. 421.

387 So auch *Bonin* in: BeckOGK/BGB, § 305c Rn. 21; *Schwab*, AGB-Recht, S. 95 f.

Vertritt man den Standpunkt, es handele sich bei § 305b BGB um eine Auslegungsregel für Allgemeine Geschäftsbedingungen, so besteht vielmehr ein denknotwendiges Rangverhältnis zwischen der Einbeziehungskontrolle gemäß § 305b BGB und dem Überraschungsverbot in § 305c Abs. 1 BGB.[388] Das Eingreifen der Vorrangregel setzt danach voraus, dass die fragliche AGB-Klausel überhaupt zum Vertragsbestandteil geworden ist und das Einbeziehungshindernis in § 305c Abs. 1 BGB demzufolge nicht entgegensteht.[389] Nach hier vertretener Auffassung stellen jedoch sowohl § 305b BGB als auch § 305c Abs. 1 BGB richtigerweise eine negative Einbeziehungsvoraussetzung für Allgemeine Geschäftsbedingungen dar.[390] Folglich ist die Rechtsfolge eines Verstoßes bei beiden Vorschriften die Nichteinbeziehung der infrage stehenden Allgemeinen Geschäftsbedingung.[391]

Damit gilt das bereits zur Abgrenzung von §§ 305 Abs. 2, 3, 305a BGB und § 305b BGB Gesagte entsprechend. Auch § 305c Abs. 1 BGB und § 305b BGB stehen bei der Prüfung von Allgemeinen Geschäftsbedingungen gleichrangig nebeneinander.[392] Im Falle einer Überschneidung beider Vorschriften, wie z.B. einer verdeckten Umgestaltung des Vertrags durch AGB-Klauseln,[393] steht es dem Richter und sonstigen Rechtsanwendern frei, die Unbeachtlichkeit der zur Entscheidung stehenden Allgemeinen Geschäftsbedingungen unter Berücksichtigung größtmöglicher Überzeugungskraft und Entscheidungsökonomie kumulativ oder wahlweise auf § 305b BGB oder § 305c Abs. 1 BGB zu stützen.[394]

388 A.A. *Bonin* in: BeckOGK/BGB, § 305c Rn. 21.

389 *Ulmer/Schäfer* in: Ulmer/Brander/Hensen, § 305b Rn. 2; *Roloff* in: Erman/BGB, § 305b Rn. 2; *ders.* in: Erman/BGB, § 305c Rn. 6; *U. Stein* in: Soergel/BGB, § 4 AGBG Rn. 4.

390 Für § 305b BGB siehe Seite 64 ff.; für § 305c BGB vgl. auch *Ulmer/Schäfer* in: Ulmer/Brandner/Hensen, § 305c Rn. 4; *Roloff* in: Erman/BGB, § 305c Rn. 6; *Grüneberg* in: Palandt/BGB, § 305c Rn. 2; *Lindacher/Hau* in: Wolf/Lindacher/Pfeiffer, § 305c Rn. 4; a.A. *Koch/Stübing*, § 3 AGBG Rn. 2, 4; *Trinkner* in: Löwe/Westphalen/Trinkner, § 3 AGBG Rn. 5.

391 Zu den Rechtsfolgen eines Verstoßes gegen § 305b BGB siehe Seite 193 ff.

392 So auch *Lindacher/Hau* in: Wolf/Lindacher/Pfeiffer, § 305b BGB Rn. 3.

393 *Ulmer/Schäfer* in: Ulmer/Brandner/Hensen, § 305c Rn. 4; *Trinkner* in: Löwe/Westphalen/Trinkner, § 3 AGBG Rn. 12.

394 *Lindacher/Hau* in: Wolf/Lindacher/Pfeiffer, § 305b Rn. 3.

3. Abgrenzung zu § 305c Abs. 2 BGB

Zur Feststellung einer Abweichung i.S.v. § 305b BGB bedarf es zuvor in der Regel einer Auslegung der betreffenden AGB-Klauseln auf ihren Regelungsgehalt.[395] Bei Auslegungszweifeln hilft dem Rechtsanwender § 305c Abs. 2 BGB mit der Maßgabe, dass dasjenige Auslegungsergebnis der weiteren Prüfung zugrunde zu legen ist, welches für den Vertragspartner letztlich am günstigsten ist. Selbst wenn man an dieser Stelle der Auffassung folgt, § 305b BGB stelle eine Auslegungsregel dar, kommt beiden Vorschriften damit ein präzise voneinander abgrenzbarer Anwendungsbereich zu:

§ 305b BGB regelt den Fall, dass die Geltung einer Allgemeinen Geschäftsbedingung wegen einer von dieser Klausel abweichenden Individualabrede fraglich ist. § 305c Abs. 2 BGB betrifft demgegenüber die Unklarheit von Allgemeinen Geschäftsbedingungen, die nicht durch die Existenz einer Individualabrede verursacht wird.[396] § 305c Abs. 2 BGB ist der Prüfung des Vorrangprinzips in § 305b BGB daher zwingend vorgelagert – unabhängig davon, auf welchen Standpunkt man sich hinsichtlich der dogmatischen Einordnung des § 305b BGB stellt. Überschneidungen zwischen beiden Kontrollvorschriften sind insoweit ausgeschlossen.

4. Abgrenzung zu §§ 307–309 BGB

Der Vorrang der Individualabrede gemäß § 305b BGB findet auch bei solchen Klauseln Anwendung, die der Inhaltskontrolle gemäß § 307 Abs. 3 S. 1 BGB entzogen sind.[397] Bei kontrollfähigen Allgemeinen Geschäftsbedingungen ist indes umstritten, in welchem Verhältnis § 305b BGB zu den Vorschriften der Inhaltskontrolle in §§ 307 ff. BGB steht. Bedeutung hat diese Frage vor allem deshalb, weil § 305b BGB auf jeden unter der Einbeziehung Allgemeiner Geschäftsbedingungen geschlossenen Vertrag anwendbar ist, wohingegen es die §§ 308, 309 BGB gemäß § 310 Abs. 1 S. 1 BGB bei solchen Verträgen nicht sind, an denen als Vertragspartner des Verwenders ein Unternehmer oder die öffentliche Hand beteiligt ist.

Die in Rechtsprechung und Schrifttum vertretenen Ansichten divergieren an dieser Stelle in erheblichem Maße. Sie reichen von der Befürwortung des Vorrangs

395 Zur Auslegung Allgemeiner Geschäftsbedingungen siehe Seite 148 ff.

396 *Roloff* in: Erman/BGB, § 305b Rn. 2.

397 *Lapp/Salamon* in: juris-PK/BGB, § 305b Rn. 5.

von § 305b BGB gegenüber der Inhaltskontrolle gemäß den §§ 307 ff. BGB[398] bis hin zur gegenteiligen Auffassung[399]. Teilweise wird daneben die Ansicht vertreten, dass die Vorrangregel und die Inhaltskontrolle bei auftretenden Überschneidungen gleichwertig nebeneinanderstehen.[400] Der Bundesgerichtshof hat die Frage des Verhältnisses von § 305b BGB und §§ 307–309 BGB bislang offen gelassen; einen Vorrang des § 305b BGB aber angedeutet.[401]

a) Verhältnis von Einbeziehungs- und Inhaltskontrolle

Der Wortlaut des § 305b BGB verlangt lediglich das Vorliegen einer kollidierenden Individualabrede, unabhängig von einem über die Kollision hinausgehenden verwerflichen Inhalt der konkret infrage stehenden AGB-Klausel. Zudem ist § 305b BGB Ausdruck eines grundsätzlichen Rangverhältnisses von Individualabrede und Allgemeiner Geschäftsbedingung. Dies spricht bereits sehr dafür, dass eine zusätzliche Inhaltskontrolle entbehrlich ist.[402] Maßgebend ist jedoch auch an dieser Stelle die § 305b BGB zugrunde liegende Rechtsnatur.

Stellt man darauf ab, es handelt sich bei § 305b BGB um eine Auslegungsregel, so muss die Inhaltskontrolle in der Tat vorrangig gegenüber dem Vorrangprinzip sein.[403] Danach kann eine Abweichung bzw. ein Widerspruch generell nur dort bestehen, wo sich zwei wirksame Vereinbarungen gegenüberstehen. Ist die in den Allgemeinen Geschäftsbedingungen enthaltene Regelung unangemessen und demzufolge gemäß §§ 307–309 BGB unwirksam, so fehlt es bereits an dem von § 305b BGB vorausgesetzten Regelungskonflikt.[404] Folgerichtig müssen

---

398 *Schlosser* in: Staudinger/BGB, 2013, Vorbem. zu § 305 ff. Rn. 19; ebenso *Mäsch* in: Staudinger/BGB, 2019, § 305b Rn. 6; *Becker*, Die Auslegung des § 9 Abs. 2 AGB-Gesetz, S. 109 f.; *Fehl*, BB 1985, S. 1559 (1560).

399 *Ulmer/Schäfer* in: Ulmer/Brandner/Hensen, § 305b Rn. 2a; *Roloff* in: Erman/BGB, § 305b Rn. 2; *Trinkner* in: Löwe/Westphalen/Trinkner, § 4 AGBG Rn. 12; *Stübing*, NJW 1978, S. 1606 (1608).

400 *Lindacher/Hau* in: Wolf/Lindacher/Pfeiffer, § 305b Rn. 4; *U. Stein* in: Soergel/BGB, § 4 AGBG Rn. 4.

401 BGH v. 19.9.1983, NJW 1984, S. 48 (49) („mag diese Frage in logischer Hinsicht auch möglicherweise vorrangig sein").

402 *Zoller*, JZ 1991, S. 850 (854); zu § 4 AGBG ebenso AG München v. 11.1.1990, WM 1990, S. 1332, (1333).

403 *Ulmer/Schäfer* in: Ulmer/Brandner/Hensen, § 305b Rn. 2a; aus Sicht des § 305b BGB als Kollisionsnorm eigener Art auch *Roloff* in: Erman/BGB, § 305b Rn. 2; a.A. *Trinkner* in: Löwe/Westphalen/Trinkner, § 4 AGBG Rn. 12.

404 So auch BGH v. 19.9.1983, NJW 1984, S. 48 (48 f.); BAG v. 14.9.2011, NZA 2012, S. 81 (85); *Roloff* in: Erman/BGB, § 305b Rn. 2; für Individualprozesse im Unterschied zu

die widersprechenden Klauseln zunächst einer Inhaltskontrolle gemäß §§ 307–309 BGB unterzogen werden. Nur wenn feststeht, dass der Verwendung der Allgemeinen Geschäftsbedingung keine dieser Vorschriften entgegensteht, stellt sich die Problematik einer Bewertung der zu überprüfenden Klausel unter dem Gesichtspunkt des § 305b BGB.

Nach anderer Auffassung stehen § 305b und die Vorschriften der Inhaltskontrolle gleichrangig nebeneinander.[405] Der Rechtsanwender könne die Nichtanwendbarkeit einer Klausel daher nach Belieben auf beiden Wegen begründen.[406] Dafür spreche, dass dies den Bedürfnissen der Rechtspraxis am nächsten komme. Es werde dem Einzelnen – insbesondere dem zu entscheidenden Richter – überlassen, ob er das eine oder das andere Kontrollinstrument anwenden möchte.[407] Eigenständige Bedeutung komme § 305b BGB nur im kaufmännischen Verkehr zu, da die §§ 308–309 BGB in diesem Fall keine Anwendung finden.[408] Gleiches gelte im Verbandsklageprozess für die Vorschriften der Inhaltskontrolle, da dort § 305b BGB nicht herangezogen werden könne.[409]

Gegen die genannten Auffassungen spricht jedoch die Systematik des Gesetzes, da der Gesetzgeber den § 305b BGB vor die §§ 307 ff. BGB gestellt hat. Zudem handelt es sich nach hier vertretener Auffassung bei § 305b BGB um eine negative Einbeziehungsvoraussetzung. Eine Klausel, die im Widerspruch zu einer individuell getroffenen Abrede steht, wird danach zu keinem Zeitpunkt Vertragsbestandteil und kann damit auch keine Wirkung entfalten. Es ist insofern schon begriffsnotwendig nicht möglich, ihren Inhalt zu überprüfen, um so eine Unwirksamkeit nach §§ 307 ff. BGB herbeizuführen. Eine andere Frage ist freilich, ob ein Gericht unter mehreren möglichen Verwerfungsgründen

---

Klagen nach § 1 UKlaG wohl auch BGH v. 25.2.1982, NJW 1982, S. 1389 (1391); OLG Karlsruhe v. 17.1.1980, NJW 1981, S. 405 (406); für den Individualprozess offenlassend BGH v. 26.1.1983, NJW 1983, S. 1320; *Lehmann/Richter* in: BeckOGK/BGB, § 305b Rn. 19; *Ulmer/Schäfer* in: Ulmer/Brandner/Hensen, § 305b Rn. 2a.

405 *Lindacher/Hau* in: Wolf/Lindacher/Pfeiffer, § 305b Rn. 4; *U. Stein* in: Soergel/BGB, § 4 AGBG Rn. 4.

406 *U. Stein* in: Soergel/BGB, § 4 AGBG Rn. 4; *Lindacher/Hau* in: Wolf/Lindacher/Pfeiffer, § 305b Rn. 4 („rechtslogisch weder vorrangig noch nachrangig").

407 *Lindacher/Hau* in: Wolf/Lindacher/Pfeiffer, § 305b Rn. 4; *Koch/Stübing*, § 9 AGBG Rn. 5, verweisen in diesem Zusammenhang auf den Gesichtspunkt der Prozessökonomie.

408 *U. Stein* in: Soergel/BGB, § 4 AGBG Rn. 3; zum Verhältnis des Vorrangprinzips zur Inhaltskontrolle im kaufmännischen Verkehr auch *Wolf*, ZIP 1987, S. 341 (342 ff.).

409 Zur Frage, ob im Verbandsklageverfahren entgegen dem Wortlaut des § 1 UKlaG auch § 305b BGB Prüfungsmaßstab sein kann, siehe Seite 203 ff.

denjenigen herausgreifen kann, der am prozessökonomischsten zu begründen ist. Dies ist nach prozessrechtlichen Gründen zu bejahen.[410]

Besondere Relevanz erhält dies im Individualprozess. Hier kann das Gericht die Einbeziehung dahinstehen lassen, wenn sich auf der Ebene der Inhaltskontrolle die Unwirksamkeit leichter begründen lässt.[411] Im Verbandsklageverfahren nach § 1 UKlaG ist der Prüfungsgegenstand jedoch nicht der konkrete Vertragsschluss bzw. die konkrete Einbeziehung der jeweiligen Allgemeinen Geschäftsbedingungen, sodass diese daher nur unter Anlegung eines generell-abstrakten Maßstabes an den §§ 307–309 BGB gemessen werden können. Folgerichtig muss ein Gericht im Rahmen des Verbandsklageverfahrens die Unwirksamkeit einer Allgemeinen Geschäftsbedingung stets nach den §§ 307–309 BGB feststellen. Auf die Frage, ob die infrage stehende Klausel bereits an § 305b BGB scheitern würde, kommt es nicht an.[412] Dabei handelt es sich allerdings nicht um die richtige Reihenfolge von Einbeziehungs- und Inhaltskontrolle. Vielmehr ist dies das Ergebnis der beschränkten Prüfungskompetenz, welche das Verbandsklageverfahren den Gerichten in § 1 UKlaG vorgibt.[413]

b) Tendenziell individualvertragswidrige Klauseln

Dennoch ist nicht zu verkennen, dass zwischen § 305b BGB und den Inhaltskontrollvorschriften sachliche Zusammenhänge und Überschneidungen bestehen. Wie bereits im Rahmen des Anhangs zu Art. 3 Abs. 3 der Klauselrichtlinie gezeigt,[414] hat auch der nationale Gesetzgeber in den §§ 308–309 BGB Bestimmungen aufgenommen, welche der Effizienz und dem Schutz von Individualvereinbarungen dienen. Sie beruhen ebenfalls auf dem Gedanken des Vorrangs von Individualabreden in Bezug auf die jeweilige Hauptleistung und ihre Erbringung gegenüber abweichenden Allgemeinen Geschäftsbedingungen (vgl. §§ 308 Nr. 1, 3, 4, 309 Nr. 1 BGB).[415] Es drängt sich daher die Frage auf, in welchem

---

410 *Lindacher/Hau* in: Wolf/Lindacher/Pfeiffer, § 305b Rn. 4; so im Ergebnis auch *H. Schmidt* in: BeckOK/BGB, § 305b Rn. 8.

411 Vgl. etwa BGH v. 24.11.1988, NJW 1989, S. 222 (223); OLG Dresden v. 9.2.2007, BeckRS 2007, 03433, Leitsatz I.

412 Vgl. *Witt* in: Ulmer/Brandner/Hensen, § 1 UKlaG Rn. 15.

413 So zu Recht auch *Spruß*, Die Einbeziehung Allgemeiner Geschäftsbedingungen, S. 323 für die negative Einbeziehungsvoraussetzung des § 305c Abs. 1 BGB.

414 Siehe dazu Seite 76 ff.

415 *Schlosser* in: Staudinger/BGB, 2013, § 305b Rn. 2 ff.; unter detaillierter Darstellung der möglichen Überschneidungsbereiche zwischen § 305b BGB und §§ 308 f. BGB, ebenso

Verhältnis diese Vorschriften – vor allem die „absolut unzulässigen Klauseln" in § 309 BGB – zum Vorrangprinzip stehen. Zu prüfen ist, ob dies Abweichungen von den oben herausgearbeiteten Grundsätzen notwendig macht. Der Gesetzgeber selbst hat diese Problematik während des Gesetzgebungsverfahrens zu § 4 AGBG und § 305b BGB nicht aufgegriffen und behandelt.

Als gemeinsames Merkmal der genannten Klauselverbote können ihnen widersprechende AGB-Klauseln unabhängig vom Vorliegen einer konkret vereinbarten Individualabrede einer Kontrolle unterzogen werden.[416] Man könnte daher davon ausgehen, dass es sich dabei um Sonderausprägungen des Schutzes von Individualabreden handelt, die aus dem Anwendungsbereich von § 305b BGB ausgeklammert sind.[417] Rechtssystematisch hat diese Abgrenzung der Anwendungsbereiche von § 305b BGB und §§ 308–309 BGB erneut vor allem für den kaufmännischen Verkehr Bedeutung. Geht man davon aus, dass alle Klauseln, die ohne Kenntnis einer Individualabrede bewertbar sind, nicht dem § 305b BGB, sondern nur den Vorschriften des Verbotskatalogs unterfielen, können sie im beiderseitigen kaufmännischen Verkehr weder nach der einen noch nach der anderen Normgruppe beurteilt werden. Die Vorschriften in den §§ 308, 309 BGB können demnach bereits wegen dieser drohenden Rechtsschutzlücke gegenüber § 305b BGB nicht als *leges speciales* angesehen werden.[418]

Daran anknüpfend geht die Literatur zu Teilen davon aus, dass es dem Sinn des Gesetzes besser entspreche, § 305b BGB und die Normen aus dem Bereich der Inhaltskontrolle, die gleichzeitig dem Schutz von Individualabreden dienen oder dienen können, als kumulativ anwendbar zu betrachten.[419] Eine AGB-Klausel könne demzufolge gemäß den §§ 308–309 BGB inhaltlich unwirksam, gleichzeitig aber auch wegen eines Verstoßes gegen das Vorrangprinzip gemäß § 305b BGB nicht wirksamer Vertragsbestandteil sein.[420]

Dagegen ist allerdings anzuführen, dass es sich bei den in den aufgeführten Klauselverboten geregelten Sachverhalten zum Teil um solche handelt, die

---

Mäsch in: Staudinger/BGB, 2019, § 305b Rn. 6 ff.; *Trinkner* in: Löwe/Westphalen/Trinkner, § 4 AGBG Rn. 12;.

416 *Schlosser* in: Staudinger/BGB, 2013, § 305b Rn. 2; *Mäsch* in: Staudinger/BGB, 2019, § 305b Rn. 6 ff.; *Trinkner* in: Löwe/Westphalen/Trinkner, § 4 AGBG Rn. 12.

417 *Ulmer/Schäfer* in: Ulmer/Brandner/Hensen, § 305b BGB Rn. 2a; *Dittmann/Stahl*, AGB-Kommentar, § 4 AGBG Rn. 238.

418 So auch *Schlosser* in: Staudinger/BGB, 2013, § 305b Rn. 2; *Mäsch* in: Staudinger/BGB, 2019, § 305b Rn. 6 ff.; a.A. *Ulmer/Schäfer* in: Ulmer/Brandner/Schäfer, § 305b Rn. 2a.

419 *Schlosser* in: Staudinger/BGB, 2013, § 305b Rn. 2.

420 *Schlosser* in: Staudinger/BGB, 2013, § 305b Rn. 2.

bereits vollständig vom Vorrangprinzip des § 305b BGB erfasst sind. So schützt z.B. § 309 Nr. 1 BGB den Kunden vor Bestimmungen in Allgemeinen Geschäftsbedingungen, welche die Erhöhung des Entgelts für Waren oder Leistungen vorsehen, die innerhalb von vier Monaten nach Vertragsschluss geliefert oder erbracht werden sollen. Eine danach unzulässige Preiserhöhung liegt immer dann vor, wenn ein anderer (höherer) Preis als der zum Zeitpunkt des Vertragsschlusses geltende gezahlt werden soll.[421] Ist der Preis jedoch – wie üblich – zwischen den Vertragsparteien individualvertraglich vereinbart worden, so wird die Klausel allerdings bereits von § 305b BGB verdrängt. Die aufgeführten Klauseln können infolgedessen nur für solche Vereinbarungen eine eigenständige Bedeutung haben, wenn sie nicht mit Individualabreden, sondern mit Bestimmungen in den Allgemeinen Geschäftsbedingungen selbst kollidieren.

Die Klauselverbote in den §§ 308, 309 BGB finden demnach überzeugenderweise nur dann Anwendung, wenn die dort aufgeführten Sachverhalte im konkreten Einzelfall nicht bereits von § 305b BGB erfasst sind.[422] Nur die Fälle, die nicht bereits vom Vorrangprinzip erfasst werden, können gegenüber § 305b BGB eine eigenständige Bedeutung haben. Das Vorrangprinzip in § 305b BGB ist damit *lex specialis* gegenüber den Klauselverboten in §§ 308–309 BGB und demzufolge vor den Vorschriften der Inhaltskontrolle zu prüfen. An dem zuvor herausgearbeiteten Vorrang der Einbeziehungskontrolle nach § 305b BGB gegenüber der Inhaltskontrolle ändert sich somit nichts.

IV. Auswirkungen auf die Prüfung der §§ 305 ff. BGB

Hinsichtlich der Thematik des Vorrangs von Individualabrede und Allgemeiner Geschäftsbedingung gemäß § 305b BGB handelt es sich um eine eigenständige Kontrollstufe Allgemeiner Geschäftsbedingungen. Wird der Rechtsanwender mit Allgemeinen Geschäftsbedingungen konfrontiert, so ergibt sich hinsichtlich der Einbeziehungskontrolle folgendes Prüfungsprogramm: Nach Feststellung des Vorliegens Allgemeiner Geschäftsbedingungen i.S.d. § 305 Abs. 1 BGB ist festzustellen, dass diese wirksam in den Vertrag einbezogen worden sind. Dem ist nicht so, wenn eine inhaltlich abweichende Individualabrede vorliegt. In dieser Situation kann die im Widerspruch dazu stehende Allgemeine Geschäftsbedingung aufgrund der negativen Einbeziehungsvoraussetzung des § 305b BGB nicht zum Vertragsbestandteil werden. Die Prüfung des Vorrangprinzips in

421 *Stadler* in: Jauernig/BGB, § 309 Rn. 2.

422 *Trinkner* in: Löwe/Westphalen/Trinkner, § 4 AGBG Rn. 12.

§ 305b BGB steht insofern gleichrangig neben den anderen Vorschriften der Einbeziehungskontrolle nach den §§ 305 Abs. 2, 3, 305a, 305c Abs. 1 BGB. Es obliegt dem einzelnen Rechtsanwender, die für ihn vorteilhafte Prüfungsreihenfolge zu bestimmen. Die Inhaltskontrolle der AGB-Klausel nach den §§ 307 ff. BGB hat demgegenüber denklogisch nachzufolgen.

D. Tatbestand des § 305b BGB

Nachdem erörtert worden ist, auf welchen dogmatischen Grundlagen § 305b beruht, gilt es im Folgenden, Gegenstand und Kriterien des Vorrangprinzips zu konkretisieren. Das Vorrangprinzip in § 305b BGB setzt seinem Wortlaut nach voraus, dass eine Individualabrede und eine Allgemeine Geschäftsbedingung zusammentreffen, die inhaltlich voneinander abweichen. Der Vorrang der Individualabrede kommt deshalb von vornherein nicht zum Tragen, wenn über die Allgemeine Geschäftsbedingung i.S.d. § 305 Abs. 1 S. 3 BGB verhandelt worden und dadurch die Allgemeine Geschäftsbedingung selbst zur Individualabrede geworden ist.[423]

I. Abdingbarkeit des § 305b BGB

Daran anknüpfend ist zu ermitteln, ob das Vorrangprinzip in § 305b BGB zwingend ist oder von den Vertragsparteien im Einzelfall abbedungen werden kann. Dabei ist grundsätzlich zwischen einer Abbedingung mittels vorformulierter AGB-Klausel oder aber durch eine Individualabrede zu unterscheiden.

1. Durch Allgemeine Geschäftsbedingungen

Eine Abdingbarkeit durch Allgemeine Geschäftsbedingungen ist nicht möglich. Der Vorrang von Individualabreden lässt sich nicht durch eine bloße Klausel in Allgemeinen Geschäftsbedingungen überwinden, nach der Individualabreden zwischen den Vertragsparteien keine Geltung zukommen soll.[424] Eine Klausel in Allgemeinen Geschäftsbedingungen, die sämtliche Absprachen, das heißt auch Individualabreden, für nachrangig erklärt, vermag das rechtsgeschäftliche Eigenhandeln der Vertragsparteien nicht wirksam einzuschränken.[425] Im Kollisionsfall wäre sie ihrerseits aufgrund des § 305b BGB und des ihm zugrunde liegenden funktionalen Rangverhältnisses von Allgemeiner Geschäftsbedingung und Individualabrede stets nachrangig. Als die schwächer legitimierte

423 Zum Begriffsverständnis der „Individualabrede i.S.d. § 305b BGB“ siehe Seite 101 ff.

424 *Lindacher/Hau* in: Wolf/Lindacher/Pfeiffer, § 305b Rn. 8; *Pfeiffer* in: Wolf/Lindacher/Pfeiffer, § 307 Rn. 47; *H. Schmidt* in: BeckOK/BGB, § 305b Rn. 18.

425 Dazu auch KG Berlin v. 3.8.2015, 23 U 15/15, BeckRS 2015, 20523.

Rechtsquelle ist sie von vornherein nicht in der Lage, eine entgegenstehende Individualabrede zu verdrängen.[426]

2. Durch Individualabreden

Dementsprechend ist von vornherein allein eine Abdingbarkeit des § 305b BGB mittels einer von den Vertragsparteien beiderseits gewollten und inhaltlich bestimmten Individualabrede denkbar. Es stellt sich die Frage, ob die Vertragsparteien die Anwendbarkeit des § 305b BGB einzelvertraglich vollständig ausschließen können, z.B. in dem sie vereinbaren, dass „stets unsere Allgemeinen Geschäftsbedingungen gelten, abweichende Vereinbarungen sind unwirksam".[427]

Zwingendes und damit der Vertragsfreiheit Grenzen ziehendes Recht ist dem Grunde nach immer dann anzunehmen, wenn der Sinn und Zweck des Gesetzes einer privatautonomen Gestaltung entgegensteht.[428] Ausweislich der Gesetzesbegründung ist es das Ziel des Vorrangprinzips in § 305b BGB, den Allgemeinen Geschäftsbedingungen lediglich insoweit Geltung einzuräumen, als die von den Parteien getroffene Individualabrede dafür noch Raum lässt. Die für einen bestimmten Einzelvertrag getroffenen Individualabreden sollen durch inhaltlich abweichende Allgemeine Geschäftsbedingungen weder zunichte gemacht oder ausgehöhlt werden können.[429]

Daran anknüpfend spricht sich ein Teil des Schrifttums dafür aus, dass § 305b BGB durch eine gleichberechtigt geschlossene Individualabrede abbedungen werden könne.[430] Dem Sinn und Zweck der Norm werde ausreichend entsprochen, weil die Vertragspartner durch individuelle Abreden über den Inhalt des Vertrags entschieden und damit gerade nicht, wie von § 305b BGB vorausgesetzt, mittels vorformulierter und einseitig gestellter Allgemeiner Geschäftsbedingungen i.S.d. § 305 Abs. 1 BGB.

Zu berücksichtigen ist gleichwohl, dass der Sinn und Zweck der Kontrollvorschriften für Allgemeine Geschäftsbedingungen gemäß §§ 305 ff. BGB insgesamt aber auch darin besteht, die zwischen dem Verwender und seinem

---

426 *Mackenrodt*, Technologie statt Vertrag, S. 90; zu dem ähnlich gelagerten Problem von formularvertraglichen Schriftformklauseln und Beschränkungen der Vertretungsmacht siehe Seite 133 ff.

427 *Lehmann-Richter* in: BeckOGK/BGB, § 305b Rn. 21.

428 BGH v. 20.3.2014, NJW 2014, S. 1725 (1728).

429 BT-Drucksache 7/3919, S. 20; Hägele, Allgemeine Geschäftsbedingungen nach neuem Recht, S. 36.

430 *Lehmann-Richter* in: BeckOGK/BGB, § 305b Rn. 21.

Vertragspartner auftretende Ungleichheit ihrer Verhandlungspositionen auszugleichen. Sie dienen so der Sicherung der beiderseitigen Vertragsfreiheit und gewährleisten eine Schutz- und Abwehrposition gegen die Inanspruchnahme einseitiger Gestaltungsmacht durch den Verwender.[431]

Sichtbar wird dies gerade in dem Zusammenspiel der Vorschriften der Inhaltskontrolle in den §§ 307–309 BGB und § 305 Abs. 1 S. 3 BGB. Danach unterliegen vertragliche Vereinbarungen keiner verschärften inhaltlichen Kontrolle, wenn die Vertragsbedingungen gemäß § 305 Abs. 1 S. 3 BGB im Einzelnen ausgehandelt worden sind. In diesem Fall befinden sich die Vertragsparteien in einer gleichberechtigten Verhandlungsposition und Einwirkungsmöglichkeit auf den Vertragsinhalt. Diesen strukturellen und funktionalen Unterschied im Zustandekommen Allgemeiner Geschäftsbedingungen und im Einzelnen ausgehandelter Individualabreden greift auch § 305b BGB auf und bringt, wie bereits gezeigt, ein vom Willen der Vertragsparteien unabhängiges „fundamentales Prinzip"[432] zum Ausdruck.

Aufgrund der unterschiedlich deutlich ausgeprägten Legitimation der Vertragsbestandteile stehen Individualabreden und Allgemeine Geschäftsbedingungen in einem Über- und Unterordnungsverhältnis, welches den Vorrang der Individualabrede im Kollisionsfall rechtfertigt. § 305b BGB muss daher als Teil jenes zwingenden Rechts begriffen werden, das in die Privatautonomie des Verwenders der Allgemeinen Geschäftsbedingungen zugunsten der effektiven Sicherung und Durchsetzung der Privatautonomie der anderen Partei eingreift.[433] Es wäre mit dem Normzweck des § 305b BGB sowie den Grundsätzen der Vertragsfreiheit als Ausprägung der über Art. 2 Abs. 1 GG geschützten Privatautonomie nicht vereinbar, könnten die Vertragsparteien von diesem, das heißt den beiden Vertragsteilen immanenten funktionalen Rangverhältnis abweichende Regelungen treffen. Eine vollständige Abbedingung des § 305b BGB, indem der Allgemeinen Geschäftsbedingung der Vorrang eingeräumt wird, ist demnach auch mithilfe einer individuell getroffenen Abrede nicht zulässig.[434]

431 BGH v. 20.3.2014, NJW 2014, S. 1725 (1728); *Basedow* in: MüKo/BGB, Vor §§ 305 ff. Rn. 4 ff. („partielles Marktversagen").

432 *Spruß*, Die Einbeziehung Allgemeiner Geschäftsbedingungen, S. 202.

433 Vgl. *Merz*, Privatautonomie heute, S. 14 f.; *Spruß*, Die Einbeziehung Allgemeiner Geschäftsbedingungen, S. 273.

434 Im Ergebnis auch *Lapp/Salamon* in: juris-PK/BGB, § 305b Rn. 20; *Däubler*, FS Richardi, S. 205 (214 f.); *Zschieschack* in: BeckOGK/BGB, § 307 Schriftformklausel Rn. 13 („zwingende Vorschrift"); *Hromadka*, NJW 2002, S. 2523 (2525).

II. Vorliegen einer Individualabrede

Der Begriff der „Individualabrede" hingegen wird vom Gesetz weder in § 305b BGB noch in § 305 Abs. 1 BGB ausdrücklich definiert. § 305b BGB trifft lediglich eine Aussage über die Geltungswirkung bei einer auftretenden inhaltlichen Konkurrenz von Allgemeinen Geschäftsbedingungen mit Einzelfallregelungen, wohingegen § 305 Abs. 1 BGB grundsätzlich zur rechtlichen Qualifikation von Allgemeinen Geschäftsbedingungen Stellung nimmt. Wie beide Vertragsbestandteile, das heißt die Allgemeine Geschäftsbedingung einerseits und die Individualabrede andererseits im Rahmen des Vorrangprinzips in § 305b BGB voneinander abzugrenzen sind, ist folglich auf den ersten Blick vom Gesetzgeber offengelassen worden.

1. Begriffsbestimmung

Fraglich ist, welche (Mindest-)Anforderungen an eine Individualabrede i.S.d. § 305b BGB zu stellen sind. In der Praxis hat dies vor allem für die sog. Schriftformklauseln besondere Bedeutung.[435] Umso geringer die Anforderungen an eine Individualabrede i.S.d. § 305b BGB sind, desto weniger können formularvertragliche Schriftformklauseln vor einer mündlichen Änderung des Vertrags schützen. Denn der Individualabrede kommt gemäß § 305b BGB stets der Vorrang zu. Der Bundesgerichtshof hat sich, soweit ersichtlich, zum Begriffsverständnis der Individualabrede i.S.d. § 305b BGB noch nicht abschließend geäußert.[436] In der Literatur haben sich daher verschiedene Begründungsansätze zur Bestimmung einer Individualabrede gemäß § 305b BGB herausgebildet, die im Folgenden näher zu untersuchen sind.

a) Anwendung der Grundsätze zu § 305 Abs. 1 S. 3 BGB

Weite Teile der Literatur, der sich auch das Bundesarbeitsgericht angeschlossen hatte,[437] sprechen sich dafür aus, dass die Individualabrede gemäß § 305b BGB

---

435 Zur Problematik der Schriftformklauseln siehe Seite 133 ff., 252 ff.

436 Offen gelassen von BGH v. 10.10.1991, NJW 1992, S. 1107 (1107 f.): Es wird in dieser Entscheidung lediglich angedeutet, dass im Zeitpunkt des Vertragsschlusses § 1 Abs. 2 AGBG (heute § 305 Abs. 1 S. 3 BGB) eingreifen soll.

437 BAG v. 20.5.2008, NZA 2008, S. 1233 (1236). Das Bundesarbeitsgericht vertritt mittlerweile wohl die Auffassung, dass unter Individualabreden i.S.d. § 305b BGB „alle Abreden außerhalb der einseitig vom Verwender vorgegebenen Vertragsbedingungen" fallen, ausführlich dazu Seite 108 f.

ein Aushandeln i.S.d. § 305 Abs. 1 S. 3 BGB voraussetze und der Begriff der Individualabrede daher dem der „im Einzelnen ausgehandelten Vertragsbedingung" entspreche.[438]

(1) Bedeutung des § 305 Abs. 1 S. 3 BGB

Zum Teil wird der § 305 Abs. 1 S. 3 BGB im Schrifttum wegen nur klarstellender Funktion für überflüssig erachtet.[439] Die Vorschrift wiederhole lediglich einen Gedanken, der sich bereits aus der Formulierung in § 305 Abs. 1 S. 1 BGB ergebe, nach dem eine Allgemeine Geschäftsbedingung einzig dann vorliege, wenn sie der Verwender der anderen Vertragspartei bei Abschluss stellt. Zurückzuführen ist diese Sichtweise auf die Annahme, dass der Begriff des „Aushandelns" mit dem Begriff des Nicht-„Stellens" gleichzusetzen sei.[440] Dem kann jedoch bereits aufgrund des unterschiedlichen Wortlauts beider Vorschriften nicht gefolgt werden.

Der Bundesgerichtshof geht ebenfalls zu Recht davon aus,[441] dass Vertragsbedingungen, die § 305 Abs. 1 S. 3 BGB aus dem Anwendungsbereich der §§ 305 ff. BGB herausnimmt, sinnvollerweise nur solche Bedingungen sein können, die an sich die Voraussetzungen des § 305 Abs. 1 S. 1 BGB erfüllen.[442]

---

438 *Ulmer/Schäfer* in: Ulmer/Brandner/Hensen, § 305b Rn. 10; *Jacobs* in: BeckOK/ArbR, § 305b Rn. 2; *Peterhänsel* in: Boecken/Düwell/Diller/Hanau, § 305b Rn. 4; *Clemenz* in: Clemenz/Kreft/Krause, § 305b Rn. 1; *Däubler* in: Däubler/Bonin/Deinert, § 305b Rn. 3; *ders.*, FS Richardi, S. 205 (214); *Stoffels*, AGB-Recht, Rn. 347; *Spruß*, Die Einbeziehung Allgemeiner Geschäftsbedingungen, S. 275; *Pfeiffer*, WuB IV B § 1 AGBG, I. 92, S. 563; *Zander*, Kostenfallen im Internet, S. 177; ähnlich BGH v. 28.6.1984, NJW 1984, S. 2468; *Grüneberg* in: Palandt/BGB, § 305b Rn. 2; *Hohenstatt/Schramm*, NZA 2007, S. 238 (241); *Richardi*, NZA 2002, S. 1057 (1059); *Ulrici*, BB 2005, S. 1902 (1903); *Roloff* in: Henssler/Willemsen/Kalb, § 305b Rn. 1; *ders.* in: Erman/BGB, § 305b Rn. 4, der den Anwendungsbereich an dieser Stelle aber auch auf handschriftlich oder maschinengeschriebene Einfügungen im Klauseltext erstrecken will; offenlassend BGH v. 10.10.1991, NJW 1992, S. 1107 (1108); *Boudon*, ArbRB 2003, S. 150 (151).

439 *Basedow* in: MüKo/BGB, § 305 Rn. 29.

440 *Basedow* in: MüKo/BGB, § 305 Rn. 21, 34.

441 BGH v. 15.12.1976, NJW 1977, S. 624 (625).

442 *Stoffels*, AGB-Recht, Rn. 147: „Einen eigenständigen Sinn hat diese Bestimmung nämlich immerhin für solche Bestimmungen, die ursprünglich für eine Vielzahl von Verträgen vorformuliert waren, der Gegenpartei gestellt wurden, im Laufe der Verhandlungen aber den Charakter von Individualvereinbarungen angenommen haben. Hier sind alle Begriffsmerkmale nach Satz 1 erfüllt, so dass die AGB-Qualität hier nach Satz 3 entfallen kann."

§ 305 Abs. 1 S. 3 BGB begrenzt damit im Ergebnis den Anwendungsbereich der §§ 305 ff. BGB.[443] So heißt es daher auch in § 305 Abs. 1 S. 3 BGB „Allgemeine Geschäftsbedingungen liegen nicht vor, soweit [...]“. Dieser Formulierung lässt sich entnehmen, dass das Vorliegen einer Allgemeinen Geschäftsbedingung vorausgesetzt wird und damit die Tatbestandsmerkmale des § 305 Abs. 1 S. 1 BGB zunächst erfüllt sein müssen. Etwas anderes gilt nur dann, „soweit“ die Voraussetzungen des § 305 Abs. 1 S. 3 Hs. 2 BGB vorliegen, das heißt, es wird eine Ausnahme davon gemacht.[444]

(2) Begriff des „Aushandelns“

Zur Sicherung des Schutzzwecks der AGB-Kontrolle werden an den Begriff des „Aushandelns“ i.S.d. § 305 Abs. 1 S. 3 BGB hohe Anforderungen gestellt.[445] Das Aushandeln von Vertragsbedingungen ist in seiner eigentlichen Form dadurch gekennzeichnet, dass die Vertragspartner ihre in der Regel gegensätzlichen Interessen in den Verhandlungsprozess einbringen und nach gegenseitiger Prüfung auf einen für beide akzeptablen Ausgleich zu bringen versuchen. Daran anknüpfend erfordert ein Aushandeln nach § 305 Abs. 1 S. 3 BGB „mehr als bloßes Verhandeln“.[446] Wer vorformulierte Bedingungen verwendet, macht seine fehlende Bereitschaft deutlich, über die von ihm gestellten Bedingungen zu verhandeln und muss dies daher durch eine entsprechende Konzessionsbereitschaft deutlich widerlegen.[447]

Es genügt deshalb nicht, dass das gestellte Formular den Verhandlungspartnern bekannt ist und nicht auf Bedenken stößt.[448] Eine Klausel wird auch noch nicht deshalb zu einer ausgehandelten Vereinbarung, weil der Kunde über die Tragweite der Klausel aufgeklärt worden[449] bzw. sich über den Inhalt des Vertrags vollständig im Klaren ist.[450] Selbst wenn der Verwender eine Klausel rechtfertigt

---

443 *Ulmer/Habersack* in: Ulmer/Brandner/Hensen, § 305 Rn. 39.

444 *Hoffmann*, Betriebliche Übung und AGB-Kontrolle, S. 62 f.

445 Vgl.*Roloff* in: Erman/BGB, § 305 Rn. 17 ff.

446 BGH v. 16.7.1998, NJW 1998, S. 3488 (3489); BAG v. 27.7.2005, NZA 2006, S. 40 (44); *Pfeiffer* in: Wolf/Lindacher/Pfeiffer, § 305 Rn. 37; *Basedow* in: MüKo/BGB, § 305 Rn. 35; *Ulmer/Habersack* in: Ulmer/Brandner/Hensen, § 305 Rn. 48; *Berger*, NJW 2001, S. 2152; *Matt*, Das Transparenzgebot in der deutschen AGB-Rechtsprechung, S. 7; *Preis*, Grundfragen der Vertragsgestaltung im Arbeitsrecht, S. 290 f.

447 *Roloff* in: Erman/BGB, § 305 Rn. 18.

448 BGH v. 27.03.1991, NJW 1991, S. 1678 (1679).

449 *Schlosser* in: Staudinger/BGB, 2013, § 305 Rn. 47.

450 BGH v. 27.4.1988, NJW 1988, S. 2465 (2466).

und der Vertragspartner anschließend nicht mehr widerspricht, stellt dies kein Aushandeln i.S.d. § 305 Abs. 1 S. 1 BGB dar.[451] Die konkrete Ausgestaltung der Abrede muss vielmehr das Ergebnis einer freien Prüfung und Abwägung der Interessen beider Vertragsparteien sein.[452]

Der Verwender vorformulierter Klauseln muss ernsthaft bereit sein, die Vertragsbedingungen zur Disposition zu stellen und eine aktive Einflussnahme des Kunden insbesondere auf die Gestaltung derjenigen Klauseln zulassen, die den „gesetzesfremden Kerngehalt", das heißt den wesentlichen Inhalt der gesetzlichen Regelung ändernden oder ergänzenden Teil des Vertrags ausmachen.[453] Ein einfaches Gespräch pro forma ist demgemäß ebenso wenig ausreichend wie die alleinige Verhandlungsbereitschaft.[454] Ferner reicht auch eine eingehende Erörterung der einzelnen Konditionen sowie eine Belehrung über ihre Rechtsfolgen nicht aus.[455] An einem Aushandeln mangelt es ebenso, wenn der Vertragspartner vor die Wahl gestellt wird, die Vertragsbedingungen zu akzeptieren oder von dem Vertrag insgesamt Abstand zu nehmen.[456] Gleiches gilt, wenn der Vertragspartner aus zwei oder mehreren vom Verwender vorgegebenen Varianten (z.B. durch Ankreuzen) „auswählen" kann.[457]

An den aufgezeigten Kriterien ändert sich auch dann nichts, wenn die Parteien individuell eine Klausel vereinbaren, dass es sich bei dem Vertrag um einen Individualvertrag handele oder die Parteien in das Verhandlungsprotokoll aufnehmen, die Vertragsklauseln seien ausgiebig und ernsthaft verhandelt

---

451 BGH v. 27.3.1991, NJW 1991, S. 1678 (1679); BGH v. 25.6.1992, NJW 1992, S. 2759 (2760); *Schlosser* in: Staudinger/BGB, 2013, § 305 Rn. 47.

452 *Becker* in: BeckOK/BGB, § 305 Rn. 35; *Basedow* in: MüKo/BGB, § 305 Rn. 35; vgl. dazu auch *Jaeger*, NJW 1979, S. 1569 (1572 ff.).

453 BGH v. 3.7.1985, NJW-RR 1986, S. 54; BGH v. 30.9.1987, NJW 1988, S. 410; BGH v. 3.4.1998, NJW 1998, S. 2600 (2601); *Grüneberg* in: Palandt/BGB, § 305 Rn. 20; *Stadler* in: Jauernig/BGB, § 305 Rn. 9; kritisch gegenüber dem Erfordernis der Dispositionsbereitschaft, *Miethaner*, NJW 2010, S. 3121 (3127).

454 BGH v. 3.7.1985, NJW-RR 1986, S. 54 (54 f.); BGH v. 9.4.1987, NJW 1987, S. 2011; OLG Celle v. 28.10.1977, NJW 1978, S. 326; Frey, ZIP 1993, S. 572 (577).

455 *Schlosser* in: Staudinger/BGB, 2013, § 305 Rn. 47.

456 BGH v. 27.3.1991, NJW 1991, S. 1678 (1679); *Pfeiffer* in Wolf/Lindacher/Pfeiffer, § 305 Rn. 38; *Roloff*: in Erman/BGB, § 305 Rn. 18; *Basedow* in: MüKo/BGB, § 305 Rn. 40.

457 BGH v. 10.10.1991, NJW 1992, S. 1107 (1108); BGH v. 10.10.2013, NJW 2014, S. 206 (207); BGH v. 15.3.2018, NJW-RR 2018, S. 683 (686); *Becker* in: BeckOK/BGB, § 305 Rn. 36; *H. Schmidt* in: BeckOK/BGB, § 305b Rn. 9; a.A. *Bonin* in: BeckOGK/BGB, § 305c Rn. 21; *Schulte-Nölke* in: HK/BGB, § 305b Rn. 3.

worden.[458] Es ist mit dem Schutzzweck des AGB-Rechts nicht zu vereinbaren, dass die Vertragsparteien unabhängig von den Voraussetzungen des § 305 Abs. 1 S. 3 BGB die Geltung des Rechts der Allgemeinen Geschäftsbedingungen individualrechtlich auszuschließen versuchen.[459] Eine entsprechende Klausel in Allgemeinen Geschäftsbedingungen verstößt bereits gegen § 309 Nr. 12b BGB und ist infolgedessen ebenfalls von vornherein unwirksam.[460]

An dieser Stelle sei zudem darauf hingewiesen, dass sich die Problematik, ob das „Aushandeln“ i.S.d. § 305 Abs. 1 S. 3 BGB eine tatsächliche Änderung der vorgeschlagenen Klausel voraussetzt,[461] im Rahmen des § 305b BGB nicht stellt.[462] Die unveränderte Übernahme der Allgemeinen Geschäftsbedingungen kann die vom Vorrangprinzip geforderte Kollision von einer Allgemeinen Geschäftsbedingung mit einer inhaltsgleichen Individualabrede nicht herbeiführen. Nach dem Standpunkt, dass ein Aushandeln nach § 305 Abs. 1 S. 3 BGB eine inhaltliche Änderung der Allgemeinen Geschäftsbedingungen nicht zwingend voraussetzt, kollidieren in dieser Situation im besten Fall zwei Individualabreden miteinander. Andernfalls bliebe es bei einer Einordnung als Allgemeine Geschäftsbedingung, sodass die Individualabrede nach den allgemeinen Grundsätzen gemäß § 305b BGB vorgeht. Auswirkungen auf die konkrete Ausgestaltung einer Individualabrede hat diese umstrittene Rechtsfrage damit bei der Anwendung des § 305b BGB im Ergebnis nicht.

---

458 BGH v. 20.03.2014, NJW 2014, S. 1725: „Der Vertragspartner bestätigt ausdrücklich, dass im Rahmen der vergangenen Verhandlungen zum Vertrag über jede Vertragsklausel ausgiebig und ernsthaft mit dem anderen Vertragspartner diskutiert und verhandelt wurde. Der Vertragspartner ist sich daher mit dem anderen Vertragspartner darüber einig, dass es sich bei dem geschlossenen Vertrag um einen Individualvertrag handelt.“

459 BGH v. 15.12.1976, NJW 1977, S. 624 (625); *Willemsen*, NJW 1982, S. 1121 (1123); *Lakies*, AR-Blattei SD 35, Rn. 63.

460 Vgl. dazu *Koch*, Computer-Vertragsrecht, S. 202 f.; *Lakies*, AR-Blattei SD 35, Rn. 63.

461 Vgl. BGH v. 15.12.1976, NJW 1977, S. 624 (625); BGH v. 26.2.1992, NJW 1992, S. 2283 (2285); ausführlich dazu auch *Schütt*, Die Vertragskontrolle von Ausgleichsquittungen, S. 158; *Eberstein*, Die zweckmäßige Ausgestaltung von Allgemeinen Geschäftsbedingungen im kaufmännischen Geschäftsverkehr, S. 19 f.; *Burckhardt*, Das AGB-Gesetz unter dem Einfluss der EG-Richtlinie, S. 105; a.A. OLG Celle v. 28.10.1977, NJW 1978, S. 326 (326 f.); *Westphalen*, DB 1981, S. 61 (67); kritisch auch *Spruß*, Die Einbeziehung Allgemeiner Geschäftsbedingungen, S. 151 f.

462 Vgl. dazu auch *Ulmer/Schäfer* in: Ulmer/Brandner/Hensen, § 305b Rn. 10.

b) Jede „spezielle" Vereinbarung

Schlosser und *Mäsch* hingegen gehen von einem sehr weiten Verständnis der individuellen Vertragsabrede i.S.d. § 305b BGB aus.[463] Sie wollen den Begriff „Vorrang der Individualabrede" so verstehen, dass selbst inhaltlich spezielleren Allgemeinen Geschäftsbedingungen der Vorrang vor den allgemein gehaltenen Allgemeinen Geschäftsbedingungen einzuräumen ist.[464] Ausgangspunkt dieser Überlegung ist, dass sich in § 305b BGB ein verallgemeinerungsfähiges Rechtsprinzip niederschlage, nach dem eine relativ speziellere Regelung Vorrang vor einer relativ allgemeineren zukomme.[465] Für den Begriff der Individualabrede bedeute dies, dass er alles umfasse, was spezielleren Charakter aufweise. Insoweit beziehe sich die Spezialität nicht auf die Detailliertheit der Regelung, sondern auf den Kreis der Geschäfte, für den sie gedacht sei.[466]

Schlosser führt dazu folgendes Beispiel an: „Wird ein bestimmtes Formular auch zur Abwicklung von Verträgen gebraucht, für die es nicht gedacht ist, so kann dies in einer Häufigkeit geschehen, die den handschriftlichen, abweichenden Eintragungen den Charakter von Individualabreden im Sinne des [§ 305 Abs. 1 S. 3 BGB] nimmt. Im Sinne des [§ 305b BGB] sind die formularfremden Abweichungen dennoch Individualabreden. Auch Sonderbestimmungen für einen – gemessen am vorgestellten Anwendungsbereich der Allgemeinen Geschäftsbedingungen – speziellen Vertragstyp gehen, wenn von beiden Parteien einbezogen, den Grundbedingungen vor."[467]

Gegen ein derart weites Begriffsverständnis ist jedoch anzuführen, dass § 305b BGB, wie festgestellt, kein besonderes Spezialitätsverhältnis zum Ausdruck bringt.[468] Auch lässt sich den Begriffen „einzeln" in § 305 Abs. 1 S. 3 BGB und „individuell" gemäß § 305b BGB nicht entnehmen, dass sie im Sinne von „speziell" zu verstehen sind.[469] Ferner lässt sich das von § 305b BGB zum Ausdruck gebrachte funktionale Rangverhältnis zwischen zwei Vertragsbestandteilen

463 *Schlosser* in: Staudinger/BGB, 2013, § 305b Rn. 12; *Mäsch* in: Staudinger/BGB, 2019, § 305b Rn. 22.

464 *Schlosser* in: Staudinger/BGB, 2013, § 305b Rn. 12; *Mäsch* in: Staudinger/BGB, 2019, § 305b Rn. 22.

465 *Ulmer/Schäfer* in: Ulmer/Brandner/Hensen, § 305b Rn. 7; *Mackenrodt*, Technologie statt Vertrag, S. 89.

466 *Mäsch* in: Staudinger/BGB, 2019, § 305b Rn. 23.

467 *Schlosser* in: Staudinger/BGB, 2013, § 305b Rn. 12.

468 Siehe dazu Seite 51 ff.

469 So auch*Hoffmann*, Betriebliche Übung und AGB-Kontrolle, S. 66.

gerade nicht auf die Kollision von Allgemeinen Geschäftsbedingungen, die sich auf derselben Rangstufe befinden, begründen.[470] Aufgrund dessen ist die Auffassung von *Schlosser* und *Mäsch* von vornherein abzulehnen.

Überzeugender ist es, in dem von *Schlosser* genannten Beispiel auf die innere Hierarchisierung der einzelnen Klauselbestandteile abzustellen: Im Vergleich zum vorformulierten Klauseltext weist der in den Allgemeinen Geschäftsbedingungen ergänzte Teil einen höheren Individualisierungsgrad auf.[471] Die formularfremden Abweichungen und Sonderbestimmungen sind demnach vom Willen der Vertragsparteien ebenfalls stärker legitimiert als der vorformulierte Klauseltext. Ihnen ist daher in entsprechender Anwendung des § 305b BGB der Vorrang gegenüber dem vorformulierten Formulartext einzuräumen.[472]

c) Jede „verhandelte" Vereinbarung

Andererseits wird vertreten, dass § 305b BGB aufgrund seines Schutzzwecks Vereinbarungen mit Einzelfallbezug grundsätzlich einen stärkeren Geltungsanspruch zukommen lasse als abstrakt-generellen Allgemeinen Geschäftsbedingungen. Die Vorschrift erfasse infolgedessen ebenso solche Abreden, die nicht den strengen Erfordernissen des „Aushandelns" i.S.d. § 305 Abs. 1 S. 3 BGB entsprechen, sondern lediglich „verhandelt" worden sind.[473]

d) Negative Abgrenzung zu § 305 Abs. 1 S. 1 BGB

Ausgehend davon, dass sich die Begriffe Allgemeine Geschäftsbedingung und Individualabrede gegenseitig ausschließen, wird schließlich – und mittlerweile wohl auch vom Bundesarbeitsgericht[474] – vertreten, beide negativ voneinander abzugrenzen.[475] Beide Begriffe seien Antonyme, sodass „individuell vereinbart"

---

470 Zur Kollision von Allgemeinen Geschäftsbedingungen ausführlich siehe Seite 174 f.

471 *Böhle*, JuS 2019, S. 523 (527).

472 Vgl. auch *Böhle*, JuS 2019, S. 523 (527), der zu Recht darauf hinweist, dass eine direkte Anwendung des § 305b BGB an der fehlenden Individualabrede scheitert.

473 *K. P. Berger* in: PWW/BGB, § 305b Rn. 2; für ein breiteres Verständnis auch *Grüneberg* in: Palandt/BGB, § 305b Rn. 2.

474 BAG v. 14.9.2011, NZA 2012, S. 81 (85); BAG v. 24.8.2016, NZA 2017, S. 58 (60) („alle Abreden außerhalb der einseitig vom Verwender vorgegebenen Vertragsbedingungen").

475 *Ghassemi-Tabar*, in: Gewerbliches Mietrecht/BGB, § 305b Rn. 7; *Schulte-Nölke* in: HK/BGB, § 305b Rn. 3; *Lindacher/Hau* in: Wolf/Lindacher/Pfeiffer, § 305b Rn. 5, 9; *Lehmann-Richter* in: BeckOGK/BGB, § 305b Rn. 24; *Clemenz* in: Clemenz/Kreft/

i.S.d. § 305b BGB jede Regelung sei, die nicht eines der Tatbestandsmerkmale des § 305 Abs. 1 BGB erfülle.[476] Einzig für solche Vertragsbedingungen, die an sich unter § 305 Abs. 1 S. 1 BGB fallen, sei daher ein Aushandeln i.S.d. § 305 Abs. 1 S. 3 BGB erforderlich.

Zur Begründung dieser Auffassung stellen ihre Vertreter auf die im Gesetz grundsätzlich angelegte Unterscheidung zwischen vertraglichen Regelungen, die einseitig für eine Vielzahl von Verträgen vorformuliert sind und solchen, die individuell vereinbart worden sind, ab. Bei dem Begriff der Vorformulierung handele es sich um ein formales Merkmal Allgemeiner Geschäftsbedingungen, das vorliege, wenn die Vertragsbedingungen zeitlich vor Vertragsschluss fertig aufgestellt sind, um in künftige Verträge einbezogen zu werden.[477] Dabei stelle das Gesetz nicht darauf ab, wer die Vertragsbedingungen vorformuliert hat. Formulierer und Verwender der Allgemeinen Geschäftsbedingungen müssen insofern nicht identisch sein. Es genüge, wenn ein Dritter die Vertragsbedingungen vorformuliert hat.[478] Ausreichend sei ebenfalls, dass der Verwender diese Allgemeinen Geschäftsbedingungen nur einmal verwenden will.[479]

Das Vorrangprinzip in § 305b BGB beruhe insofern auf dem allgemeinen Gedanken, dass die Parteien individuell vereinbarten Abreden größere Bedeutung zumessen als damit kollidierenden Teilen in den generell aufgestellten Allgemeinen Geschäftsbedingungen. Daraus lasse sich ableiten, dass jede vertragliche Regelung, die nicht durch ein einseitiges Aufstellen vorformulierter Vertragsbedingungen, sondern durch Vertrag zustande komme, Vorrang genieße.[480] Zudem widerspreche es dem Schutzgedanken des AGB-Rechts, wenn der strenge Begriff des Aushandelns, welcher der Einhaltung des Schutzniveaus nach §§ 305 ff. BGB diene, dem Willen der Parteien zur Vertragsänderung, der

---

Krause, § 305b Rn. 5; *Trinkner* in: Löwe/Trinkner/Westphalen, § 4 AGBG Rn. 10; *U. Stein* in: Soergel/BGB, § 4 AGBG Rn. 5; *Roloff*, NZA 2004, S. 1191 (1196).

476 *Ghassemi-Tabar* in: Gewerberaummiete/BGB, § 305b Rn. 7; *Lehmann-Richter* in: BeckOGK/BGB, § 305b Rn. 24; *Lindacher/Hau* in: Wolf/Lindacher/Pfeiffer, § 305b Rn. 2 („alles […] was nicht vorformuliert i.S.d. § 305 Abs. 1 BGB ist").

477 BGH v. 30.9.1987, NJW 1988, S. 410 (410 f.); BGH v. 10.3.1999, NJW 1999, S. 2810 (2811); *Basedow* in: MüKo/BGB, § 305 Rn. 13.

478 BGH v. 4.5.2000, NJW 2000, S. 2988 (2989); *Kniffka* in: Kniffka/Koeble,3. Teil AGB im Bauvertrag Rn. 10

479 BGH v. 16.11.1990, NJW 1991, S. 843; *Kniffka* in: Kniffka/Koeble, 3. Teil AGB im Bauvertrag Rn. 10.

480 *Roloff*, NZA 2004, S. 1191 (1196).

nicht unter die §§ 305 ff. BGB falle, entgegenstünde und sie an die vorformulierten Vertragsbedingungen binden würde.[481]

e) *Stellungnahme*

Gegen eine grundsätzliche Anwendung des § 305 Abs. 1 S. 3 BGB im Rahmen des § 305b BGB wendet *Miethaner* ein, dass ausgehandelte Klauseln nach § 305 Abs. 1 S. 3 BGB vom Begriff der „Allgemeinen Geschäftsbedingungen“ von vornherein ausgenommen seien und schon deshalb nicht den §§ 305 ff. BGB unterliegen. Die ursprüngliche AGB-Klausel habe im Laufe des Verhandlungsprozesses die Gestalt einer Individualabrede angenommen, sodass mangels widersprechender Allgemeiner Geschäftsbedingungen das von § 305b BGB geregelte Kollisionsproblem gar nicht mehr auftreten könne. Mit den in dieser Vorschrift angesprochenen „individuellen Vertragsabreden“ müssen daher Zusatzvereinbarungen gemeint sein, die von vornherein nicht diesen Grundsätzen unterliegen.[482]

Dieser Argumentation ist zuzugeben, dass sich § 305 Abs. 1 S. 3 BGB ausweislich seines Wortlauts nur auf solche Bestimmungen bezieht, die zwar äußerlich den Tatbestand des AGB-Begriffs erfüllen, jedoch wegen des durch die Parteien ausgehandelten Inhalts rechtlich ihre AGB-Eigenschaft verloren haben.[483] Dies bedeutet jedoch nicht, dass die Anforderungen, die an ein „Aushandeln“ gemäß § 305 Abs. 1 S. 3 BGB gestellt werden, nicht auch auf die „Individualabrede“ i.S.d. § 305b BGB übertragen werden können. Denn wie bei § 305 Abs. 1 BGB geht es bei § 305b BGB um die Unterscheidung zwischen vertraglichen Regelungen aufgrund einseitiger Vorformulierung für eine Vielzahl von Verträgen und solchen, die auf einer individuell ausgehandelten Vereinbarung beruhen.[484]

Ulmer und *Schäfer* führen in diesem Zusammenhang zu Recht an, dass das Vorrangprinzip auf den Gedanken zurückzuführen sei, dass die Parteien individuell ausgehandelten Abreden größere Bedeutung beimessen als den damit kollidierenden Allgemeinen Geschäftsbedingungen.[485]Überzeugender erscheint es demnach, dass § 305 Abs. 1 BGB den Anwendungsbereich der §§ 305 ff. BGB generell auf vorformulierte und nicht einzeln ausgehandelte Vertragsbedingungen beschränkt. Es ist daher nicht von vornherein ausgeschlossen, auch im

---

481 *Roloff*, NZA 2004, S. 1191 (1196).

482 *Miethaner*, AGB-Kontrolle versus Individualvereinbarung,S. 199 (Fn. 720); wohl auch *Roloff* in: Erman/BGB, § 305b Rn. 4.

483 *Roloff* in: Erman/BGB, § 305b Rn. 4.

484 *Ulmer/Schäfer* in: Ulmer/Brandner/Hensen, § 305b Rn. 10.

485 *Ulmer/Schäfer* in: Ulmer/Brandner/Hensen, § 305b Rn. 10.

Rahmen des § 305b BGB auf die zu § 305 Abs. 1 S. 3 BGB herausgearbeiteten Abgrenzungskriterien von Individualabreden und Allgemeinen Geschäftsbedingungen zurückzugreifen.[486]

§ 305 Abs. 1 S. 3 BGB bezieht sich damit auf jede individuell ausgehandelte Vertragsabrede – gleichgültig welcher Art. Individualabreden können danach sowohl Vereinbarungen über Punkte sein, die typischerweise nicht formularmäßig, sondern individuell geregelt werden. Sie können daneben aber gleichsam solche Punkte betreffen, die in den Allgemeinen Geschäftsbedingungen formularmäßig geregelt sind und gleichwohl zwischen den Vertragspartnern individuell ausgehandelt werden.[487] Entgegen teilweise vertretener Auffassung[488] kann eine Vertragsabrede damit äußerlich durchaus den Tatbestand einer Allgemeinen Geschäftsbedingung i.S.d. § 305 BGB erfüllen. Wird sie gleichwohl ausgehandelt, wird die vormalige Allgemeine Geschäftsbedingung zur Individualabrede.[489]

§ 305 Abs. 1 S. 3 BGB nimmt Bestimmungen, die vom Verwender an sich für eine Vielzahl von Fällen vorformuliert sind, den Charakter einer Allgemeinen Geschäftsbedingung, wenn sie zum Gegenstand von Verhandlungen gemacht und als deren Ergebnis, das heißt vor allem unter Nachgeben des Verwenders in anderen Punkten, aufrechterhalten worden sind. Positiv formuliert ist demnach jede Vereinbarung der Parteien, die zwischen ihnen i.S.d. § 305 Abs. 1 S. 3 BGB ausgehandelt worden ist, auch eine Individualabrede i.S.d. § 305b BGB.

Fraglich ist vor diesem Hintergrund allein, ob § 305b BGB aufgrund seines Schutzzwecks gleichfalls den Vorrang solcher Abreden erfasst, die nicht den strengen Anforderungen des § 305 Abs. 1 S. 3 BGB genügen. Das Vorrangprinzip in § 305b BGB beruht wie aufgezeigt auf dem allgemeinen Rechtsgedanken, dass die Parteien individuell vereinbarten Abreden in der Regel größere Bedeutung beimessen als den damit kollidierenden Teilen der generell aufgestellten Vertragsordnung.[490] Daraus könnte sich ableiten lassen, dass jede vertragliche Regelung, die nicht nur durch ein einseitiges Aufstellen vorformulierter Vertragsbedingungen zustande gekommen ist, Vorrang genießen muss.

Darüber hinaus sprechen praktische Erwägungen für ein weites Begriffsverständnis der Individualabrede. Bei Nichtvorliegen kollidierender Allgemeiner

486 So auch *Ulmer/Schäfer* in: Ulmer/Brandner/Hensen, § 305b Rn. 10.

487 *Dietlein* in: Dietlein/Rebmann, § 1 AGBG Rn 9.

488 *Lindacher/Hau* in: Wolf/Lindacher/Pfeiffer, § 305b Rn. 6, wonach vorformulierte Vereinbarungen nicht Individualabreden i.S.d. § 305b BGB sein können.

489 *Kollmann* in: NK/BGB, § 305b Rn. 5.

490 BAG v. 24.6.2003, NZA 2003, S. 1145 (1147 f.).

Geschäftsbedingungen ist für die Gültigkeit individualvertraglicher Regelungen regelmäßig bereits die bloße Einbeziehung in den Vertrag durch Angebot und Annahme nach den §§ 145 ff. BGB ausreichend. Schlägt eine Partei neben den *essentialia negotii* z.B. zusätzlich eine Lieferfrist von vier Wochen vor, wird diese grundsätzlich durch ein schlichtes „Ja" des Vertragspartners wirksam. Möglich und in der Praxis wohl viel häufiger anzutreffen sind daher individuell von den Parteien getroffene Abreden, die zwar nicht i.S.d. § 305 Abs. 1 S. 3 BGB ausgehandelt sind, gleichwohl aber vom vorformulierten Vertragstext abweichen.[491]

Ferner akzeptiert die höchstrichterliche Rechtsprechung als Individualabreden i.S.d. § 305b BGB konkludente und stillschweigende Individualabreden,[492] die in der Regel allerdings ebenfalls nicht ausgehandelt sein werden.[493] Nach der engsten Auffassung, die auch im Rahmen des § 305b BGB auf § 305 Abs. 1 S. 3 BGB abstellt, käme diesen Abreden aber kein Vorrang zu. Im Ergebnis wäre der Anwendungsbereich des § 305b BGB damit erheblich eingeschränkt.

Für ein weites Begriffsverständnis, nach dem bereits jeder nicht vorformulierten Vertragsbedingung gegenüber den Allgemeinen Geschäftsbedingungen der Vorrang zukommt, lässt sich zudem der unterschiedliche Wortlaut in den § 305 Abs. 1 S. 3 BGB und § 305b BGB anführen.[494] Anders als § 305 Abs. 1 S. 3 BGB nennt § 305b BGB gerade nicht „Aushandeln", sondern verlangt lediglich das Vorliegen „individueller Vertragsabreden".[495] Allerdings stellt § 305 Abs. 1 S. 3 BGB daneben ausdrücklich klar, dass im Einzelnen ausgehandelte Vertragsbedingungen keine Allgemeinen Geschäftsbedingungen sind. Damit wird die Individualabrede den Allgemeinen Geschäftsbedingungen als begriffliches Gegenstück gegenübergestellt und das Aushandeln als Wesensmerkmal einer Individualabrede gekennzeichnet. Ausgehend vom bloßen Gesetzeswortlaut lässt sich somit tatsächlich nicht feststellen, welche Anforderungen an eine Individualabrede i.S.d. § 305b BGB zu stellen sind.

Maßgebend für das Verständnis der „individuellen Vertragsabrede" muss insofern an dieser Stelle erneut die dem § 305b BGB zugrunde liegende dogmatische Struktur und Rechtsnatur sein. Wie festgestellt, bringt die Vorschrift,

---

491 *Däubler* in: Däubler/Bonin/Deinert, § 305b Rn. 4.

492 BGH v. 6.3.1986, NJW 1986, S. 1807; BGH v. 9.3.1995, NJW 1995, S. 1494 (1496); BGH v. 25.1.2017, NJW 2017, S. 1017 (1018).

493 *Däubler* in: Däubler/Bonin/Deinert, § 305b Rn. 4; *Grüneberg* in: Palandt/BGB, § 305b Rn. 2; *Schlosser* in: Staudinger/BGB, 2013, § 305b Rn. 13 f.

494 *Leder/Scheuermann*, NZA 2008, S. 1222 (1224 f.).

495 *Leder/Scheuermann*, NZA 2008, S. 1222 (1224 f.); *Roloff*, NZA 2004, S. 1191 (1196).

abweichend vom allgemeinen Grundsatz der Gleichbehandlung aller Vertragsbestandteile, das funktionale Rangverhältnis von Individualabrede und Allgemeiner Geschäftsbedingung zum Ausdruck. Dieses gründet darauf, dass Individualabreden Ausdruck der privatautonomen Selbstbestimmung beider Parteien sind und ihnen deshalb eine höhere Legitimation zuzusprechen ist. Individualabreden weisen nicht das für Allgemeine Geschäftsbedingungen typische Machtgefüge von Verwender und anderer Partei auf.[496]

Entscheidend für die unterschiedliche Behandlung beider Vertragsbestandteile ist die gleichberechtigte Einflussnahme auf die inhaltliche Gestaltung einer Individualabrede. Nur dieser Umstand rechtfertigt es, dass der besondere Schutzzweck der AGB-Kontrolle bei Individualabreden nicht erreicht werden muss und die §§ 305 ff. BGB unanwendbar bleiben. Um eventuelle Unbilligkeiten auszugleichen, genügen die allgemeinen Vorschriften wie z.B. der Verstoß gegen ein gesetzliches Verbot gemäß § 134 BGB, der Vorwurf der Sittenwidrigkeit und des Wuchers nach § 138 BGB sowie ein Verstoß gegen Treu und Glauben gemäß § 242 BGB.[497]

Diese im Prüfungsumfang stark zurückgenommene Inhaltskontrolle verlangt im Umkehrschluss allerdings als Kompensation einen strengen Anwendungsbereich. Es muss sichergestellt sein, dass jeder der Vertragspartner von seiner durch die Vertragsfreiheit gewährten Inhalts- und Abschlussfreiheit umfassend Gebrauch machen kann und mit seinem Vertragspartner grundsätzlich auf derselben Verhandlungsstufe steht. Es werden beiderseitige Einflusschancen auf die Vertragsgestaltung vorausgesetzt, um die staatliche Enthaltsamkeit gegenüber dem zustande gekommenen Aushandlungsergebnis und deren hoheitliche Anerkennung im Konfliktfall mit gegebenenfalls einer daran anschließenden Zwangsvollstreckung annehmen zu können.

Daran ist die Frage anzuknüpfen, ob dafür bereits ein bloßes Verhandeln ausreicht und eine Individualabrede i.S.d. § 305b BGB zu begründen vermag. Dies setzt im Hinblick auf das zuvor Gesagte voraus, dass das Machtgefälle zwischen den Vertragsparteien auf diesem Wege sicher und vollständig beseitigt wird. Ein Verhandeln über den Vertragsinhalt stärkt indes zunächst einmal grundsätzlich allein die informatorische Stellung des AGB-Kunden, seine Einflussposition wird dadurch nicht notwendigerweise beeinflusst. Selbst bei einem intensiven Austausch zwischen den Vertragsparteien über den Vertragsinhalt kann der Verwender der Allgemeinen Geschäftsbedingungen seine überlegene

---

496 *Lapp/Salamon* in: juris-PK/BGB, § 305 Rn. 4; ausführlich dazu auch Seite 40 ff.

497 Vgl. etwa *Preis* in: Der Arbeitsvertrag, I C Rn. 84 (S. 95).

Machtposition ausnutzen und auf den gestellten Bedingungen in unveränderter Form beharren. Das AGB-typische Ungleichgewicht des Machtgefälles und das damit implizierte Bedürfnis nach einer strengeren Inhaltskontrolle werden auch bei intensiven Vertragsverhandlungen nicht zwingend beseitigt.[498] Das bloße Verhandeln kann daher nicht ausreichen, um das Vorliegen einer den Allgemeinen Geschäftsbedingungen vorgehenden Individualabrede i.S.d. § 305b BGB annehmen zu können.[499]

Gleiches gilt damit erst Recht für den Umstand, dass eine Abrede nicht vorformuliert wurde. Denn das Kriterium der „Vorformulierung“ verlangt lediglich, dass die Vertragsbedingung bereits vor Abschluss des Vertrags oder der Vornahme des Rechtsgeschäfts entworfen wurde.[500] Daraus lässt sich im Umkehrschluss nicht schließen, dass beide Vertragspartner bei einer nicht vorformulierten Vertragsabrede gleichberechtigt auf deren Inhalt Einfluss nehmen konnten.[501] Das Kriterium der „Vorformulierung“ allein vermag daher eine Sonderbehandlung und Bevorzugung der Abrede vor den Allgemeinen Geschäftsbedingungen ebenfalls nicht zu rechtfertigen. Zudem hat § 305 Abs. 1 S. 3 BGB, wie zuvor ausgeführt, nicht lediglich eine klarstellende Funktion im Verhältnis zu § 305 Abs. 1 S. 1 BGB. Ihm kommt vielmehr eine einschränkende Wirkung im Zusammenhang mit § 305 Abs. 1 S. 1 BGB zu. Daraus ist zu folgern, dass die Voraussetzungen von § 305 Abs. 1 S. 1 BGB erfüllt sein müssen, um überhaupt in die sich anschließende Prüfung des § 305 Abs. 1 S. 3 BGB gelangen zu können. Dies wiederum verlangt, dass das Merkmal „vorformuliert“ vorliegen muss, da andernfalls schon keine Allgemeinen Geschäftsbedingungen anzunehmen sind, die über das „Aushandeln“ zu einer Individualabrede werden könnten.[502]

Das funktionale Rangverhältnis und die Bevorzugung der individuell getroffenen Abrede vor den kollidierenden Allgemeinen Geschäftsbedingungen kann

---

498 Dies entspricht der vom Bundesgerichtshof geforderten ernsthaften Bereitschaft des AGB-Stellers, den Vertrag inhaltlich zur Disposition zu stellen; dazu auch *Weischer*, Das Grundrecht der Vertragsfreiheit und die Inhaltskontrolle von Absatzmittlungsverträgen, S. 136.

499 *Weischer*, Das Grundrecht der Vertragsfreiheit und die Inhaltskontrolle von Absatzmittlungsverträgen, S. 136 betont, dass das bloße „Verhandeln“ auch aus verfassungsrechtlicher Sicht nicht ausreicht, um das Vorliegen einer Individualabrede annehmen zu können.

500 *Basedow* in: MüKo/BGB, § 305 BGB Rn. 13; *Pfeiffer* in: Wolf/Lindacher/Pfeiffer, § 305 Rn. 14; anders *Schwab*, AGB-Recht, S. 19 f.

501 *Lehmann-Richter* in: BeckOGK/BGB, § 305 Rn. 107.

502 So auch *Hoffmann*, Betriebliche Übung und AGB-Kontrolle, S. 66.

demnach im Ergebnis nur durch die strengen Anforderungen des Aushandelns i.S.d. § 305 Abs. 1 S. 3 BGB begründet werden. Allein so ist ausreichend sichergestellt, dass der unverzerrte Verhandlungsprozess der Vertragsparteien zu einer ausgewogenen Verteilung der Rechte und Pflichten geführt hat. Nur in diesem Fall ist die getroffene Vereinbarung Ausdruck eines beiderseits gewollten Kompromisses und kommt ihr somit eine „Richtigkeitsgewähr" zugute. Fehlt dieser prozedurale Mechanismus zur Entfaltung der subjektiven Vertragsfreiheit, greift die AGB-rechtliche Inhaltskontrolle als Instrument zur Sicherung der Qualität von Vertragsklauseln ein.

Nichts anderes kann insoweit im Rahmen des § 305b BGB gelten.[503] Ein derart enger Anwendungsbereich des § 305b BGB ist aufgrund der dem Vorrangprinzip zugrunde liegenden dogmatischen Grundlagen hinzunehmen.[504] Aus § 305b BGB kann kein allgemeiner Vorrang des individuellen Verhaltens vor formularvertraglichen Bestimmungen abgeleitet werden.[505] Der enge Begriff des Aushandelns i.S.d. § 305 Abs. 1 S. 3 BGB ermöglicht gleichzeitig einen weiten Anwendungsbereich der §§ 305 ff. BGB und damit einhergehend einen umfassenden Schutz des Vertragspartners vor einer unangemessenen Benachteiligung des Verwenders.

Eine letzte bloß klarstellende Abgrenzung hat an dieser Stelle zur negativen Vertragsfreiheit der Parteien zu erfolgen. Die Tatsache der Nichtregelung eines Punkts kann einerseits Folge eines Nichtbedenkens sein, andererseits aber auch ein wichtiges Aushandlungsergebnis für eine oder alle Parteien bedeuten.[506] Letzteres geht dann als Individualabrede i.S.d. § 305 Abs. 1 S. 3 BGB gemäß § 305b BGB einer widersprechenden Allgemeinen Geschäftsbedingung ebenfalls vor. Bei einem fehlenden schriftlichen Nachweis eines solchen negativen Aushandlungsergebnisses ist jedoch zu beachten, dass in der Praxis Beweisprobleme drohen.[507]

2. Sonderfälle

Gegenstand des Vorrangprinzips in § 305b BGB bilden nach seinem Wortlaut nur „individuelle Vertragsabreden", das heißt solche Regelungen deren

503 Zum Problem der praktischen Umsetzung, *Weischer*, Das Grundrecht der Vertragsfreiheit und die Inhaltskontrolle von Absatzmittlungsverträgen, S. 137 ff.

504 Zum zeitlichen Anwendungsbereich des § 305 Abs. 1 S. 3 BGB siehe Seite 170 f.

505 A.A. *H. Schmidt* in: BeckOK/BGB, § 305b Rn. 9, 20.

506 *Coester*, DB 1982, S. 1551 (1554).

507 Vgl. *Hromadka*, NJW 2002, S. 2523 (2525).

Entstehung und Wirksamkeit von den Willenserklärungen aller Vertragsparteien abhängen. Nichtsdestotrotz ist fraglich, ob das Vorrangprinzip darüber hinaus entsprechend auf solche Fälle angewendet werden kann, in denen einseitige individuelle Rechtshandlungen der Vertragsparteien mit dem Inhalt seiner Allgemeinen Geschäftsbedingungen im Widerspruch stehen.

a) Individuelle Zusätze und Streichungen im vorformulierten Text

Teile der Literatur[508] und Rechtsprechung[509] befürworten, dass eine Individualabrede analog § 305b BGB auch bei handschriftlichen oder Maschinen geschriebenen Einfügungen im Klauseltext angenommen werden könne. Werde etwa auf der Vorderseite eines Bestellscheins handschriftlich vermerkt, dass der „Liefertermin am 10.10.2018" sein soll, so sei eine auf der Rückseite abgedruckte AGB-Klausel unbeachtlich, in der bestimmt wird, dass die umseitig angegebenen Liefertermine unverbindlich seien.[510] Ebenso liege es, wenn die AGB-Klauseln eines Maklervertrags das Rechtsverhältnis als „Alleinauftrag" bezeichnen, jedoch bei Vertragsabschluss ein Passus eingefügt worden ist, aus dem sich ergibt, dass der Kunde zum Direktkauf ohne Einschaltung eines Maklers berechtigt sein soll.[511]

Dem kann in dieser Pauschalität nicht gefolgt werden: Aus dem Umstand, dass hand- oder maschinenschriftliche Ergänzungen an vorformulierten Allgemeinen Geschäftsbedingungen vorgenommen worden sind, lässt sich allein nicht automatisch auf eine Individualabrede schließen. Es kommt nicht auf die Art der Anfertigung des Vertrags, sondern auf die Formulierung und Entstehungsgeschichte der Klausel an. Eine Vorformulierung zur Mehrfachverwendung kann auch dann vorliegen, wenn der Vertrag ausfüllungsbedürftige Lücken enthält, die stets in gleicher Weise ausgefüllt werden sollen.[512] Da der Begriff der Allgemeinen Geschäftsbedingung keine Schriftform voraussetzt, kann es sich ebenfalls um vorformulierte Klauseln i.S.d. § 305 Abs. 1 S. 1 BGB handeln, wenn sie im bereits im Vorfeld ausgearbeitet sind und üblicherweise aus dem

---

508 *Ghassemi-Tabar* in: Gewerberaummiete/BGB, § 305b Rn. 4; *Schmidt-Salzer*, Allgemeine Geschäftsbedingungen, Rn. E. 9.

509 BGH v. 20.6.1991, BeckRS 1991, 31064252; OLG Hamm v. 9.1.1995, CR 1995, S. 535.

510 Vgl. BT-Drucksache 7/3919, S. 20.

511 BGH v. 6.11.1967, NJW 1968, S. 149 (150).

512 BGH v. 10.3.1999, NJW 1999, S. 2180 (2181); *Kniffka* in: Kniffka/Koeble, 3. Teil AGB im Bauvertrag Rn. 8.

Gedächtnis oder bei einer Mehrzahl von Kunden in den Vertrag, nach Art eines vorgegebenen Textbausteins, eingefügt werden.[513]

Hand- oder maschinenschriftliche Zusätze können insofern nur ein Indiz dafür sein, dass es sich um eine Individualabrede handelt.[514] Denn werden die individuellen Zusätze und Streichungen vom Verwender wiederholt in bestehende Allgemeine Geschäftsbedingungen eingefügt, haben diese selbst AGB-Charakter.[515] In dieser Situation sind sie weder als Bestandteil einer Individualabrede i.S.d. § 305b BGB zu qualifizieren, noch ist § 305b BGB bei inhaltlicher Unvereinbarkeit zwischen solchen Zusätzen und dem im Übrigen unangepassten Klauselwerk analog anzuwenden.[516]

Es bleibt demnach auch bei individuellen Zusätzen und Streichungen im vorformulierten Text bei den zuvor aufgezeigten allgemeinen Grundsätzen. Nur wenn die infrage stehende Vertragsklausel nachweisbar das Ergebnis eines vorangegangenen Aushandlungsprozesses der Parteien ist, geht sie den im Widerspruch dazu stehenden Allgemeinen Geschäftsbedingungen gemäß § 305b BGB vor. Keine individuelle Abrede liegt zudem vor, soweit die Parteien eine Änderung der Allgemeinen Geschäftsbedingungen vereinbaren, die sich im Rahmen einer unselbstständigen Ergänzung hält, das heißt keine Änderung des wesentlichen Klauselinhalts bewirkt.[517] Beruht der Zusatz allerdings auf einem Aushandeln i.S.d. § 305 Abs. 1 S. 3 BGB, entfällt die Eigenschaft als Allgemeine Geschäftsbedingung. Im Falle einer inhaltlichen Kollision mit den übrigen Allgemeinen Geschäftsbedingungen, ginge der Zusatz als Individualabrede gemäß § 305b BGB vor.

---

513 BGH v. 10.3.1999, NJW 1999, S. 2180 (2181 f.); BGH v. 19.5.2005, NJW 2005, S. 2543 (2544).

514 *Schuster* in: Spindler/Schuster, § 305b Rn. 2; *Kummer* in: Niebling/AGB-Recht, § 305b Rn. 17; a.A. *Basedow* in: MüKo/BGB, § 305b Rn. 7, der davon ausgeht, dass in dieser Situation stets eine vorrangige Individualabrede vorliege.

515 *Lindacher/Hau* in: Wolf/Lindacher/Pfeiffer, § 305b Rn. 6; *Lapp/Salamon* in: juris-PK/BGB, § 305b Rn. 11.

516 *Lindacher/Hau*, in: Wolf/Lindacher/Pfeiffer, § 305b Rn. 6; a.A. *Ulmer/Schäfer* in: Ulmer/Brandner/Hensen, § 305b Rn. 6, 23 f.

517 BGH v. 5.3.2013, NJW 2013, S. 1668 (1669); BGH v. 29.1.1982, NJW 1982, S. 1035; Böhle, JuS 2019, S. 523 (524).

b) Vertragsangebote

§ 305b BGB gilt, wie das AGB-Recht insgesamt,[518] zur Sicherung und effektiven Durchsetzung der Privatautonomie auch für Vertragsangebote entsprechend.[519] Bedeutung hat dies vor allem im Hinblick auf Klauseln in Allgemeinen Geschäftsbedingungen, in denen Angebote des Verwenders unverbindlich sein sollen. Nimmt der Angebotsadressat als Verwender der Allgemeinen Geschäftsbedingungen z.B. eine Klausel auf, nach der bei Bestellungen individuelle Zusätze und Durchstreichungen keine Gültigkeit haben sollen, geht ein abgegebenes Angebot der widersprechenden Klausel in den Allgemeinen Geschäftsbedingungen gleichwohl analog § 305b BGB vor[520] und dem Verwender daher wirksam zu.[521] Umgekehrt kann eine „Ansichtslieferung" nicht durch beigefügte Allgemeine Geschäftsbedingungen zum auslösend bedingten Vertragsangebot gemacht werden.[522] Natürlich muss das noch nicht angenommene Vertragsangebot im Anschluss daran zum Vertragsbestandteil werden.[523] § 305b BGB verschafft dem Angebot daher nur solange einen Geltungsvorrang, wie es noch nicht endgültig abgelehnt bzw. angenommen worden ist.[524]

---

518 *Lindacher/Hau* in: Wolf/Lindacher/Pfeiffer, § 305b Rn. 7; *Schlosser* in: Staudinger/BGB, 2013, § 305 Rn. 6.

519 *Lindacher/Hau* in: Wolf/Lindacher/Pfeiffer, § 305b Rn. 7.

520 *Ulmer/Schäfer* in: Ulmer/Brandner/Hensen, § 305b Rn. 10a; *Mäsch* in: Staudinger/BGB, 2019, § 305b Rn. 1.

521 Zum Zustandekommen einer Individualvereinbarung unter Hinzufügung individueller Wünsche als Teil des Angebots oder der Annahme ausführlich *Schlosser* in: Staudinger/BGB, 2013, § 305b Rn. 32 ff.

522 *Schlosser* in: Staudinger/BGB, 2013, § 305b Rn. 1; *Mäsch* in: Staudinger/BGB, 2019, § 305b Rn. 1; *Schmidt-Salzer*, Allgemeine Geschäftsbedingungen, Rn. E. 19.

523 Vgl. *Lapp/Salamon* in: juris-PK/BGB, § 305b Rn. 13.

524 Zur Sondervorschrift des § 5 VVG im Versicherungsrecht, vgl. *Ulmer/Schäfer* in: Ulmer/Brandner/Hensen, § 305b BGB Rn. 18; *Schlosser* in: Staudinger/BGB, 2013, § 305b Rn. 34; *Mäsch* in: Staudinger/BGB, 2019, § 305b Rn. 16; *Lindacher/Hau* in: Wolf/Lindacher/Pfeiffer, § 305b Rn. 13; *Reiff* in: MüKo/VVG, 50. Allgemeine Versicherungsbedingungen Rn. 106 ff.; *Kummer* in: Niebling/AGB-Recht, § 305b Rn. 47.

c) *Sonstige einseitige Willenserklärungen und Rechtshandlungen*

Schuldverhältnisse können nicht nur durch Vertrag, sondern auch durch einseitige Willenserklärung begründet oder geändert werden.[525] Daneben kann eine Vertragspartei gleichsam durch ein einseitiges Rechtsgeschäft auf bestehende Schuldverhältnisse gestaltend oder verändernd einwirken. Derartige Befugnisse werden herkömmlicherweise als „Gestaltungsrechte" bezeichnet. Gemeinsames Merkmal solcher Gestaltungsrechte ist, dass der Gestaltungsberechtigte durch rechtsgeschäftliche Erklärung einseitig die Rechtslage verändern kann, ohne auf die Mitwirkung des anderen Teils angewiesen zu sein. Daneben gestattet es die Vertragsfreiheit, einem Vertragspartner das Recht einzuräumen, ein Schuldverhältnis durch einseitiges Rechtsgeschäft zu begründen (sog. Optionsrecht).

Obwohl die Definition des § 305 Abs. 1 S. 1 BGB nur von „Vertragsbedingungen" spricht, gelten die §§ 305 ff. BGB aufgrund ihres Schutzzwecks entsprechend, wenn Rechtsbeziehungen durch einseitige Rechtsgeschäfte zustande kommen und dabei Bestandteile aufweisen, die nicht vom Erklärenden, sondern von demjenigen vorformuliert worden sind, demgegenüber die Erklärung abzugeben oder der sonst an ihrer Abgabe interessiert ist.[526] Es gelten insoweit die gleichen Einschränkungen wie für zweiseitige Rechtsgeschäfte.[527]

Daran anknüpfend kann das Vorrangprinzip über den Wortlaut des § 305b BGB hinaus auf Fälle angewendet werden, in denen einseitige individuelle Rechtshandlungen des Vertragspartners mit dem Inhalt der einbezogenen Allgemeinen Geschäftsbedingungen des Verwenders im Widerspruch stehen. Das Merkmal der individuellen Vertragsabrede setzt nicht zwingend voraus, dass es sich bei der von den Allgemeinen Geschäftsbedingungen abweichenden Regel um eine vertragliche in dem Sinne handelt, dass ihre Entstehung und Wirksamkeit von Willenserklärungen beider Parteien abhängt.[528] In dieser Situation muss

---

525 In den Motiven wurde insoweit die Stiftung (§ 81 BGB), die Auslobung (§ 657 BGB) und die Schuldverschreibungen auf den Inhaber (§ 793 BGB) hervorgehoben, vgl. Motive II, S. 175.

526 BGH v. 5.5.1986, NJW 1986, S. 2428 (2429); BGH v. 9.4.1987, NJW 1987, S. 2011; OLG Koblenz v. 17.9.1993, NJW-RR 1994, S. 58 (59); für eine analoge Anwendung des AGBG BGH v. 16.3.1999, DStR 1999, S. 909 (910); zustimmend auch *Ulmer/Habersack* in: Ulmer/Brandner/Hensen, § 305 Rn. 16; *Schlosser* in: Staudinger/BGB, 2013, § 305 Rn. 8; *Lapp/Salamon* in: juris-PK/BGB, § 305b Rn. 12; *Möllers*, JZ 1999, S. 1122.

527 BGH v. 5.5.1986, NJW 1986, S. 2428 (2429); BGH v. 9.4.1987, NJW 1987, S. 2011.

528 Vgl. BGH v. 15.6.1983, NJW 1983, S. 2638; BGH v. 19.9.1985, NJW 1986, S. 43; BGH v. 9.4.1987, NJW 1987, S. 2011; *Schlosser* in: Staudinger/BGB, 2013, § 305b Rn. 1.

eine Individualabrede gemäß § 305b BGB – abweichend von den Grundsätzen bei zweiseitigen Rechtsgeschäften – nicht zwingend von den Vertragsparteien gemeinsam ausgehandelt und ausformuliert worden sein. Maßgeblich ist vielmehr, ob die konkrete Rechtsfolge vom Verwender einseitig vorgegeben oder von den Vertragsparteien gemeinsam bestimmt worden sind.[529]

Erforderlich ist jedoch, dass die einseitige Handlung eine vertragliche Grundlage findet. Einseitige Handlungen ohne vertragliche Grundlage sind grundsätzlich unwirksam oder stellen unter Umständen sogar eine Vertragsverletzung dar. So kann etwa bei Übergabe der Kaufsache ein im Kaufvertrag nicht geregelter schuldrechtlicher Eigentumsvorbehalt nicht erklärt werden.[530] Im Falle nachträglicher Individualabreden, das heißt der nachträglichen Abänderung der Allgemeinen Geschäftsbedingungen, muss zudem gemeinsam ein Abänderungsvertrag zwischen den Parteien geschlossen werden. Durch einseitige Erklärung und Einwirkung auf den Vertrag kann die Geltung der von beiden Vertragsparteien einbezogenen Allgemeinen Geschäftsbedingungen nicht mehr beseitigt werden.[531]

III. Wirksamkeit der Vertragsbestandteile

Den Anschluss bildet die Frage, ob das Vorrangprinzip in § 305b BGB die Wirksamkeit der Vertragsbestandteile, das heißt sowohl der Individualabrede als auch der Allgemeinen Geschäftsbedingung, voraussetzt.

1. Individualabrede

Ob das Vorrangprinzip in § 305b BGB die Wirksamkeit der Individualabrede verlangt oder ob es mit der Folge der Anwendung dispositiven Rechts anstelle der AGB-Regelung auch dann zum Tragen kommt, wenn die Individualabrede – z.B. wegen Formmangels, Dissens oder fehlender Vertretungsmacht – unwirksam ist, wird in der Literatur uneinheitlich bewertet. Maßgebend ist insoweit erneut, welcher dogmatische Ansatz und welche Rechtsnatur dem § 305b BGB zugrunde gelegt wird.

Einer Ansicht nach genügt bereits eine nichtige Individualabrede, um das Vorrangverhältnis zu einer inhaltlich dazu im Widerspruch stehenden Allgemeinen

---

529 *Lehmann-Richter* in: BeckOGK/BGB, § 305b Rn. 25.
530 *Lapp/Salamon* in: juris-PK/BGB, § 305b Rn. 12.
531 *Koch/Stübing*, § 4 AGBG Rn. 11.

Geschäftsbedingung zu begründen.[532] Auch eine nichtige Individualabrede verdeutliche den Willen der Vertragsparteien, dass die kollidierende AGB-Klausel nicht Vertragsbestandteil werden soll.[533] Bei diesem Ansatz handelt es sich um eine konsequente Fortführung der Auffassung, die in § 305b BGB eine Auslegungsregel sieht.[534] Käme es tatsächlich allein auf die Auslegung des in der Individualklausel zum Ausdruck kommenden Willens hinsichtlich des Verhältnisses zur AGB-Klausel an, erscheint dieses Argument durchaus überzeugend:

Zur Auslegung der Allgemeinen Geschäftsbedingungen wären in dieser Situation nämlich nicht nur rechtlich wirksame, sondern vielmehr alle tatsächlichen Umstände heranzuziehen. So könnte die Tatsache einer rechtlich unerheblichen, weil nichtigen Individualabrede, ebenfalls ein tatsächliches Indiz für den Parteiwillen hinsichtlich des Inhalts und der Geltung von Allgemeinen Geschäftsbedingungen sein. Auch eine nichtige Individualabrede wäre damit fähig, die Anwendung des § 305b BGB zu begründen. Allein die Existenz einer in irgendeiner Form vorhandenen individuellen Abrede würde folglich den entsprechenden Willen der Vertragsparteien indizieren, ihr widersprechende Allgemeine Geschäftsbedingungen zu keiner Anwendung kommen zu lassen.[535]

Stein hingegen führt an, dass die Frage, ob in einer unwirksamen Individualabrede gleichsam eine wirksame Abbedingung einer AGB-Klausel steckt, nur mithilfe einer Auslegung der auf Abschluss der Individualabrede gerichteten Erklärungen beantwortet werden könne.[536] Ist die Individualabrede unwirksam, greife die insoweit verdrängte AGB-Bestimmung subsidiär zur Ausfüllung oder Ergänzung der vertraglichen Regelung ein. Nur wenn die Auslegung ergäbe, dass die Parteien in jedem Fall die (subsidiäre) Geltung der AGB-Regelung ausschließen wollten, könne dies als konkludenter Abschluss einer Individualabrede über die Nichtgeltung des Klauselinhalts aufgefasst werden, mit der Folge, dass gemäß § 306 Abs. 2 BGB dispositives Recht zur Anwendung gelange.[537]

---

532 *Koch/Stübing*, § 4 AGBG Rn. 3, nach denen „auch imperfekte Individualabreden die Bedeutung haben können, dass insoweit kein Konsens zwischen den Parteien über die Einbeziehung von Teilen der Allgemeinen Geschäftsbedingungen bestehen"; so auch *Dietlein* in: Dietlein/Rebmann, § 4 AGBG Rn. 2.

533 *Koch/Stübing*, § 4 AGBG Rn. 3.

534 *Dietlein* in: Dietlein/Rebmann, § 4 AGBG Rn. 2; vgl. auch *Zoller*, JZ 1991, S. 850 (854).

535 *Zoller*, JZ 1991, S. 850 (854); *Spruß*, Die Einbeziehung Allgemeiner Geschäftsbedingungen, S. 275.

536 *U. Stein* in: Soergel/BGB, § 4 AGBG Rn. 7; so auch noch *Schlosser* in: Schlosser/Coester-Waltjen/Graba, § 4 AGBG Rn. 9.

537 *U. Stein* in: Soergel/BGB, § 4 AGBG Rn. 7; *Roloff* in: Erman/BGB, § 305b Rn. 5.

Clemenz macht zusätzlich auf den Gedanken aufmerksam, dass eine Wirksamkeitsanforderung an die Individualabrede bereits deshalb in § 305b BGB angelegt sei, da andernfalls Schriftformklauseln leichter möglich wären.[538] Nach einer weiteren Ansicht wird die in den Allgemeinen Geschäftsbedingungen fixierte Rahmenordnung durch die Einbeziehungserklärung dagegen insgesamt Vertragsbestandteil, das heißt auch unter Einschluss der vom Vorrang betroffenen Klauseln. Diese können zwar nicht im Kollisionsbereich, wohl aber außerhalb desselben zur Anwendung gelangen. Im Kollisionsbereich selbst gelten die kollidierenden Klauseln im Zweifel subsidiär fort.[539] Daher setze der Vorrang der Individualabrede im Ergebnis deren Wirksamwerden voraus.

Richtigerweise handelt es sich bei § 305b BGB um eine negative Einbeziehungsvoraussetzung, welche das zwischen Allgemeinen Geschäftsbedingungen und Individualabreden bestehende funktionale Rangverhältnis zum Ausdruck bringt. Dieses Rangverhältnis gründet auf dem Wesen der Privatautonomie und weist der Individualabrede aufgrund ihrer umfassenden Legitimation durch die Vertragsparteien den Vorrang zu. Eine derartige Privilegierung ist jedoch nur dann gerechtfertigt, wenn sie wirksam ist. Sie setzt ihren Bestand unverzichtbar voraus.[540] Alle anderen Umstände müssen unberücksichtigt bleiben, weil andernfalls die Auslegung der Gesamtumstände in das Tatbestandsmerkmal „Individualabrede" übernommen werden würde.[541] Einer nichtigen Individualabrede kann allerdings als rechtliches *nullum* keine selbstständige und in sich begründete Rangwirkung, die zur Verdrängung einer ansonsten wirksam einbezogenen Allgemeinen Geschäftsbedingung führt, zugeordnet werden.[542] Ferner kann eine nichtige Individualabrede auch aus Gründen der Rechtssicherheit die Vorrangwirkung des § 305b BGB nicht herbeiführen.[543]

Im Ergebnis ist deshalb festzuhalten, dass § 305b BGB eine wirksame Individualabrede voraussetzt. Die Darlegungs- und Beweislast für das Vorliegen einer wirksamen Individualabrede trägt dabei die Partei, die sich darauf beruft.[544]

---

538 *Clemenz* in: Clemenz/Kreft/Krause, § 305b Rn. 6 f.

539 Siehe dazu ausführlich Seite 193 ff.

540 *Roloff* in: Erman/BGB, § 305b Rn. 5; *Basedow* in: MüKo/BGB § 305b Rn. 5.

541 *Spruß*, Die Einbeziehung Allgemeiner Geschäftsbedingungen, S. 275 f.; *Zoller*, JZ 1991, S. 850 (854).

542 *Spruß*, Die Einbeziehung Allgemeiner Geschäftsbedingungen, S. 275 f.; *Zoller*, JZ 1991, S. 850 (854).

543 *Spruß*, Die Einbeziehung Allgemeiner Geschäftsbedingungen, S. 276.

544 *Schulte-Nölke* in: HK/BGB, § 305b Rn. 6; *Roloff* in: Erman/BGB, § 305b Rn. 15; ausführlich dazu *Ulmer/Schäfer* in: Ulmer/Brandner/Hensen, § 305b Rn. 46 ff.

Insoweit gelten die allgemeinen Grundsätze zur Darlegungs- und Beweislast.[545] Bei mündlichen individuellen Abreden muss der Beweisführer daher ebenfalls die Vermutung der Vollständigkeit der Vertragsurkunde widerlegen.[546] Kann die Wirksamkeit einer Individualabrede danach nicht abschließend festgestellt werden oder ist sie unwirksam, fehlt es an einer Kollision mit den Allgemeinen Geschäftsbedingungen und für ein Eingreifen des § 305b BGB besteht kein Anlass.[547] In dieser Situation kommt vielmehr § 139 BGB zur Anwendung, da die Individualabrede Teil des konkreten Einzelvertrags ist, dem im Übrigen die Allgemeinen Geschäftsbedingungen zugrunde liegen.[548]

Die Nichtigkeit des individualvertraglichen Vertragsteils führt mithin zu einer Teilnichtigkeit i.S.d. § 139 BGB und ist nach den dort entwickelten Auslegungsgrundsätzen zu behandeln. Dies bedeutet, dass zunächst mithilfe einer individuellen und am konkreten Vertrag orientierten Auslegung zu ermitteln ist, ob der Vertrag trotz Nichtigkeit im Übrigen wirksam bleiben soll. Kann diese Frage bejaht werden, so ist zu prüfen, ob es dem mutmaßlichen Willen der Parteien entspricht, auf jene Klauseln zurückzugreifen, die durch die Individualabrede verdrängt werden sollten oder ob stattdessen eine Ausfüllung der Vertragslücke durch die Regeln des dispositiven Gesetzesrechts zu erfolgen hat.[549]

2. Allgemeine Geschäftsbedingung

Hinsichtlich der Allgemeinen Geschäftsbedingungen ist die Rechtslage damit ebenfalls eindeutig: Das Vorrangprinzip gebietet auch bezüglich der vorformulierten Vertragsbestandteile, dass diese grundsätzlich rechtlich existieren müssen. Sie müssen mehr als ein rechtliches *nullum* darstellen. Denn existiert die infrage stehende Allgemeine Geschäftsbedingung nicht, da sie inhaltlich gemäß §§ 307–309 BGB unwirksam ist, liegt an sich kein Kollisionsfall vor. Das Vorrangprinzip in § 305b BGB wird nicht benötigt.[550] Zu beachten ist jedoch, dass es selbst bei Wirksamkeit der Allgemeinen Geschäftsbedingung im Hinblick auf § 305b BGB zu keinem unterschiedlichen Ergebnis kommt. Die Individualklausel

545 *Clemenz* in: Clemenz/Kreft/Krause, § 305b Rn. 24; *Roloff* in: Erman/BGB, § 305b Rn. 15.

546 BGH v. 29.4.1987, NJW 1987, S. 2012 (2014).

547 So auch BAG v. 24.8.2016, NZA 2017, S. 58 (60 f.).

548 *Fehl*, Systematik des Rechts der Allgemeinen Geschäftsbedingungen, S. 99 f.

549 *Fehl*, Systematik des Rechts der Allgemeinen Geschäftsbedingungen, S. 99 f.

550 *Roloff* in: Erman/BGB, § 305b Rn. 5; *H. Schmidt* in: BeckOK/BGB, § 305b Rn. 2.

greift in jedem Fall umfassend und abschließend durch, da ihr stets der Vorrang zukommt.[551]

Im Rahmen der Konkurrenzverhältnisse ist daher auch bereits festgestellt worden,[552] dass § 305b BGB der Prüfung der §§ 307–309 BGB vorgeht. Die Frage nach der Wirksamkeit der inhaltlich mit der Individualabrede kollidierenden Allgemeinen Geschäftsbedingung ist deshalb insgesamt als unbeachtlich anzusehen. Die vorformulierte Klausel wird unabhängig davon aufgrund der negativen Einbeziehungsvoraussetzung in § 305b BGB nicht Vertragsbestandteil und ist somit einer Inhaltskontrolle nicht mehr zugänglich.[553] Etwas anderes gilt in der Praxis aus prozessökonomischen Gründen allein dann, wenn sich die Unwirksamkeit der AGB-Klausel leichter und schneller nach §§ 307–309 BGB begründen lässt als ihre Nichteinbeziehung aufgrund des Vorrangprinzips.[554]

IV. Form der Individualabrede

Sowohl § 305b BGB als auch § 305 Abs. 1 S. 3 BGB stellen zudem an die Form der Individualabrede keine besonderen Anforderungen. Sie kann daher dem Grunde nach sowohl mündlich[555] oder schriftlich, ausdrücklich, konkludent und stillschweigend[556] getroffen werden, sofern hinreichende Anhaltspunkte für einen entsprechenden Bindungswillen der Vertragsparteien vorliegen.[557] Nur wenn gesetzlich eine bestimmte Form vorgesehen ist, hat die den Vertrag modifizierende Individualabrede diese ebenfalls einzuhalten.[558] Dies gilt selbst

551 *Lindacher/Hau* in: Wolf/Lindacher/Pfeiffer, § 305b Rn. 3; *Spruß*, Die Einbeziehung Allgemeiner Geschäftsbedingungen, S. 276.

552 Siehe dazu Seite 91 ff.

553 So auch *Leenen*, BGB AT, § 21 Rn. 20.

554 *Lindacher/Hau* in: Wolf/Lindacher/Pfeiffer, § 305b Rn. 3; *Spruß*, Die Einbeziehung Allgemeiner Geschäftsbedingungen, S. 276.

555 BGH v. 9.4.1987, NJW 1987, S. 2011; BGH v. 25.1.2017, NJW 2017, S. 1017 (1018).

556 BGH v. 20.10.1994, NJW-RR 1995, S. 179 (180); BGH v. 9.3.1995, NJW 1995, S. 1494 (1496); BGH v. 6.2.1996, NJW-RR 1996, S. 673 (674); BGH v. 27.9.2001, NJW 2002, S. 138 (139); *Basedow* in: MüKo/BGB, § 305b Rn. 5; *U. Stein* in: Soergel/BGB, § 4 AGBG Rn. 6.

557 Zu berücksichtigen ist jedoch, dass konkludente bzw. stillschweigende Abreden nur in den seltensten Fällen ausgehandelt i.S.d. § 305 Abs. 1 S. 3 BGB sein werden und aufgrund dessen keine taugliche Individualabrede i.S.d. § 305b BGB darstellen.

558 *Mäsch* in: Staudinger/BGB, 2019, § 305b Rn. 43.

dann, wenn es sich um Abweichungen von vorformulierten Vertragsbedingungen handelt.[559]

Außerhalb des Anwendungsbereichs der gesetzlichen Formvorschriften muss der Verwender hingegen stets damit rechnen, dass sich sein Vertragspartner auf eine mündlich getroffene Sonderabrede beruft und eine vom Klauseltext abweichende Rechtsfolge geltend macht.[560] Verwender von Allgemeinen Geschäftsbedingungen versuchen infolgedessen die Geltung ihres Klauselwerks regelmäßig dadurch gegenüber mündlichen (Änderungs-)Vereinbarungen abzusichern, indem ihre Anerkennung von vornherein versagt bzw. von erschwerten Bedingungen (z.B. dem Vorbehalt einer schriftlichen Bestätigung) abhängig gemacht wird.[561] In der Praxis erfolgt dies in der Regel durch sog. Schriftformklauseln („Änderungen der Allgemeinen Geschäftsbedingungen bedürfen der Schriftform") oder sog. Vollständigkeitsklauseln („Nebenabreden bestehen nicht").[562] Im Folgenden ist zu untersuchen, ob dies mit dem Vorrangprinzip in § 305b BGB vereinbar ist und die Klauseln geeignet sind, die Verbindlichkeit mündlicher Individualabreden zu verhindern.

1. Schriftformklauseln

Trifft der Verwender mit seinem Vertragspartner mündlich eine Individualabrede, die im Widerspruch zu den Allgemeinen Geschäftsbedingungen steht, wird der Individualabrede gemäß § 305b BGB grundsätzlich der Vorrang eingeräumt. Haben die Parteien zusätzlich dazu allerdings ein Schriftformerfordernis vereinbart, so könnte dieses das Wirksamwerden der mündlichen Vereinbarung verhindern. Bei Nichteinhaltung der gewillkürten Form sehen die §§ 125 S. 2, 126, 127 BGB im Zweifel die Nichtigkeit der betroffenen Abrede vor. Eine die Allgemeinen Geschäftsbedingungen des Verwenders abändernde mündliche Individualabrede wäre damit nicht geeignet, einen Vorrang vor den Allgemeinen

---

559 *Roloff* in: Erman/BGB, § 305b Rn. 5; *Ulmer/Schäfer* in: Ulmer/Brandner/Hensen, § 305b Rn. 26; zur Problematik individueller Änderungen bei formbedürftigen Bauherren- und sonstigen Treuhandverträgen, vgl. *Lode*, BB 1986, S. 84 (87).

560 Die Beweislast für das Vorliegen einer derartigen Absprache liegt beim Kunden, da dieser die Vermutung widerlegen muss, dass keine von den Allgemeinen Geschäftsbedingungen abweichende Regelungen getroffen worden sind, vgl. *Lindacher/Hau* in: Wolf/Lindacher/Pfeiffer, § 305b Rn. 49; *Basedow* in: MüKo/BGB, § 305b Rn. 8.

561 *Ulmer/Schäfer* in: Ulmer/Brandner/Hensen, § 305b Rn. 30.

562 Vgl. *Lingemann/Gotham*, NJW 2009, S. 268 (269).

Geschäftsbedingungen zu begründen.[563] Bei der Beurteilung, ob diesem Ergebnis das Vorrangprinzip des § 305b BGB entgegensteht, ist danach zu differenzieren, ob es sich um eine individual- oder formularvertraglich vereinbarte Schriftformklausel handelt.

a) Individualvertragliche Schriftformklausel

Die Privatautonomie gestattet es dem Einzelnen, im Rahmen der Rechtsordnung eigenverantwortlich rechtsverbindliche Regelungen zu treffen. Es steht den Vertragsparteien frei, unter Einhaltung der gesetzlichen Vorschriften,[564] für die Vornahme bestimmter Rechtsgeschäfte einzelvertraglich die Einhaltung einer bestimmten Form zu vereinbaren.[565] Derartige Schriftformerfordernisse können sowohl deklaratorisch als auch konstitutiv vereinbart werden.[566] Es stellt sich dabei jedoch die Frage, ob das von den Parteien verfolgte Ziel, das heißt eine mündliche Änderung des Vertrags von vornherein zu verhindern, mithilfe einer individuell vereinbarten Schriftformklausel überhaupt erreicht werden kann.

Vereinbaren die Parteien eine rein deklaratorische Schriftformabrede, so kann der Vertrag jederzeit formfrei geändert bzw. die vereinbarte Schriftform formfrei wieder aufgehoben werden.[567] Deklaratorische Schriftformabreden dienen den Parteien allein zur Beweissicherung und damit einhergehend der Rechtsklarheit. Durch sie soll demnach gerade nicht die Möglichkeit ausgeschlossen werden, sich auf mündliche Absprachen zu berufen.[568] Deklaratorische Schriftformklauseln stehen einer mündlichen Individualabrede daher nicht entgegen, sodass auf sie im Rahmen der weiteren Bearbeitung nicht weiter eingegangen wird.

Anders könnte die Wirkung jedoch bei konstitutiven Schriftformklauseln zu beurteilen sein. Danach wird die Einhaltung der Form von den Parteien zu einem echten Wirksamkeitserfordernis gemacht.[569] Mündliche Abreden könnten damit gemäß § 125 S. 2 BGB aufgrund ihres Mangels der durch Rechtsgeschäft

---

563 *Ulmer/Schäfer* in: Ulmer/Brandner/Hensen, § 305b Rn. 26; *H. Schmidt*, BeckOK/BGB, § 305b Rn. 9.

564 Aus § 305b BGB folgt bereits deshalb kein Verstoß, weil die Vorschrift auf eine Konkurrenz von Individualabreden nicht anwendbar ist.

565 BGH v. 2.6.1976, NJW 1976, S. 1395; BGH v. 21.9.2005, NJW 2006, S. 138 (139); generell für Vertragsänderungen vgl. auch KG v. 18.8.2005, NZM 2005, S. 908 (908 f.).

566 *Preis* in: ErfK/ArbR, §§ 125–127 BGB Rn. 39; *Einsele* in: MüKo/BGB, § 125 Rn. 69.

567 *Einsele* in: MüKo/BGB, § 125 Rn. 69.

568 *Einsele* in: MüKo/BGB, § 125 Rn. 69; *Bloching/Ortolf*, NJW 2009, S. 3393 (3394).

569 *Einsele* in: MüKo/BGB, § 125 Rn. 69.

bestimmten Form nichtig sein. Dabei ist jedoch zusätzlich zwischen den sog. einfachen und doppelten Schriftformklauseln zu unterscheiden.

(1) Einfache Schriftformklauseln

Mit einer einfachen Schriftformklausel vereinbaren die Vertragsparteien, dass Änderungen und Ergänzungen des Vertrags der Schriftform bedürfen. Die Rechtsprechung[570] und Teile der Literatur[571] gehen davon aus, dass eine einfache Schriftformklausel durch mündliche Nebenabreden ohne Einhaltung der Schriftform wieder aufgehoben werden kann. Dies gelte auch dann, wenn die Parteien bei Abschluss der Vereinbarung an das Schriftformerfordernis gar nicht gedacht haben.[572]

Zur Begründung wird angeführt, dass die Bindung, der sich die Parteien durch Vereinbarung der im Gesetz nicht vorgesehenen Schriftform unterworfen haben, nur so lange und soweit bestehen bleibt, als die Vertragsschließenden keinen anderen Willen zum Ausdruck bringen, das heißt die Schriftformklausel nicht wieder außer Kraft setzen.[573] Die übereinstimmend gewollte mündliche Absprache mache daher, soweit sie reicht, das gewillkürte Formerfordernis hinfällig, da sich in ihr der Wille zur Außerkraftsetzung der Schriftformklausel verdeutliche.[574] Unabhängig von der Vorrangregelung des § 305b BGB wird der Individualabrede damit umfassend Geltung verschafft.

Dagegen wird vorgebracht, dass die Parteien keinen Geschäftswillen hinsichtlich der Abbedingung haben, wenn sie nicht an die Schriftformklausel denken.[575] Auch würde der Zweck des konstitutiven Schriftformerfordernisses verfehlt, ließe man jede formfreie Vertragsänderung zu. Zudem unterliege die Aufhebung der Form den gleichen rechtsgeschäftlichen Anforderungen wie ihre Begründung.[576]

In diesem Zusammenhang ist gleichwohl zu berücksichtigen, dass bereits die Begründung der Schriftform formfrei möglich ist. Die Aufhebung der

---

570 BGH v. 2.6.1976, NJW 1976, S. 1395; BAG v. 28.10.1987, NZA 1988, S. 425 (426); BAG v. 24.6.2003, NZA 2003, S. 1145 (1147).

571 *Medicus/Petersen*, BGB AT, Rn. 641; *Tiedtke*, MDR 1976, S. 367.

572 BGH v. 8.10.2008, NJW 2009, S. 433 (434); *Hefermehl* in: Soergel/BGB AT, § 125 Rn. 33.

573 BGH v. 2.6.1976, NJW 1974, S. 1395.

574 RG v. 2.12.1911, JW 1911, S. 94; BGH v. 2.6.1976, NJW 1974, S. 1395.

575 BFH v. 24.7.1996, NJW 1997, S. 1327 (1328); *Einsele* in: MüKo/BGB, § 125 Rn. 70; *Wendtland* in: BeckOK/BGB, § 125 Rn. 14.

576 RG v. 21.3.1919, RGZ 95, S. 175; BGH v. 11.10.1967, NJW 1968, S. 32 (33).

Schriftform kann daher als „*actus contrarius*" ebenfalls keiner Schriftform bedürfen.[577] Daneben trägt die Auffassung, nach der einfache Schriftformklauseln ohne Einhaltung der Schriftform aufgehoben werden können, dem Grundsatz der Privatautonomie umfassend Rechnung. Denn die Vertragsautonomie verlangt, dass den Parteien jederzeit die Möglichkeit zukommen muss, das vereinbarte Formerfordernis wieder aufzuheben. Eine „einfache" individualvertragliche Schriftformklausel ist daher nicht in der Lage, mündliche Individualabreden der Vertragsparteien zu verhindern.

(2) Doppelte Schriftformklausel

Als Reaktion darauf hat die Praxis im Rahmen der Vertragsgestaltung begonnen, die Wirksamkeit des gewillkürten Schriftformerfordernisses mittels eines „doppelten" Schriftformerfordernisses wiederherzustellen. Danach wird neben dem Erfordernis, Änderungen und Ergänzungen des Vertrags schriftlich zu verfassen, auch die Aufhebung der Formabrede dem Schriftformzwang unterstellt.[578] Ob eine derart gestaltete Schriftformklausel durch nachträgliche formlose Vereinbarung wieder aufgehoben werden kann, wird unterschiedlich beurteilt:

Teilweise wird vertreten, dass eine formlose konkludente Aufhebung einer doppelten Schriftformklausel durch eine mündliche Individualabrede zuzulassen sei.[579] Die Unterwerfung unter ein doppeltes Schriftformerfordernis führe andernfalls zu einer dauerhaften Selbstbindung an den Vertrag und stelle demzufolge einen unzulässigen Verzicht auf die Ausübung der Privatautonomie in der Zukunft dar.[580] Das mündlich tatsächlich Gewollte müsse daher gelten, obwohl die Vorschrift des § 125 S. 2 BGB damit ins Leere gehen könnte. Dies sei aufgrund des Vorrangs der Privatautonomie hinzunehmen.[581] Nach dieser Auffassung geht das zuletzt Vereinbarte den früheren Abreden stets vor. Folglich können die Parteien den durch die doppelte Schriftformklausel eingegangenen Verzicht auf die Geltendmachung der formlosen Formaufhebung jederzeit

577 *Gerstenmaier*, FS Mailänder, S. 329 (336).

578 Beispiel bei *Stoffels*, AGB-Recht, Rn. 349: „Änderungen und Ergänzungen dieses Vertrages sind, auch wenn sie bereits mündlich getroffen wurden, nur wirksam, wenn sie schriftlich festgelegt und von beiden Parteien unterzeichnet worden sind. Dies gilt auch für den Verzicht auf das Schriftformerfordernis."

579 *Hefermehl* in: Soergel/BGB AT, § 125 Rn. 33; *Arnold* in: Erman/BGB, § 125 Rn. 26; *Roloff*, NZA 2004, S. 1191 (1194 f.).

580 *Reinicke*, DB 1976, S. 2289 (2290).

581 *Westphalen*, AGB-Klauselwerke, Schriftformklauseln, Rn. 6.

wieder rückgängig machen.[582] Die übereinstimmend gewollte mündliche Vereinbarung macht das Formgebot, wie auch bei der einfachen Schriftformklausel, hinfällig.[583]

Allerdings könne es den Parteien – vor allem in Dauerschuldverhältnissen – ein Bedürfnis sein, insbesondere bei langen Vertragslaufzeiten die für das Vertragsverhältnis geltenden Regelungen verlässlich nachvollziehen zu können.[584] Sei den Parteien das Formerfordernis so wichtig, dass sie es durch eine doppelte Schriftformklausel gesondert ausgehandelt und abgesichert haben, wird vertreten, dass dieser Wille zu respektieren sei.[585] Doppelte Schriftformklauseln seien daher in der Lage, mündliche Individualabreden zu verhindern.[586] Berufe sich die durch die Vereinbarung benachteiligte Partei auf die Formbedürftigkeit nachträglicher Änderungs- und Ergänzungsvereinbarungen, sei dies wegen eines Verstoßes gegen den Grundsatz von Treu und Glauben gemäß § 242 BGB nur dann rechtsmissbräuchlich, wenn die Einhaltung der Schriftform zuvor bewusst vereitelt worden sei.[587]

Für die letztgenannte Auffassung spricht, dass die Vertragsparteien durch die Vereinbarung einer doppelten Schriftformklausel ihre Privatautonomie nicht dauerhaft aufgeben. Vielmehr gestalten sie ihr Vertragsverhältnis in Ausübung ihrer Privatautonomie, indem sie die Anforderungen an eine wirksame Individualabrede erhöhen und sich damit bewusst für ein Element der Rechtssicherheit entscheiden. Die Aufhebung der doppelten Schriftformklausel wird dadurch zu keinem Zeitpunkt ausgeschlossen. Sie soll lediglich in ausdrücklich dokumentierter Weise stattfinden. Darüber hinaus ist zu berücksichtigen, dass § 305b BGB gerade kein Verbotsgesetz i.S.d. § 134 BGB darstellt.[588] Die Vorschrift löst lediglich das Konkurrenzverhältnis zweier wirksamer Regelungen in Allgemeinen Geschäftsbedingungen und Individualabreden innerhalb eines Einzelvertrags auf.

Andererseits wurde bereits dargelegt, dass es sich bei § 305b BGB um eine zwingende, das heißt auch individualvertraglich nicht abdingbare Vorschrift

---

582 *Kliemt*, Formerfordernisse im Arbeitsverhältnis, S. 474 f.; *Roloff*, NZA 2004, S. 1991 (1195).

583 *Hefermehl* in: Soergel/BGB AT, § 125 Rn. 33.

584 *Ulrici*, BB 2005, S. 1902 (1903).

585 *Lingemann*, SAE 2005, S. 40 (41).

586 So für individualvertragliche Schriftformklauseln zwischen Kaufleuten auch BGH v. 2.6.1976, NJW 1976, S. 1395 (1395 f.); BGH v. 17.9.2009, MMR 2010, S. 336 (337).

587 *Ghassemi-Tabar* in: Gewerberaummiete/BGB, § 305b Rn. 17.

588 *Clemenz* in: Clemenz/Kreft/Krause, § 305b Rn. 21.

handelt.[589] Zu beachten ist allerdings, dass mithilfe einer zwischen den Vertragsparteien ausgehandelten doppelten Schriftformklausel nicht das funktionale Rangverhältnis zwischen Individualabreden und Allgemeinen Geschäftsbedingungen beseitigt wird. Die Parteien setzen vielmehr einen Schritt eher an und bestimmen in Ausübung ihrer Privatautonomie unter welchen zusätzlichen strengeren Voraussetzungen eine wirksame Individualabrede zustande kommen soll, die sodann am Vorrangprinzip des § 305b BGB teilnimmt.[590] Ziel dessen ist es, Streitigkeiten über das Bestehen und die Reichweite von Rechten und Pflichten in der Zukunft zu minimieren. Dies entspricht der Schutzfunktion, die auch der Gesetzgeber der gesetzlichen Schriftform beimisst.[591] Wenn das, was der Gesetzgeber zum Schutz der Vertragspartner als geeignet ansieht, von den Parteien individualvertraglich nachvollzogen wird, kann dieses Vorgehen nicht per se unrechtmäßig oder einseitig belastend sein.

Im Ergebnis kann eine individualvertraglich vereinbarte doppelte Schriftformklausel daher nicht durch eine formfreie Individualvereinbarung abbedungen werden.[592] Sie ist das Ergebnis beidseitiger Ausübung der Privatautonomie und daher umfassend legitimiert, die Geltung einer anderen – gleichrangigen – Individualabrede zu verhindern.[593] Widersprechen einzelvertraglich getroffene Abreden der ebenfalls individualvertraglich vereinbarten doppelten Schriftformklausel, so sind sie gemäß § 125 S. 2 BGB unwirksam und können nicht mit den Allgemeinen Geschäftsbedingungen kollidieren. Der zwingende Charakter des § 305b BGB steht dem nicht entgegen.

b) Formularvertragliche Schriftformklauseln

In der Regel versuchen Verwender die Geltung ihrer Allgemeinen Geschäftsbedingungen allerdings durch eine formularvertragliche Schriftformklausel abzusichern. Ob und unter welchen Voraussetzungen derartige Schriftformklauseln

589 Siehe Seite 98 ff.

590 Zum Begriff der Individualabrede i.S.d. § 305b BGB auch Seite 101 ff.

591 *Sutschet*, RdA 2009, S. 386 (388).

592 *Einsele* in: MüKo/BGB, § 125 Rn. 70; *Ellenberger* in: Palandt/BGB, § 125 Rn. 19; *Ulrici*, BB 2005, S. 1902 (1903); *Lingemann*, SAE 2005, S. 40 (41); a.A. *Medicus/Petersen*, BGB AT, Rn. 423.

593 So auch BGH v. 2.6.1976, NJW 1976, S. 1395; OLG Düsseldorf v. 15.11.1990, NJW-RR 1991, S. 374 (374 f.); *Spruß*, Die Einbeziehung Allgemeiner Geschäftsbedingungen, S. 279.

gegenüber mündlichen Individualabreden die intendierte Wirkung entfalten können, wird unterschiedlich beurteilt.

(1) Historischer Hintergrund

Neben den unterschiedlichen Gestaltungsarten derartiger Klauseln beruht die bei der Behandlung von formularvertraglichen Schriftformklauseln seit Langem bestehende Rechtsunsicherheit vor allem auf der Entstehungsgeschichte des § 4 AGBG und § 305b BGB. § 4 S. 1 des ersten Teilberichts der Arbeitsgruppe beim Bundesminister der Justiz sah zunächst vor, dass „individuelle Vertragsabreden ohne Rücksicht auf die Form, in der sie getroffen werden, Vorrang vor Allgemeinen Geschäftsbedingungen [haben]".[594] Als Resultat der Beratungen in der Arbeitsgruppe sollte die Verwendung von Schriftformklauseln in Allgemeinen Geschäftsbedingungen damit zwar nicht als generell unzulässig zu erachten seien, gleichzeitig sollten diese Klauseln aber keine Wirkung entfalten. Im Anschluss daran nahm der Entwurf der Bundesregierung die Schriftform- und Bestätigungsklauseln hingegen in den Katalog der absolut unzulässigen Klauseln auf.[595] Danach sollten Klauseln in Allgemeinen Geschäftsbedingungen stets unwirksam sein, durch die „die Wirksamkeit vertraglicher Abreden von der Einhaltung der Schriftform oder davon abhängig gemacht wird, dass der Verwender sie schriftlich bestätigt."[596] Umgekehrt erklärte der CDU/CSU-Entwurf den Ausschluss mündlicher Nebenabreden durch Allgemeine Geschäftsbedingungen in § 3 Abs. 2 ausdrücklich für zulässig.[597]

Im Laufe des Gesetzgebungsverfahrens wurden beide Regelungen schließlich fallen gelassen. Der Rechtsausschuss des Bundestages lehnte den Vorschlag des Regierungsentwurfs ab, da Schriftformklauseln „zur Klarheit im Rechtsverkehr und auch im Interesse des Vertragspartners zur Erleichterung des Beweises wichtiger Vertragsabreden beitragen" können.[598] Eine Ausschussmehrheit hatte schließlich allerdings gleichzeitig auch Bedenken gegen den CDU-/CSU-Vorschlag, weil die ausdrückliche Billigung von Schriftformklauseln durch den

---

594 Vgl. Bundesminister der Justiz (Hrsg.), Erster Teilbericht, S. 26.

595 Vgl. BT-Drucksache 7/3919, S. 7.

596 Vgl. § 9 Nr. 17 des RegE, BT-Drucksache 7/3919, S. 7, 20; vgl. dazu auch Bundesminister der Justiz (Hrsg.), Erster Teilbericht, S. 50 f.; BT-Drucksache 7/3919 S. 51 (Abänderungsvorschlag des Bundesrats).

597 Vgl. BT-Drucksache 7/3200 S. 3: „Unberührt [von § 3 Abs. 1] bleibt der Ausschluss mündlicher Nebenabreden durch Allgemeine Geschäftsbedingungen".

598 Vgl. dazu die veröffentlichten stenographischen Protokolle der 98. Sitzung vom 19.5.1976, Prot. 98/20 ff.; BT-Drucksache 7/5422, S. 3.

Gesetzgeber „für die Rechtsprechung ein Hindernis werden könnte, dem Einzelfall gerecht zu werden“[599], um „der missbräuchlichen Berufung auf Schriftformklauseln wirksam zu begegnen“[600]. Es erwies sich damit weder ein Verbot noch eine ausdrückliche Anerkennung der Wirksamkeit von Schriftformklauseln in Allgemeinen Geschäftsbedingungen als konsensfähig, sondern allein der Verzicht auf eine explizite Regelung dieser Probleme im Recht der Allgemeinen Geschäftsbedingungen.[601]

(2) Meinungsstand im Schrifttum

Aufgrund dieses nicht eindeutigen gesetzgeberischen Willens haben sich in Rechtsprechung und Literatur unterschiedliche Auffassungen zur Behandlung von Schriftformklauseln bei Aufeinandertreffen mit einer mündlichen Individualabrede herausgebildet. Teilweise wird vertreten, es ergebe sich bereits aus der Bestimmung des § 305b BGB, dass die spätere formlose Abrede trotz der in den Allgemeinen Geschäftsbedingungen enthaltenen einfachen,[602] aber auch qualifizierten[603] Schriftformklausel wirksam sei.[604] *Dietlein* hingegen geht davon aus, dass der an sich anwendbare § 305b BGB durch die in den Allgemeinen Geschäftsbedingungen enthaltene Schriftformklausel suspendiert werde.Im Interesse der Klarheit des Rechtsverkehrs und der Beweiserleichterung wichtiger Nebenabreden seien Schriftformklauseln nicht grundsätzlich ausgeschlossen.[605]

---

599 BT-Drucksache 7/5422 S. 3.

600 BT-Drucksache 7/5422 S. 5.

601 *Trinkner* in: Löwe/Westphalen/Trinkner, § 4 AGBG Rn. 3 geht zu Recht davon aus, dass der Gesetzgeber damit die Reichweite des Vorrangprinzips verkannt hat.

602 BGH v. 21.9.2005, NJW 2006, S. 138 (138 f.); *Baumann*, BB 1980, S. 551 (552); *Bunte*, Handbuch der Allgemeinen Geschäftsbedingungen, S. 15; *Geldsetzer*, Einvernehmliche Änderung und Aufhebung von Verträgen, S. 131 f.; *Locher*, Das Recht der Allgemeinen Geschäftsbedingungen, S. 57; *Weigel*, Schriftformklauseln, S. 45 ff.

603 BGH v. 25.1.2017, NJW 2017, S. 1017 (1017 f.); *Locher*, Das Recht der Allgemeinen Geschäftsbedingungen, S. 57; *Bunte*, Handbuch der Allgemeinen Geschäftsbedingungen, S. 15.

604 BGH v. 21.9.2005, NJW 2006, S. 138 (138 f.); BGH v. 25.1.2017, NJW 2017, S. 1017 (1017 f.); *Schlosser* in: Staudinger/BGB, 2013, § 305b Rn. 40; *Baumann*, DB 1980, S. 551 (551 f.); *Bunte*, Handbuch der Allgemeinen Geschäftsbedingungen, S. 15; *Locher*, Das Recht der Allgemeinen Geschäftsbedingungen, S. 57; *Weigel*, Schriftformklauseln, S. 45 ff.; *Geldsetzer*, Einvernehmliche Änderung von Verträgen, S. 131 f.

605 *Dietlein* in: Dietlein/Rebmann, § 4 AGBG Rn. 3.

Daran anknüpfend wird hervorgehoben, dass der Vorrang der späteren Abrede zunächst deren Wirksamkeit voraussetze. Schriftformklauseln betreffen jedoch gerade die Vorfrage, ob überhaupt eine wirksame Individualabrede zustande gekommen ist.[606] Die rechtliche Problematik der Schriftformklausel sei daher systematisch in den Vorschriften der Inhaltskontrolle nach den § 307–309 BGB angelegt.[607] Soweit darauf abgestellt werde, eine Schriftformklausel verstoße bereits gegen § 305b BGB, sei dies ein Zirkelschluss. § 305b BGB ordne als Rechtsfolge weder die Unwirksamkeit von AGB-Klauseln an, da es sich, wie zuvor dargelegt,[608] gerade nicht um ein Verbotsgesetz i.S.d. § 134 BGB handele, noch verhelfe die Vorschrift nach § 125 S. 2 BGB nichtigen Individualabreden zur Wirksamkeit.[609] Schriftformklauseln können folglich nicht allein wegen eines Verstoßes gegen § 305b BGB unwirksam sein.

Ferner setze der nach § 305b BGB zu lösende Konflikt einen inhaltlichen Widerspruch von Individualabrede und Allgemeiner Geschäftsbedingung voraus. Letzterer liege bei Schriftformklauseln im Regelfall gerade nicht vor, da eine Schriftformklausel nur dann mit einer Individualabrede unmittelbar in Widerspruch stehen können, wenn die Individualabrede formlos die Aufhebung der Klausel vorsieht. In allen anderen Fällen könne es daher nur darum gehen, ob die Schriftformklausel der Wirksamkeit einer mündlichen Individualabrede entgegensteht, die ihrerseits mit einer anderen Allgemeinen Geschäftsbedingung konkurriert. Sei dies der Fall, entstehe indes kein Widerspruch, weil die Individualabrede bereits unwirksam wäre.[610] Richtigerweise sei daher nach den §§ 307 ff. BGB zu entscheiden, ob AGB-Klauseln, die besondere Voraussetzungen an das Zustandekommen von Individualabreden stellen, den Vertragspartner unangemessen benachteiligen. Das Vorrangprinzip des § 305b BGB sei dabei lediglich ein wesentlicher Wertungsgesichtspunkt.[611]

Bunte hingegen führt an, dass die Formulierung der Schriftformklausel nicht dem von der früheren Rechtsprechung entwickelten Grundsatz widersprechen dürfe, wonach solche Klauseln nachträglich durch mündliche Vereinbarungen

---

606 *Roloff* in: Erman/BGB, § 305b Rn. 10.

607 BGH v. 25.2.1982, NJW 1982, S. 1389 (1390); BGH v. 28.4.1983, NJW 1983, S. 1853; BGH v. 31.10.1984, NJW 1985, S. 320 (321 f.); so auch *U. Stein* in: Soergel/BGB, § 4 AGBG Rn. 15.

608 Siehe Seite 132.

609 *U. Stein* in: Soergel/BGB, § 4 AGBG Rn. 15.

610 *Clemenz* in: Clemenz/Kreft/Krause, § 305b Rn. 19.

611 BGH v. 31.10.1984, NJW 1985, S. 320 (321 f.); *U. Stein* in: Soergel/BGB, § 4 AGBG Rn. 15.

wieder aufgehoben werden können.Die Formulierung der AGB-Klauseln dürfe folglich nicht die generelle Nichtigkeit der mündlichen Abmachung anordnen, sondern müsse der Individualabrede nach § 305b BGB Vorrang einräumen.[612]

Andere wiederum argumentieren, eine in Allgemeinen Geschäftsbedingungen enthaltene Schriftformklausel könne bereits aufgrund des § 305b BGB keine Wirkung als konstitutive rechtsgeschäftliche Formbestimmung entfalten und damit auch nicht diejenigen Zwecke erfüllen, die ihr gemeinhin zugeschrieben werden. Sie sei vielmehr wegen des absolut wirkenden Grundsatzes vom Vorrang der Individualabrede absolut wirkungslos.[613] Eine Schriftformklausel stelle daher die Rechtslage stets unzutreffend dar, was die Gefahr begründe, dass sich der Vertragspartner des Verwenders bereits vorprozessual von der Durchsetzung seiner Rechte abhalten lasse. Sie benachteilige ihn deshalb entgegen den Geboten von Treu und Glauben unangemessen und verstoße somit gegen die Bestimmung des § 307 Abs. 1 BGB. Dies habe zur Folge, dass die Schriftformklausel unwirksam ist.[614]

Deutlich wird, dass bei Schriftformklauseln zwei Problemkreise aufeinandertreffen, die streng auseinandergehalten werden müssen: Zum einen ist das Vorrangprinzip des § 305b BGB berührt, zum anderen darf sich eine Schriftformklausel nicht als unangemessene Benachteiligung i.S.d. § 307–309 BGB darstellen. Wie bereits festgestellt,[615] ist § 305b BGB logisch vor den Vorschriften der Inhaltskontrolle zu prüfen.[616] Eines Rückgriffs auf die §§ 307–309 BGB bedarf es daher nicht, wenn sich die im Einzelfall zweifelsfrei bestehende und bewiesene mündliche Individualabrede gemäß § 305b BGB auch gegenüber einer wirksamen Schriftformklausel durchsetzt. Dies ist im Folgenden näher zu untersuchen.

(3) „Einfache“ Schriftformklausel

Ein „einfach“ ausgestaltetes Schriftformerfordernis in Allgemeinen Geschäftsbedingungen widerspricht dem den mündlichen Individualabreden immanenten und konkludenten Verzicht auf die Schriftform. § 305b BGB soll jedoch das privatautonome Handeln der Parteien umfassend schützen. Es kann infolgedessen nicht zielführend sein, wenn durch eine in den Allgemeinen

---

612 *Bunte*, Handbuch der Allgemeinen Geschäftsbedingungen, S. 66 f.

613 *Teske*, Schriftformklauseln in Allgemeinen Geschäftsbedingungen, S. 292 ff.

614 BAG v. 20.5.2008, NZA 2008, S. 1233 (1235); *Teske*, Schriftformklauseln in Allgemeinen Geschäftsbedingungen, S. 296.

615 Siehe Seite 91 ff.

616 A.A. *Ulmer/Schäfer* in: Ulmer/Brandner/Hensen, § 305b Rn. 32.

Geschäftsbedingungen einseitig gestellte einfache Schriftformklausel die Möglichkeit des selbstbestimmten rechtsgeschäftlichen Handelns genommen wird.[617] Stehen mündliche Abreden in Widerspruch zu der in Allgemeinen Geschäftsbedingungen vereinbarten Schriftformklausel, so würde die Anerkennung der AGB-Schriftformklausel dazu führen, dass die individuelle Vereinbarung stets als nichtig anzusehen ist. Damit wäre der mündlich vereinbarten Individualabrede der Vorrang genommen, obwohl ihr dieser in § 305b BGB umfassend garantiert wird.[618]

Nach seinem Wortlaut und Regelungsgehalt handelt es sich bei § 305b BGB um eine uneingeschränkte Vorrangregel. Die individuelle Vertragsabrede muss sich demgemäß sowohl bei Abschluss als auch bei einer inhaltlichen Änderung des Vertrags (vgl. § 311 Abs. 1 BGB) durchsetzen. Es wäre demzufolge mit dem Sinn und Zweck des § 305b BGB nicht vereinbar, wenn eine Allgemeine Geschäftsbedingung Wirksamkeitsvoraussetzungen für die Geltung einer Individualabrede vorgeben kann. Dies schließt es denklogisch aus, dass eine Allgemeine Geschäftsbedingung darüber entscheidet, ob eine sie im Kollisionsfall verdrängende Individualabrede überhaupt zustande kommt oder nicht. Darin zeigt sich erneut das funktionale Rangverhältnis zwischen Individualabrede und Allgemeinen Geschäftsbedingungen.

Individualabreden können demnach nicht durch formularmäßige „einfache" Schriftformklauseln ausgehöhlt und außer Kraft gesetzt werden. Der vorformulierte Ausschluss mündlich getroffener Vereinbarungen kann an der Rechtsverbindlichkeit der höherrangigen individuellen Absprache nichts ändern. Unabhängig von der inhaltlichen Wirksamkeit der „einfachen" Schriftformklausel gemäß §§ 307 ff. BGB setzt sich die mündliche Individualabrede durch und genießt gemäß § 305b BGB den Vorrang. Auch das Offenhalten dieser Frage während der Entstehungsgeschichte der §§ 9 bis 11 AGBG (heute §§ 307–309 BGB) berechtigt nicht dazu, eine teleologische Reduktion des § 305b BGB, das heißt seine Nichtanwendung auf inhaltlich abweichende Individualabreden bei vorformulierten Formerfordernissen, anzunehmen.[619]

Individualabreden müssen im Rahmen des § 305b BGB – mit Ausnahme der gesetzlichen Formvorgaben – keiner besonderen Form genügen. Es reicht,

617 BGH v. 21.9.2005, NJW 2006, S. 138 (139); so im Ergebnis auch *Lindacher/Hau* in: Wolf/Lindacher/Pfeiffer, § 305b Rn. 33 f.; *Grüneberg* in: Palandt/BGB, § 305b Rn. 5; *Michalski*, DStR 1998, S. 771 (773).

618 *Locher*, Das Recht der Allgemeinen Geschäftsbedingungen, S. 51.

619 *Ulmer/Schäfer* in: Ulmer/Brandner/Hensen, § 305b Rn. 33.

wenn der Wille zur individuellen Regelung irgendwie zum Ausdruck kommt.[620] Ungeachtet der „einfachen" Schriftformklausel sind die mündlich getroffenen Absprachen wirksam. Einfachen Schriftformklauseln kommt in Allgemeinen Geschäftsbedingungen keine Relevanz für die zwischen den Parteien ausgehandelten Individualabreden zu.

(4) „Doppelte" Schriftformklausel

Gleiches muss hinsichtlich einer „doppelten" Schriftformklausel gelten.[621] Der Bundesgerichtshof geht mittlerweile ebenfalls davon aus, dass zwischen „einfacher" und „doppelter" Schriftformklausel insoweit keine maßgeblichen Unterschiede erkennbar sind.[622] Er betont ausdrücklich und zu Recht, dass der „Sinn und Zweck des § 305b BGB, wonach vertragliche Vereinbarungen, die die Parteien für den Einzelfall getroffen haben, nicht durch davon abweichende Allgemeine Geschäftsbedingungen durchkreuzt, ausgehöhlt oder ganz oder teilweise zunichte gemacht werden können".[623] Allgemeine Geschäftsbedingungen können als generelle Richtlinien für eine Vielzahl von Verträgen nur insoweit Geltung beanspruchen, als die von den Parteien getroffene Individualabrede dafür noch Raum lässt. Vereinbaren die Parteien mündlich etwas anderes, so komme dem ebenfalls der Vorrang zu.[624]

Eine „doppelte" Schriftformklausel in Allgemeinen Geschäftsbedingungen, die einseitig gestellt wird, vermag an diesem Ergebnis nichts zu ändern. Sie kann vor dem Hintergrund des Vorrangs einer kollidierenden, stärker legitimierten Individualabrede keine Wirkung gegenüber der formfrei vereinbarten Individualabrede entfalten. § 305b BGB ist Ausdruck eines Rangprinzips, nach dem Individualabreden per se wegen der ihnen zugrunde liegenden freien privatautonomen Selbstbestimmung höher legitimiert sind als die einseitig gestellten Klauseln. Entsprechend entfalten alle Maßnahmen des Verwenders, die darauf

620 BGH v. 21.9.2005, NJW 2006, S. 138 (139); *Westphalen*, NJW 2006, S. 2228 (2230).

621 KG Berlin, v. 19.5.2016, MDR 2016, S. 819 (819 f.); *Emmerich*, JuS 2017, S. 1024 (1025); *Schneehain*, MietRB 2017, S. 96 (97 f.); *Lindner-Figura/Reuter*, NJW 2018, S. 1060 (1062); *Westphalen*, NJW 2018, S. 205 (206); *Schweitzer*, NZM 2017, S. 191; *Endebrock*, ZfIR 2017, S. 275; *Bloching/Ortolf*, NJW 2009, S. 3393 (3395); a.A. OLG München v. 7.4.2016, ZMR 2016, S. 945.

622 BGH v. 25.1.2017, NJW 2017, S. 1017 (1018); im Anschluss daran auch OLG Brandenburg v. 26.7.2018, BeckRS 2018, 33172.

623 BGH v. 25.1.2017, NJW 2017, S. 1017 (1018).

624 BGH v. 25.1.2017, NJW 2017, S. 1017 (1018); so auch bereits BGH v. 21.9.2005, NJW 2006, S. 138 (139).

abzielen, diese zwingende Folge auszuhöhlen, keine Wirkung.[625] Auch „doppelte“ Schriftformklauseln können die nachträglich getroffene höherrangige individuelle Abrede demnach nicht außer Kraft setzen.[626] Der Vorrang wirksamer Individualabreden gegenüber Allgemeinen Geschäftsbedingungen ist absolut und von der inhaltlichen Ausgestaltung der Allgemeinen Geschäftsbedingung unabhängig.[627] Folglich greift das Vorrangprinzip in § 305b BGB richtigerweise selbst gegenüber wirksamen „doppelten“ Schriftformklauseln.[628] Auf eine Inhaltskontrolle i.S.d. §§ 307 ff. BGB kommt es insoweit nicht mehr an.

(5) Bestätigungsklauseln

Ebenfalls um Schriftformklauseln handelt es sich, wenn der Verwender nur die Wirksamkeit seiner auf eine Vertragsänderung gerichteten Erklärung an die Schriftform bindet (z.B. „Besondere Abreden sind ungültig, es sei denn, dass der Verwender sie schriftlich bestätigt.“). Derartige Bestätigungsklauseln zielen gleichsam darauf ab, mündlichen Abreden, die noch nicht schriftlich bestätigt sind, die Wirksamkeit zu versagen.[629] Sie bezwecken nichts anderes, als eine mit dem Verwender getroffene Individualabrede auszuhöhlen und auszuschalten.[630] Für sie gelten die vorstehenden Grundsätze entsprechend. Der Verwender kann die Maßgeblichkeit einer vorrangigen Individualabrede nicht dadurch verhindern, dass er selbst oder sein Vertreter, dessen Vertretungsmacht unbeschränkt erteilt worden ist, zwar mündlich eine Abrede schließt, sich aber durch bloßes Unterlassen einer schriftlichen Bestätigung aus der Verpflichtung zurückziehen kann.[631] Bestätigungsklauseln können sich gegenüber einer mündlich getroffenen und vom Klauselwerk abweichenden Individualabrede von vornherein nicht durchsetzen.[632]

---

625 A.A. noch BGH v. 2.6.1976, NJW 1976, S. 1395; bereits offen gelassen in BGH v 17.4.1991, NJW-RR 1991, S. 1289 (1290).

626 BGH v. 21.9.2005, NJW 2006, S. 138 (139); BAG v. 20.5.2008, NJW 2009, S. 316 (317 f.); *Grüneberg* in: Palandt/BGB, § 305b Rn. 5.

627 *Leder/Scheuermann*, NZA 2008, S. 1222 (1224 f.).

628 So auch BGH v. 21.9.2005, NJW 2006, S. 138 (139); *Ulmer/Schäfer* in: Ulmer/Brandner/Hensen, § 305b Rn. 33; *Stoffels*, AGB-Recht, Rn. 351.

629 *Kollmann* in: NK/BGB, § 305b Rn. 17.

630 BGH v. 25.2.1982, NJW 1982, S. 1389 (1390 f.); BGH v. 28.4.1983, NJW 1983, S. 1853 (1854); *Roloff* in: Erman/BGB, § 305b Rn. 12.

631 *H. Schmidt* in: BeckOK/BGB, § 305b Rn. 20.

632 *Lapp/Salamon* in: juris-PK/BGB, § 305b Rn. 25; *H. Schmidt* in: BeckOK/BGB, § 305b Rn. 20; dagegen sind personenbezogene Bestätigungsvorbehalte zulässig, soweit sie

c) *Zusammenfassung*

An dieser Stelle bleibt festzuhalten, dass der Verwender Allgemeiner Geschäftsbedingungen auf die materielle Rechtslage mithilfe einseitig gestellter Formvorschriften entgegen § 305b BGB keinen Einfluss nehmen kann. Dies ist nur – wie zuvor aufgezeigt – durch eine individualvertraglich vereinbarte „doppelte Schriftform“ oder einen individualvertraglich vereinbarten Bestätigungsvorbehalt möglich. Wenn der Verwender so entscheidenden Wert auf die Einhaltung der Schriftform legt, muss er dies ausdrücklich und gemeinsam mit seinem Vertragspartner vereinbaren.[633] Denn lediglich die individuell ausgehandelte Schriftformklausel ist Produkt der beiderseitig ausgeübten Privatautonomie und daraus folgenden Vertragsfreiheit und damit legitimiert, die Wirksamkeit und Geltung einer anderen Individualabrede zu verhindern.[634]

2. Vollständigkeitsklauseln

Schließlich versucht der Verwender sein Ziel der rationellen Vertragsgestaltung durch die Verwendung von Allgemeinen Geschäftsbedingungen zu erreichen, indem er durch Allgemeine Geschäftsbedingungen „feststellt“, dass überhaupt keine Nebenabreden getroffen worden seien (sog. Vollständigkeitsklauseln).[635] Die gängige Formulierung solcher Vollständigkeitsklauseln lautet: „Mündliche Nebenabreden sind nicht getroffen“.[636] Bei ihnen handelt es sich nicht um Schriftformklauseln i.S.d. § 125 S. 2 BGB.[637] Vollständigkeitsklauseln sollen vielmehr eine Bestätigung für die negative Tatsache liefern, dass die Parteien keine weiteren, das heißt aus der Vertragsurkunde nicht ersichtlichen schriftlichen oder mündlichen Abreden getroffen haben.

Sie wiederholen damit nur den allgemeinen Grundsatz, dass die Vollständigkeit einer Vertragsurkunde zu vermuten ist. Der Vertragspartner, der eine mündliche Nebenabrede behauptet, kann dafür im Prozess ungeachtet der

---

Zusagen betreffen, die ohne Vertretungsmacht abgegeben worden sind, vgl. BGH v. 24.10.1979, NJW 1980, S. 234 (235); BGH v. 25.2.1982, NJW 1982, S. 1389 (1390).

633 *H. Schmidt* in: BeckOK/BGB, § 305b Rn. 19.

634 So auch *Spruß*, Die Einbeziehung Allgemeiner Geschäftsbedingungen, S. 279.

635 Vgl. BGH v. 28.1.1981, NJW 1981, S. 922 (923); OLG Karlsruhe v. 10.11.1987, NJW-RR 1988, S. 1194.

636 Vgl. *Michalski*, DStR 1998, S. 771 (772).

637 *Michalski*, DStR 1998, S. 771 (772) betont, dass sie jedoch auch als Vereinbarung des Schriftformzwangs ausgelegt werden können und damit den Schriftformklauseln i.w.S. zuzurechnen seien.

Vollständigkeitsklausel den Beweis antreten, dass eine solche vorliegt. Gelingt ihm dieser, wird der Entscheidung die mündliche Abrede zugrunde gelegt.[638] Bei Vollständigkeitsklauseln geht es damit nicht um ein Vorrangproblem nach § 305b BGB,[639] sondern um die Frage ihrer Vereinbarkeit mit den §§ 307, 309 Nr. 12 BGB.[640]

3. Beschränkungen der Vertretungsmacht

Selten tritt als konkrete Vertragsabschlussperson aufseiten des Verwenders der Allgemeinen Geschäftsbedingungen der Firmeninhaber oder der gesetzliche Vertreter des Unternehmens persönlich auf. Es besteht daher die Gefahr, dass Dritte mündlich mit den Kunden Versicherungen und Zusicherungen vereinbaren, die den Allgemeinen Geschäftsbedingungen widersprechen und damit nicht im Interesse des Verwenders stehen. Schriftformklauseln werden folglich auch gerade deshalb verwendet, um den Verwender vor vorschnellen formlosen Erklärungen seines Vertreters zu schützen, indem Vertragsschlüsse des Abschlussvertreters von der schriftlichen Zusage des Vertretenen abhängig gemacht werden.[641]

Es ist in dieser Situation ebenfalls fraglich, ob die Vertragsabschlussvollmacht des Vertreters formularmäßig dahingehend eingeschränkt werden kann, dass dieser zu mündlichen Nebenabreden nicht befugt ist: Dies gelingt jedenfalls dann nicht, wenn die Vollmacht nach außen hin unbeschränkbar ist.[642] Wird die mündliche Absprache von einem voll vertretungsberechtigten Repräsentanten des Verwenders (z.B. Prokurist oder Generalbevollmächtigter) getroffen, so verdrängt diese gemäß § 305b BGB die Schriftformklausel. Die Situation ist identisch mit jener, als hätte der Verwender selbst die von seinen Allgemeinen Geschäftsbedingungen abweichende Individualabrede getroffen.[643] Eine

---

638 BGH v. 14.10.1999, NJW 2000, S. 207 (208); *Brehm*, BGB AT, Rn. 563.

639 BGH v. 28.1.1981, NJW 1981, S. 922 (922 f.); BGH v. 26.11.1984, NJW 1985, S. 623 (630); BGH v. 19.6.1985, NJW 1985, S. 2329 (2331); so auch *Ulmer/Schäfer* in: Ulmer/Brandner/Hensen, § 305b Rn. 39.

640 Etwas anderes gilt nur dann, wenn die Formulierung der Vollständigkeitsklausel nahelegt, dass der Gegenbeweis gegen die Vollständigkeit ausgeschlossen ist, vgl. dazu OLG Frankfurt v. 30.11.2011, BeckRS 2012, 7451; *Basedow* in: MüKo/BGB, § 305b Rn. 13; *H. Schmidt* in: BeckOK/BGB, § 305b Rn. 18.

641 Vgl. *Stoffels*, AGB-Recht, Rn. 352; *Michalsky*, DStR 1998, S. 771 (772).

642 Vgl. *H. Schmidt* in: BeckOK/BGB, § 305b Rn. 19.

643 *Stoffels*, AGB-Recht, Rn. 353.

abweichende Beurteilung von den zuvor aufgezeigten Grundsätzen ist nicht angezeigt.

In den anderen Fällen, z.B. bei der Vertretungsmacht des kaufmännischen Personals gemäß §§ 54, 55 HGB, kann der Schriftformklausel hingegen die Funktion einer Beschränkung der Vertretungsmacht zukommen.[644] Insoweit handelt es sich allerdings um ein Problem des Vertretungsrechts und nicht des Vorrangprinzips in § 305b BGB.[645] Mündliche Zusagen einer hierzu nicht bevollmächtigten Person können aufgrund der fehlenden Vertretungsmacht nicht wirksam zustande kommen und entfalten bereits deshalb gegenüber dem Verwender keine Wirkung.[646] Es ist ein dem § 305b BGB vorgelagertes Problem, da die Vorschrift für ihre Anwendung eine wirksam zustande gekommene Individualabrede voraussetzt.[647] Daher ist an dieser Stelle im Hinblick auf das zu bearbeitende Thema nicht näher darauf einzugehen.

V. Inhaltliche Abweichung zwischen Allgemeiner Geschäftsbedingung und Individualabrede

Ausweislich des Wortlauts von § 305b BGB haben Individualabreden stets Vorrang vor Allgemeinen Geschäftsbedingungen und damit selbst dann, wenn sie inhaltlich identisch sind.[648] In der Praxis maßgeblich sind jedoch allein die Fälle, in denen die Individualabrede in einem nicht auflösbaren inhaltlichen Widerspruch zur Allgemeinen Geschäftsbedingung steht.[649] Worin dieser Widerspruch liegt, das heißt in welchem Punkt und in welcher Hinsicht sich die Allgemeinen Geschäftsbedingungen und die individuellen Parteivereinbarungen ausschließen, ist für jeden einzelnen Vertrag gesondert zu bestimmen.[650] Im Folgenden können demzufolge nur die allgemeinen zur Ermittlung einer Abweichung von

---

644 Ausführlich dazu auch *Lindacher/Hau* in: Wolf/Lindacher/Pfeiffer, § 305b Rn. 36 ff.; *H. Schmidt* in: BeckOK/BGB, § 305b Rn. 20; *Stoffels*, AGB-Recht, Rn. 353; *Medicus/Petersen*, BGB AT, Rn. 424.

645 *Spruß*, Die Einbeziehung Allgemeiner Geschäftsbedingungen, S. 279 f.

646 Im Einzelfall kann sich die Vertretungsmacht hier ggf. noch aus einer Anscheins- oder Duldungsvollmacht ergeben, vgl. *Lindacher/Hau* in: Wolf/Lindacher/Pfeiffer, § 305b Rn. 43.

647 So zu Recht auch *Fenn*, FS Söllner, S. 333 (359 f.).

648 *Jacobs* in: BeckOK/ArbR, § 305b Rn. 6.

649 *Jacobs* in: BeckOK/ArbR, § 305b Rn. 6.

650 *U. Stein* in: Soergel/BGB, § 4 AGBG Rn. 8.

Allgemeiner Geschäftsbedingung und Individualabrede notwendigen Grundsätze herausgearbeitet werden.

1. Auslegung der Individualabrede

Ein Konflikt zwischen Individualabrede und Allgemeiner Geschäftsbedingung entsteht generell dann, wenn ein und dieselbe Frage in unterschiedlicher Weise geregelt wird.[651] Kennzeichnend für einen Widerspruch zwischen Individualabrede und Allgemeiner Geschäftsbedingung ist die logische Ausschließlichkeit beider Regelungen im Hinblick auf ein und denselben Regelungsgegenstand. Die Bestimmung der vertraglich geltenden Rechte oder Pflichten bzw. deren Reichweite oder Durchsetzung muss unmöglich sein.[652] Dies setzt voraus, dass die Anwendung beider Regelungen für sich gesehen zu unterschiedlichen Ergebnissen führt.[653]

Die Individualabrede und die Allgemeine Geschäftsbedingung müssen dabei nicht Bestandteil desselben Rechtsgeschäfts sein. Um die Vorrangregel nicht zu unterlaufen, gelangt § 305b BGB selbst dann zur Anwendung, wenn beide Vertragsabreden aus verschiedenen Rechtsgeschäften der Parteien miteinander kollidieren.[654] Nicht erforderlich ist zudem, dass die Parteien bei Abschluss der Individualabrede die Modifikation der Allgemeinen Geschäftsbedingungen wollten oder sich einer etwaigen Widersprüchlichkeit zwischen der Individual- und Formularerklärung bewusst gewesen sind.[655]

a) Grundsätzliches

Vor diesem Hintergrund muss daher zunächst durch Auslegung festgestellt werden, welche Rechte und Pflichten durch die Individualabrede begründet werden sollen.[656] Dabei finden auch im Rahmen des § 305b BGB die für die Auslegung

---

651 *Roloff* in: Erman/BGB, § 305b Rn. 6; zur umfassenden Darstellung von Einzelfallbeispielen *Schlosser* in: Staudinger/BGB, 2013, § 305b Rn. 16 ff.

652 *Ulmer/Schäfer* in: Ulmer/Brandner/Hensen, § 305b Rn. 12; *Clemenz* in: Kreft/Krause/Clemenz, § 305b Rn. 13; *Basedow* in: MüKo/BGB, § 305b Rn. 6.

653 *U. Stein* in: Soergel/BGB, § 4 AGBG Rn. 8.

654 *Lehmann-Richter* in: BeckOGK/BGB, § 305b Rn. 5.

655 BGH v. 21.9.2005, NJW 2006, S. 138 (139); *Basedow* in: MüKo/BGB, § 305b Rn. 5; *Stoffels*, AGB-Recht, Rn. 347.

656 *Ulmer/Schäfer* in: Ulmer/Brandner/Hensen, § 305b Rn. 12.

von Individualabreden geltenden allgemeinen Regelungen Anwendung.[657] Danach bilden der von den Parteien gewählte Wortlaut einer Vereinbarung und der diesem zu entnehmende objektiv erklärte Parteiwille den Ausgangspunkt der nach §§ 133, 157 BGB vorzunehmenden Auslegung.[658] Weiterhin sind insbesondere der mit der Vereinbarung verfolgte Zweck und die Interessenlage der Parteien zu beachten sowie die sonstigen Begleitumstände, die den Sinngehalt der gewechselten Erklärungen deutlich machen können.[659]

Bezüglich des Begriffs des „Vertragszwecks" selbst ist allerdings eine enge Auslegung geboten. Gemeint ist damit nicht die umfassende juristische Abwicklung des Vertrags, sondern „eine an den praktischen Bedürfnissen des täglichen Lebens ausgerichtete Rechtsposition", aufgrund derer die Vertragsparteien die konkrete Verpflichtung eingegangen sind.[660] Darüber hinaus kann auch das nachträgliche Verhalten der Vertragsparteien zu berücksichtigen sein. Dieses kann zwar den objektiven Vertragsinhalt nicht mehr beeinflussen, aber dennoch eine Bedeutung für die Ermittlung des tatsächlichen Willens und das tatsächliche Verständnis der Vertragsparteien aufweisen.[661] Bei formbedürftigen Vereinbarungen sind außerhalb der Urkunde liegende Begleitumstände indes nur dann berücksichtigungsfähig, wenn sie in der Urkunde einen – wenngleich auch unvollkommenen Ausdruck – gefunden haben.[662]

b) Individualabredekonkretisierende Funktion von Allgemeinen Geschäftsbedingungen

Obwohl Allgemeine Geschäftsbedingungen nachrangig zu Individualabreden sind, ist in der Literatur umstritten, ob sie gleichwohl das Verständnis einer auslegungsbedürftigen und -fähigen Individualabrede beeinflussen und insofern bei gleichzeitig oder später getroffenen Individualabreden im Rahmen der Anwendung des § 305b BGB zu berücksichtigen sind. Es stellt sich die Frage, ob sich die

657 Ein Widerspruch zwischen einzelnen Bestandteilen der individualvertraglichen Regelung ist nach allgemeinen Auslegungsgrundsätzen außerhalb der Vorschriften des Rechts der Allgemeinen Geschäftsbedingungen aufzulösen.

658 BGH v. 20.9.2006, BeckRS 2006, 13537, Rn. 7 ff.; BGH v. 21.10.2014, NJW-RR 2015, S. 243; BGH v. 11.11.2014, NJW 2015, S. 409 (410).

659 BGH v. 11.10.2012, NJW-RR 2013, S. 51.

660 *Dittmann/Stahl*, AGB-Kommentar, § 4 AGBG Rn. 226 f. mit weiterführenden Beispielen.

661 BGH v. 11.10.2012, NJW-RR 2013, S. 51; BGH v. 24.2.2016, BeckRS 2016, 6316, Rn. 37.

662 BGH v. 25.3.1983, NJW 1983, S. 1610 (1611).

Ermittlung des Sinngehalts der Individualabrede an ihrer Vereinbarkeit mit den ihr entgegenstehenden Allgemeinen Geschäftsbedingungen ausrichten muss.[663]

Vornehmlich von den Vertretern der objektiv-subjektiven Auslegung[664] Allgemeiner Geschäftsbedingungen wird vertreten, dass der Sinngehalt einer Individualabrede unter Heranziehung der Allgemeinen Geschäftsbedingungen auszulegen sei, das heißt der Individualabrede ein Inhalt zugesprochen werden soll, der mit dem der korrespondierenden AGB-Regelung in Einklang steht.[665] *Schlosser* und *Mäsch* betonen in diesem Zusammenhang, dass die Allgemeinen Geschäftsbedingungen in den „Begriffshof" von Individualabreden, nicht aber in ihren „Begriffskern" Konturen einzuziehen vermögen.[666] Begründet wird dies mit der Funktion von Allgemeinen Geschäftsbedingungen, die zwischen den Parteien für den Einzelfall getroffenen Individualabreden zu konkretisieren.

Von einer derartigen Wirkung der Allgemeinen Geschäftsbedingungen auf eine bestehende Individualabrede kann allerdings nicht ausgegangen werden. Sie ist allenfalls in Betracht zu ziehen, wenn in der Individualabrede ausdrücklich auf die entsprechende Regelung in den Allgemeinen Geschäftsbedingungen Bezug genommen worden ist.[667] Andernfalls würde die Individualabrede anhand einer dem Kunden gegebenenfalls nicht einmal bekannten Regelung ausgelegt werden. Dies wird wohl nur selten dem (hypothetischen) Willen des Kunden entsprechen. Dieser hat nämlich bei Vertragsschluss die mit der Individualabrede korrespondierende AGB-Regelung in der Regel nicht im Blick. Obwohl Allgemeine Geschäftsbedingungen objektiv geeignet sind, individuelle Parteivereinbarungen zu konkretisieren und zu ergänzen, ist nicht zu verkennen, dass der Inhalt einzelner AGB-Klauseln damit regelmäßig nicht konkret vom Willen der Vertragsparteien umfasst wird und deshalb auch nicht zum

---

663 *Schmidt-Salzer*, Allgemeine Geschäftsbedingungen, Rn. E. 26; *Trinkner* in: Löwe/Westphalen/Trinkner, § 4 AGBG Rn. 31 ff.; *Schlosser* in Staudinger/BGB, 2013, § 305b Rn. 26 ff.; Westphalen, DB 1977, S. 1685; dagegen *U. Stein* in: Soergel/BGB, § 4 AGBG Rn. 10.

664 Ausführlich dazu sogleich Seite 148 f.

665 *Lindacher/Hau* in: Wolf/Lindacher/Pfeiffer, § 305b Rn. 10; *Schlosser* in: Staudinger/BGB, 2013, § 305b Rn. 26 ff; so auch *Lapp/Salamon* in: juris-PK/BGB, § 305b Rn. 29; bei den Vertretern der objektiven Auslegung findet sich hierzu in der Regel keine Stellungnahme.

666 *Schlosser* in: Staudinger/BGB, 2013, § 305b Rn. 12, 26 ff.; *Mäsch* in: Staudinger/BGB, 2019, § 305b Rn. 38; so auch *Coester*, DB 1982, S. 1551 (1553).

667 *U. Stein* in: Soergel/BGB, § 4 AGBG Rn. 10.

Auslegungsmaßstab seiner individuellen Vertragserklärung erhoben werden darf.[668] Überdies würde es dem von § 305b BGB statuierten Vorrang der Individualabrede zuwiderlaufen, würde diese anhand der AGB-Regelung ausgelegt.

Die im Rang unter ihr stehende Allgemeine Geschäftsbedingung kann die Individualabrede nicht beeinflussen. Zudem bliebe für § 305b BGB mangels inhaltlicher Kollision von Allgemeiner Geschäftsbedingung und Individualabrede im Regelfall kein eigener Anwendungsbereich mehr. Eine individualabrede-konkretisierende Funktion von Allgemeinen Geschäftsbedingungen ist deshalb abzulehnen. Der Sinn der Individualabrede ist unabhängig von den dem Vertrag zugrunde liegenden Allgemeinen Geschäftsbedingungen zu ermitteln.[669]

2. Auslegung der Allgemeinen Geschäftsbedingungen

Wie bereits aufgezeigt, sind auch Allgemeine Geschäftsbedingungen Vertragsabreden. In Literatur und Rechtsprechung ist jedoch seit Langem anerkannt, dass die für rechtsgeschäftliche Willenserklärungen anerkannten Auslegungsgrundsätze in den §§ 133, 157 BGB nicht eins zu eins auf die Auslegung von Allgemeinen Geschäftsbedingungen übertragen werden können.[670] Vielmehr gelten für sie einige besondere Regeln.[671]

a) Grundsatz der objektiven Auslegung

Nach ständiger Rechtsprechung des Bundesgerichtshofs und weiten Teilen des Schrifttums gilt für die Auslegung von Allgemeinen Geschäftsbedingungen der Grundsatz der objektiven Auslegung.[672] Danach sind Allgemeine Geschäftsbedingungen nach ihrem objektiven Inhalt und typischen Sinn einheitlich so auszulegen, wie ihr Wortlaut von verständigen und redlichen Vertragspartnern unter Abwägung der Interessen der regelmäßig beteiligten Verkehrskreise verstanden wird.[673] Die Auslegung erfolgt unabhängig von der Gestaltung des

---

668 *U. Stein* in: Soergel/BGB, § 4 AGBG Rn. 10; vgl. auch *Ulmer/Schäfer* in: Ulmer/Brandner/Hensen, § 305b Rn. 15.

669 *Basedow* in: MüKo/BGB, § 305b Rn. 6; *U. Stein* in: Soergel/BGB, § 4 AGBG Rn. 4.

670 *Stoffels*, AGB-Recht, Rn. 360.

671 *Basedow* in: MüKo/BGB, § 305c Rn. 33 ff.; *Roloff* in: Erman/BGB, § 305c Rn. 19.

672 Erstmals BGH v. 25.10.1952, NJW 1953, S. 21 (22); bestätigt u.a. in BGH v. 9.5.2001, NJW 2001, S. 2165 (2166); BGH v. 29.6.2016, NJW 2016, S. 3015 (3018); zustimmend *Basedow* in: MüKo/BGB, § 305c Rn. 33; *Stadler* in: Jauernig/BGB, § 305b Rn. 1.

673 BGH v. 20.10.2015, NJW 2016, S. 560 m.w.N.

konkreten Einzelfalls sowie des Willens und der Belange der jeweiligen konkreten Vertragspartner.[674]

Begründet wird dieser Ansatz mit dem Rationalisierungszweck der Allgemeinen Geschäftsbedingungen. Dieser könne allein dann erreicht werden, wenn die Allgemeinen Geschäftsbedingungen einheitlich ausgelegt werden. Zudem führe eine objektive Auslegung zu mehr Rechtssicherheit und -klarheit. Nur bei einer allgemeingültigen Beurteilung der Wirksamkeit einer Bestimmung in Allgemeinen Geschäftsbedingungen könnten die von der (höchstrichterlichen) Rechtsprechung ergangenen Urteile eine Breitenwirkung im gesamten Rechtsverkehr entfalten.[675]

Ein Teil der Literatur lehnt den Grundsatz der objektiven Auslegung hingegen ab. Vielmehr solle es bei den allgemeinen Auslegungsgrundsätzen der §§ 133, 157 BGB bleiben, sodass auch die Umstände des Einzelfalls Berücksichtigung finden (sog. subjektiv-objektive Auslegung).[676] Gegen eine rein objektive Auslegung Allgemeiner Geschäftsbedingungen spreche, dass hiernach das Vertrauen des Vertragspartners immer dann enttäuscht werde, wenn und soweit der Verwender den Eindruck erwecke, er berücksichtige ausnahmsweise dessen besondere Lage.[677]

Darüber hinaus würden die Allgemeinen Geschäftsbedingungen durch die objektive Auslegung aus dem Bereich der Vertragsregelungen in die Nähe von Normen gehoben, obwohl sie gerade keine Normen, sondern Vertragsregelungen seien.[678] Zudem gehe auch Art. 4 Abs. 1 der Klauselrichtlinie davon aus, dass die Missbräuchlichkeit einer Vertragsklausel unter Berücksichtigung aller den Vertragsabschluss begleitenden Umstände zu beurteilen sei. Aufgrund des Wirkungszusammenhangs von Auslegung und Inhaltskontrolle müssten die Umstände des Vertragsschlusses demzufolge

674 BGH v. 29.9.1960, NJW 1961, S. 212 (213); BGH v. 31.7.2013, NJW 2013, S. 3647 (3649).

675 *Kreienbaum*, Transparenz und AGB-Gesetz, S. 53.

676 *Lindacher/Hau* in: Wolf/Lindacher/Pfeiffer, § 305c Rn. 106, 111; *Wolf/Neuner*, BGB AT § 47 Rn. 46; *Schlosser* in: Staudinger/BGB, 2013, § 305c Rn. 130; *H. Schmidt* in: BeckOK/BGB, § 305c Rn. 46 f.; *Schmidt-Salzer*, JZ 1995, S. 223 (230); *Brandner*, AcP 162 (1963), S. 237 (253 ff.); *Hellwege*, Allgemeine Geschäftsbedingungen, S. 520 ff.; *Dammann*, GS Wolf, S. 11 (14 ff.).

677 *Lindacher/Hau* in: Wolf/Lindacher/Pfeiffer, § 305c Rn. 106; *Lindacher*, FS Horn, S. 83 (86 f.).

678 *H. Schmidt* in: BeckOK/BGB, § 305c Rn. 49.

bei der Auslegung von Allgemeinen Geschäftsbedingungen berücksichtigt werden.[679]

Dagegen spricht, dass die Inhaltskontrolle und die Auslegung zwei gänzlich unterschiedliche Aspekte im Umgang mit Allgemeinen Geschäftsbedingungen betreffen und strikt voneinander zu trennen sind. Eine für die Inhaltskontrolle geltende Regelung kann keine Bedeutung für die Auslegung haben.[680] Dieses systematische Verständnis liegt erkennbar ebenso der Richtlinie zugrunde. Zudem betrifft die Richtlinie mit den Verbraucherverträgen nur einen begrenzten Anwendungsbereich. Bei einer für alle Verträge geltenden objektiv-subjektiven Auslegung müsste konsequenterweise auch § 310 Abs. 3 Nr. 2 BGB entgegen seinem klaren Wortlaut im Rahmen der Inhaltskontrolle losgelöst von dem dort beschränkten Personenkreis Anwendung finden. Denn eine weitere Differenzierung der Auslegung danach, ob die Allgemeinen Geschäftsbedingungen zwischen zwei Unternehmern oder im Rahmen eines Verbrauchervertrags vereinbart werden, wäre nicht sinnvoll und wird, soweit ersichtlich, von niemandem befürwortet.[681]

Ferner enthält die Klauselrichtlinie in Art. 5 S. 2 selbst eine Auslegungsregel (sog. Unklarheitenregel). Daraus kann nur geschlussfolgert werden, dass durch den europäischen Gesetzgeber weitergehende Vorgaben hinsichtlich der Auslegung nicht aufgestellt worden sind und somit bereits einzelstaatlich bestehende Regelungen keine Änderungen erfahren sollten.[682] Überdies basiert die deutsche Umsetzung der Klauselrichtlinie im Rahmen der Inhaltskontrolle auf einem Nebeneinander von abstrakt-genereller und konkret-individueller Kontrolle.[683] Es sollte dabei nicht über die durch die Klauselrichtlinie notwendig gewordenen Änderungen hinausgegangen werden. Die Absicht des Gesetzgebers, eine Jahrzehnte alte Rechtsprechung zu ändern, wird insoweit nicht deutlich.[684] Auf die Klauselrichtlinie und deren Umsetzung in nationales Recht kann sich die

---

679 Vgl. *Lindacher/Hau* in: Wolf/Lindacher/Pfeiffer, § 305c Rn. 148; *Schlosser* in: Staudinger/BGB, 2013, § 305c Rn. 130; *H. Schmidt* in: BeckOK/BGB, § 305c Rn. 49.

680 *Stoffels*, AGB-Recht, Rn. 363; *Michalski*, DB 1999, S. 677 (679); wohl auch *Heinrichs*, NJW 1996, S. 2190 (2194).

681 Vgl. *Stoffels*, AGB-Recht, Rn. 363.

682 *Lindacher/Hau* in: Wolf/Lindacher/Pfeiffer, § 305c Rn. 145; a.A. *Kapnopoulou*, Das Recht der missbräulichen Klauseln in der Europäischen Union, S. 149 f.; *Schmidt-Salzer*, BB 1995, S. 733 (736 f.).

683 BT-Drucksache 13/2713, S. 7 f.; *Schlosser* in: Staudinger/BGB, 2013, § 310 Rn. 70.

684 Vgl. BT-Drucksache 13/2713, S. 7 f.; ebenso *Michalski*, DB 1999, S. 677 (679).

Auffassung von der objektiv-subjektiven Auslegung von Allgemeinen Geschäftsbedingungen daher nicht stützen.

Weiterhin spricht für eine generalisierende Auslegung, dass nur dann, wenn einer Regelung über den Einzelfall hinaus stets der gleiche Sinn beigemessen wird, Individual- und Verbandsklageverfahren eine umfassende Breitenwirkung entfalten können.[685] Die objektive Auslegung führt daher zu einer größeren Rechtssicherheit und -klarheit und damit gleichzeitig zu einer allgemeinen Kostenreduktion (sog. Rationalisierungsfunktion).[686] Diese ökonomische Funktion von Allgemeinen Geschäftsbedingungen ist vom Gesetzgeber zumindest mittelbar durch die §§ 305 ff. BGB anerkannt[687] und würde mithilfe einer subjektiv-objektiv Auslegung in Teilen unterlaufen.

Zudem sprechen systematische Erwägungen gegen eine objektiv-subjektive Auslegung. Der Anwendungsbereich des § 305b BGB würde signifikant eingeschränkt, wenn nicht sogar völlig leerlaufen, dürfte man die einzelfallbezogenen Begleitumstände des Vertragsschlusses mitberücksichtigen. Würde man die individuellen Umstände bereits berücksichtigen, wenn die Schwelle zur Individualabrede i.S.d. § 305b BGB noch nicht überschritten ist, hätte das Vorrangprinzip in § 305b BGB – gleichsam wie bei der Annahme einer individualabredekonkretisierenden Funktion von Allgemeinen Geschäftsbedingungen – kaum einen eigenständigen Anwendungsbereich mehr.[688] Darüber hinaus verlangt die objektive Auslegung ebenfalls nicht, wie sich im Anschluss zeigen wird, dass der Wille der konkreten Vertragsparteien stets völlig unberücksichtigt bleibt.[689] Der von der überwiegenden Ansicht befürworteten objektiven Auslegung von Allgemeinen Geschäftsbedingungen ist demzufolge im Ergebnis zuzustimmen.

b) Auslegungsmittel und -maßstab

Als Auslegungsmaßstab sind die Verständnismöglichkeiten des durchschnittlichen Vertragspartners zugrunde zu legen.[690] Werden Allgemeine Geschäfts-

685 *Kreienbaum*, Transparenz und AGB-Gesetz, S. 53.

686 *Stoffels*, AGB-Recht, Rn. 362.

687 BT-Drucksache 7/3919, S. 9; *Leuschnet*, AcP 207 (2007), S. 491 (503 ff.).

688 *U. Stein* in: Soergel/BGB, § 4 AGBG Rn. 10; ähnlich schon *Flume*, BGB AT, Bd. II, S. 317.

689 *Basedow* in: MüKo/BGB, § 305c Rn. 39; *Stoffels*, AGB-Recht, Rn. 361; so auch bereits *Raiser*, Das Recht der Allgemeinen Geschäftsbedingungen, S. 259 f.

690 BGH v. 8.5.2013, NJW 2013, S. 2739 (2740); *H. Schmidt* in: BeckOK/BGB, § 305c Rn. 46.

bedingungen gegenüber bestimmten Verkehrskreisen verwendet, so ist auf die Verständnismöglichkeiten des Durchschnittskunden aus diesem Verkehrskreis abzustellen.[691] Eine solche Differenzierung nach Verkehrskreisen setzt indes voraus, dass diese anhand objektiver Kriterien präzise umschrieben und festgelegt werden können. Dies kann zur Folge haben, dass je nach Verkehrskreis ein- und derselben Klausel eine unterschiedliche Bedeutung beigemessen wird.[692]

Auslegungsmittel, die sich dem Verständnis des typischerweise an Geschäften der fraglichen Art beteiligten Durchschnittskunden verschließen, sind zur Auslegung von Allgemeinen Geschäftsbedingungen nicht heranzuziehen. Es kann lediglich auf solche Auslegungsmittel zurückgegriffen werden, die für den durchschnittlichen Kunden des jeweiligen Verkehrskreises ohne Weiteres zugänglich sind. Die objektive Auslegung einer Allgemeinen Geschäftsbedingung hat daher stets anhand des Wortlauts, des Sinn und Zwecks sowie der systematischen Stellung der auszulegenden Klausel zu erfolgen.[693] Die Entstehungsgeschichte einer Klausel scheidet als Auslegungsmittel hingegen aus.[694]

c) Vorrang eines übereinstimmenden Parteiwillens

Nach allgemeiner Auffassung ist allerdings dann eine Ausnahme vom Grundsatz der objektiven Auslegung geboten, wenn die Vertragsparteien im Einzelfall ein übereinstimmendes Verständnis hinsichtlich der infrage stehenden AGB-Klausel entwickelt haben, das vom objektiven Sinngehalt abweicht.[695] Der

---

691 *Roloff* in: Erman/BGB, § 305c Rn. 20; *Ulmer/Schäfer* in: Ulmer/Brandner/Hensen, § 305c Rn. 83; *Lindacher/Hau* in: Wolf/Lindacher/Pfeiffer, § 305c Rn. 112; *Schlosser* in: Staudinger/BGB, 2013, § 305c Rn. 126.

692 *Roloff* in: Erman/BGB, § 305c Rn. 20; *Ulmer/Schäfer* in: Ulmer/Brandner/Hensen, § 305c Rn. 83; *Roth*, WM 1991, S. 2125 (2129).

693 *Schlosser* in: Staudinger/BGB, 2013, § 305c Rn. 128; *H. Schmidt* in: BeckOK/BGB, § 305c Rn. 46, 50.

694 BGH v. 17.5.2000, NJW-RR 2000, S. 1341 (1342); *Stadler* in: Jauernig/BGB, § 305b Rn. 1; *Lindacher/Hau* in: Wolf/Lindacher/Pfeiffer, § 305c Rn. 115; *Roloff* in: Erman/BGB, § 305c Rn. 21; *H. Schmidt* in: BeckOK/BGB, § 305c Rn. 50; *Ulmer/Schäfer* in: Ulmer/Brandner/Hensen, § 305c Rn. 82; *Stoffels*, AGB-Recht, Rn. 360; a.A. *Schlosser* in: Staudinger/BGB, 2013, § 305c Rn. 129, wenn sich die Entstehungsgeschichte zugunsten des Vertragspartners auswirkt.

695 BGH v. 23.1.1991, NJW 1991, S. 1604 (1606); BGH v. 10.6.2008, NZG 2008, S. 595 (596); *Lindacher/Hau* in: Wolf/Lindacher/Pfeiffer, § 305c Rn. 104; *Ulmer/Schäfer* in: Ulmer/Brandner/Hensen, § 305c Rn. 84; *Schlosser* in: Staudinger/BGB, 2013, § 305c Rn. 127; *Stoffels*, AGB-Recht, Rn. 361.

objektiven Auslegung ist daher stets die Prüfung vorgelagert, ob die fragliche AGB-Klausel von den Parteien in einem bestimmten Sinne verstanden worden ist.[696] Ist dies der Fall, gehe der übereinstimmende Wille einer objektiven Auslegung der Allgemeinen Geschäftsbedingungen vor.[697] Zur Begründung dieses Ergebnisses werden im Schrifttum allerdings unterschiedliche Auffassungen vertreten.

Stoffels geht davon aus, dass es sich dabei um einen schlichten Anwendungsfall der natürlichen Auslegung handele, die ebenfalls auf dem Gebiet der Allgemeinen Geschäftsbedingungen der normativ-objektiven Auslegung vorgehe.[698] Andere Vertreter der objektiven Theorie argumentieren stattdessen mit dem Vorrangprinzip in § 305b BGB.[699] Haben die Vertragsparteien übereinstimmend etwas anderes gewollt, als es dem gewöhnlichen Sinn der AGB-Klausel entspricht, liege darin eine von der AGB-Klausel abweichende konkludente Individualabrede, der gemäß § 305b BGB gegenüber der objektiven Auslegung der Vorrang zukomme.[700]

Dagegen ist allerdings anzuführen, dass ein bloß übereinstimmendes Verständnis der Vertragsparteien hinsichtlich des Inhalts einer Allgemeinen Geschäftsbedingung nicht automatisch mit den von § 305 Abs. 1 S. 3 BGB an

696 *Roloff* in: Erman/BGB, § 305c Rn. 20.

697 BGH v. 23.1.1991, NJW 1991, S. 1604 (1606); BGH v. 22.3.2002, NJW 2002, S. 2102 (2103).

698 *Stoffels*, AGB-Recht, Rn. 361; kritisch *Dammann*, GS Wolf, S. 11 (22), für den der Hinweis auf den Vorrang der natürlichen vor der normativen Auslegung nicht ausreicht, um den Vorrang eines übereinstimmenden Verständnisses zu begründen. Es sei vielmehr darzulegen, warum das vermeintliche Rationalisierungsinteresse zwar eine Ausnahme vom Grundsatz der situationsbezogenen Auslegung rechtfertige, nicht jedoch vom Vorrang des übereinstimmenden Verständnisses der Parteien.

699 Die Vertreter der hier nicht vertretenen subjektiv-objektiven Auslegung können den Vorrang des übereinstimmenden Parteiwillens bereits aus §§ 133, 157 BGB herleiten, da ein übereinstimmender wirklicher Wille der Vertragsparteien danach stets der Vorrang vor jeder Auslegung zukommt.

700 Erstmals wohl BGH v. 15.6.1983, NJW 1983, S. 2638; ebenso BGH v. 23.1.1991, NJW 1991, S. 1604 (1605 f.); BGH v. 9.3.1995, NJW 1995, S. 1494 (1496); BGH v. 14.6.2006, NJOZ 2006, S. 3019 (3022); BAG v. 19.3.2009, NZA 2009, S. 896 (900); BAG v. 22.10.2008, NZA 2009, S. 154 (157); *Clemenz* in: Clemenz/Kreft/Krause, § 305b Rn. 6; *Roloff* in: Erman//BGB, § 305c Rn. 20; *H. Schmidt* in: BeckOK/BG § 305b Rn. 9; *Schlosser* in: Staudinger/BGB, 2013, § 305b Rn. 13; *Basedow* in: MüKo/BGB, § 305c Rn. 39; *U. Stein* in: Soergel/BGB, § 4 AGBG Rn. 4; sehr weitgehend *Schmidt-Salzer*, BB 1995, S. 733 (738).

ein „Aushandeln" gestellten Anforderungen und damit einer Individualabrede i.S.d. § 305b BGB gleichgestellt werden kann.[701] Daran anknüpfend wird teilweise darauf abgestellt, dass zur Rechtfertigung des Vorrangs der übereinstimmend gewollten individuellen Auslegung zumindest der Rechtsgedanke des § 305b BGB herangezogen werden könne.[702]

Obwohl alle Auffassungen zu demselben Ergebnis gelangen, hat die Diskussion um den richtigen dogmatischen Begründungsansatz Auswirkungen im Rahmen der sog. Einmalbedingungen i.S.d. § 310 Abs. 3 Nr. 2 BGB. Denn es fehlt in § 310 Abs. 3 Nr. 2 BGB an einer Verweisung auf § 305b BGB. Das Vorrangprinzip kann demzufolge in den Fällen der Einmalbedingungen nicht auf diese Norm gestützt werden.[703] Vielmehr muss auf die allgemeinen Auslegungsregeln in den §§ 133, 157 BGB zurückgegriffen werden.[704] Insbesondere vor diesem Hintergrund erscheint es überzeugender, den Vorrang des übereinstimmenden Parteiwillens nicht mithilfe des § 305b BGB zu begründen, sondern weiterhin auf die allgemeinen Grundsätze der Rechtsgeschäftslehre und Privatautonomie abzustellen. Zudem war es auch bereits vor Einführung des Gesetzes zur Regelung des Rechts der Allgemeinen Geschäftsbedingungen ganz herrschende Meinung, dass ein abweichendes Verständnis beider Parteien der objektiven Auslegung vorgeht,[705] wie es vor allem auch durch die hier geltende Regel „*falsa demonstratio non nocet*" deutlich wird.[706] Eines zusätzlichen Rückgriffs auf § 305b BGB bedarf es insoweit nicht.

d) Die individualvertragskonforme Auslegung

Schließlich ist in der Literatur umstritten, ob es neben dem Vorrangprinzip sowie seiner Ergänzung durch die Unklarheitenregel in § 305c Abs. 2 BGB und der objektiven Auslegung von Allgemeinen Geschäftsbedingungen noch eines Prinzips der individualvertragskonformen Auslegung von Allgemeinen Geschäftsbedingungen bedarf. In der Literatur wird teilweise vertreten, dass es Allgemeine

701 So zu Recht auch *Stoffels*, AGB-Recht, Rn. 361; ähnlich auch *Dammann*, GS Wolf, S. 11 (22 f.).

702 BGH v. 22.3.2002, NJW 2002, S. 2102 (2103); *Ulmer/Schäfer* in: Ulmer/Brandner/Hensen, § 305c Rn. 84; kritisch *Dammann*, GS Wolf, S. 11 (23 f.).

703 Siehe dazu ausführlich Seite 237 ff.

704 *Roloff* in: Erman/BGB, § 310 Rn. 21; *Ulmer/Schäfer* in: Ulmer/Brandner/Hensen, § 310 Rn. 91; *Westphalen*, BB 1996, S. 2101 (2104).

705 *Raiser*, Das Recht der Allgemeinen Geschäftsbedingungen, S. 230 ff., 259 f.

706 *Pilz*, Missverständliche AGB, S. 91; vgl. auch *Wolf/Neuner*, BGB AT, § 47 Rn. 46.

Geschäftsbedingungen gebe, welche die individuelle Vereinbarung konkretisieren und damit Anhaltspunkte für die Auslegung der Individualabrede liefern.[707] Dies habe zur Folge, dass ihnen der Inhalt zuerkannt werden müsse, der mit der Regelung in der Allgemeinen Geschäftsbedingung in Einklang stehe. Eine derart individualvertragskonforme Auslegung führe somit zu einer Aufrechterhaltung und Anpassung der Allgemeinen Geschäftsbedingungen in den Einzelvertrag.[708] Beide Vertragsbestandteile, das heißt sowohl die Individualabrede als auch die Allgemeine Geschäftsbedingung, bleiben nebeneinander gültig.[709]

Daran anknüpfend ist zu bedenken, ob die Allgemeine Geschäftsbedingung unter Heranziehung einer Individualabrede ausgelegt werden kann. *Schlosser* führt dazu folgendes Beispiel an:[710] Ein Käufer einigt sich mit einem Verkäufer auf einen Festpreis, der 250,- € unter dem empfohlenen Richtpreis und dem üblicherweise verlangten Preis liegt. Die Lieferung soll in einigen Monaten erfolgen. In den Bedingungen des Verkäufers findet sich die Klausel, dass im Falle einer im Betrieb des Verwenders allgemein vorgenommenen Preiserhöhung die im Lieferzeitpunkt empfohlenen Richtpreise oder allgemein verlangten Preise gelten sollen.

In dieser Situation ist fraglich, ob die Preisanpassungsklausel, deren Wirksamkeit hier unterstellt wird, nicht in der Weise interpretiert werden muss, dass dem Käufer der Preisvorsprung ebenso nach einer Preiserhöhung erhalten bleibt. Die Vertreter einer objektiv-subjektiven Auslegung, aber auch andere[711] wollen konsequenterweise die Konformität mit der Individualabrede über eine „individualvertragskonforme" Auslegung der Preisanpassungsklausel herstellen.[712]

---

707 *Lapp/Salamon* in: jurisPK/BGB, § 305b Rn. 29; *Schmidt-Salzer*, Allgemeine Geschäftsbedingungen, Rn. E. 26 ff.

708 *Schmidt-Salzer*, Allgemeine Geschäftsbedingungen, Rn. E. 31.

709 *Kummer* in: Niebling/AGB-Recht, § 305b Rn. 4.

710 *Schlosser* in: Staudinger/BGB, 2013, § 305c Rn. 133; vgl. dazu auch *Stoffels*, AGB-Recht, Rn. 380.

711 Dafür *Schlosser* in: Staudinger/BGB, 2013, § 305c Rn. 131 ff.; *Lindacher/Hau* in: Wolf/Lindacher/Pfeiffer, § 305c Rn. 117; *Löwe* in: Löwe/Westphalen/Trinkner, § 5 AGBG Rn. 3, 5; *Schmidt-Salzer*, Allgemeine Geschäftsbedingungen, Rn. E. 26; a.A. *Roloff* in: Erman/BGB, § 305c Rn. 20; *U. Stein* in: Soergel/BGB, § 4 AGBG Rn. 10; *Kreienbaum*, Transparenz und AGB-Gesetz, S. 52 f.

712 *Lindacher/Hau* in: Wolf/Lindacher/Pfeiffer, § 305c Rn. 117; *Schlosser* in: Staudinger/BGB, 2013, § 305c Rn. 131; *Schmidt-Salzer*, Allgemeine Geschäftsbedingungen, Rn. E. 26; Präve, Versicherungsbedingungen und AGB-Gesetz, Rn. 319.

Vom vorliegend vertretenen Standpunkt einer objektiven Auslegung von Allgemeinen Geschäftsbedingungen vermag diese Auffassung allerdings nicht zu überzeugen. Zum einen erscheint eine „individualvertragskonforme" Auslegung problematisch, weil es dem Charakter der Allgemeinen Geschäftsbedingungen als genereller überindividueller Erklärung nicht gerecht würde.[713] Zum anderen ist ein solches Verständnis von Individualabrede und AGB-Regelung mit dem von § 305b BGB statuierten Vorrangprinzip nicht vereinbar.[714] Denn § 305b BGB setzt eine jeweils eigenständige Auslegung der Allgemeinen Geschäftsbedingungen und der Individualerklärung bereits voraus.[715] Erst im Anschluss an diese voneinander unabhängige Auslegung beider Vertragsbestandteile findet eine Gegenüberstellung statt, um festzustellen, ob inhaltliche Kollisionspunkte vorliegen.

Im genannten Beispielsfall kann zudem von einem übereinstimmenden Verständnis der Preiserhöhungsklausel ausgegangen werden, das stets vorrangig bei der Auslegung zu berücksichtigen ist. Überdies wird in diesen Fällen häufig die Inhaltskontrolle der richtige Ansatzpunkt sein, da andernfalls die Gefahr eines Konflikts mit dem von der überwiegenden Ansicht befürworteten Verbot der geltungserhaltenden Reduktion bestünde.[716] Zudem würde das Risiko einer zu weitgehenden Formulierung entgegen den Wertungen der §§ 305 ff. BGB auf den Vertragspartner des Verwenders übertragen.[717] Die Auslegung der Allgemeinen Geschäftsbedingungen kann somit ebenfalls nicht von einer etwaigen Individualabrede beeinflusst werden. Im Ergebnis ist deshalb festzuhalten, dass beide Vertragsbestandteile, das heißt sowohl die Individualabrede als auch die Allgemeine Geschäftsbedingung unabhängig voneinander zu betrachten und einzeln nach den für sie geltenden allgemeinen Grundsätzen auszulegen sind. Eine gegenseitige Beeinflussung findet nicht statt.

3. Feststellung des Widerspruchs

Nachdem sowohl der Regelungsgehalt der Individualabrede als auch der Allgemeinen Geschäftsbedingung festgestellt worden ist, sind beide auf inhaltliche

713 *Roloff* in: Erman/BGB, § 305c Rn. 20.

714 *Ulmer/Schäfer* in: Ulmer/Brandner/Hensen, § 305b Rn. 9.

715 *Basedow* in: MüKo/BGB, § 305b Rn. 2; *Stoffels*, AGB-Recht, Rn. 346.

716 *Ulmer/Schäfer* in: Ulmer/Brandner/Hensen, § 305b Rn. 9; *Stoffels*, AGB-Recht, Rn. 381.

717 Vgl. *Kapnopoulou*, Das Recht der missbräulichen Klauseln in der Europäischen Union, S. 171 f.

Widersprüche untereinander zu untersuchen. An dieser Stelle ist zwischen den sog. unmittelbaren und mittelbaren Widersprüchen zu differenzieren.[718] Häufig wird diese Unterscheidung als wenig zielführend erachtet[719] und ihr bloß ein Darstellungswert zugewiesen.[720]

Dem ist im Ergebnis zuzustimmen. Allerdings ist die Trennung zwischen unmittelbaren und mittelbaren Widersprüchen zur Darstellungsvereinfachung vorzugswürdig und wird daher auch hier vorgenommen. Eine genaue Zuordnung zu der einen oder anderen Kategorie ist in der Praxis jedoch mangels unterschiedlicher Rechtsfolgen nicht erforderlich.[721]

a) Unmittelbarer Widerspruch

Ein direkter bzw. unmittelbarer Widerspruch liegt vor, wenn die Individualabrede und die Allgemeine Geschäftsbedingung zum gleichen Sachverhalt unterschiedliche Regelungen vorsehen. Eine teilweise Kollision genügt dabei bereits. Ein solcher Widerspruch ergibt sich in der Regel bereits unmittelbar aus dem Wortlaut der beiden Vertragsbestandteile. So sieht die Individualabrede z.B. eine „Gewährleistung von drei Jahren", die Allgemeinen Geschäftsbedingungen hingegen eine „Gewährleistung von zwei Jahren" vor.[722] In diesem Fall ist die Anwendung von § 305b BGB unproblematisch. Klauseln, die in direktem inhaltlichen Widerspruch zum Individualvertrag stehen, können gemäß § 305b BGB innerhalb des betroffenen Rechtsverhältnisses keine Wirksamkeit erlangen. Die Individualabrede geht in solchen Fällen immer vor.[723]

b) Mittelbarer Widerspruch

Ein Widerspruch kann sich dagegen auch daraus ergeben, dass der Individualabrede ganz oder teilweise[724] ihre rechtliche oder wirtschaftliche Grundlage oder Funktion genommen würde, wäre die vorformulierte Allgemeine

---

718 Beispiele bei *Trinkner* in: Löwe/Westphalen/Trinkner, § 4 AGBG Rn. 15 ff.

719 *Basedow* in: MüKo/BGB, § 305b Rn. 6; *U. Stein* in: Soergel/BGB, § 4 AGBG Rn. 8; *H. Schmidt* in: BeckOK/BGB, § 305b Rn. 10.

720 *Lindacher/Hau* in: Wolf/Lindacher/Pfeiffer, § 305b Rn. 9.

721 *Lindacher/Hau* in: Wolf/Lindacher/Pfeiffer, § 305b Rn. 9; *Basedow* in: MüKo/BGB, § 305b Rn. 6.

722 Vgl. *Leenen*, BGB AT, § 21 Rn. 19.

723 Beispiele bei *Lindacher/Hau* in: Wolf/Lindacher/Pfeiffer, § 305b Rn. 12 ff.; Ulmer/Schäfer in: Ulmer/Brandner/Hensen, § 305b Rn. 16 ff.

724 *Jacobs* in: BeckOK/ArbR, § 305b Rn. 8.

Geschäftsbedingung wirksamer Vertragsbestandteil.[725] Kommt eine Individualabrede wegen einer Allgemeinen Geschäftsbedingung nicht zur vollen Geltung, das heißt, enthalten die Allgemeinen Geschäftsbedingungen Regelungen, welche die Rechtsfolgen der Individualabrede beseitigen oder einschränken, handelt es sich um einen sog. mittelbaren[726] bzw. indirekten Widerspruch.

Ein Beispiel für diesen äußerlich oftmals nur schwer erkennbaren Widerspruch ist die Entscheidung des Bundesgerichtshofs vom 29. Mai 1968:[727] Der Verkäufer hatte dort die Verwendbarkeit der Kaufsache für einen bestimmten Zweck garantiert. In den Allgemeinen Geschäftsbedingungen wurden jedoch die Schadensersatzansprüche wegen eines Mangels der Sache ausgeschlossen. Ohne eine Haftung des Verkäufers auf Schadensersatz ist die Garantiezusage jedoch wertlos, sodass die AGB-Klausel daher (mittelbar) nicht mit der einzelvertraglichen Absprache vereinbar ist.

Ob das Vorrangprinzip des § 305b BGB in diesen Fällen ebenfalls Anwendung findet, wird teilweise angezweifelt. So sind *Schlosser* und *Mäsch* der Auffassung, dass mittelbare Verstöße (sog. individualvertragsferne Klauseln) nicht unter den § 305b BGB fallen, sondern unter dem Gesichtspunkt des überraschenden Charakters von Klauseln und damit nach § 305c Abs. 1 BGB zu behandeln seien.[728] Zur Begründung führen sie an, dass es der Sache nach keinen Unterschied mache, da es sich bei § 305b BGB nur um eine Sonderausprägung des in § 305c Abs. 1 BGB allgemein verankerten Rechtsgedankens handele, nach dem ein Kunde grundsätzlich auch dann an Allgemeine Geschäftsbedingungen gebunden ist, wenn er sie nicht gelesen hat. Aufgrund des § 305c Abs. 1 BGB werde er gleichwohl in seinem Vertrauen darauf geschützt, dass sich die in den Allgemeinen Geschäftsbedingungen enthaltenen Einzelregelungen an das halten, was der redliche Geschäftsverkehr nach den Umständen des Einzelfalls bei Abschluss des Vertrags erwarten konnte. Dazu gehöre, dass in den konkreten Einzelvertrag

---

725 BGH v. 28.6.1984, NJW 1984, S. 2468; *Kollmann* in: NK/BGB, § 305b Rn. 8; *U. Stein* in: Soergel/BGB, § 4 AGBG Rn. 5.

726 Der Begriff des „mittelbaren Widerspruchs" wurde erstmals in der Begründung des CDU/CSU-Entwurfs zu § 3 erwähnt und beibehalten, vgl. BT-Drucksache 7/3200, S. 10.

727 BGH v. 29.5.1968, NJW 1968, S. 1622 ff.

728 Nach *Schlosser* in: Staudinger/BGB, 2013, § 305b Rn. 16 sollen nur sog. individualvertragswidrige Klauseln, d.h. unmittelbare Widersprüche, in den Anwendungsbereich des § 305b BGB fallen; zustimmend *Mäsch* in: Staudinger/BGB, 2019, § 305b Rn. 28.

keine die Individualabreden unterlaufenden Regelungen aufgenommen sind.[729] In der Anwendbarkeit von § 305c Abs. 1 BGB auf individualvertragsferne Klauseln liege daher eine seiner gegenüber der in §§ 307–309 geregelten Inhaltskontrolle selbstständigen Funktionen.[730]

Dagegen spricht jedoch, dass § 305b BGB sowohl nach seinem Wortlaut als auch Sinn und Zweck nicht zwingend einen offenen Widerspruch erfordert.[731] Überzeugender ist es demzufolge, jede inhaltliche Abweichung zwischen den beiden Vertragsabreden, die bei Anwendung der AGB-Klausel zur Folge hat, dass die Individualabrede entgegen der ihr von den Parteien beigelegten Bedeutung nicht uneingeschränkt zur Wirkung kommt, unter § 305b BGB zu fassen.[732] Konkurrierende Regelungen in den Allgemeinen Geschäftsbedingungen, welche den Sinn und Zweck der Individualabrede beeinträchtigen oder aushöhlen, stellen daher ebenfalls einen tauglichen Verstoß gegen das Vorrangprinzip dar.[733] Wird jedoch eine Klauselgestaltung gewählt, nach der ein Widerspruch zu der im Übrigen ausgehandelten Individualabrede kaschiert wird und so der Eindruck entsteht, § 305b BGB finde keine Anwendung, kann neben die Verletzung des Vorrangprinzips selbstverständlich gleichzeitig ein Verstoß gegen das Überraschungsverbot in § 305c Abs. 1 BGB liegen.[734] Die entsprechenden Klauseln werden in dieser Situation nach § 305b BGB und § 305c Abs. 1 BGB nicht zum Vertragsbestandteil.

c) Die Erweiterung des Funktionsbereichs des Individualvertrags

Als weitere selbstständige Fallgruppe widersprechender Allgemeiner Geschäftsbedingungen findet sich im Schrifttum die Kategorie derjenigen Klauseln, welche den Funktionsbereich des Individualvertrages erweitern und auf diese Weise „den durch den Individualvertrag abgesteckten Bereich überschreiten".[735] Es geht

---

729 *Schlosser* in: Staudinger/BGB, 2013, § 305b Rn. 16; *ders.* in: Staudinger/BGB, 2013, § 305c Rn. 23 ff.; *K. P.Berger* in: PWW/BGB, § 305c Rn. 2.

730 *Schlosser* in: Staudinger/BGB, 2013, § 305c Rn. 24.

731 *Coester*, DB 1982, S. 1551 (1553) betont ausdrücklich, dass § 305b BGB keine Ausprägung des in § 305c Abs. 1 BGB festgeschriebenen Überraschungsgedankens sei.

732 So auch *Basedow* in: MüKo/BGB, § 305b Rn. 6; *Ulmer/Schäfer* in: Ulmer/Brandner/Hensen, § 305b Rn. 12; *Roloff* in: Erman/BGB, § 305b Rn. 6; *K. P. Berger* in: PWW/BGB, § 305b Rn. 3.

733 OLG Karlsruhe v. 30.6.1983, VersR 1984, S. 829 (830); *Lindacher/Hau* in: Wolf/Lindacher/Pfeiffer, § 305b Rn. 9; *H. Schmidt* in: BeckOK/BGB, § 305b Rn. 10.

734 *H. Schmidt* in: BeckOK/BGB, § 305b Rn. 10.

735 *Trinkner* in: Löwe/Westphalen/Trinkner, § 4 AGBG Rn. 31 ff.; *Westphalen*, DB 1977, S. 1685; vgl. auch *Schlosser* in: Staudinger/BGB, 2013, § 305b Rn. 26 ff., der die

dabei um die Frage, ob Allgemeine Geschäftsbedingungen, welche die Verpflichtung enthalten, mit dem Vertragspartner weitere, das heißt über die Abwicklung des Individualvertrags hinausgehende, Verträge zu schließen, aufgrund des Vorrangprinzips in § 305b BGB keine Rechtswirksamkeit zuzusprechen ist.

Als Beispiel für eine derartige Erweiterung des Funktionsbereichs des Individualvertrags führt *Schmidt-Salzer* folgendes Beispiel an: „[Eine AGB-Klausel kann nicht rechtswirksam sein], wenn der Vermieter einer Wohnung zugleich ein Möbelhaus betreibt und er in die Allgemeinen Geschäftsbedingungen des Mietvertrags eine Klausel aufgenommen hat, dass der Mieter verpflichtet sei, seine Wohnungseinrichtung in dem Kaufhaus des Vermieters zu kaufen."[736]

Die Vertreter der sog. Funktionsbereichslehre[737] bejahen auch in dieser Situation die Anwendung des § 305b BGB und stellen dabei zur Begründung erneut auf die Akzessorietät der Allgemeinen Geschäftsbedingungen zu den Individualabreden ab.[738] An dieser Betrachtung ist zunächst richtig, dass die Allgemeinen Geschäftsbedingungen typischerweise, aber keinesfalls ausschließlich – wie in § 307 Abs. 3 BGB sichtbar wird – der Regelung einer Rahmenordnung des jeweiligen Vertrags dienen, während die beiderseitigen Hauptleistungen meist individuell vereinbart werden. Enthalten die Allgemeinen Geschäftsbedingungen Bestimmungen über die Veränderung (Erweiterung oder Einschränkung) dieser Hauptleistungen, so zeigt sich darin nicht selten ein unmittelbarer oder mittelbarer Widerspruch zu der dazu getroffenen Individualabrede.

Außerhalb dieser Fälle ist eine Zurückdrängung der Allgemeinen Geschäftsbedingungen wegen einer „Erweiterung des Funktionsbereichs" dagegen abzulehnen. Insbesondere ist kein Grund ersichtlich, warum nicht durch vorformulierte Vertragsbedingungen in rechtlich zulässiger Weise die Mithaftung weiterer Personen oder Gegenstände begründet oder der Gläubigerkreis erweitert werden soll, solange es sich dabei nicht um überraschende Klauseln i.S.d. § 305c Abs. 1 BGB handelt.[739]

Funktion der Allgemeinen Geschäftsbedingungen ebenfalls allein in der Konkretisierung des jeweiligen Individualvertrags sieht, ohne daraus aber für die Anwendung von § 305b BGB zu ähnlich weit gehenden Folgerungen zu kommen.

736 *Schmidt-Salzer*, Allgemeine Geschäftsbedingungen, Rn. E. 25.

737 *Schmidt-Salzer*, Allgemeine Geschäftsbedingungen, Rn. E. 24; *Westphalen*, DB 1977, S. 1685.

738 *Schmidt-Salzer*, Allgemeine Geschäftsbedingungen, Rn. E. 24.

739 So auch *Schlosser* in: Staudinger/BGB, 2013, § 305b Rn. 27; a.A. *Trinkner* in: Löwe/Westphalen/Trinkner, § 4 AGBG Rn. 32 ff.; *Westphalen*, DB 1977, S. 1685.

Die Fälle der „Überschreitung des Funktionsbereichs des Individualvertrags" stellen keinen echten Widerspruch i.S.d. § 305b BGB zwischen Allgemeiner Geschäftsbedingung und Individualabrede dar. Eine besondere Kategorie von Allgemeinen Geschäftsbedingungen, welche der Individualabrede wegen einer Erweiterung ihres Funktionsbereichs widersprechen, kann daher nicht anerkannt werden.[740] Soweit es auf diesem Weg zur Vereinbarung unangemessener vorformulierter Vertragsbedingungen kommt, scheitert deren Wirksamkeit nicht an § 305b BGB, sondern an der Inhaltskontrolle gemäß §§ 307–309 BGB.

d) Anwendung zugunsten des Verwenders

In den meisten Fällen weicht die Individualabrede vom Regelungsgehalt des vorformulierten Teils zugunsten des Vertragspartners ab. Die Rechtsposition des Vertragspartners wird verbessert, in dem ihm weitergehende Ansprüche und Rechte zugebilligt werden[741] oder der Verwender seinerseits auf die ihm nach dem Text seines Bedingungswerks zustehenden Rechte verzichtet. Generelle gesetzliche Schranken für die Zulässigkeit von Individualabreden, die auf eine im Vergleich zum AGB-Inhalt für den Vertragspartner günstigere Vertragsgestaltung gerichtet sind, bestehen nicht.[742] § 305b BGB verfolgt daher primär den Schutz der Privatautonomie des Vertragspartners, dem es gelingt, seinen Willen durch eine auf das konkrete Rechtsgeschäft bezogene Abrede gegen die in den Allgemeinen Geschäftsbedingungen zum Ausdruck kommenden Vorstellungen des Verwenders durchzusetzen.[743]

Das Vorrangprinzip des § 305b BGB hindert den Verwender daran, sich gegenüber Individualzusagen auf den ihn begünstigenden abweichenden Inhalt von Allgemeinen Geschäftsbedingungen zu berufen. Es stellt sich damit die Frage, ob § 305b BGB ausschließlich vertragspartnerschützenden Charakter

---

740 Ebenso *Ulmer/Schäfer* in: Ulmer/Brandner/Hensen, § 305b Rn. 15; *Lindacher/Hau* in: Wolf/Lindacher/Pfeiffer, § 305b Rn. 11.

741 So kann in den Allgemeinen Geschäftsbedingungen z.B. eine Haftungsbegrenzung für leichte Fahrlässigkeit enthalten sein, individuell ausgehandelt wurde jedoch ein Haftungsausschluss auch für grobe Fahrlässigkeit. Dies ist gem. § 276 Abs. 2 BGB zulässig, solange es sich nicht um Allgemeine Geschäftsbedingungen handelt.

742 *Ulmer/Schäfer* in: Ulmer/Brandner/Hensen, § 305b Rn. 27 weisen darauf hin, dass die Sonderregelung des § 6 Abs. 1, Abs. 3 EVO, die grundsätzlich auch Abweichungen zugunsten des Vertragspartners ausschloss, gegenstandslos geworden ist, weil die Vorschriften der EVO zum Gütertransport (Frachtrecht) mit der Transportrechtsreform 1998 in die §§ 407 ff. HGB überführt worden sind.

743 *Lehmann-Richter* in: BeckOGK/BGB, § 305b Rn. 2.

aufweist oder auch zugunsten des Verwenders angewendet werden kann.[744] In der Praxis kann dies vor allem dann der Fall sein, wenn der Vertragspartner sich in Unkenntnis des AGB-Inhalts auf eine individuelle Verschlechterung seiner Rechtsstellung eingelassen hat.

(1) Keine teleologische Reduktion des § 305b BGB

Mit Blick auf den Schutzzweck des § 305b BGB legen Teile der Literatur nahe, dass die Anwendbarkeit des Vorrangprinzips bei Individualabreden, die den Verwender im Vergleich zu seinen Allgemeinen Geschäftsbedingungen begünstigen, zu versagen und es bei der Geltung der Allgemeinen Geschäftsbedingungen zu belassen.[745] Andere bejahen zwar den grundsätzlichen Vorrang von Individualabreden, gehen aber gleichzeitig davon aus, dass die Wirksamkeit der den Verwender begünstigenden Individualabreden entsprechend den §§ 305 ff. BGB zu beurteilen sei.[746] Dafür sei anzuführen, dass die (Un-)Wirksamkeit des Zusatzes nicht von der Zufälligkeit der Mehrfachverwendung abhängig gemacht werden könne. Im Hinblick auf das Grundanliegen des AGB-Gesetzes sei dahin gehend kein einleuchtender Grund ersichtlich. Die Machtverhältnisse seien weiterhin zugunsten des Verwenders verschoben. Die dem § 305b BGB zugrunde liegende Verhandlungssituation bestehe unverändert weiter. Angesichts der daraus resultierenden unveränderten Schutzbedürftigkeit müssen die strengen Kontrollmaßstäbe der §§ 305 ff. BGB entsprechend bei den den Vertragspartner benachteiligenden individuellen Einzelzusätzen zur Anwendung kommen.[747]

Diesbezüglich ist richtig, dass § 305b BGB vor allem den Vertragspartner des Verwenders davor schützen will, dass sich dieser ihm gegenüber auf den von einer zwischen ihnen ausgehandelten Individualabrede abweichenden Inhalt seiner Allgemeinen Geschäftsbedingungen berufen kann.[748] Daraus allein kann jedoch nicht geschlossen werden, dass sich der Verwender nicht auf für ihn günstige Individualabreden berufen darf. Beim Grundsatz vom Vorrang der Individualabrede handelt es sich um ein allgemeines Kollisionsprinzip zur Auflösung von

---

744 Die Anwendbarkeit verneinend *Reich*, ZVP 1978, S. 236 (244); bejahend aber BGH v. 22.1.1990, NJW-RR 1990, S. 613 (614); *Lehmann-Richter* in: BeckOGK/BGB, § 305b Rn. 2

745 So *Reich/Tonner*, JA 1977, S. 145 (146); *Reich*, ZVP 1978, S. 236 (244).

746 *Wolf*, NJW 1977, S. 1937 (1943).

747 *Wolf*, NJW 1977, S. 1937 (1942 f.).

748 *Ulmer/Schäfer* in: Ulmer/Brandner/Hensen, § 305b Rn. 25; *Locher*, Das Recht des Allgemeinen Geschäftsbedingungen, S. 50.

Widersprüchen.[749] Der Wortlaut in § 305b BGB sieht dabei eine Unterscheidung zwischen für den Vertragspartner günstigen und ungünstigen Individualabreden nicht vor. Darüber hinaus kommt den Allgemeinen Geschäftsbedingungen lediglich die Funktion zu, die Individualabreden der Parteien auszufüllen und zu ergänzen.[750] Allgemeine Geschäftsbedingungen können deshalb keinen (un-) mittelbaren Einfluss auf die Unbeachtlichkeit von ausgehandelten, rechtsgeschäftlichen Regelungen haben.

Vor diesem Hintergrund des Rangprinzips kann in § 305b BGB nicht nur, wie von den Vertretern, die in dieser Vorschrift eine Auslegungsregel sehen, angenommen, der Schutz des Vertrauens in die Geltung der Individualabrede zum Ausdruck kommen. Dies wäre eine zu schwache Folge und letztlich vom Willen der Vertragsparteien und von den Unklarheiten abhängig, die mit jeder Auslegung verbunden sind. Geschützt werden soll mithilfe des § 305b BGB letztlich nicht das Vertrauen der anderen Partei, sondern die tatsächlich getroffene Vereinbarung. Dies muss konsequenterweise auch für Individualabreden gelten, die für den Vertragspartner des Verwenders ungünstig sind.[751] Der Vorrang der Individualabrede ist kein Produkt einer Interessenabwägung und § 305b BGB insoweit keine Verbraucherschutznorm. Er ist vielmehr Folge eines in den unterschiedlichen Rechtsquellen selbst angelegten Rangverhältnisses. Liegt der Norm damit keine zwingende Interessen- oder Auslegungslage zugrunde, so kann ihre Anwendbarkeit hiervon nicht abhängig gemacht werden.[752]

Mithin trägt das Vorrangprinzip der in Form der Individualabrede ausgeübten Privatautonomie des Verwenders gleichfalls Rechnung, unabhängig davon ob sie sich negativ für seinen Vertragspartner auswirkt oder nicht.[753] Wenn sich die Parteien auf eine konkrete Rechtsfolge einigen, kann niemand von ihnen als „Quasi-Verwender" behandelt werden, nur weil im Übrigen der Vertragsinhalt durch ihre Allgemeinen Geschäftsbedingungen bestimmt wird. Die Formulierungsverantwortung des Verwenders kann nur soweit reichen, wie er diese für sich beansprucht hat.[754] Gleichzeitig verbietet sich damit eine Überprüfung der Individualabrede anhand der Maßstäbe der §§ 305 ff. BGB, da andernfalls der

749 *Stoffels*, AGB-Recht, Rn. 348.

750 *Lindacher/Hau* in: Wolf/Lindacher/Pfeiffer, § 305b Rn. 1.

751 BGH v. 22.1.1990, NJW-RR 1990, S. 613 (614); *Basedow* in: MüKo/BGB, § 305b Rn. 6; a.A. wohl OLG Karlsruhe v. 30.6.1983, VersR 1984, S. 829 (830); OLG Frankfurt am Main v. 27.2.2015, BeckRS 2015, 07628.

752 *Zoller*, JZ 1991, S. 850 (853).

753 *Lehmann-Richter* in: BeckOGK/BGB, § 305b Rn. 2.

754 *Lehmann-Richter* in: BeckOGK/BGB, § 305b Rn. 39.

umfassende Vorrang der Individualabrede wieder unterlaufen würde. Der Vorrang der Individualabrede kann sich daher umfassend auch zugunsten des Verwenders auswirken. Es ist nicht geboten, dieses vom Wortlaut sowie Sinn und Zweck der Vorschrift gedeckte Ergebnis durch eine teleologische Reduktion zu vermeiden. § 305b BGB weist keinen ausschließlich vertragspartnerschützenden Charakter auf.[755]

(2) Aufklärungspflicht des Verwenders

In der Literatur wird jedoch teilweise dafür plädiert, an die Feststellung einer dem Vertragspartner im Vergleich zur Allgemeinen Geschäftsbedingung nachteilhaften Individualabrede in Anlehnung an § 305c BGB strenge Anforderungen zu stellen[756] und eine entsprechende Aufklärungspflicht befürwortet.[757] Im Falle einer zugunsten des Verwenders wirkenden Individualabrede sei zusätzlich zu prüfen, ob der Verwender den Vertragspartner über die individuelle Verschlechterung seiner Rechtsstellung im Vergleich zur Masse der gleichartigen Verträge hinreichend aufgeklärt hat. Obwohl für den Verwender im Hinblick auf seine einzelnen Vertragspartner keine Gleichbehandlungspflicht bestehe, könne in der nicht ausdrücklich erwähnten Verschlechterung der Vertragspartnerstellung mithilfe der Individualabrede ein Verschulden bei Vertragsschluss (sog. „*culpa in contrahendo*") oder eine arglistige Täuschung i.S.d. § 123 Abs. 1 Alt. 1 BGB liegen.

---

755 So auch BGH v. 9.3.1995, NJW 1995, S. 1494 (1496); BGH v. 25.1.2017, NJW 2017, S. 1017 (1018); *Mäsch* in: Staudinger/BGB, 2019, § 305b Rn. 26; *Ulmer/Schäfer* in: Ulmer/Brandner/Hensen, § 305b Rn. 25; *Lindacher/Hau* in: Wolf/Lindacher/Pfeiffer, § 305b Rn. 2; *Zoller*, JZ 1991, S. 850 (853).

756 *Ulmer/Schäfer* in: Ulmer/Brandner/Hensen, § 305b Rn. 25; a.A. *Lehmann/Richter* in: BeckOGK/BGB § 305b Rn. 39.

757 *Ulmer/Schäfer* in: Ulmer/Brandner/Hensen, § 305b Rn. 25; *U. Stein* in: Soergel/BGB, § 1 AGBG Rn. 22 ff.; *dies.* in: Soergel/BGB, § 4 AGBG Rn. 6; *Zoller*, JZ 1991, S. 850 (853); so wohl auch schon *Raiser*, Das Recht der Allgemeinen Geschäftsbedingungen, S. 231; für eine völlige Gleichstellung von Individualabreden zugunsten des einen oder anderen Teils, *Locher*, Das Recht der Allgemeinen Geschäftsbedingungen, S. 50; tendenziell gegen eine Aufklärungspflicht des Verwenders bei Schlechterstellung des Vertragspartners auch *Schlosser* in: Staudinger/BGB, 2013, § 305b Rn. 14; a.A. OLG Karlsruhe v. 30.6.1983, VersR 1984, S. 829 (830); *Reich*, ZVP 1978, S. 236 (244) geht davon aus, gehen, dass § 4 AGBG (heute § 305b BGB) nur für den Vertragspartner begünstigende Individualabreden gelte.

Dem kann an dieser Stelle jedoch nicht gefolgt werden: Dass bei Vorliegen einer für den Verwender vorteilhaften Individualabrede strengere Anforderungen an die Feststellungen einer Abweichung zu stellen sind und darüber hinaus der Verwender den Vertragspartnern über die Verschlechterung seiner Rechtstellung aufklären muss, ist sowohl dem Wortlaut des § 305b BGB als auch seinem Sinn und Zweck nicht zu entnehmen. Eine solche Aufklärungspflicht widerspricht vielmehr dem Grundsatz vom unbeschränkten Vorrang der Individualabrede gegenüber vorformulierten Vertragsbestimmungen.[758] Zudem ist eine Aufklärungspflicht des Verwenders über die ungünstige Rechtposition seines Vertragspartners bei individueller Verschlechterung seiner Rechtsstellung immer dann nicht begründbar, wenn die Individualabrede auf Veranlassung des Vertragspartners zustande gekommen ist.[759] Der Vorrang der Individualabrede gemäß § 305b BGB findet daher bei Vorliegen einer zugunsten des Verwenders wirkenden Individualabrede umfassend Anwendung. Besondere zusätzliche Anforderungen sind dabei nicht einzuhalten.[760]

4. Zeitpunkt des Widerspruchs

Im Folgenden sind die verschiedenen Kollisionszeitpunkte herauszuarbeiten und auf die Anwendbarkeit des § 305b BGB hin zu untersuchen. Der Wortlaut des § 305b BGB macht bzgl. des konkreten Zeitpunkts des Widerspruchs zwischen der Individualabrede und der Allgemeinen Geschäftsbedingung keine Angaben. Ob die Abweichung zwischen AGB-Inhalt und Individualabrede schon bei Vertragsschluss vorhanden gewesen ist oder sich erst aufgrund späterer Änderungen oder Ergänzungen des Vertrags ergibt, scheint daher auf den ersten Blick für die Anwendung des Vorrangprinzips ohne Belang zu sein.

---

758 *Locher*, Das Recht der Allgemeinen Geschäftsbedingungen, S. 64.

759 *Locher*, Das Recht der Allgemeinen Geschäftsbedingungen, S. 64.

760 *Ulmer/Schäfer* in: Ulmer/Brandner/Hensen, § 305b Rn. 25 weisen jedoch zu Recht darauf hin, dass in den Fällen, in denen sich der Verwender planmäßig einer Inhaltskontrolle nach §§ 307–309 BGB entzieht, indem er seinen Vertragspartner veranlasst, eine für ihn nachteilige Individualabreden zu treffen bzw. einzuwilligen, es bereits an einem Aushandeln i.S.d. § 305 Abs. 1 S. 3 BGB und damit bereits an einer Individualabrede fehlen bzw. ein Verstoß gegen das Umgehungsverbot in § 306a BGB vorliegen kann.

a) Vor bzw. bei Vertragsschluss geschlossene Individualabrede

Unstreitig gehen Individualabreden, die vor oder bei Vertragsschluss wirksam zustande gekommen sind, kollidierenden Allgemeinen Geschäftsbedingungen vor.[761] Bei vor Vertragsschluss getroffenen Abreden ist jedoch besonders zu prüfen, ob diese im Zeitpunkt des anderslautenden Vertragsschlusses noch weiter fortgelten sollen.[762]

Lehmann-Richter hingegen geht, wie bereits aufgezeigt,[763] davon aus, dass sich der Streit um das Verhältnis zwischen einer Allgemeinen Geschäftsbedingung und einer Individualabrede regelmäßig bereits durch die Anwendung des § 305 Abs. 2 BGB lösen lasse, wenn beide Vereinbarungen gleichzeitig bei Abschluss des Einzelvertrags getroffen werden.[764] Die widersprüchliche Allgemeine Geschäftsbedingung werde in dieser Situation bereits nach § 305 Abs. 2 BGB nicht in den Vertrag einbezogen. Bei gleichzeitiger Vereinbarung einer entgegenstehenden Individualabrede fehle es nämlich an einem Einbeziehungsverlangen des Verwenders, weil dieser erkennbar nicht mehr auf die in den Allgemeinen Geschäftsbedingungen enthaltene Regelung bestehe.[765] Anders – allerdings wenig praxisrelevant – soll es sein, wenn der Vertragspartner an den Verwender mit einer Individualabrede herantritt, dieser mit seinen (kollidierenden) Allgemeinen Geschäftsbedingungen reagiert und der Vertragspartner diese unterschreibt.

Überzeugender erscheint es jedoch auch in den genannten Fallgestaltungen, auf die negative Einbeziehungsvoraussetzung des § 305b BGB abzustellen, der eben für diese Situation bereitsteht. § 305 Abs. 2 BGB umfasst zudem die Frage nach der grundsätzlichen Einbeziehung der Allgemeinen Geschäftsbedingungen.[766] § 305b BGB regelt hingegen, welche tatsächlich zum Vertragsbestandteil aufgenommen werden und welche aufgrund einer inhaltlichen Kollision mit zusätzlich getroffenen Individualabreden keine Berücksichtigung finden können.[767]

---

761 BGH v. 21.9.2005, NJW 2006, S. 138 (138 f.) m.w.N.; kritisch *Bieber*, BGH-Report 2006, S. 78; *Benedict*, EWiR 2006, S. 131; *Singer/Schreiber*, LMK 2006, 178298.

762 *Kollmann* in: NK/BGB, § 305b Rn. 6.

763 Siehe dazu schon Seite 85 f.

764 Mit Beispielen *Lehmann-Richter* in: BeckOGK/BGB, § 305b Rn. 12 f.

765 *Lehmann-Richter* in: BeckOGK/BGB, § 305b Rn. 12; *Hellwege*, Allgemeine Geschäftsbedingungen, S. 402.

766 *Kollmann* in: NK/BGB, § 305b Rn. 1.

767 *Hellwege*, Allgemeine Geschäftsbedingungen, S. 403, 425.

b) *Nachträgliche Einbringung der Individualabrede*

Darüber hinaus ist im Schrifttum umstritten, wie die nachträgliche Einbringung einer Individualabrede im Hinblick auf das Vorrangprinzip in § 305b BGB zu behandeln ist.

(1) *Anwendung des § 305b BGB*

Vereinzelt wird vertreten, den Schutzbereich des § 305b BGB auf die Immunisierung von Vereinbarungen zu beschränken, die in einem engen zeitlichen Zusammenhang, das heißt kurz vor, bei oder kurz nach dem Vertragsschluss getroffen wurden.[768] Dies wird jedoch dem Charakter einer Individualabrede nicht gerecht.[769] § 305b BGB bringt das Prinzip der stärkeren und umfassenden Legitimation der Individualabrede gegenüber den Klauseln in den Allgemeinen Geschäftsbedingungen zum Ausdruck. Da die Vorschrift keine weiteren Aussagen zum Zeitpunkt enthält, kann es auf den Zeitpunkt der Fassung der Individualabrede und Einbringung in den Vertrag nicht ankommen.[770] Ihr gebührt stets der Vorrang vor der kollidierenden AGB-Klausel.

Dieses Ergebnis folgt jedoch nicht, wie zuweilen angenommen, bereits aus dem Grundsatz der allgemeinen Rechtsgeschäftslehre, nach dem eine spätere Abrede der früheren vorgehe.[771] Denn § 305b BGB weist der Individualabrede nicht nur den Vorrang zu, die Vorschrift steht zugleich vielmehr auch der Einbeziehung der abweichenden Allgemeinen Geschäftsbedingung entgegen. Im Falle einer nachträglichen Einbringung der Individualabrede kommt § 305b BGB

---

768 *Lindacher/Hau* in: Wolf/Lindacher/Pfeiffer, § 305b Rn. 5; *Hau*, Vertragsanpassung und Anpassungsvertrag, S. 58 f.; *Weigel*, Schriftformklauseln, S. 47; *Breitling*, Bedeutung und Wirkung von Schriftformklauseln, S. 220 f.

769 BGH v. 20.10.1994, NJW-RR 1995, S. 179 (180); BGH v. 21.9.2005, NJW 2006, S. 138 (139); BAG v. 24.6.2003, NJW 2003, S. 3725 (3727); BAG v. 25.4.2007, NZA 2007, S. 801 (803); so auch *Ulmer/Schäfer* in: Ulmer/Brandner/Hensen, § 305b Rn. 13; *H. Schmidt* in: BeckOK/BGB, § 305b Rn. 5 („fehlendes Ersetzungbewusstsein der Parteien"); *Roloff* in: Henssler/Willemsen/Kalb, § 305b Rn. 1; *Schuster* in: Spindler/Schuster, § 305b Rn. 2; *Stoffels*, AGB-Recht, Rn. 347.

770 So auch BGH v. 20.10.1994, NJW-RR 1995, S. 179, (180); BGH v. 21.9.2005, NJW 2006, S. 138 (139); *Lindacher/Hau* in: Wolf/Lindacher/Pfeiffer, § 305b Rn. 5; *U. Stein* in: Soergel/BGB, § 4 AGBG Rn. 6; *Michalski*, DStR 1998, S. 771 (773); *Weigel*, Schriftformklauseln, S. 47; kritisch *Bieber*, BGH-Report 2006, S. 78; *Benedict*, EWiR 2006, S. 131; *Singer/Schreiber*, LMK 2006, 178298.

771 So aber BGH v. 20.10.1994, NJW-RR 1995, S. 179 (180); *Roloff* in: Erman/BGB, § 305b Rn. 4.

daher gleichzeitig die Wirkung einer nachträglichen Einbeziehungssperre zu.[772] Diese Rechtsfolge ließe sich jedoch mit dem allgemeinen Grundsatz vom Vorrang der später getroffenen Abrede vor der früheren nicht herleiten. Im Ergebnis ist der Entstehungszeitpunkt der Individualabrede damit bedeutungslos. Unabhängig davon, ob sie vor, bei oder nach Vertragsschluss wirksam zwischen den Parteien vereinbart wird, ist im Falle einer Kollision mit dem AGB-Klauselwerk auf das in § 305b BGB normierte Vorrangprinzip abzustellen.

(2) Anwendung des § 305 Abs. 1 S. 3 BGB

Im Zusammenhang mit der Diskussion um den zeitlichen Anwendungsrahmen des § 305b BGB führt *Roloff* an, dass allerdings zumindest § 305 Abs. 1 S. 3 BGB nach Vertragsschluss keine Anwendung mehr für die Abgrenzung von Allgemeinen Geschäftsbedingungen und im Einzelnen ausgehandelten Vertragsbedingungen finde.[773] Nach Vertragsschluss könne der Begriff der Individualabrede nicht mehr i.S.d. „Aushandelns" gemäß § 305 Abs. 1 S. 3 BGB verstanden werden. Der Begriff des Aushandelns diene vorwiegend der Abgrenzung zu den Allgemeinen Geschäftsbedingungen beim Vertragsschluss. Wenn die Individualabrede dem Vertragsschluss nachfolgt, muss sie daher vom Sinn und Zweck der Regelung aus betrachtet, nicht mehr deren strenge Anforderungen erfüllen. Dafür spreche, dass der Gesetzgeber in § 305b BGB und § 305 Abs. 1 S. 3 BGB zwei unterschiedliche Begriffe benutzt habe.[774]

Roloff ist insoweit Recht zu geben, dass die Individualabrede dem ursprünglichen Vertragsschluss und der Einbeziehung der Allgemeinen Geschäftsbedingungen zwar nachfolgt, dieser Moment ist jedoch für die Beurteilung der Frage des zeitlichen Anwendungsbereichs des § 305 Abs. 1 S. 3 BGB nicht maßgeblich. Es geht dabei vielmehr um den Zeitpunkt, in welchem die infrage stehende Abrede entsteht und daraufhin zu untersuchen ist, ob es sich um eine Individualabrede oder eine Allgemeine Geschäftsbedingung handelt, die einer AGB-Kontrolle zu unterziehen ist. In § 305 Abs. 1 S. 1 BGB heißt es „bei Abschluss des Vertrages". § 305 Abs. 1 S. 3 BGB, der als Ausnahmevorschrift an § 305 Abs. 1 S. 1 BGB anknüpft, bezieht sich deshalb vom Zeitpunkt her – wie auch § 305 Abs. 1 S. 1 BGB – auf den Vertragsschluss als solches.[775]

---

772 *Zoller*, JZ 1991, S. 850 (854).
773 *Roloff*, NZA 2004, S. 1191 (1196 f.).
774 *Roloff*, NZA 2004, S. 1191 (1196).
775 *Hoffmann*, Betriebliche Übung und AGB-Kontrolle, S. 68.

Dieser meint jedoch nicht den zeitlich vorgelagerten Vertragsschluss, durch den der Einzelvertrag zwischen den Vertragsparteien ursprünglich einmal zustande gekommen ist. Die Vorschriften in § 305 Abs. 1 S. 1 und § 305 Abs. 1 S. 3 BGB beziehen sich stattdessen immer auf den Vertragsschluss, welcher der streitgegenständlichen (Einzel-)Abrede zugrunde liegt. Dies umfasst auch solche Abreden, die erst nachträglich zu einer Änderung des ursprünglichen Vertrags führen. Nur dies ist überzeugend, da es im Kern um die Einbeziehung von Allgemeinen Geschäftsbedingungen aufgrund einer Einbeziehungsabrede in den konkreten Einzelvertrag geht.[776] Der zeitliche Anwendungsbereich von § 305 Abs. 1 S. 3 BGB ist demzufolge selbst bei nachträglichen Abreden weiterhin eröffnet. Er bestimmt, ob in dieser Situation eine Individualabrede angenommen werden kann oder nicht. Für die nachträgliche Einbringung einer Individualabrede gelten insoweit im Ergebnis die allgemeinen Grundsätze nach § 305b BGB und § 305 Abs. 1 S. 3 BGB.

c) *Nachträgliche Einbringung bzw. Änderung der Allgemeinen Geschäftsbedingung*

Schließlich ist zu hinterfragen, inwieweit § 305b BGB den pauschalen Vorrang einer Individualabrede ebenso vor solchen Allgemeinen Geschäftsbedingungen einräumen soll, die zeitlich nach der Individualabrede vereinbart werden. Das allgemeine Prinzip, nach dem spätere Vereinbarungen Vorrang gegenüber früheren haben,[777] gilt bei Allgemeinen Geschäftsbedingungen, wie bereits im Rahmen der dogmatischen Grundlagen des § 305b BGB festgestellt, von vornherein nicht.

Anknüpfend daran wird jedoch teilweise vertreten, dass die vertragliche Abrede, mit der die Allgemeinen Geschäftsbedingungen in das Vertragsverhältnis nachträglich einbezogen bzw. geändert werden, wie folgt auszulegen sei: Könne dem Parteiwillen entnommen werden, dass damit vorhergehende Individualabreden abgelöst werden sollen, müsse dies auch durch widersprechende Allgemeine Geschäftsbedingungen möglich sein.[778] Dogmatisch handele

776 *Hoffmann*, Betriebliche Übung und AGB-Kontrolle, S. 68.

777 Vgl. BGH v. 20.10.1994, NJW-RR 1995, S. 179 (180); *Roloff* in: Erman/BGB, § 305b Rn. 4.

778 *Heise* in: Thüsing/Steinau-Steinrück/Heise, § 305b Rn. 5 mit folgendem Klauselbeispiel: „Mit den neuen Arbeitsbedingungen sollen alle vorausgegangenen Vereinbarungen, insbesondere auch diejenigen der Vereinbarung zwischen den Parteien vom […], abgelöst werden.“

es sich dabei nicht um eine Abänderung des Individualvertrags durch die Allgemeinen Geschäftsbedingungen selbst, sondern um die Abänderung mithilfe eines neuen Einbeziehungsvertrags, dessen Inhalt durch die einbezogenen Allgemeinen Geschäftsbedingungen bestimmt werde.[779] An die Auslegungsfrage, das heißt, ob die Parteien wirklich eine Abänderung der ursprünglichen Individualabrede durch die Einbeziehung inhaltlich abweichender Allgemeiner Geschäftsbedingungen wollen, seien jedoch strenge Anforderungen zu stellen. Denn der Vertragspartner sei sich häufig über den Inhalt der Allgemeinen Geschäftsbedingungen des Verwenders im Gegensatz zum Inhalt der Individualabrede nicht im Klaren.[780]

Gegen diesen Ansatz spricht jedoch, dass die nachträgliche Einbringung bzw. Änderung von Allgemeinen Geschäftsbedingungen, die inhaltlich mit einer zuvor ausgehandelten Individualabrede kollidieren, wie bereits im Rahmen der formularmäßigen Schriftformklauseln aufgezeigt,[781] nicht möglich ist. Verschiedentlich wird daher in dem Verweis auf die kollidierenden Allgemeinen Geschäftsbedingungen nach einer individuellen Vereinbarung ein Verstoß gegen das Prinzip des Verbots des *„venire contra factum proprium"* gesehen.[782]

Richtigerweise ist jedoch auch in dieser Situation auf die Grundsätze des § 305b BGB abzustellen.[783] Die Allgemeine Geschäftsbedingung steht danach selbst bei ihrer nachträglichen Einbringung unabhängig vom Moment ihrer Einbeziehung in den konkreten Einzelvertrag funktional im Rang unter der Individualabrede. Sie ist weiterhin die schwächer legitimierte Rechtsquelle und kann der Individualabrede ihre Wirksamkeit nicht absprechen. Möchten die Vertragsparteien die zuvor getroffene Individualabreden ablösen, gelingt dies nur durch eine weitere, das heißt gleichrangige und selbst umfassend von den Vertragsparteien legitimierte Individualabrede.

5. Zusammenfassung

Der Begriff der Individualabrede i.S.d. § 305b BGB richtet sich nach den Vorgaben des § 305 Abs. 1 S. 3 BGB und muss infolgedessen von den Vertragsparteien gleichberechtigt ausgehandelt worden sein. Dies ist der Fall, wenn ihr

779 *Koch/Stübing*, § 4 AGBG Rn. 12.
780 *Koch/Stübing*, § 4 AGBG Rn. 12.
781 Siehe dazu Seite 133 ff.
782 BGH v. 18.10.1973, NJW 1974, S. 37 (39); *Trinkner* in: Löwe/Westphalen/Trinkner, § 4 AGBG Rn. 11; *Bührer*, AGB-Kollisionen, S. 15.
783 So auch *Stoffels*, AGB-Recht, Rn. 346.

Inhalt nicht nur vom Verwender, sondern auch von seinem Vertragspartner in den rechtsgeschäftlichen Gestaltungswillen aufgenommen worden ist. Dadurch ist die Individualabrede Ausdruck der rechtsgeschäftlichen Selbstbestimmung und Selbstverantwortung beider Vertragsparteien und in der Lage, eine funktional im Rang unter ihr und im Widerspruch stehende Allgemeine Geschäftsbedingung i.S.d. § 305 Abs. 1 S. 1 BGB zu verdrängen. Darüber hinaus muss die Individualabrede nach den Grundsätzen der allgemeinen Rechtsgeschäftslehre und im Einklang mit dem sonstigen Recht wirksam zustande gekommen sein. Auf die Wirksamkeit der kollidierenden Allgemeinen Geschäftsbedingung hingegen kommt es für die Geltung des Vorrangprinzips in § 305b BGB nicht an.

Allgemeine Geschäftsbedingungen sind daneben nicht in der Lage, inhaltliche Anforderungen – wie etwa die Einhaltung einer bestimmten Schriftform – an eine Individualabrede zu stellen. Ein Verstoß dagegen hindert das wirksame Zustandekommen einer Individualabrede nicht. Der inhaltliche Widerspruch zwischen den beiden Vertragsbestandteilen ist durch eine entsprechende Auslegung der AGB-Klausel und der Individualabrede nach den für sie allgemein geltenden Regeln zu ermitteln. Der Allgemeinen Geschäftsbedingung kommt dabei weder eine individualabredekonkretisierende Funktion zu, noch ist sie selbst unter Berücksichtigung der Individualabrede individualvertragskonform auszulegen.

Hinsichtlich des persönlichen und zeitlichen Anwendungsbereichs legt § 305b BGB keine Einschränkungen fest. Das Vorrangprinzip findet daher ebenso zugunsten des Verwenders umfassend Anwendung und gilt unabhängig davon, ob die Individualabrede vor, bei oder erst irgendwann nach dem Vertragsschluss wirksam zustande gekommen ist. Sie geht der kollidierenden Allgemeinen Geschäftsbedingung gemäß § 305b BGB stets vor.

VI. Erweiterung des Tatbestands

Inhaltliche Widersprüche treten zudem nicht nur im Verhältnis zwischen AGB-Klauseln und Individualabreden auf. Sie sind vor allem auch zwischen einzelnen vorformulierten Teilen eines Vertrags und im Zusammenhang mit Beschaffenheitsvereinbarungen denkbar. Es ist demgemäß abschließend der Frage nachzugehen, ob der Tatbestand des § 305b BGB entsprechend erweitert und das Vorrangprinzip auf andere Kollisionen innerhalb eines Vertrags angewendet werden kann.

1. Kollision von Allgemeinen Geschäftsbedingungen

Die Kollision von Allgemeinen Geschäftsbedingungen, z.B. in Form von Allgemeinen Ein- und Verkaufsbedingungen, stellt insbesondere im unternehmerischen Verkehr[784] eine weitreichende und häufig auftretende Problematik dar. Ausweislich des Wortlauts des § 305b BGB werden Kollisionen zwischen vorformulierten Vertragsteilen vom Vorrangprinzip nicht erfasst. Dennoch wird in dieser Situation im Schrifttum teilweise vertreten, dass die Vorschrift zur Auflösung des inhaltlichen Widerspruchs unmittelbar[785] bzw. entsprechend[786] Anwendung finde. § 305b BGB weise daher den spezielleren AGB-Klauseln, das heißt solchen, die z.B. inhaltlich als Hauptregelung mit bloßen Rahmenbedingungen[787] oder als zeitlich nachrangig aufgenommene Zusatzklauseln mit früher einbezogenen Allgemeinen Geschäftsbedingungen kollidieren, den Vorrang zu.[788]

Dem stehen jedoch Bedenken entgegen: Gegen eine unmittelbare Anwendung des § 305b BGB spricht der insoweit eindeutige Wortlaut der Vorschrift, der ausdrücklich von einer inhaltlichen Kollision von Allgemeinen Geschäftsbedingungen und Individualabreden ausgeht und scheidet daher von vornherein aus.[789] Darüber hinaus fehlt es für eine analoge Anwendung des § 305b BGB bereits an einer Regelungslücke, da für den Fall sich widersprechender AGB-Klauseln auf § 305c Abs. 2 BGB zurückgegriffen werden kann.[790] Danach sind die Klauseln im Zweifel zulasten des Verwenders auszulegen, da es ihm obliegt, seine Allgemeinen Geschäftsbedingungen klar und inhaltlich übereinstimmend zu fassen.

---

784 Ausführlich zur Anwendung des § 305b BGB im unternehmerischen Geschäftsverkehr siehe Seite 212 ff.

785 *Schlosser* in: Staudinger/BGB, 2013, § 305b Rn. 12.

786 Vgl. BGH v. 20.6.1991, BeckRS 1991, 31064252; *Ulmer/Schäfer* in: Ulmer/Brandner/Hensen, § 305b Rn. 7, 23 f.; *Schmidt-Salzer*, Allgemeine Geschäftsbedingungen, Rn. E. 9; *U. Stein* in: Soergel/BGB, § 4 AGBG Rn. 2 stellt auf die allgemeinen Auslegungsregeln sowie auf § 305c Abs. 2 ab; die Anwendung des § 305b BGB ausdrücklich ablehnend *H. Schmidt*, BeckOK/BGB, § 305b Rn. 5; *Lindacher/Hau* in: Wolf/Lindacher/Pfeiffer, § 305b Rn. 6; *Schuster* in: Spindler/Schuster, § 305b Rn. 1; *Zoller*, JZ 1991, S. 850 (854 f.).

787 Vgl. OLG Frankfurt a.M. v. 22.2.1994, VersR 1995, S. 522.

788 *Ulmer/Schäfer* in: Ulmer/Brandner/Hensen, § 305b Rn. 6, 23 f.; a.A. *Lindacher/Hau* in: Wolf/Lindacher/Pfeiffer, § 305b Rn. 6.

789 *Reiff* in: MüKo/VVG, 50. Allgemeine Versicherungsbedingungen Rn. 112; *U. Stein* in: Soergel/BGB, § 4 AGBG Rn. 2.

790 *Reiff* in: MüKo/VVG, 50. Allgemeine Versicherungsbedingungen Rn. 112.

Zum anderen setzt eine Gesetzesanalogie die Vergleichbarkeit des zu beurteilenden Sachverhalts mit dem geregelten voraus. Diese liegt bei der Kollision von Allgemeinen Geschäftsbedingungen indes ebenfalls nicht vor. § 305b BGB bringt das unmittelbar aus dem Grundsatz der Privatautonomie folgende funktionale Rangverhältnis zwischen Individualabrede und Allgemeiner Geschäftsbedingung zum Ausdruck. Eine solche Rechtsquellenhierarchie besteht zwischen Allgemeinen Geschäftsbedingungen indes gerade nicht. Sie befinden sich vielmehr auf derselben Rangstufe.[791] Ausgehend vom Sinn und Zweck des § 305b BGB, welcher den beiderseits gewollten Vertragskompromiss vor den nur einseitig gestellten Allgemeinen Geschäftsbedingungen favorisiert, kann das Vorrangprinzip daher zur Auflösung von inhaltlichen Widersprüchen zwischen Allgemeinen Geschäftsbedingungen nicht herangezogen werden.[792] Es ist vielmehr auf das übrige für sie geltende Recht in den §§ 305 ff. BGB zurückzugreifen. Richtigerweise wird eine Verweisung auf sich inhaltlich widersprechende Allgemeinen Geschäftsbedingungen danach in der Regel auch einen Verstoß gegen das aus § 307 Abs. 1 S. 2 BGB folgende Transparenzgebot darstellen und damit zur Nichtigkeit der AGB-Klauseln führen.[793]

2. Kollision von Beschaffenheitsvereinbarung und Gewährleistungsausschluss

Gemäß § 434 Abs. 1 S. 1 BGB ist eine Sache frei von Sachmängeln, wenn sie bei Gefahrübergang die vereinbarte Beschaffenheit aufweist. Entspricht die Sache der vereinbarten Beschaffenheit, so liegt kein Mangel vor, der Voraussetzung für die in § 437 BGB genannten Rechte ist. Aus Sicht des Verkäufers ist es deshalb häufig vorteilhaft, die Kaufsache mithilfe einer in den Vertrag aufgenommenen Beschaffenheitsvereinbarung ungünstig zu beschreiben. Können die im Vertrag aufgelisteten schlechten Eigenschaften der Kaufsache als Vereinbarung über die Beschaffenheit der Kaufsache ausgelegt werden, liegt insoweit kein Sachmangel vor, aufgrund dessen der Käufer Ansprüche und Rechte geltend machen kann.

---

791 *U. Stein* in: Soergel/BGB, § 4 AGBG Rn. 2.

792 *Lindacher/Hau* in: Wolf/Lindacher/Pfeiffer, § 305b Rn. 6; *Zoller*, JZ 1991, S. 850 (854 f.); einen Überblick zu den weiteren Lösungsmöglichkeiten gebend, *Stoffels*, AGB-Recht, Rn. 313 ff.; *Spruß*, Die Einbeziehung Allgemeiner Geschäftsbedingungen, S. 325 ff.

793 Vgl. BAG v. 16.4.2008, NZA 2008, S. 876 (877 f.); *Spruß*, Die Einbeziehung Allgemeiner Geschäftsbedingungen, S. 284.

Wichtig ist dies überwiegend im sog. Verbrauchsgüterkauf, da § 476 Abs. 1 BGB für den Verbraucher nachteilhafte Vereinbarungen über die in § 437 BGB genannten Mängelrechte, das heißt insbesondere den Ausschluss der Gewährleistung in Verträgen mit einem Unternehmer über eine bewegliche Sache für unwirksam erklärt. Allein die Schadensersatzansprüche können nach § 476 Abs. 3 BGB abbedungen werden – in Allgemeinen Geschäftsbedingungen jedoch nur soweit, wie die engen Grenzen des §§ 307–309 BGB eingehalten werden.[794] Dieser Wegfall des Gestaltungsspielraums auf der Rechtsfolgenseite hat in der Praxis zu einer verstärkten Auseinandersetzung mit den in § 434 BGB geregelten Voraussetzungen eines Sachmangels geführt.[795] Denn im Ergebnis kann eine Beschaffenheitsvereinbarung i.S.d. § 434 Abs. 1 S. 1 BGB die gleiche Funktion wie ein Gewährleistungsausschluss haben.[796] Beschaffenheitsvereinbarungen gehören daher im Kaufrecht zu den wichtigen Instrumenten der Vertragsgestaltung.

Problematisch wird es jedoch, wenn die Vertragsparteien – außerhalb eines Verbrauchsgüterkaufs i.S.d. § 474 BGB – sowohl die Beschaffenheit der Kaufsache als auch einen Gewährleistungsausschluss vereinbaren. In dieser Situation sieht das Gesetz, anders als in § 444 Alt. 2 BGB für die Vereinbarung einer Beschaffenheitsgarantie,[797] nicht ausdrücklich vor, dass die Beschaffenheitsvereinbarung der Haftungsbeschränkung im Kollisionsfall weichen muss. Somit ist näher zu untersuchen, wie sich die „einfache" Beschaffenheitsvereinbarung und der Haftungsausschluss beim Kauf einer Sache zueinander verhalten. Wie bereits im Rahmen der Schriftformklauseln ist dabei danach zu differenzieren, ob der Gewährleistungsausschluss individual- oder formularvertraglich vereinbart worden ist.

---

794 Vgl. dazu *Westphalen*, ZGS 2003, S. 107 ff.

795 Vgl. etwa*Pfeiffer* in: Das neue Schuldrecht in der Praxis, S. 236 ff.; *Schulte-Nölke*, ZGS 2003, S. 184 ff.

796 Ausführlich zur funktionellen Betrachtung *Schinkels*, ZGS 2003, S. 310 (312 ff.).

797 § 444 Alt. 2 BGB lässt selbst die individualvertragliche Haftungsfreizeichnung hinter der Zusicherung zurücktreten. Der früher geltende § 11 Nr. 11 AGBG war insoweit enger, da er nur für die formularmäßige Freizeichnung galt, siehe dazu eingehend *Westphalen*, BB 2002, S. 209 (209 f.).

a) *Individualvertragliche Beschaffenheitsvereinbarung und individualvertraglicher Gewährleistungsausschluss*

Zunächst ist anzunehmen, dass sowohl die Beschaffenheit der Kaufsache als auch der Gewährleistungsausschluss von den Vertragsparteien individualvertraglich vereinbart worden sind.[798]

(1) *Wirksamkeit des Haftungsausschlusses bei gleichzeitiger Vereinbarung einer Beschaffenheit*

Hier stellt sich zuallererst die Frage, ob eine Vereinbarung, nach welcher die Kaufsache zwar eine bestimmte Beschaffenheit aufweisen soll, der Verkäufer dafür allerdings nicht haftet, überhaupt wirksam getroffen werden kann. Eine Auffassung bejaht bei Vorliegen eines eindeutig erklärten Parteiwillens die Zulässigkeit einer Kombination von „einfacher" Beschaffenheitsvereinbarung und Haftungsausschluss.[799] Dies folge aus einem Umkehrschluss zu § 444 Alt. 2 BGB, da das Gesetz darin allein den Fall des Zusammentreffens von einer Beschaffenheitsgarantie und einem Haftungsausschluss regele. Der Begriff der Beschaffenheitsvereinbarung werde gerade nicht aufgegriffen. Dem Verkäufer sei es folglich erst im Falle einer Garantie verwehrt, sich auf einen gleichzeitig vereinbarten Haftungsausschluss zu berufen.[800]

Emmert hingegen weist darauf hin, dass dieser Umkehrschluss alles andere als zwingend sei und wendet ein, dass es nicht der ratio des § 444 BGB entspreche, den Einwand der Treuwidrigkeit in sonstigen Konstellationen eines widersprüchlichen Verhaltens im Zusammenhang mit einem Haftungsausschluss auszuschließen.[801] Dagegen ist jedoch anzuführen, dass die Vereinbarung einer bestimmten Beschaffenheit des Kaufgegenstands – anders als bei der Vereinbarung einer Beschaffenheitsgarantie, bei welcher der für die Garantieübernahme kennzeichnende Einstandswille unvereinbar ist, mit dem Willen nicht zu haften – nicht an die Voraussetzung eines erklärten Haftungswillens geknüpft ist. Die wirksame Beschaffenheitsvereinbarung bedarf keiner Absprache oder auch nur Klarheit über die Rechtsfolgen.[802]

---

798 Vgl. dazu auch BGH v. 29.11.2006, NJW 2007, S. 1346 ff.

799 *Lorenz*, LMK 2007, 215088; *Weidenkaff* in: Palandt/BGB, § 444 Rn. 3 („soweit" statt „wenn").

800 *Lorenz*, LMK 2007, 215088; *Weidenkaff* in: Palandt/BGB, § 444 Rn. 3.

801 *Emmert*, NJW 2006, S. 1765 (1765 f.).

802 *Westermann* in: MüKo/BGB, § 434 Rn. 16.

Zudem ist die Beschaffenheitsvereinbarung bei gleichzeitigem Vorliegen eines Haftungsausschlusses auch nicht gänzlich folgenlos. Gemäß § 444 Alt. 1 BGB kann sich der Verkäufer auf eine Vereinbarung, durch welche die Rechte des Käufers wegen eines Mangels ausgeschlossen oder beschränkt werden, nicht berufen, soweit er den Mangel arglistig verschwiegen hat. Vor diesem Hintergrund muss die Beschaffenheitsvereinbarung insofern ungeachtet des Haftungsausschlusses als echte Festlegung des Vertragssolls verstanden werden. Würde man wegen des Haftungsausschlusses annehmen, dass eine bestimmte Beschaffenheit gar nicht bindend vereinbart wurde, könnte eine davon abweichende Qualität der Kaufsache keinen Mangel begründen. Bei einem arglistigen Verschweigen dieser Abweichung läge kein arglistiges Verschweigen eines Mangels i.S.d. § 444 Alt. 1 BGB vor. Der Verkäufer könnte sich weiterhin umfassend auf den Haftungsausschluss berufen. Genau dies wird jedoch durch ein zulässiges Nebeneinander von Beschaffenheitsvereinbarung und Haftungsausschluss verhindert.[803]

Vornehmlich in Bezug auf die für den Verkäufer mehr oder weniger sichtbare Beschaffenheit der Kaufsache, ist dies von enormer Bedeutung. Der Käufer hat insbesondere im Rahmen eines Distanzkaufs keine Möglichkeit, die Kaufsache vor oder bei Vertragsschluss selbst in Augenschein zu nehmen. Er muss sich infolgedessen auf die Angaben des Verkäufers verlassen können.[804] Dies wird insbesondere dadurch sichergestellt, wenn dem Verkäufer bewusst ist, dass er mit der Vorspiegelung einer unzutreffenden Sachbeschaffenheit keinen Erfolg haben wird, da nachweisbar ist, dass er es besser wusste.[805]

Im Ergebnis gibt die Kombination von einfacher Beschaffenheitsvereinbarung und gleichzeitigem Haftungsausschluss dem Käufer Sicherheit und Orientierung bzgl. der für den Verkäufer ersichtlichen Beschaffenheit der Sache. Es handelt sich dabei um keinen inhaltlich widersprüchlichen Vertrag. Vielmehr führt die gleichzeitige Vereinbarung einer Beschaffenheit und eines Gewährleistungsausschlusses zu einer auf die Arglist beschränkten Haftung, die insbesondere bei einem Wissensvorsprung des Verkäufers vorteilhaft für den Käufer ist.

---

803 *Gsell*, FS Eggert, S. 1 (7); *Emmert*, NJW 2006, S. 1765 (1768); *Gutzeit*, NJW 2007, S. 1350 (1351); *Lorenz*, LMK 2007, 215088; *Tiedtke*, JZ 2008, S. 452 (452 f.); a.A *Reinking*, EWiR 2007, S. 361 (362); *ders.*, DAR 2007, S. 255 (256).

804 *Gsell*, FS Eggert, S. 1 (6).

805 *Gsell*, FS Eggert, S. 1 (7).

Eine Beschaffenheitsvereinbarung kann demnach grundsätzlich neben einem Haftungsausschluss vertraglich vereinbart werden.[806]

(2) Auslegung des Haftungsausschlusses

Daran anschließend ist zu überprüfen, wie der Haftungsausschluss, der sich nicht explizit auf bestimmte Beschaffenheitsmerkmale der Sache bezieht, sondern die Mängelrechte pauschal abbedingt, im Hinblick auf die Beschaffenheitsvereinbarung auszulegen ist. Nach §§ 442 Abs. 1 S. 2 Alt. 2, 444 Alt. 2, 445 Alt. 2 BGB kann sich der Verkäufer auf einen Haftungsausschluss nicht berufen, wenn er gleichzeitig eine Beschaffenheitsgarantie für die Kaufsache übernommen hat. Über den Wortlaut hinaus soll der Haftungsausschluss nach ständiger Rechtsprechung des Bundesgerichtshofs[807] und Teilen der Literatur[808] analog § 444 Alt. 2 BGB aber auch insoweit nicht greifen, als der Verkäufer eine bloße Beschaffenheitsvereinbarung i.S.d. § 434 Abs. 1 S. 1 BGB mit dem Käufer geschlossen hat.

Der Bundesgerichtshof geht davon aus, dass der pauschale Haftungsausschluss danach so auszulegen sei, dass er nicht die Haftung für die vereinbarte Beschaffenheit i.S.d. § 434 Abs. 1 S. 1 BGB erfasse.[809] Zur Begründung wird darauf abgestellt, dass beide vertraglichen Regelungen gleichrangig nebeneinanderstehen.[810] Eine widerspruchsfreie Koordinierung beider Vereinbarungen sei allerdings nur dergestalt möglich, dass der Haftungsausschluss grundsätzlich bestehen bleibt. Er trete jedoch so weit hinter die Beschaffenheitsvereinbarung zurück, wie deren Gegenstand reicht. Insoweit sei zu berücksichtigen, dass der Normzweck des § 444 Alt. 2 BGB im Selbstwiderspruch des Verkäufers liege.[811]

---

806 So auch *Gsell*, FS Eggert, S. 1 (7); *Emmert*, NJW 2006, S. 1765 (1768); *Gutzeit*, NJW 2007, S. 1350 (1351); *Lorenz*, LMK 2007, 215088; *Tiedtke*, JZ 2008, S. 452 (452 f.); a.A *Reinking*, EWiR 2007, S. 361 (362); *ders.*, DAR 2007, S. 255 (256).

807 Grundlegend BGH v. 29.11.2006, NJW 2007, S. 1346 (1347 f.); bestätigt in BGH v. 5.11.2010, NJW 2011, S. 1217 (1218 f.); BGH v. 12.1.2011, NJW-RR 2011, S. 462 (463 f.); BGH v. 19.12.2012, NJW 2013, S. 1074 (1075 f.); BGH v. 19.12.2012, NJW 2013, S. 1733 (1734 f.).

808 *Oechsler*, Vertragliche Schuldverhältnisse, S. 326; so wohl auch *Faust*, JZ 2016, S. 1012 (1012 f.).

809 BGH v. 19.12.2012, NJW 2013, S. 1733 (1734).

810 Die Gleichrangigkeit beider Regelungen führt dazu, dass eine analoge Anwendung des § 305b BGB – wie auch bei der Kollision von Allgemeinen Geschäftsbedingungen – nicht zur Begründung dieses Ergebnisses herangezogen werden kann.

811 *Oechsler*, Vertragliche Schuldverhältnisse, S. 326; nach *Faust*, JZ 2016, S. 1012 wird der Garantiebegriff in § 444 BGB in einem anderen Sinn gebraucht als in § 443 BGB.

Er könne daher nicht einerseits eine erhöhte Bindung im Hinblick auf die Mängelfreiheit eingehen, andererseits aber die daraus resultierende Haftungsverantwortung ausschließen. Dies stelle einen Verstoß gegen den in § 242 BGB zu verankernden Grundsatz des *„venire contra factum proprium“* dar.

Dieser Rechtsgedanke des § 444 Alt. 2 BGB greife mit einer sachlichen Einschränkung gleichsam beim Abschluss einer bloßen Beschaffenheitsvereinbarung. Da die Beschaffenheitsvereinbarung im Vergleich zur Beschaffenheitsgarantie keine so umfassende Verantwortung des Verkäufers für die Beschaffenheit der Kaufsache begründe, setze sie den Haftungsausschluss daher – anders als von § 444 Alt. 2 BGB vorgesehen – nur partiell und damit allein insoweit außer Kraft, wie eine bestimmte Sachbeschaffenheit vereinbart ist.[812]

Gegen diese Auffassung sprechen jedoch sowohl der eindeutige Wortlaut des § 444 Hs. 2 BGB als auch der fehlende Bindungswille des Verkäufers.[813] Anders als bei einer Beschaffenheitsgarantie will sich der Verkäufer im Rahmen einer „einfachen“ Beschaffenheitsvereinbarung gerade nicht in gleicher Weise im Hinblick auf bestimmte Rechtsfolgen binden. Den Haftungsausschluss stets hinter der Beschaffenheitsvereinbarung zurücktreten zu lassen, lässt sich damit nur schwer in Einklang bringen. *Gsell* weist zu Recht darauf hin, dass sich ein Nachrang des Haftungsausschlusses auch nicht damit rechtfertigen lasse, dass die Beschaffenheitsvereinbarung andernfalls bedeutungslos und der Vertragsinhalt folglich perplex wäre.[814] Denn wie zuvor dargelegt, kommt die Beschaffenheitsvereinbarung bei der arglistigen Täuschung über einen Mangel umfassend zur Anwendung.

Darüber hinaus ist es nicht konsequent allein die Beschaffenheitsvereinbarungen i.S.d. § 434 Abs. 1 S. 1 BGB, nicht aber auch die nach dem Vertrag vorausgesetzte Verwendung gemäß § 434 Abs. 1 S. 2 Nr. 2 BGB vom Haftungsausschluss auszunehmen. Dadurch würde der schwierigen Abgrenzung zwischen den beiden Sachmängelarten eine enorme Bedeutung verliehen.[815] Zudem ergibt sich auch die „nach dem Vertrag vorausgesetzte Verwendung“ aus dem Vertrag, das heißt aus einer vertraglichen Vereinbarung, zumindest aber aus einer übereinstimmenden Parteivorstellung bei Vertragsschluss. In ihre Reichweite wird jedoch mithilfe des Haftungsausschlusses ebenso eingegriffen wie in

812 *Oechsler*, Vertragliche Schuldverhältnisse, S. 326.
813 *Gsell*, FS Eggert, S. 1 (1 f.); *dies.* JZ 2013, S. 423; *Gutzeit*, NJW 2007, S. 1350 (1350 f.).
814 *Gsell*, FS Eggert, S. 1 (9).
815 *Gsell*, FS Eggert, S. 1 (9).

jene der Beschaffenheitsvereinbarung.[816] Das Gleichrangargument des Bundesgerichtshofs müsste sich somit richtigerweise auch die vertraglich vorausgesetzte Verwendung i.S.d. § 434 Abs. 1 S. 2 Nr. 2 BGB erstrecken.[817] Diese Auslegung geht dem Bundesgerichtshof jedoch zu weit. Im Umkehrschluss spricht daher allerdings gerade diese Ungleichbehandlung von der vertraglich vorausgesetzten Verwendung in § 434 Abs. 1 S. 2 Nr. 2 BGB und der Beschaffenheitsvereinbarung in § 434 Abs. 1 S. 1 BGB dafür, dass sich Letztere nicht generell gegenüber einem Haftungsausschluss durchsetzen darf.[818]

Insgesamt kann daher eine Auslegungsregel, nach der ein pauschal formulierter Haftungsausschluss im Zweifel hinter der Beschaffenheitsabrede zurücktritt, nicht angenommen werden. Vielmehr muss im Einzelfall sorgfältig durch Auslegung ermittelt werden, ob der Haftungsausschluss nach dem Parteiwillen so weit reichen soll, dass er die Verkäuferhaftung auf die Fälle der Arglist beschränkt und der Beschaffenheitsvereinbarung in weitreichendem Maße ihrer vom dispositiven Recht vorgesehenen Haftungsfolgen beraubt. Anhaltspunkte für einen derartig einschränkenden Parteiwillen ergeben sich dabei neben dem Vertrag bzw. den Umständen des Vertragsschlusses vor allem aus der konkreten Ausgestaltung beider Abreden: Je präziser, detaillierter und individueller eine Beschaffenheitsabrede ausgestaltet ist, desto eher wird man davon ausgehen können, dass es dem Käufer auf die Haftung des Verkäufers für dieses Qualitätsmerkmal ankommt. Umgekehrt ist der Wille zur Erstreckung eines Haftungsausschlusses auf dieses Merkmal umso eher zu verneinen, je genereller und abstrakter die Freizeichnung formuliert ist.[819]

b) Individualvertragliche Beschaffenheitsvereinbarung und formularvertraglicher Gewährleistungsausschluss

Ist die Haftungsfreizeichnungs- oder Haftungsbeschränkungsklausel formularmäßig vereinbart[820] und wird eine bestimmte Beschaffenheit der Sache individualvertraglich ausgehandelt, so könnte die Beschaffenheitsvereinbarung dem

816 *Gsell*, FS Eggert, S. 1 (9).

817 So konsequent dann auch *Reicking*, EWiR 2007, S. 361 (361 f.); *ders.*, DAR 2007, S. 255 (256).

818 *Gsell*, FS Eggert, S. 1 (9).

819 *Gsell*, FS Eggert, S. 1; *dies.*, JZ 2013, 423; *Gutzeit*, NJW 2007, S. 1350 (1350 f.); ähnlich für das Verhältnis von Zusicherung und Haftungsausschluss nach altem Recht *Huber* in: Soergel/BGB, § 459 Rn. 191.

820 Zur Inhaltskontrolle solcher Klauseln, vgl. *Gsell*, FS Eggert, S. 1 (10), Fn. 29.

Haftungsausschluss indes stets aufgrund des Vorrangs der Individualabrede gemäß § 305b BGB vorgehen.[821] Voraussetzung dafür ist jedoch wie aufgezeigt ein inhaltlicher Widerspruch zwischen den beiden Abreden.[822] Unmittelbar vereinbaren die Parteien bei einer „einfachen" Beschaffenheitsvereinbarung i.d.R. nur die Sollqualität der Sache (z.B. die Laufleistung eines Kraftfahrzeugs), nicht aber die Haftungsfolgen, die bei einer Abweichung der Kaufsache von der vereinbarten Sollbeschaffenheit gelten sollen.[823] Gleichzeitig hängt die „einfache" Beschaffenheitsvereinbarung gerade nicht vom Willen des Verkäufers ab, für Abweichungen verschuldensunabhängig einzustehen. Die Haftungsfolgen einer Beschaffenheitsvereinbarung ergeben sich deshalb erst mittelbar aus dem Gesetzesrecht.[824]

Liegt zusätzlich dazu ein formularvertraglicher Gewährleistungsausschluss vor, so ist fraglich, ob dieser in Widerspruch dazu steht oder aber den Inhalt der Beschaffenheitsvereinbarung in zulässiger Weise konkretisiert und damit lediglich vom dispositiven Gesetzesrecht abweicht. Eine inhaltliche Konkretisierung der Rechtsfolgen mithilfe des formularvertraglichen Gewährleistungsausschlusses scheitert bereits daran, dass Allgemeinen Geschäftsbedingungen keine die Individualabreden konkretisierende Funktion zukommt.[825]

Allerdings weisen die individualvertragliche Beschaffenheitsvereinbarung und der formularvertragliche Gewährleistungsausschluss inhaltlich keinen unmittelbaren Widerspruch auf. Ein wirksamer Haftungsausschluss hat jedoch wie zuvor dargelegt zur Folge, dass die Beschaffenheitsvereinbarung in Wirkung und Bedeutung erheblich einbüßt, indem die sich aus dem dispositiven Gesetzesrecht ergebenen Rechtsfolgen deutlich beschränkt werden. Dementsprechend stehen individualvertragliche Beschaffenheitsvereinbarungen und formularvertragliche Gewährleistungsausschlüsse, vermittelt über das dispositive Gesetzesrecht, in einem mittelbaren Widerspruch.

Da es kaum denkbar ist, dass die Parteien in der individualvertraglichen Beschaffenheitsabrede gleichzeitig zum Ausdruck bringen, hinter dem dispositiven Gesetzesrecht zurückbleiben zu wollen, muss die in den Allgemeinen

---

821 BGH v. 11. 6. 1979, NJW 1979, S. 1886 (1888); OLG München v. 29.1.2015, BeckRS 2015, 3555, Rn. 20; *H. Schmidt* in: BeckOK/BGB, § 305b Rn. 12; zum alten Recht *Eggert*, NJW 1990, S. 549 (552); *ders.*, DAR 1985, S. 143 (147 f.); *Hager*, NJW 1975, S. 2276 (2276 f.).

822 Siehe dazu Seite 157 ff.

823 *Gsell*, FS Eggert, S. 1 (10 f.).

824 *Gsell*, FS Eggert, S. 1 (11).

825 Siehe dazu Seite 146 f.

Geschäftsbedingungen vorgesehene wesentliche Beschneidung ihrer zwar nicht im Vertrag selbst, sondern gesetzlich angeordneten Wirkungen daher nach § 305b BGB zurücktreten.[826] Gleiches gilt für die vertraglich vorausgesetzte Verwendung i.S.d. § 434 Abs. 1 S. 2 Nr. 1 BGB. Die formularvertragliche Haftungsfreizeichnung vermag sich gegen eine individualvertraglich vorausgesetzte bestimmte Verwendung der Kaufsache ebenfalls nicht durchzusetzen.[827]

Eine vorherige oder nachfolgende Beschränkung der Sachmängelhaftung in Allgemeinen Geschäftsbedingungen hat folglich keine Wirkung, wenn der Kunde nachweist, dass in den Vertragsverhandlungen etwas anderes vereinbart worden ist.[828] Auch auf die Beschaffenheit der Kaufsache bezogene Individualabreden sind mithin gegenüber formularmäßigen negativen Beschaffenheitsangaben vorrangig,[829] da sie in funktional gleichwertiger Weise auf eine Beschränkung der Sachmängelhaftung abzielen können. Die formularmäßige Absenkung von vertraglichen Hauptleistungspflichten stellt nämlich eine der stärksten Formen der Haftungsfreizeichnung überhaupt dar.[830] Haben die Parteien demzufolge über eine bestimmte Beschaffenheit oder Verwendungsmöglichkeit der Kaufsache eine Individualabrede getroffen, so erlangt eine einschränkende Vereinbarung, die sich aus Allgemeinen Geschäftsbedingungen ergibt, keine Geltungskraft.[831] Eine individuelle Beschaffenheitsvereinbarung kann in Allgemeinen Geschäftsbedingungen lediglich konkretisiert, allerdings nicht inhaltlich zurückgenommen werden.

3. Formularvertragliche Beschaffenheitsangabe und kaufrechtliche Beschaffenheitsfiktion

Als Gegenstand für die Mängelrechte beschränkende AGB-Klauseln bleiben damit besonders die für den Vertragspartner ungünstigen Abweichungen von der Eignung für die gewöhnliche Verwendung sowie die übliche Beschaffenheit nach § 434 Abs. 1 S. 2 Nr. 2, S. 3 BGB übrig.[832] Gemäß § 434 Abs. 1 S. 2 BGB

826 *Gsell*, FS Eggert, S. 1 (11).

827 *Gsell*, FS Eggert, S. 1 (11 f.).

828 *Basedow* in: MüKo/BGB, § 305b Rn. 8.

829 *Schulte-Nölke*, ZGS 2003, S. 184 (187).

830 *Westphalen*, NJW 2002, S. 12 (18).

831 *Schlosser* in: Staudinger/BGB, 2013, § 305b Rn. 17; *Ulmer/Schäfer* in: Ulmer/Brandner/Hensen, § 305b Rn. 17; *H. Schmidt* in: BeckOK/BGB, § 305 Rn. 12; *Schulte-Nölke*, ZGS 2003, S. 184 (187).

832 Es ist jedoch darauf zu achten, dass es den Parteien nach dem subjektiven Fehlerbegriff freisteht, auch die von § 434 Abs. 1 S. 2 Nr. 2 BGB erfassten Merkmale zum Gegenstand

gelten die gesetzlichen Beschaffenheitskriterien lediglich „soweit nichts anderes vereinbart ist". Da auch die Einbeziehung von Allgemeinen Geschäftsbedingungen in einen Vertrag nach der herrschenden Vertragstheorie eine Form der vertraglichen Vereinbarung darstellt, könnte man annehmen, dass die gesetzlichen Beschaffenheitsmerkmale in § 434 Abs. 1 S. 2 und S. 3 BGB von vornherein nicht gelten, wenn durch die Einbeziehung von Allgemeinen Geschäftsbedingungen eine bestimmte Beschaffenheit vereinbart ist.

Bejaht man hingegen einen Vorrang der Beschaffenheitsfiktion, so ist eine von der Normalbeschaffenheit abweichende Beschaffenheitsvereinbarung in Allgemeinen Geschäftsbedingungen grundsätzlich nicht möglich, sondern erfordert eine Individualabrede zwischen den Parteien. Auf die Frage einer formellen oder materiellen AGB-Kontrolle käme es in dieser Situation nicht mehr an. Fraglich ist daher, in welchem Verhältnis formularmäßige Beschaffenheitsangaben zur kaufrechtlichen Beschaffenheitsfiktion in § 434 Abs. 1 S. 2 Nr. 2, S. 3 BGB stehen.

a) Beschaffenheitsfiktion als Individualabrede

Teilweise wird das Rangverhältnis aus der Sichtweise des § 305b BGB erörtert.[833] § 434 Abs. 1 S. 2 Nr. 2, S. 3 BGB stellt die gesetzliche Fiktion einer typisierten Beschaffenheitsvereinbarung dar.[834] Haben die Vertragsparteien keine Vereinbarung getroffen, unterstellt das Gesetz, dass die Normalbeschaffenheit vereinbart werden sollte. Die Frage, wie sich Vertragsvereinbarungen, die auf einer gesetzlichen Fiktion beruhen, im Hinblick auf das Vorrangprinzip in § 305b BGB zu bewerten sind, ist bislang noch weitestgehend unerörtert geblieben.[835]

Unstreitig findet das Vorrangprinzip des § 305b BGB auf öffentliche Äußerungen des Herstellers Anwendung, wenn diese nach den allgemeinen rechtsgeschäftlichen Vorschriften und unter Berücksichtigung der Vorgaben des § 305 Abs. 1 S. 3 BGB Teil einer individuellen Beschaffenheitsvereinbarung geworden sind. Als Individualabrede geht sie den kollidierenden Allgemeinen Geschäftsbedingungen in dieser Situation vor. Wird eine öffentliche Äußerung hingegen

einer Beschaffenheitsvereinbarung zu machen. Ist dies geschehen, nehmen die betreffenden Vereinbarungen am Vorrang der Individualabrede nach § 305b BGB teil und der formularmäßige Haftungsausschluss muss insoweit zurücktreten.

833 *Stölting*, ZGS 2003, S. 462 (463); *Canaris*, Die Neuregelung des Leistungsstörungs- und des Kaufrechts, Karlsruher Forum 2002, S. 5 (56 f.).

834 *Grigoleit/Herresthal*, JZ 2003, S. 233 (234) zum dogmatischen Charakter des § 434 Abs. 1 BGB.

835 So zu Recht die Feststellung von *Mackenrodt*, Technologie statt Vertrag, S. 94.

nur durch die gesetzliche Fiktion des § 434 Abs. 1 S. 3 BGB zum Vertragsinhalt, ist ein solcher Vorrang gegenüber den formularmäßigen Beschaffenheitsangaben indes gerade nicht zwingend.[836] Gegen eine Anwendung des § 305b BGB spricht bereits, dass einer Erklärung gegenüber der Öffentlichkeit das von § 305b BGB vorausgesetzte individuelle Moment fehlt.[837]

Zwar ist die Vorrangregel in § 305b BGB über ihren Wortlaut hinaus dem Grunde nach nicht ausschließlich auf Individualabreden mit vertraglichem Charakter anwendbar, sondern gilt auch für einseitige Rechtshandlungen oder bloße Vertragsangebote,[838] sodass die Vorschrift daher auch in Bezug auf gesetzliche Fiktionen eingreifen könnte.[839] Anders als bei den aufgezeigten Anwendungsbeispielen beruht die Fiktion nach § 434 Abs. 1 S. 2 Nr. 2, S. 3 BGB gleichwohl nicht auf dem individuellen Verhalten einer Vertragspartei, durch welches eine bestimmte Aussage zum Ausdruck gebracht wird. Es beruht vielmehr ausschließlich auf dem Gesetz. Darüber hinaus spricht gegen eine Qualifikation der Beschaffenheitsfiktion als vorrangige Abrede, dass die Vorrangregel des § 305b BGB nicht in Bezug auf dispositives Recht eingreift, da dieses nicht stillschweigend vereinbart oder sonst einer Individualabrede gleichgestellt wird.[840]

Die Beschaffenheitsfiktion stellt zwar dispositives Recht dar, unterscheidet sich jedoch von anderen dispositiven Regelungen dadurch, dass ihr Inhalt als Vereinbarung fingiert wird.[841] Schließlich soll § 434 Abs. 1 S. 2 Nr. 2, S. 3 BGB lediglich dann eingreifen, „soweit die Beschaffenheit nicht vereinbart ist", das heißt, diesbezüglich gerade keine Parteivereinbarung vorliegt. Danach ist es gerade nicht denkbar, dass zwei Vereinbarungen vorliegen, die – wie von § 305b BGB vorausgesetzt – in Widerspruch zueinander stehen. Folglich vermag das Vorrangprinzip eine Kollision von formularmäßigen Beschaffenheitsangaben und kaufrechtlicher Beschaffenheitsfiktion auch nicht zugunsten Letzterer aufzulösen. Im Verhältnis des Verkäufers zum Käufer stellt die Fiktion in § 434 Abs. 1 S. 2 Nr. 2, S. 3 BGB keine echte Individualabrede dar, welche die AGB-Klausel überlagert.[842]

---

836 *Mackenrodt*, Technologie statt Vertrag, S. 94.
837 *H. Schmidt* in: BeckOK/BGB, § 305b Rn. 12; *Mackenrodt*, Technologie statt Vertrag, S. 94.
838 Siehe dazu Seite 119 f.
839 *Mackenrodt*, Technologie statt Vertrag, S. 94.
840 *Ulmer/Schäfer* in: Ulmer/Brandner/Hensen, § 305b Rn. 10
841 *Mackenrodt*, Technologie statt Vertrag, S. 95.
842 So auch *Basedow* in: MüKo/BGB, § 305b Rn. 10; *Mackenrodt*, Technologie statt Vertrag, S. 95.

b) Vorrang kraft gesetzlicher Fiktion des § 434 Abs. 1 S. 2 Nr. 2, S. 3 BGB

Aus diesem Grund nimmt ein anderer Begründungsansatz die gesetzliche Fiktion in § 434 Abs. 1 S. 2 Nr. 2, S. 3 BGB als Ausgangspunkt der Argumentation. Es stellt sich die Frage, ob eine Abweichung von der gesetzlichen Fiktion dadurch gerechtfertigt ist, dass die vom Verkäufer vorformulierte, ungünstig vom Üblichen abweichende Beschaffenheitsvereinbarung im Hinblick auf ihren Informationsgehalt zureichender Ausdruck eines entsprechenden Vertragswillens ist.[843] Eine Auffassung bejaht dies.[844] Als Allgemeine Geschäftsbedingungen unterliegen die formularmäßigen Beschaffenheitsangaben jedoch der formellen und materiellen AGB-Kontrolle.

Anknüpfend daran differenziert eine andere Ansicht bei der Frage des Rangverhältnisses zwischen formularmäßigen Beschaffenheitsangaben und der Beschaffenheitsfiktion in § 434 Abs. 2 Nr. 2, S. 3 BGB danach, ob der Käufer die Allgemeinen Geschäftsbedingungen gelesen hat oder nicht.[845] Nehme der Käufer die ihm ausgehändigten Allgemeinen Geschäftsbedingungen nicht zur Kenntnis, so soll die nach § 434 Abs. 1 S. 2 Nr. 2, S. 3 BGB fingierte Beschaffenheitsvereinbarung vorrangig sein. Zur Begründung wird angeführt, dass Allgemeine Geschäftsbedingungen, die im Massenverkehr typischerweise nicht gelesen und wahrgenommen werden, nicht geeignet seien, einen auf eine Abweichung der Kaufsache von der Normalbeschaffenheit gerichteten Willen der Vertragsparteien deutlich zu machen.[846] Deshalb greife die Fiktion von § 434 Abs. 1 S. 2 Nr. 2, S. 3 BGB ein, die sodann einer Individualabrede nach § 305b BGB gleichgestellt werden könne.[847]

Anders hingegen, wenn der Verkäufer dem Käufer durch eine genaue Beschreibung der Kaufsache deutlich macht, dass der übliche Standard unterschritten werden soll. Dazu habe er an die Kaufsache einen Produkthinweis anzubringen, der so deutlich gestaltet ist, dass vom objektiven Empfängerhorizont mit einer Kenntnisnahme gerechnet werden kann. In dieser Situation soll eine Beschaffenheitsabrede vorliegen, der ein Vorrang vor § 434 Abs. 1 S. 2 Nr. 2, S. 3 BGB zukommt.[848] Da es sich bei dem Hinweis, auch wenn er hinreichend deutlich

---

843 Vgl. *Schulte-Nölke*, ZGS 2003, S. 184 (187); *Stölting*, ZGS 2003, S. 462 (463).
844 *Schinkels*, ZGS 2003, S. 310 (315).
845 *Stölting*, ZGS 2003, S. 462 (463).
846 *Stölting*, ZGS 2003, S. 462 (463).
847 *Stölting*, ZGS 2003, S. 462 (463).
848 *Stölting*, ZGS 2003, S. 462 (464).

genug gestaltet ist, allerdings um eine für eine Vielzahl von Verträgen vorformulierte Vertragsbedingung i.S.d. § 305 Abs. 1 BGB handelt, müsse zusätzlich eine AGB-rechtliche Inhaltskontrolle der Beschaffenheitsvereinbarung erfolgen.[849] Gegen diese Auffassung spricht insbesondere, dass es in der praktischen Umsetzung sehr schwierig ist, danach zu unterscheiden, ob der Käufer die Allgemeinen Geschäftsbedingungen gelesen hat oder gelesen haben muss. Zudem lässt sich auch dem Gesetz eine solche Unterscheidung nicht entnehmen.[850]

Eine andere Auffassung unterscheidet daher zwischen vertretbaren und nicht vertretbaren Kaufsachen.[851] Bei nicht vertretbaren Sachen, das heißt vor allem bei gebrauchten Sachen, soll die formularmäßige Vereinbarung einer Beschaffenheit, die negativ von der Normalbeschaffenheit abweicht, unzulässig sein. Dies folge aus der Verbrauchsgüterkaufrichtlinie,[852] die in Art. 2 Abs. 2 lit. a vorsehe, dass eine dem Käufer ungünstige Beschaffenheit nur dann vertragsgemäß sein kann, wenn sie mit der „vom Verkäufer gegebenen Beschreibung" übereinstimmt. Die Richtlinie stelle demnach vornehmlich darauf ab, ob der Verkäufer dem Käufer die Kaufsache „beschrieben" hat. Aus dem Informationszweck der Richtlinie folge zudem, dass diese Beschreibung geeignet sein muss, die Informationslage und die Entscheidungsposition des Käufers wirksam zu verbessern.[853]

Das deutsche Recht hingegen stelle in § 434 Abs. 1 BGB nicht auf die vom Verkäufer gegebene Beschreibung, sondern auf eine Beschaffenheitsvereinbarung ab.[854] Im Wege der richtlinienkonformen Auslegung des § 434 Abs. 1 S. 1 BGB müsse eine den Käufer benachteiligende Beschaffenheitsvereinbarung für ihre Wirksamkeit daher eine „Beschreibung der Kaufsache" enthalten, durch welche die Informationslage des Käufers tatsächlich verbessert wird. Bei einer nicht vertretbaren Kaufsache könne eine vom Verkäufer vorformulierte und ungünstig vom Üblichen abweichende Beschaffenheitsvereinbarung, die zudem für verschiedene Kaufsachen konzipiert wurde, einen individuellen Vertragswillen des Käufers für gerade diese bestimmte Kaufsache allerdings nicht zum Ausdruck bringen bzw. seine Informationslage verbessen. Folglich sei bei nicht

---

849 *Stölting*, ZGS 2003, S. 462 (464).

850 *Mackenrodt*, Technologie statt Vertrag, S. 93.

851 *Schulte-Nölke*, ZGS 2003, S. 184 (187).

852 Richtlinie 1999/44/EG des Europäischen Parlaments und des Rates v. 25.5.1999 zu bestimmten Aspekten des Verbrauchsgüterkaufs und der Garantien für Verbrauchsgüter, ABl. EG 1999 L 171, S. 12.

853 *Schulte-Nölke*, ZGS 2003, S. 184 (187).

854 Zur Vereinbarkeit dieser Umsetzung mit der Richtlinie *Westermann*, JZ 2001, S. 530 (532 f.); *ders.*, NJW 2002, S. 241 (243).

vertretbaren Kaufsachen immer eine konkret individuelle Vereinbarung über die Sollbeschaffenheit notwendig.[855] Bei vertretbaren Kaufsachen hingegen soll nach dieser Ansicht die Möglichkeit einer formularmäßigen Beschaffenheitsvereinbarung bestehen, die sodann allerdings einer AGB-Kontrolle unterliege.[856] Zur Begründung wird dabei nicht auf die Vorrangregelung des § 305b BGB, sondern auf die besonderen Informationserfordernisse in § 434 Abs. 1 S. 2, 3 BGB abgestellt.

Der Auffassung ist darin recht zu geben, dass es sich tatsächlich als widersprüchlich erweist, wenn für eine individuelle, nicht vertretbare Kaufsache eine Beschreibung in standardisierter Form getroffen wird, sie aber gleichzeitig für eine Vielzahl von anderen Kaufsachen gelten soll. In Bezug auf nicht vertretbare Kaufsachen ist daher fraglich, ob darin überhaupt ein ausreichender Wille zur Beschreibung der Kaufsache gesehen werden kann. Überzeugender erscheint es jedoch auch an dieser Stelle darauf abzustellen, dass die Einbeziehung von Allgemeinen Geschäftsbedingungen nach der Vertragstheorie auf der rechtsgeschäftlichen Vereinbarung der Parteien beruht.[857] Diese ist als eine vertragliche Vereinbarung i.S.d. § 434 Abs. 1 S. 1 BGB zu werten, sodass die Fiktion der Normalbeschaffenheit in § 434 Abs. 1 S. 2 Nr. 2, S. 3 BGB nicht zur Anwendung kommen kann. Allerdings bedeutet dies nicht, dass den formularmäßigen Beschaffenheitsvereinbarungen damit ein grundsätzlicher Geltungsvorrang vor den objektiven Mängelhaftungskriterien einzuräumen ist. Vielmehr muss sich eine Beschaffenheitsvereinbarung, die in Allgemeinen Geschäftsbedingungen getroffen wird, an dem gesetzlich typisierten Leitbild des objektiven Fehlerstandards AGB-rechtlich messen lassen.[858]

Dieses Vorgehen ist auch rechtspolitisch zielführend, da die Abwägung im Rahmen der AGB-Kontrolle gemäß §§ 305 ff. BGB ausreicht, um zu überprüfen, ob der Informationsgehalt der konkreten Beschaffenheitsvereinbarung den Anforderungen des § 434 BGB genügt.[859] Sowohl das legitime Anliegen des Verwenders Produkte formularmäßig zu beschreiben als auch die berechtigten (Schutz-)Interessen der Kunden können so in einen angemessenen Ausgleich gebracht werden.[860] Im Ergebnis können Beschaffenheitsvereinbarungen somit

---

855 *Schulte-Nölke*, ZGS 2003, S. 184 (187).

856 *Schulte-Nölke*, ZGS 2003, S. 184 (187).

857 *Pfeiffer* in: Dauner-Lieb/Konzen/Schmidt, S. 225 (237); *ders.*, ZGS 2002, S. 23 (31 f.).

858 *Pfeiffer* in: Dauner-Lieb/Konzen/Schmidt, S. 225 (237); *ders.*, ZGS 2002, S. 23 (31 f.).

859 So auch *Mackenrodt*, Technologie statt Vertrag, S. 93.

860 Vgl. auch *Pfeiffer* in: Dauner-Lieb/Konzen/Schmidt, S. 225 (237), der solche Allgemeinen Geschäftsbedingungen gem. § 307 Abs. 2 BGB am Kriterienkatalog des § 434

auch in Allgemeinen Geschäftsbedingungen getroffen werden. Jedoch muss die formularmäßige Beschaffenheitsvereinbarung einer formellen und materiellen Inhaltskontrolle standhalten.[861]

Daneben gelangt eine lediglich in Allgemeinen Geschäftsbedingungen enthaltene Vereinbarung, nach welcher die Kaufsache eine ungünstig vom Üblichen abweichende Beschaffenheit hat, nicht zur Anwendung, wenn sie im Widerspruch zu anderen Teilen des Vertrags steht. Das ist z.B. der Fall, wenn die Gesamtumstände des Vertrags erkennen lassen, dass die Parteien von der Gebrauchsfähigkeit der Kaufsache für den üblichen oder den bei Vertragsschluss vorausgesetzten Zweck ausgehen, gleichzeitig aber eine so ungünstige Beschaffenheit vereinbart ist, dass die Kaufsache nicht für diesen Zweck brauchbar ist. In einem derartigen Fall liegt – wenn die Beschaffenheitsvereinbarung in Allgemeinen Geschäftsbedingungen getroffen worden ist – eine dazu in Widerspruch stehende und deshalb nach § 305b BGB vorrangige Individualabrede über die Brauchbarkeit der Kaufsache vor.

Abs. 1 S. 2 BGB und am individuellen Vertragszweck messen will. Dies wird jedoch regelmäßig zum gleichen Ergebnis, d.h. zur Unwirksamkeit einer abweichenden Klausel führen.

861 Ausführlich zur materiellen Inhaltskontrolle bei einer Abweichung vom gesetzlichen Fehlerstandard, *Mackenrodt*, Technologie statt Vertrag, S. 125 ff.

E. Rechtsfolgen und prozessuale Geltendmachung

Abschließend sind die Rechtsfolgen des § 305b BGB bei Auftreten einer Kollision von Allgemeiner Geschäftsbedingung und Individualabrede sowie die Möglichkeiten der prozessualen Geltendmachung eines Verstoßes gegen das Vorrangprinzip herauszuarbeiten.

I. Auswirkungen auf die Allgemeinen Geschäftsbedingungen

In Literatur und Rechtsprechung ist umstritten, ob und inwieweit der Vorrang der Individualabrede die Unwirksamkeit der Allgemeinen Geschäftsbedingung oder nur ihre Verdrängung unter subsidiärer Fortgeltung zur Folge hat.[862] Maßgebend ist dabei erneut, welche Rechtsnatur dem Vorrangprinzip in § 305b BGB zugrunde gelegt wird.

1. Subsidiäre Fortgeltung der Allgemeinen Geschäftsbedingungen

Die Vertreter, die in § 305b BGB eine Auslegungsregel bzw. Ausprägung des Spezialitätsgrundsatzes erkennen, gehen davon aus, dass eine Kollision von Individualabrede und Allgemeiner Geschäftsbedingung der Einbeziehung der widersprechenden Klausel in den Einzelvertrag nicht entgegenstehe. Im Kollisionsfall trete die Allgemeine Geschäftsbedingung als allgemeinere Regelung hinter die Individualabrede als speziellere Regelung zurück. Die Allgemeine Geschäftsbedingung finde deshalb lediglich keine Anwendung, ohne zugleich unwirksam zu sein.[863] Der Vorrang sei dabei grundsätzlich auf die Bereiche der

---

862 *Koch/Stübing*, § 4 AGBG Rn. 7; *Locher*, Das Recht der Allgemeinen Geschäftsbedingungen, S. 55; auch der BGH v. 19.3.1969, BGHZ 52, S. 30 (35) bejahte vor Erlass des AGBG eine subsidiäre Fortgeltung der Allgemeinen Geschäftsbedingungen.

863 Das BAG v. 24.8.2016, NZA 2017, S. 58 (61) spricht ausdrücklich von „Verdrängung der Allgemeinen Geschäftsbedingungen; so auch schon BAG v. 20.5.2008, NZA 2008, S. 1233 (1235); *Schuster* in: Spindler/Schuster, § 305b Rn. 1; *Däubler* in: Däubler/Bonin/Deinert, § 305b Rn. 8; *Peterhänsel* in: Boecken/Düwell/Diller/Hanau, § 305b Rn. 7; *Ulmer/Schäfer* in: Ulmer/Brandner/Hensen, § 305b Rn. 1; *Clemenz* in: Clemenz/Kreft/Krause, § 305b Rn. 16; *Preis* in: ErfK/ArbR, §§ 305–310 BGB Rn. 25; *Kollmann*

Allgemeinen Geschäftsbedingung beschränkt, die der Individualabrede entgegenstehen. Für den Fall, dass nur ein Teil einer Klausel betroffen ist, bleibe die Rechtsfolge der Allgemeinen Geschäftsbedingung im Übrigen bestehen.

Das Verbot der geltungserhaltenden Reduktion von Allgemeinen Geschäftsbedingungen sei an dieser Stelle nicht anwendbar, da es sich bei § 305b BGB um keine Unwirksamkeitsnorm handele.[864] Lediglich soweit die Individualabrede reiche, träten die Allgemeinen Geschäftsbedingungen zurück, da sie nur insoweit nicht in den Willen der Vertragsparteien aufgenommen worden seien.[865] Entstehe dadurch eine Lücke, so sei diese jedoch durch einen Rückgriff auf die verdrängte AGB-Regelung zu schließen.[866] Diese subsidiäre Fortgeltung der abweichenden Allgemeinen Geschäftsbedingungen habe insbesondere dann Bedeutung, wenn die Individualabrede nicht wirksam vereinbart worden ist oder später wegfällt. Sofern die Abrede nicht ausnahmsweise dahin zu verstehen sei, dass sie die abweichende AGB-Klausel generell verdrängen sollte, bestimmten sich die Rechtsbeziehungen der Parteien in diesem Fall nicht nach dem dispositiven Recht, sondern nach der subsidiären AGB-Klausel.[867]

Zur Begründung wird angeführt, dass die AGB-Klausel als eine Art „Ersatzvertragsrecht" eine zweite Regelungsebene darstelle. Bei Vorliegen einer kollidierenden Individualabrede verliere diese nicht automatisch ihre Existenz.[868] Als Parallele für ein solch ausdrückliches subsidiäres Weitergelten der Allgemeinen Geschäftsbedingungen könne etwa die Rahmenvereinbarung in § 305

---

in: NK/BGB, § 305b Rn. 3; *Boemke/Ulrici* in: HK/ArbR, § 305b Rn. 8; a.A. ausdrücklich *Schmidt-Salzer*, Allgemeine Geschäftsbedingungen, Rn. E. 10.

864 *Lehmann-Richter* in: BeckOGK/BGB, § 305b Rn. 40 f. mit Anwendungsbeispiel.

865 *Däubler* in: Däubler/Bonin/Deinert, § 305b Rn. 8; *Ulmer/Schäfer* in: Ulmer/Brandner/Hensen, § 305b Rn. 1.

866 *Däubler* in: Däubler/Bonin/Deinert, § 305b Rn. 8.

867 *Ulmer/Schäfer* in: Ulmer/Brandner/Hensen, § 305b Rn. 46.

868 BGH v. 6.11.1967, NJW 1968, S. 149 (150); BGH v. 19.3.1969, BGHZ 52, S. 30 (35 f.), der zumindest im Wege der Auslegung zu diesem Ergebnis kommt; in diese Richtung wohl auch BGH v. 4.2.1991, NJW 1991, S. 1420 (1421); OLG Karlsruhe v. 17.6.2014, NJOZ 2014, S. 1372 (1373); *U. Stein* in: Soergel/BGB, § 4 AGBG Rn. 1; *Roloff* in: Erman/BGB, § 305b Rn. 14; vom Standpunkt des funktionalen Rangverhältnisses *H. Schmidt* in: BeckOK/BGB, § 305b Rn. 2; *Bieder*, SAE 2007, S. 379; *Matt*, Das Transparenzgebot in der deutschen AGB-Rechtsprechung, S. 27; vom Standpunkt der Auslegungsregelung ebenso *Ulmer/Schäfer* in: Ulmer/Brandner/Hensen, § 305b Rn. 1; offenlassend *Knops*, ZIP 2006, S. 1965 (1966): „kein Raum" für Individualabreden zuwiderlaufende Allgemeine Geschäftsbedingungen; *Koch/Stübing*, § 4 AGBG Rn. 7; *Locher*, Das Recht der Allgemeinen Geschäftsbedingungen, S. 55.

Abs. 3 BGB herangezogen werden. Dort werde ebenfalls ein Rahmen geschaffen, der sämtliche Rechtsgeschäfte umfasst. Ein einmaliges Abweichen in einem Punkt führe – vorbehaltlich eines anderen Willens – ebenfalls nicht zur Auflösung der Rahmenvereinbarung als Ganzes.[869] Ähnliches könne angenommen werden, wenn die Parteien vereinbaren, dass die Allgemeinen Geschäftsbedingungen quasi im „Hintergrund" weitergelten sollen, sollte eine Individualabrede später entfallen. Ein solcher Nachrang der individualvertragswidrigen AGB-Klausel sei zudem vergleichbar mit dem Verhältnis des nationalen Rechts zum Unionsrecht. Ersteres lebe ebenfalls wieder auf, wenn es nachträglich zu einem Wegfall des ihm entgegenstehenden höherrangigen Unionsrechts komme. Von vornherein „nichtig" seien hingegen nur verfassungswidrige Gesetze (vgl. §§ 78, 80 Abs. 3 BVerfGG).[870]

Zudem lasse sich aus der Tatsache, dass für einen bzw. einzelne Punkte eine individuelle Vereinbarung getroffen wurde, nicht ableiten, dass die Vertragsparteien für den Fall des späteren Wegfalls der Individualabrede nicht wieder auf die kollidierenden AGB-Klauseln zurückgreifen und ihre Geltung beanspruchen wollen. Ausnahmen mögen nur dann zugelassen werden, wenn sich aus einer Auslegung des Vertrags im Ganzen unter Berücksichtigung der unwirksamen bzw. unwirksam gewordenen Individualabrede ergebe, dass die Parteien entweder die Individualregelung oder das Gesetz, keinesfalls aber die Allgemeinen Geschäftsbedingungen angewendet wissen wollen.[871]

Diese Argumentation verkennt ganz entschieden die Wirkung eines rechtsgeschäftlichen Einverständnisses zwischen zwei Parteien: Geltungsgrund von Allgemeinen Geschäftsbedingungen im konkreten Vertrag ist – wie auch bei anderen vertraglichen Abreden – eine besondere Geltungs- bzw. Einbeziehungsvereinbarung i.S.d. §§ 305 Abs. 2, 3, 305a BGB und nicht bloß eine einseitige Unterwerfung.[872] Zur Einbeziehung von Allgemeinen Geschäftsbedingungen müssen sich die Vertragsparteien folglich über jeden Punkt geeinigt haben. Gleichzeitig bedeutet dies allerdings nicht, dass sich die Vertragsparteien über den gesamten Inhalt der Allgemeinen Geschäftsbedingungen verständigt haben

---

869 Vgl. *Spruß*, Die Einbeziehung Allgemeiner Geschäftsbedingungen, S. 287.

870 *Schlosser* in: Staudinger/BGB, 2013, § 305b Rn. 11.

871 *U. Stein* in: Soergel/BGB, § 4 AGBG Rn. 7; *Lindacher/Hau* in: Wolf/Lindacher/Pfeiffer, § 305b Rn. 31 stellen generell darauf ab, ob der mithilfe der erläuternden bzw. ergänzenden Vertragsauslegung zu ermittelnde Parteiwille ergibt, dass die Allgemeinen Geschäftsbedingung oder das Gesetzesrecht Anwendung finden soll.

872 *Stadler* in: Jauernig/BGB, § 305 Rn. 12.

müssen. Da der Inhalt der Allgemeinen Geschäftsbedingungen vom Verwender vorgegeben ist, kann der Vertragspartner im Rahmen einer Art „Globaleinigung“ lediglich entscheiden, ob die Allgemeinen Geschäftsbedingungen überhaupt Anwendung finden, indem er ihrer Einbeziehung zustimmt oder nicht. Eine positive Einigung über jede Klausel ist insoweit nicht notwendig.[873]

Im Falle einer inhaltlich kollidierenden Individualabrede haben sich die Parteien allerdings gerade nicht auf den Inhalt der im Widerspruch stehenden AGB-Klausel, sondern auf den Inhalt der Individualabrede geeinigt. Mithin liegt in dieser Situation in der Regel kein Konsens bzgl. der Geltung der AGB-Klausel in diesem Punkt vor, sodass bereits deshalb – vorbehaltlich besonderer Anhaltspunkte – eine plausible Vermutung dafür spricht, dass lediglich eine Einigung über die Individualabrede ohne eine subsidiäre Geltung der AGB-Klausel getroffen worden ist.[874] Ein automatisches „Zurückfallen“ auf die AGB-Klausel ist daher regelmäßig vor allem vom Willen des Vertragspartners des Verwenders nicht getragen.[875] Bereits der Schutz des Vertragspartners gebietet es demzufolge, nicht von einer subsidiären Fortgeltung der Allgemeinen Geschäftsbedingungen auszugehen. Andernfalls könnte er sich nicht auf die Nichtanwendung der entsprechenden AGB-Klausel verlassen.[876]

Aufgrund des Umstands, dass im Falle einer Individualabrede grundsätzlich kein Konsens hinsichtlich der kollidierenden AGB-Klausel besteht, würde ein Zurückfallen auf diese Klausel zudem zu einer Einbeziehung ohne Einwilligung führen.[877] Dies wiederum widerspricht der Natur der Allgemeinen Geschäftsbedingungen als vertraglicher Regelungen. Auch ein nachträglicher Rückgriff auf die Generaleinigung zur Einbeziehung der Allgemeinen Geschäftsbedingungen als Ganzes ist nicht möglich, da diesem Vorgehen das Konsensprinzip entgegensteht. Eine subsidiäre Geltung der kollidierenden Allgemeinen Geschäftsbedingung kann insofern vor diesem Hintergrund im Ergebnis nicht anerkannt werden. Im Falle eines Widerspruchs zwischen den Individualvereinbarungen und den Allgemeinen Geschäftsbedingungen haben die betreffenden AGB-Klauseln zu keinem Zeitpunkt eine selbstständige Rechtsgeltung unabhängig vom konkreten Einbeziehungsvertrag erlangt.[878]

---

873 *Pfeiffer* in: Wolf/Lindacher/Pfeiffer, § 305 Rn. 104; *Stoffels*, AGB-Recht, Rn. 291.
874 Vgl. *Dietlein* in: Dietlein/Rebmann, § 4 AGBG Rn. 2.
875 *Spruß*, Die Einbeziehung Allgemeiner Geschäftsbedingungen, S. 285.
876 So auch *Ghassemi-Tabar* in: Gewerbliches Mietrecht/BGB, § 305b Rn. 20.
877 *Spruß*, Die Einbeziehung Allgemeiner Geschäftsbedingungen, S. 286.
878 *Spruß*, Die Einbeziehung Allgemeiner Geschäftsbedingungen, S. 286.

Ein Wiederaufleben der verdrängten Allgemeinen Geschäftsbedingung wäre allenfalls dann denkbar, wenn diesbezüglich bereits bei der Einbeziehung der Allgemeinen Geschäftsbedingungen bzw. bei Vereinbarung der Individualklausel, spätestens aber bei der Aufhebung der Individualklausel eine ausdrückliche bzw. konkludente Einigung vorliegt.[879] Fehlt eine solche Einigung und fällt die mit der AGB-Klausel kollidierende Individualabrede später weg, gilt stattdessen Folgendes: Ist die Individualabrede – wie im Regelfall – mit Wirkung *ex nunc* nicht mehr existent, so lag rückwirkend weiterhin keine wirksame Einbeziehung der abweichenden AGB-Klausel vor. Der Vorrang der Individualabrede bleibt daher für die Vergangenheit erhalten. Die durch den späteren Wegfall der Individualabrede entstehende Regelungslücke wird gemäß § 306 Abs. 2 BGB grundsätzlich durch das dispositive Gesetzesrecht geschlossen.[880]

Ist die Individualabrede hingegen *ex tunc* nichtig (z.B. aufgrund einer wirksamen Anfechtung gemäß § 142 Abs. 1 BGB), lag niemals eine wirksame Individualabrede vor, welche der Einbeziehung inhaltlich abweichender Allgemeinen Geschäftsbedingungen entgegenstand. Das Vorrangprinzip nach § 305b BGB greift folglich nicht ein und den Allgemeinen Geschäftsbedingungen kann stattdessen umfassend Geltung eingeräumt werden. Gleichzeitig bedeutet dies allerdings nicht, dass es zu einer subsidiären Fortgeltung der Allgemeinen Geschäftsbedingungen aufgrund des § 305b BGB gekommen ist. Vielmehr ergibt sich diese Rechtsfolge aus der im Gesetz angelegten Rückwirkungsfiktion und steht nicht im Zusammenhang mit dem Vorrangprinzip des § 305b BGB.[881]

2. Nichteinbeziehung der Allgemeinen Geschäftsbedingung

Begründet man § 305b BGB – wie vorliegend – als Ausdruck einer Rechtsquellenhierarchie und negativen Einbeziehungsvoraussetzung für Allgemeine Geschäftsbedingungen, so kann die Vorrangwirkung richtigerweise dem Grunde nach nur die uneingeschränkte Nichteinbeziehung der abweichenden AGB-Klausel bedeuten.[882] Teilweise wird eine solche eigenständige Rechtsfolge

---

879 *Lindacher/Hau* in: Wolf/Lindacher/Pfeiffer, § 305b Rn. 31; *U. Stein* in: Soergel/BGB, § 4 AGBG Rn. 7.

880 *Zoller*, JZ 1991, S. 850 (854).

881 *Zoller*, JZ 1991, S. 850 (854).

882 So auch BGH v. 28.6.1984, NJW 1984, S. 2468; BGH v. 22.1.1990, NJW-RR 1990, S. 613 (614); BGH v. 15.2.2007, NJW 2007, S. 2036 (2037); OLG München v. 29.1.2015, BeckRS 2015, 3555, Rn. 20; OLG Saarbrücken v. 12.6.2008, BB 2008, S. 2649 (2650); wohl auch BAG v. 20.5.2008, NJW 2009, S. 316 (318); BAG v. 14.9.2011, NZA 2012, S. 81 (84); *Grüneberg* in: Palandt/BGB, § 305b Rn. 1; *Ghassemi-Tabar*

des § 305b BGB in der Literatur bestritten und vertreten, dass die Grundsätze des § 305b BGB ausschließlich im Rahmen der Inhaltskontrolle gemäß § 307 Abs. 1, 2 Nr. 1 BGB Berücksichtigung zu finden habe.[883]

Dies ist jedoch mit der dem Vorrangprinzip zugrunde liegenden Dogmatik der faktischen Rechtsquellenhierarchie und damit einhergehend der unterschiedlichen Legitimation von Individualabrede und Allgemeiner Geschäftsbedingung nicht vereinbar. § 305b BGB enthält die abschließenden und maßgeblichen Kriterien für den Vorrang der Individualabrede vor abweichenden Allgemeinen Geschäftsbedingungen. Eine zusätzliche AGB-Auslegung ist infolgedessen ebenso wenig geboten, wie eine zwingende Berücksichtigung der Vorschriften der Inhaltskontrolle.[884] Die umfassend legitimierte Individualabrede verdrängt die nur einseitig gestellten Allgemeinen Geschäftsbedingungen, ohne dass es hierfür einer Überprüfung ihres Klauselinhalts bedarf.[885]

Bereits die tatbestandliche Erfüllung des § 305b BGB muss deshalb schon zu der Norm immanenten und eigenständigen Rechtsfolge, das heißt der Nichteinbeziehung der inhaltlich mit der Individualabrede kollidierenden Allgemeinen Geschäftsbedingung führen. Als Folge ergeben sich die Rechte und Pflichten allein aus der Individualabrede, soweit ihr die Allgemeinen Geschäftsbedingungen entgegenstehen. Aufgrund dieser allein den Tatbestand des Widerspruchs zwischen ausgehandeltem und gestelltem Vertragsrecht voraussetzenden Rechtsfolge steht § 305b BGB daher bei einem nachträglichen Wegfall bzw. nachträglicher Unwirksamkeit der Individualabrede einer wie auch immer gearteten automatischen Einbeziehung der abweichenden Allgemeinen Geschäftsbedingung grundsätzlich entgegen.[886]

---

in: Gewerberaummiete/BGB, § 305b Rn. 20; *U. Stein* in: Soergel/BGB, § 4 AGBG Rn. 4, 15; *Schmidt-Salzer*, Allgemeine Geschäftsbedingungen, Rn. E. 10; *Zoller*, JZ 1991, S. 850 (854); *Trinkner* in: Löwe/Westphalen/Trinkner, § 4 AGBG Rn. 15, der § 305b BGB jedoch als Ausdruck des Grundsatzes „venire contra factum proprium" begreift.

883 *Teske*, Schriftformklauseln in Allgemeinen Geschäftsbedingungen, S. 280 ff.

884 *Zoller*, JZ 1991, S. 850 (854).

885 Zum Verhältnis des Vorrangprinzips in § 305b BGB zur Inhaltskontrolle gem. §§ 307–309 BGB siehe auch Seite 91 ff.

886 Im Falle einer Nichtigkeit *ex tunc* der Individualabrede gelten selbstverständlich die zuvor aufgezeigten Grundsätze.

3. Differenzierende Betrachtung bei Vorliegen eines „Wiederauflebewillens"

Sowohl aus dem Wortlaut als auch dem Sinn und Zweck des § 305b BGB lässt sich allerdings kein generelles Verbot dahin gehend ableiten, dass eine nachträgliche Einbeziehung der AGB-Regelung, z.B. im Falle einer Unwirksamkeit der Individualabrede *ex nunc*, von vornherein stets unmöglich ist. Vielmehr folgt aus der Privatautonomie, dass es den Parteien auch erlaubt sein muss, für den Fall einer unwirksamen Individualklausel „ersatzweise" die Allgemeinen Geschäftsbedingungen wieder einzubeziehen. Dadurch kommt es nachträglich zu einem „Wiederaufleben" der Allgemeinen Geschäftsbedingungen.[887]

Teile der Literatur gehen daher zu Recht davon aus, dass die Nichteinbeziehung der widersprechenden Allgemeinen Geschäftsbedingungen nicht generalisierend bejaht oder verneint werden kann.[888] Maßgebend muss vielmehr der jeweilige – gegebenenfalls durch erläuternde oder ergänzende Vertragsauslegung zu gewinnende – Parteiwille im konkreten Einzelfall sein.[889] *Spruß* spricht an dieser Stelle richtigerweise von der Ermittlung eines für diese Situation ausdrücklich gefassten übereinstimmenden „Wiederauflebewillens".[890]

Allein die Existenz von verdrängten Allgemeinen Geschäftsbedingungen spricht allerdings im Hinblick auf das zuvor Gesagte noch nicht dafür, dass der Vertragspartner diese für den Fall des Wegfalls der Individualabrede akzeptieren wollte. Vielmehr muss der „Wiederauflebewille" im Falle eines nachträglichen Wegfalls der Individualabrede unmissverständlich zum Ausdruck gebracht werden. Dies kann z.B. durch eine die Unwirksamkeit der Individualabrede aufschiebend bedingte Einigung oder durch eine gesonderte nachträgliche Einbeziehungsvereinbarung erfolgen.[891]

Dabei handelt es sich allerdings ebenfalls nicht um ein – wie von den Vertretern, die in § 305b BGB eine Auslegungsregel bzw. besondere Ausprägung des Spezialitätsgrundsatzes sehen, angenommen – „automatisches Zurückfallen"

---

887 *Spruß*, Die Einbeziehung Allgemeiner Geschäftsbedingungen, S. 287.

888 *Lindacher/Hau* in: Wolf/Lindacher/Pfeiffer, § 305b Rn. 31; *U. Stein* in: Soergel/BGB, § 4 AGBG Rn. 7; *Dietlein* in: Dietlein/Rebmann, § 4 AGBG Rn. 2; *Spruß*, Die Einbeziehung Allgemeiner Geschäftsbedingungen, S. 287; aus Sicht des § 305b BGB als Auslegungsregel auch *Koch/Stübing*, § 4 AGBG Rn. 4, 7;

889 *Lindacher/Hau* in: Wolf/Lindacher/Pfeiffer, § 305b Rn. 31; *Koch/Stübing*, § 4 AGBG Rn. 4; *U. Stein* in: Soergel/BGB, § 4 AGBG Rn. 7.

890 *Spruß*, Die Einbeziehung Allgemeiner Geschäftsbedingungen, S. 287.

891 *Spruß*, Die Einbeziehung Allgemeiner Geschäftsbedingungen, S. 287.

auf die subsidiär geltenden Allgemeinen Geschäftsbedingungen. Sie ist vielmehr auf den ausdrücklichen Parteiwillen zurückzuführen, in dieser Situation die Allgemeinen Geschäftsbedingungen wieder zur Anwendung kommen zu lassen.[892] Fällt die Individualabrede später *ex nunc* weg und lässt sich ein solcher „Wiederauflebewillen“ nicht feststellen, bleibt es bei der zuvor dargelegten Nichteinbeziehung der kollidierenden Allgemeinen Geschäftsbedingungen. Die dadurch im Vertrag entstehende Lücke ist gemäß § 306 Abs. 2 BGB allein durch die Anwendung des dispositiven Gesetzesrechts zu schließen.[893]

4. Anwendung des § 306 Abs. 2, 3 BGB

Zusammenfassend ist damit festzuhalten, dass die mit einer wirksamen Individualabrede kollidierende Allgemeine Geschäftsbedingung gemäß § 305b BGB nicht zum Vertragsbestandteil wird. Abweichend von dem allgemeinen Grundsatz, nach dem die Nichtigkeit eines Vertragsbestandteils grundsätzlich die Gesamtnichtigkeit des Vertrags zur Folge hat (vgl. § 139 BGB), bleibt der Vertrag im Falle einer ganz oder teilweisen Nichteinbeziehung von Allgemeinen Geschäftsbedingungen nach § 306 Abs. 1 BGB im Übrigen wirksam. Im Falle des § 305b BGB entsteht durch die Nichteinbeziehung der AGB-Klausel in der Regel keine Lücke im Vertrag, da die Vertragsparteien den betroffenen Regelungsgegenstand gerade mithilfe der inhaltlich kollidierenden Individualabrede regeln wollen.[894] Einer Anwendung der § 306 Abs. 2, 3 BGB bedarf es insoweit nicht.[895]

Fraglich ist allerdings, ob etwas anderes zu gelten hat, wenn eine nicht teilbare allgemeine AGB-Klausel bei der Einbeziehung an einer speziell gefassten Individualabrede scheitert. Als Beispiel dafür führt *Spruß* eine AGB-Klausel an, die einen umfassenden Mängelgewährleistungsausschluss beinhaltet, die Individualabrede hingegen den Anspruch des Käufers im Falle eines Sach- oder Rechtsmangels i.S.d. § 434 f. BGB auf die Nachlieferung gemäß §§ 437 Nr. 1, 439 Abs. 1 Alt. 2 BGB beschränkt.[896] Die Individualabrede kollidiert damit unmittelbar mit dem generellen Haftungsausschluss in der AGB-Klausel. Letztere wird

892 *Spruß*, Die Einbeziehung Allgemeiner Geschäftsbedingungen, S. 287.

893 *Spruß*, Die Einbeziehung Allgemeiner Geschäftsbedingungen, S. 287 weist ausdrücklich darauf hin, dass dies den Regelfall und die Annahme eines „Wiederaufnahmewillens“ die Ausnahme darstelle.

894 *H. Schmidt*, Vertragsfolgen der Nichteinbeziehung, S. 34 f.

895 *Löwe* in: Löwe/Westphalen/Trinkner, § 6 AGBG Rn. 6; *Spruß*, Die Einbeziehung Allgemeiner Geschäftsbedingungen, S. 463.

896 *Spruß*, Die Einbeziehung Allgemeiner Geschäftsbedingungen, S. 463.

folglich gemäß § 305b BGB nicht Vertragsbestandteil. Eines Rückgriffs auf § 306 Abs. 2 BGB und das dispositive Recht bedarf es dadurch in dieser Situation allerdings, wie auch *Spruß* zu Recht feststellt,[897] nicht. Der Vertragsinhalt bestimmt sich aufgrund der Nichteinbeziehung der AGB-Klausel weiterhin allein nach der Individualabrede und den dazu entwickelten allgemeinen Auslegungsgrundsätzen. Mit ihrer Hilfe ist zu bestimmen, wie weit die Individualabrede nach dem Willen der Vertragsparteien unabhängig von den Allgemeinen Geschäftsbedingungen reichen soll.

Auf das vorliegende Bespiel bezogen, sind insoweit drei Möglichkeiten in Betracht zu ziehen: Zunächst kann die Individualabrede so auszulegen sein, dass sie allein eine Sonderregelung für das Mängelgewährleistungsrecht der Nacherfüllung enthält, indem sie diese auf die Nachlieferung (§ 439 Alt. 2 BGB) beschränkt, daneben aber alle anderen Gewährleistungsrechte anwendbar lässt. Das dispositive Gesetzesrecht in den §§ 437 ff. BGB findet in diesen Fällen sodann kraft Parteiwillens Anwendung. Andererseits lässt die Abrede auch die genau entgegengesetzte Auslegung zu, das heißt, dass dem Käufer nur das Recht aus § 439 Alt. 2 BGB zustehen soll und alle anderen Gewährleistungsrechte ausgeschlossen sind.

In dieser Situation bestünde allerdings aufgrund der abschließenden Regelung in der Individualabrede gerade keine Lücke, die über das dispositive Gesetzesrecht zu schließen wäre. Schließlich ist es denkbar, dass man im Wege der Vertragsauslegung zu keinem eindeutigen Ergebnis gelangt. Vorbehaltlich eines „Wiederauflebewillens" bzgl. der Allgemeinen Geschäftsbedingungen war es jedoch der grundsätzliche Wille der Vertragsparteien, dass sich ihre Rechtsbeziehung nach der Individualabrede richten soll. Bleibt der Parteiwille allerdings nicht feststellbar, kommt es zur Schließung der Vertragslücke automatisch zu einem Rückgriff auf das dispositive Gesetzesrecht.

In keinem der genannten Fälle bedarf es somit zur Lösung eines Rückgriffs auf § 306 Abs. 2 BGB.[898] Von den zuvor aufgezeigten Grundsätzen zur Rechtsfolgenbestimmung muss infolgedessen auch bei teilbaren AGB-Klauseln, die im Vergleich zur Individualabrede allgemeinere Regelungsinhalte aufweisen, nicht abgewichen werden.

---

897 *Spruß*, Die Einbeziehung Allgemeiner Geschäftsbedingungen, S. 464 f.

898 Vgl. *Spruß*, Die Einbeziehung Allgemeiner Geschäftsbedingungen, S. 464 f.

II. Prozessuale Geltendmachung

Anknüpfend daran ist zu klären, wie der Umstand, dass eine in Widerspruch zu einer wirksam getroffenen Individualabrede stehende Allgemeine Geschäftsbedingung aufgrund eines Verstoßes gegen das Vorrangprinzip gemäß § 305b BGB nicht Vertragsbestandteil wird, prozessual geltend gemacht werden kann.

1. Individualprozess

Im Individualprozess sind die AGB-Klauseln Gegenstand einer Inzidentkontrolle im Rahmen der jeweiligen Anspruchsprüfung.[899] Wie bereits dargestellt, ist dabei die Einbeziehungskontrolle und damit auch die Prüfung der negativen Einbeziehungsvoraussetzung des § 305b BGB logischerweise der Inhaltskontrolle vorangestellt.[900] Auf die Geltungsfrage der Allgemeinen Geschäftsbedingungen bezogen, sind das Ausklammern aus dem Vertrag mittels § 305b BGB und die Unwirksamkeit nach §§ 307–309 BGB allerdings äquivalent. Im Individualprozess kann der Richter daher aus Gründen der Prozessökonomie die Unbeachtlichkeit einer streitigen AGB-Klausel je nach Lage des Falls auf die Norm des AGB-Rechts stützen, deren Ergreifen sich ohne Weiteres aufdrängt. Im Überschneidungsbereich des Vorrangprinzips und der Klauselverbote steht es ihm frei, die Nichtanwendung einer Klausel mithilfe der Vorschriften der Inhaltskontrolle oder aber § 305b BGB zu begründen. Daneben können die Nichtgeltungsgründe zum Zwecke größtmöglicher Überzeugungskraft in der gerichtlichen Entscheidung auch kumuliert werden.[901]

2. Verbandsklage gemäß § 1 UKlaG

Nachteil eines Individualprozesses ist allerdings, dass eine Person zunächst das Prozessrisiko auf sich nehmen muss, um eine Klausel und damit auch einen Verstoß gegen § 305b BGB rügen zu können. Dies kann insbesondere private Kläger davon abhalten, sich gegen das Vorrangprinzip nicht beachtende Klauseln zur Wehr zu setzen. Dies gilt insbesondere immer dann, wenn es sich um Verträge über geringwertige Leistungen handelt und der finanzielle Nachteil zu gering ist.

---

899 *Schindler*, Die Kontrolle Allgemeiner Geschäftsbedingungen, S. 30 f.; *Stoffels*, AGB-Recht, Rn. 264.

900 Siehe dazu Seite 91 ff.

901 Vgl. *Ulmer/Schäfer* in: Ulmer/Brandner/Hensen, § 305b Rn. 2a; *Lindacher/Hau* in: Wolf/Lindacher/Pfeiffer, § 305b Rn. 4.

Darüber hinaus wirkt ein erfolgreich erstrittenes Urteil gemäß § 325 Abs. 1 ZPO bloß *inter partes*, das heißt ausschließlich zwischen den am Prozess Beteiligten.

Vor diesem Hintergrund hat der europäische Gesetzgeber den Mitgliedstaaten zum Schutz des Verbrauchers in den Richtlinien 97/7/EG[902] und 98/27/EG[903] die Regelung und Ausgestaltung eines Unterlassungsklageverfahrens aufgegeben, das in Deutschland zur Schaffung des Unterlassungsklagengesetzes geführt hat.

Seither können Verbraucherschutzverbände im Rahmen des Verbandsklageverfahrens nach § 1 UKlaG Unwirksamkeitsgründe gemäß den §§ 307–309 BGB in Allgemeinen Geschäftsbedingungen abstrakt und damit losgelöst von den konkreten Umständen des Einzelfalls geltend machen.[904] Ziel ist es, den Rechtsverkehr von sachlich unangemessenen Klauseln in Allgemeinen Geschäftsbedingungen freizuhalten[905] und zu verhindern, dass sich ein rechtsunkundiger Vertragspartner, dem eine unwirksame Klausel entgegengehalten wird, von der Geltendmachung und Durchsetzung seiner Rechte abgehalten wird.[906] Sichergestellt wird dies gemäß § 11 UKlaG dadurch, dass der Verwender im Falle einer erfolgreichen Verbandsklage dazu verurteilt wird, die weitere Verwendung der angegriffenen Allgemeinen Geschäftsbedingung gegenüber allen anderen Kunden zu unterlassen.

a) Keine direkte Anwendbarkeit des § 305b BGB

Manche der in §§ 308, 309 BGB enthaltenen Regelungen über die Unwirksamkeit bestimmter Klauseln sind, wie gezeigt,[907] Sonderausprägungen des Schutzes von Individualabreden.[908] Verstöße dagegen können mit der Verbandsklage i.S.d. § 1 UKlaG geltend gemacht werden. Aufgrund des Umstands, dass die Prüfung im Verbandsklageverfahren losgelöst vom konkreten Einzelfall erfolgt,

---

902 Richtlinie 97/7/EG des Europäischen Parlaments und des Rates vom 20.5.1997 über den Verbraucherschutz bei Vertragsabschlüssen im Fernabsatz, ABl. Nr. L 144 vom 4.6.1997, S. 19 ff.

903 Richtlinie 98/27/EG des Europäischen Parlaments und des Rates vom 19.5.1998 über Unterlassungsklagen zum Schutz der Verbraucherinteressen, ABl. Nr. L 166 vom 11.6.1998, S. 51 ff.

904 *Witt* in: Ulmer/Brandner/Hensen, § 1 UKlaG Rn. 6; *Stoffels*, AGB-Recht, Rn. 1215.

905 BGH v. 13.7. 1994, NJW 1994, S. 2693.

906 BGH v. 11.2.1981, NJW 1981, S. 1511 (1512), BGH v. 13.7.1994, NJW 1994, S. 2693; *Micklitz/Rott* in: MüKo/ZPO, § 1 UKlaG Rn. 13.

907 Siehe Seite 94 f.

908 Vgl. auch *Schlosser* in: Staudinger/BGB, 2013, § 305b Rn. 4 ff.

kann allerdings aus der Natur der Sache heraus nicht gerügt werden, dass eine Allgemeine Geschäftsbedingung mit einer Individualabrede kollidiert und somit gemäß § 305b BGB nicht in den Vertrag einbezogen worden ist.[909]

Eine solche Kollisionslage beruht stets auf einer konkreten Vertragsabsprache, das heißt der im Einzelnen ausgehandelten Individualabrede. Diese findet indes im Rahmen des § 1 UKlaG keine Berücksichtigung, da Schutzobjekt im Verbandsklageverfahren nach § 1 UKlaG nicht der einzelne, von einer möglicherweise unzulässigen Klausel betroffene Verbraucher ist.[910] Vielmehr soll der Rechtsverkehr allgemein von der Verwendung unzulässiger Klauseln freigehalten werden. Zudem stellt die Individualabrede, die bei Geltendmachung des § 305b BGB ebenfalls auf ihre Wirksamkeit zu überprüfen wäre, keine Allgemeine Geschäftsbedingung dar und kann folglich auch wegen des Zwecks der Verbandsklage von vornherein nicht Überprüfungsgegenstand sein.[911]

Auch der Wortlaut des § 1 UKlaG beschränkt den Anwendungsbereich der Verbandsklage ausdrücklich auf die Überprüfung der AGB-Klauseln hinsichtlich ihrer Vereinbarkeit mit den §§ 307–309 BGB. Der gesamte Komplex der Verstöße gegen die Normen der Einbeziehungskontrolle ist damit im Ergebnis einer rechtlichen Würdigung im Verbandsverfahren entzogen. Im Verbandsklageverfahren nach § 1 UKlaG kann eine Klausel daher nicht isoliert anhand des § 305b BGB geprüft werden.[912] Für das abstrakte Kontrollverfahren nach § 1 UKlaG ist es infolgedessen unerheblich, dass im Einzelfall eine Prüfung der Wirksamkeit der Klausel nach den §§ 307–309 BGB eigentlich deshalb entfallen würde, weil sie bereits die allgemeine Vorschrift des § 305b BGB wirkungslos sein lässt.

Würde eine Klausel jedoch deshalb nicht dem Anwendungsbereich des § 1 UKlaG unterfallen, weil sie wegen einer von ihr im konkreten Einzelfall tatsächlich vorliegenden und abweichenden Individualabrede unwirksam ist, könnten die am Rechtsverkehr Beteiligten, denen der konkrete Vertragsschluss

---

909 *H. Schmidt* in: BeckOK/BGB, § 305b Rn. 6.

910 BGH v. 7.10.1981, NJW 1982, S. 331 (333); *H. Schmidt* in: BeckOK/BGB, § 305b Rn. 6; *Ulmer/Schäfer* in: Ulmer/Brandner/Hensen, § 305b Rn. 2a.

911 *Reinel*, Verbandsklage, S. 42; *Spruß*, Die Einbeziehung Allgemeiner Geschäftsbedingungen, S. 478.

912 BGH v. 7.10.1982, NJW 1982, S. 331 (333); BGH v. 28.4.1983, NJW 1983, S. 1853; BGH v. 28.6.1984, NJW 1984, S. 2468; *Ulmer/Schäfer* in: Ulmer/Brandner/Hensen, § 305b Rn. 2a; *H. Schmidt* in: BeckOK/BGB, § 305b Rn. 6; *Lapp/Salamon* in: juris-PK/BGB, § 305b Rn. 3; *Lehmann-Richter* in: BeckOGK/BGB, § 305b Rn. 15; *U. Stein* in: Soergel/BGB, § 4 AGBG Rn. 3.

und damit auch die Reichweite einer im Einzelfall getroffenen Individualabrede unbekannt ist, zu der irrigen Annahme gelangen, dass die verwendete Klausel generell nicht zu beanstanden sei. Dies soll durch die Verbandsklage i.S.d. § 1 UKlaG aber gerade verhindert werden.[913] Auch im Falle einer tatsächlichen Kollision mit einer Individualabrede bleibt die im Einzelvertrag ausgeschiedene AGB-Klausel demzufolge tauglicher Gegenstand einer Unterlassungsklage, da diese losgelöst von einer tatsächlichen Einbeziehung in den Vertrag durchgeführt wird und die verdrängte AGB-Klausel durch das Vorliegen einer Individualabrede nicht ihren Charakter als Allgemeine Geschäftsbedingung verliert.[914] Gleichzeitig muss im Verbandsklageverfahren jedoch unterstellt werden, dass der Vertragspartner und der Verwender der Allgemeinen Geschäftsbedingungen bei oder nach Vertragsschluss eine gültige Individualabrede getroffen haben, das heißt eine fiktive Kollision mit einer hinzugedachten Individualabrede vorliegt.

b) Verknüpfung des § 305b BGB mit § 1 UKlaG

Der vom Wortlaut des § 1 UKlaG vorgegebene Anwendungsbereich wird nach allgemeiner Auffassung als zu eng empfunden. Die ganz herrschende Meinung geht davon aus, dass eine Überprüfbarkeit von Klauseln im Rahmen des Verbandsklageverfahrens auch dann möglich sein muss, wenn sie gegen zwingendes Recht verstoßen, das besondere Voraussetzungen an den Inhalt Allgemeiner Geschäftsbedingungen stellt.[915] Ausgangspunkt dieser Überlegung ist dabei der Schutzzweck des § 1 UKlaG. Danach sind Allgemeine Geschäftsbedingungen, die wegen Verstoßes gegen anderes zwingendes Recht unwirksam sind, dem Grunde nach ebenso geeignet sind, den Rechtsverkehr zu stören, wie jene, die gegen die Vorschriften in §§ 307–309 BGB verstoßen. Umstritten ist dabei allerdings die dogmatische Begründung für eine solche Erweiterung des Anwendungsbereichs.

Eine Auffassung geht davon aus, dass die Inhalts- und Einbeziehungskontrolle ausnahmslos getrennt voneinander zu betrachten seien.[916] Daran anknüpfend

---

913 BGH v. 26.1.1983, NJW 1983, S. 1320.

914 *Reinel*, Verbandsklage, S. 42.

915 *Lindacher* in: Wolf/Lindacher/Pfeiffer, § 1 UKlaG Rn. 17; *Witt* in: Ulmer/Brandner/Hensen, § 1 UKlaG Rn. 10; *Grüneberg* in: Palandt/BGB, § 1 UKlaG Rn. 4; *Reinel*, Verbandsklage, S. 45; *Becker*, Die Auslegung des § 9 Abs. 2 AGB-Gesetz, S. 110 f.; *Meller-Hannich*, Verbraucherschutz im Schuldvertragsrecht, S. 272 f.; a.A. *Fehl*, BB 1985, S. 1559 (1560).

916 Vgl. *Kreienbaum*, Transparenz und AGB-Gesetz, S. 132 f.

stellen Teile der Rechtsprechung[917] als auch des Schrifttums[918] darauf ab, dass § 1 UKlaG im Wege einer erweiternden Auslegung bzw. Analogie auszudehnen sei und so auch das Vorrangprinzip des § 305b BGB zum Prüfungsmaßstab der Verbandsklage werde. Dagegen spricht allerdings der eindeutige Wortlaut des § 1 UKlaG, wonach ausdrücklich nur Verstöße gegen die §§ 307–309 BGB geltend gemacht werden können. Der Anwendungsbereich des § 1 UKlaG kann demnach nicht ohne Weiteres im Wege richterlicher Rechtsfortbildung erweitert werden.[919]

Ferner widerspricht ein solches Vorgehen auch dem ausdrücklichen Willen des Gesetzgebers, dem das Problem bereits bei Schaffung des AGB-Gesetzes bekannt gewesen ist und im Rahmen der Schuldrechtsform insofern keine Änderungen an der Formulierung des § 1 UKlaG vorgenommen hat.[920] Überzeugender erscheint es daher, davon auszugehen, dass die in den Normen der Einbeziehungskontrolle getroffenen Wertungen bereits „Bestandteil" der Inhaltskontrolle sind.[921] Sichtbar wird dies für § 305b BGB daran, dass die §§ 308, 309 BGB, wie zuvor erwähnt, Sonderregelungen im Hinblick auf das Vorrangprinzip enthalten. § 307 BGB lässt daher im Verbandsverfahren nach § 1 UKlaG die Überprüfung von Allgemeinen Geschäftsbedingungen auf ihre Vereinbarkeit mit dem Vorrangprinzip dem Grunde nach zu.[922]

Dem folgend wird vertreten, dass in Klauseln, die bei abstrakter Betrachtungsweise stets an den Normen der Einbeziehungskontrolle scheitern würden, gleichzeitig immer auch eine unangemessene Benachteiligung des Kunden i.S.d. § 307 Abs. 1 BGB liege.[923] Eine AGB-Klausel, die bei Vorliegen einer kollidierenden

---

917 BGH v. 28.6.1984, NJW 1984, S. 2468 (2469); OLG Karlsruhe v. 17.1.1980, NJW 1981, S. 405 (406); OLG Stuttgart v. 19.12.1980, NJW 1981, S. 1105 (1106); OLG Hamm v. 14.3.1986, NJW-RR 1986, S. 927 (930); OLG Hamm v. 13.6.1986, NJW-RR 1987, S. 311 (313).

918 *Grüneberg* in: Palandt/BGB, § 1 UKlaG Rn. 4; *Micklitz/Rott* in: MüKo/ZPO, § 1 UKlaG Rn. 13; *Lindacher* in: Wolf/Lindacher/Pfeiffer, § 1 UKlaG Rn. 18 f.; *Becker*, Die Auslegung des § 9 Abs. 2 AGB-Gesetz, S. 111; *Hansen*, WM 1990, S. 1521 (1526).

919 BGH v. 25.6.1986, NJW-RR 1987, S. 45 (46); *Spruß*, Die Einbeziehung Allgemeiner Geschäftsbedingungen, S. 477; so aber *Hansen*, WM 1990, S. 1521 (1526); *Löwe*, Zehn Jahre AGB-Gesetz, S. 109 f.

920 BGH v. 25.6.1986, NJW-RR 1987, S. 45 (46).

921 *Kreienbaum*, Transparenz und AGB-Gesetz, S. 132 f.; *Roloff*, NZA 2004, S. 1191 (1196).

922 So auch *Schlosser* in: Staudinger/BGB, 2013, § 1 UKlaG Rn. 13 ff.; *Kreienbaum*, Transparenz und AGB-Gesetz, S. 133.

923 *Löwe* in: Löwe/Westphalen/Trinkner, § 13 AGBG Rn. 21; *U. Stein* in: Soergel/BGB, § 9 AGBG Rn. 33.

Individualabrede nach § 305b BGB nicht zum Vertragsinhalt werden kann, halte den Kunden von der Verfolgung seiner Rechte ebenso ab, wie eine Allgemeine Geschäftsbedingung, die bereits aufgrund ihrer inhaltlichen Ausgestaltung nach den §§ 307–309 BGB unwirksam ist.[924] Die unangemessene Benachteiligung gemäß § 307 Abs. 1 BGB resultiere demnach aus der Beeinträchtigung der Rechtsdurchsetzungsfähigkeit des Vertragspartners, die durch den Schein der Gültigkeit der AGB-Klausel hervorgerufen wird. Dies gelte es, im Rahmen des § 1 UKlaG i.V.m. § 307 Abs. 1 BGB zu verhindern.

Zu beachten ist jedoch, dass § 307 Abs. 2 BGB zum Zwecke der Konkretisierung des Maßstabs einer unangemessenen Benachteiligung besondere gesetzliche Orientierungskriterien enthält. § 307 Abs. 2 BGB ist daher stets vor § 307 Abs. 1 BGB zu prüfen. Eine andere, u.a. auch vom Bundesgerichtshof[925] vertretene Auffassung,[926] sieht Verstöße gegen § 305b BGB deshalb generell als unangemessene Benachteiligung i.S.d. § 307 Abs. 1 S. 1, Abs. 2 Nr. 1 BGB an.[927] Ausgangspunkt dieser Überlegung ist, dass es sich bei § 305b BGB um eine gesetzliche Regelung i.S.d. § 307 Abs. 2 Nr. 1 BGB handele. Gemäß § 307 Abs. 2 Nr. 1 BGB sei eine unangemessene Benachteiligung des Verwenders im Zweifel anzunehmen, wenn eine Bestimmung mit wesentlichen Grundgedanken der gesetzlichen Regelung, von der abgewichen werde, nicht zu vereinbaren sei. Dahinter stehe die Idee der Leitbildfunktion des dispositiven Rechts.[928]

Erkläre die Vorschrift Abweichungen vom dispositiven Recht für unwirksam, so wird vertreten, dass dies erst Recht für Abweichungen vom zwingenden materiellen sowie prozessualen Recht und damit auch für § 305b BGB gelten

---

924 BGH v. 28.6.1984, NJW 1984, S. 2468 (2468 f.); OLG Hamburg v. 26.3.1986, NJW-RR 1986, S. 1440; *Hensen*, ZIP 1984, S. 145 (146); *U. Stein* in: Soergel/BGB, § 13 AGBG Rn. 4.

925 BGH v. 28.4.1983, NJW 1983, S. 1853 (1853 f.); BAG v. 14.9.2001, NZA 2012, S. 81 (83); BAG v. 20.5.2008, NZA 2008, S. 1233 (1236); OLG Frankfurt v. 11.12.1980, DB 1981, S. 884; OLG Stuttgart v. 23.1.1981, ZIP 1981, S. 875 (876).

926 *Lehmann-Richter* in: BeckOGK/BGB, § 305b Rn. 16; *Roloff* in: Erman/BGB, § 305b Rn. 3; *Michalski*, DStR 1998, S. 771 (778).

927 Vgl. etwa BGH v. 28.6.1984, NJW 1984, S. 2468 ff.: In dieser Entscheidung ging es um die Wirksamkeit einer Klausel, welche dem Vertragspartner die Berufung auf einen individuell vereinbarten Liefertermin abschnitt. Der Bundesgerichtshof erklärte diese Allgemeine Geschäftsbedingung nach § 9 Abs. 1, Abs. 2 Nr. 1 AGBG (heute § 307 Abs. 1 S. 1, Abs. 2 Nr. 1 BGB) für unwirksam, weil sie den Grundsatz des Vorrangs der Individualabrede verdränge.

928 *Roloff* in: Henssler/Willemsen/Kalb, § 307 Rn. 9; *Gotthardt*, ZIP 2002, S. 277 (286).

müsse.[929] Dem Vorrangprinzip komme zudem die für § 307 Abs. 2 Nr. 1 BGB notwendige Leitbildfunktion zu, da es das grundsätzliche Prinzip zum Ausdruck bringe, nach dem der Vertragspartner auf die Geltung einer mit dem Verwender getroffenen individuellen Abrede vertrauen darf, ohne befürchten zu müssen, dass diese Abrede durch eine Allgemeine Geschäftsbedingung des Verwenders ausgehöhlt wird.[930]

Schließlich befürworten Teile des Schrifttums, dass Verstöße gegen § 305b BGB unter § 307 Abs. 2 Nr. 2 BGB fallen.[931] Danach sind AGB-Klauseln unwirksam, wenn sie wesentliche Rechte oder Pflichten, die sich aus der Natur des Vertrags ergeben, dergestalt einschränken, dass die Erreichung des Vertragszwecks gefährdet ist. Die herrschende Meinung in Literatur[932] und Rechtsprechung[933] entnimmt dem ein sog. Aushöhlungsverbot für übernommene zentrale Vertragspflichten. § 307 Abs. 2 Nr. 2 BGB sei daher im Ergebnis Ausdruck widersprüchlichen Verhaltens des Verwenders. Daran anknüpfend geht *Wendland* davon aus, dass § 307 Abs. 2 Nr. 2 BGB damit auch den Vorrang individueller Versprechen vor formularmäßiger Einschränkung i.S.d. § 305b BGB konkretisiere.[934]

Dagegen ist allerdings anzuführen, dass § 305b BGB wie gezeigt keine Ausprägung des Grundsatzes „*venire contra factum proprium*" ist.[935] Zudem handelt es sich bei § 307 Abs. 2 Nr. 2 BGB um ein Auffangbecken für alle Abreden, die mangels eines gesetzlichen Vorbilds nicht unter § 307 Abs. 2 Nr. 1 BGB fallen. Im Verhältnis der Regelbeispiele des Absatzes 2 zueinander kommt der Nr. 1 daher gegenüber der Nr. 2 grundsätzlich eine Vorrangstellung zu.[936] Die Überprüfung

---

929 *Michalski*, DStR 1998, S. 771 (778).

930 Diese Leitbildfunktion der Norm hat der BGH v. 21.5.2009, NJW 2006, S. 138 ausdrücklich bestätigt und „als in der Rechtsprechung des BGH geklärt" bezeichnet. Die insofern Zurückhaltung ausdrückende Entscheidung des BGH v. 31.10.1984, NJW 1985, S. 320 (321 f.) ist damit als überholt anzusehen.

931 *Pfeiffer* in: Wolf/Lindacher/Pfeiffer, § 307 Rn. 154 ff.; *Wendland* in: Staudinger/Eckpfeiler, Kap. E. Rn. 53.

932 *Coester* in: Staudinger/BGB, 2013, § 307 Rn. 272; *Wendland* in: Staudinger/Eckpfeiler, Kap. E. Rn. 53; *Stoffels*, AGB-Recht, Rn. 523 ff.; *Lieb*, DB 1988, S. 946 (953).

933 BGH v. 20.12.1984, NJW-RR 1986, S. 271 (272).

934 *Wendland* in: Staudinger/Eckpfeiler, Kap. E. Rn. 53.

935 Siehe dazu Seite 55 ff.

936 So auch *Stoffels*, AGB-Recht, Rn. 501; *Becker*, Die Auslegung des § 9 Abs. 2 AGB-Gesetz, S. 192 f.; differenzierend *Coester* in: Staudinger/BGB, 2013, § 307 Rn. 263 ff.; eine Vorrangstellung ablehnend *Pfeiffer* in: Wolf/Lindacher/Pfeiffer, § 307 Rn. 133.

der Allgemeinen Geschäftsbedingungen auf einen abstrakten Verstoß gegen das Vorrangprinzip im Verbandsklageverfahren hat damit im Ergebnis richtigerweise nach § 307 Abs. 2 Nr. 1 BGB i.V.m. § 305b BGB unter Berücksichtigung des in § 307 Abs. 1 S. 2 BGB niedergelegten Transparenzgebots zu erfolgen.[937]

937 *Lapp/Salamon* in: juris-PK/BGB, § 305b Rn. 3.

F. Besondere Sachprobleme

I. Verträge im unternehmerischen Verkehr

Während die europäische Klauselrichtlinie gemäß Art. 1 Abs. 1 in ihrem Anwendungsbereich auf Verbraucherverträge begrenzt ist, finden die deutschen Regelungen in den §§ 305 ff. BGB mit den in § 310 Abs. 1 BGB genannten Einschränkungen gleichfalls auf Geschäfte gegenüber Unternehmern Anwendung. Der deutsche Gesetzgeber hat damit den persönlichen Anwendungsbereich der AGB-Kontrolle erweitert und insoweit eine zulässige überschießende Richtlinienumsetzung vorgenommen.

1. Anwendung des § 305b BGB im Rahmen des § 310 Abs. 1 S. 1 BGB

Eines der Ziele des § 305b BGB ist es, den schwächeren Vertragspartner, das heißt insbesondere den Verbraucher vor dem wirtschaftlichen, organisatorischen und intellektuellen Übergewicht des Klauselverwenders zu schützen. Dieser Gedanke ist allerdings für die Abgrenzung des Anwendungsbereichs des Gesetzes nicht konstitutiv. Das Gesetz enthält in § 310 Abs. 1 S. 1 BGB insoweit keine Bereichsausnahme für § 305b BGB. Das Vorrangprinzip gilt daher uneingeschränkt auch für Allgemeine Geschäftsbedingungen, die gegenüber einem Unternehmer, einer juristischen Person des öffentlichen Rechts oder einem öffentlich-rechtlichen Sondervermögen verwendet werden.[938]

2. Begriff der Individualabrede i. S. d. § 305 Abs. 1 S. 3 BGB

Auch im unternehmerischen Geschäftsverkehr ist für die Anwendung des § 305b BGB folglich maßgebend, ob eine Allgemeine Geschäftsbedingung gemäß § 305 Abs. 1 S. 1 BGB mit einer im Einzelnen zwischen den Vertragsparteien ausgehandelten Individualabrede i.S.d. § 305 Abs. 1 S. 3 BGB kollidiert.

---

938 BGH v. 22.10.1990, NJW-RR 1990, S. 613; *Ulmer/Schäfer* in: Ulmer/Brandner/Hensen, § 305b Rn. 50; *Roloff* in: Erman/BGB, § 305b Rn. 16; *Lindacher/Hau* in: Wolf/Lindacher/Pfeiffer, § 305b Rn. 51; *Kummer* in: Niebling/AGB-Recht, § 305b Rn. 7; *Stoffels*, AGB-Recht, Rn. 345; so zu § 4 AGBG auch schon *Trinkner* in: Löwe/Westphalen/Trinkner, § 4 AGBG Rn. 35; *Koch/Stübing*, § 4 AGBG Rn. 17; differenzierend *Schlosser* in: Staudinger/BGB, 2013, § 305b Rn. 2 ff.

Dabei stellt der Bundesgerichtshof bei Verträgen zwischen Unternehmern hinsichtlich des „Aushandelns" dieselben hohen Anforderungen wie bei Verträgen, an denen ein Verbraucher beteiligt ist.[939] Zwischen Unternehmern könne daher „von Aushandeln [ebenfalls] nur dann gesprochen werden, wenn der Verwender zunächst den in seinen Allgemeinen Geschäftsbedingungen enthaltenen gesetzesfremden Kerngehalt, also die den wesentlichen Inhalt der gesetzlichen Regelung ändernden oder ergänzenden Bestimmungen inhaltlich ernsthaft zur Disposition stellt und dem Verhandlungspartner Gestaltungsfreiheit zur Wahrung eigener Interessen einräumt mit zumindest der realen Möglichkeit, die inhaltliche Ausgestaltung der Vertragsbedingungen zu beeinflussen".[940]

Danach setzt das „Aushandeln" einer Vertragsbedingung regelmäßig voraus, dass der Vertragspartner des AGB-Verwenders den Text der in Rede stehenden Klausel geändert hat.[941] Im unternehmerischen Verkehr wird jedoch häufig nicht die konkrete Klausel in ihrem Wortlaut verändert, sondern eine Einigung im Wege einer sog. „Paketlösung" gefunden. Dabei bietet der AGB-Verwender im Rahmen einer Gesamtbetrachtung des Vertrags seinem Vertragspartner zur Kompensation nachteiliger Klauseln Zugeständnisse an anderen Stellen des Vertrags an.[942] Für ein Aushandeln i.S.d. § 305 Abs. 1 S. 3 BGB und damit auch für eine Individualabrede i.S.d. § 305b BGB genügt dies allein jedoch gerade nicht.[943]

Ein Teil des Schrifttums, der 69. Deutsche Juristentag[944] sowie eine im Auftrag des Bundesministeriums der Justiz und für Verbraucherschutz erstellte Studie[945] fordern daher unter Verweis auf die Privatautonomie der Parteien, die gebotene unternehmerische Flexibilität sowie das Fehlen eines Machtungleichgewichts zwischen Unternehmern seit Längerem eine Absenkung der Anforderungen

---

939 Vgl. etwa BGH v. 15.12.1976, NJW 1977, S. 624 (625); BGH v. 3.11.1999, NJW 2000, S. 1110 (1111 f.); BGH v. 23.1.2003, NJW 2003, S. 1805 (1807); BGH v. 20.3.2014, NJW 2014, S. 1725 (1727 f.); BGH v. 4.7.2017, BB 2017, S. 2066 (2067); kritisch *Stadler* in: Jauernig/BGB, § 305 Rn. 9; *Kaufhold*, NJW 2014, S. 3488; *Röder/Schimang*, BB 2016, S. 851; *Westphalen*, BB 2017, S. 2051.

940 BGH v. 27.3.1991, NJW 1991, S. 1678 (1679).

941 *Miethaner*, NJW 2010, S. 3121 (3126); *Meyer*, WM 2014, S. 980 (981).

942 *Müller/Griebeler/Pfeil*, BB 2009, S. 2658 (2660).

943 *Meyer*, WM 2014, S. 980 (981); *Miethaner*, NJW 2010, S. 3121 (3127).

944 Beschluss des 69. DJT München 2012, Band II/1 (2013), I 90.

945 Vgl. *Leuschner*, AGB-Recht für Verträge zwischen Unternehmen, S. 287 ff.; *ders.*, ZIP 2015, S. 1045 ff.; *ders.*, ZIP 2015, S. 1326 ff.; *Westphalen*, ZIP 2015, S. 1316 ff.;

an das „Aushandeln“ im unternehmerischen Geschäftsverkehr.[946] Die Schranke für den Tatbestandsausschluss müsse niedriger gesetzt werden, um dem Prinzip kaufmännischer Selbstbestimmung und Selbstverantwortung Rechnung zu tragen.[947] Ob dem – auch mit Blick auf das Vorrangprinzip nach § 305b BGB – gefolgt werden kann, ist im Folgenden näher zu untersuchen.[948]

a) „Verhandeln“ statt „Aushandeln“

Einige Stimmen im Schrifttum postulieren, den Begriff des „Aushandelns“ im unternehmerischen Geschäftsverkehr durch ein bloßes „Verhandeln“[949] zu ersetzen.[950] Ausreichend soll es danach bereits sein, dass der Verwender der Allgemeinen Geschäftsbedingungen seinem Vertragspartner genügend Verhandlungsspielraum einräumt und dieser im Rahmen der konkreten Verhandlung seine Rechte ohne unzumutbaren Aufwand selbst wahrnehmen kann.[951]

---

946 *Axer*, Rechtfertigung und Reichweite der AGB-Kontrolle, S. 277; *Leuschner*, ZIP 2015, S. 1045 (1048 f.); *Kaufhold*, BB 2012, S. 1235 (1241); *Kötz*, JZ 2018, S. 988 (991); *Kieninger*, AnwBl. 2012, S. 301 (307); *Berger*, NJW 2010, S. 465 (467 f.); *Miethaner*, NJW 2010, S. 3121 (3127); *Wackerbarth*, AcP 200 (2000) S. 45 (82 ff.); a.A. *Kaeding*, BB 2016, S. 450 (455); *Stoffels*, AGB-Recht, Rn. 148b; *Westphalen*, ZIP 2015, S. 1316 (1317 f.); *ders.*, ZIP 2010, S. 1110 (1113 f.); *Fuchs* in: FS Blaurock, S. 91 (94 f.); *Schäfer*, BB 2012, S. 1231 (1234); *Schmidt-Kessel*, AnwBl 2012, S. 308 (311); *Fastrich*, Richterliche Inhaltskontrolle, S. 273.

947 *Berger*, NJW 2010, S. 465 (467 f.); bereitszu § 2 Abs. 2 AGBG, *Berger*, NJW 2001, S. 2152 (2153 f.); *Wackerbarth*, AcP 200 [2000], S. 82 ff.; *Wolf*, 50 Jahre Bundesgerichtshof, S. 111 (120 ff.); *Rabe*, NJW 1987, S. 1978 (1980).

948 Mittlerweile hat die Diskussion deutlich an Schärfe verloren, sodass nunmehr vor allem eine Anpassung der Rechtsprechung gefordert wird; vgl. etwa *Kaeding*, BB 2016, S. 450 (455); *Maier-Reimer*, NJW 2017, S. 1 (6); *Müller*, NZM 2016, S. 185 (192).

949 Auch Art. 2.I.19 Abs. 2 der UNIDROIT-Principles verlangt für das Vorliegen einer Individualabrede allein ein „Verhandeln“ der AGB-Klausel.

950 *Berger*, NJW 2001, S. 2152 (2153 f.); *ders.*, NJW 2010, S. 465 (467 f.); *Kieninger*, AnwBl. 2012, S. 301 (307); *Wackerbarth*, AcP 200 [2000], S. 45 (82); *Wolf*, 50 Jahre Bundesgerichtshof, S. 111 (120 ff.); Rabe, NJW 1987, S. 1978 (1980); Axer, Rechtfertigung und Reichweite der AGB-Kontrolle, S. 277; *Kaufhold*, BB 2012, S. 1235 (1241); *Miethaner*, NJW 2010, S. 3121 (3127); a.A. *Müller/Griebeler/Pfeil*, BB 2009, S. 2658 (2661) („keine wirkliche Lösung des Problems“); *Westphalen*, BB 2010, S. 195 (197); *ders.*, ZIP 2010, S. 1110 (1113 ff.); *Fuchs* in: FS Blaurock, S. 91 (94 f.); *Schäfer*, BB 2012, S. 1231 (1234) („Verhandeln über einen längeren Zeitraum auf Augenhöhe“); *Schmidt-Kessel*, AnwBl 2012, S. 308 (311 f.); *Fastrich*, Richterliche Inhaltskontrolle, S. 273.

951 *Grüneberg* in: Palandt/BGB, § 305 Rn. 22; *K. P. Berger* in: PWW/BGB, § 305 Rn. 13; *Berger*, NJW 2001, S. 2152 (2154); *Kessel*, AnwBl 2012, S. 293 (296).

Zur Begründung wird angeführt, dass im unternehmerischen Geschäftsverkehr bereits durch ein „Verhandeln“ die vom Gesetzgeber[952] für das „Aushandeln“ geforderte Qualität der Kommunikation erreicht werde.[953] Denn anders als Verbraucher wiesen Unternehmer eine deutlich höhere Professionalität und mehr Geschäftserfahrung auf.[954] Sobald der unternehmerische Vertragspartner mit dem Verwender der Allgemeinen Geschäftsbedingungen in Verhandlungen über die Vertragsbedingungen eintrete, mache er ausreichend deutlich, dass er willens und in der Lage sei, von seinem Selbstbestimmungsrecht Gebrauch zu machen.[955]

Aufgrund dieser gesteigerten Anforderungen an die Selbstverantwortung gewährleiste der Begriff des „Verhandelns“ im unternehmerischen Geschäftsverkehr somit auch den Schutzzweck des AGB-Rechts. Er stelle ausreichend sicher, dass der Vertragspartner den Inhalt in seinen rechtsgeschäftlichen Gestaltungswillen aufgenommen habe.[956] Schließlich müssten sich die strengen Anforderungen des Bundesgerichtshofs zudem den Vorwurf der fehlenden Praktikabilität machen lassen, da für ein „Aushandeln“ hohe Dokumentationspflichten zu erfüllen sind, die im Ergebnis eine wesentliche Behinderung des unternehmerischen Geschäftsverkehrs darstellen würden.[957]

Berger formuliert daher einen möglicherweise neu einzufügenden § 305 Abs. 1 S. 4 BGB wie folgt: „Wird eine Vertragsbedingung gegenüber einem Unternehmer, einer juristischen Person des öffentlichen Rechts oder einem öffentlich-rechtlichen Sondervermögen verwendet, so gilt sie als ausgehandelt, wenn die Vertragsparteien über sie im Einzelnen oder im Zusammenhang mit anderen Bestimmungen desselben Vertrags in einer dem Gegenstand des Vertrags und den Umständen des Vertragsschlusses angemessenen Weise verhandelt haben“.[958] Diese Änderung würde aufgrund seiner systematischen Stellung

---

952 Vgl. Begründung RegE, BT-Drucksache 13/8445, S. 86 f.

953 *Berger*, NJW 2001, S. 2152 (2153); vgl. auch *Westphalen*, ZGS 2003, S. 107 (108).

954 Auch der BGH v. 16.5.2007, NJW 2007, S. 2176 (2177) geht davon aus, dass Unternehmer gegenüber Verbrauchern eine größere Geschäftserfahrung aufweisen und deshalb eines geringeren Schutzes bedürfen. Praktische Konsequenzen hinsichtlich seiner Rechtsprechung zum Begriff des „Aushandelns“ hat dies für den 7. Senat allerdings nicht.

955 *Axer*, Rechtfertigung und Reichweite der AGB-Kontrolle, S. 180.

956 Vor diesem Hintergrund hat *Berger*, NJW 2001, S. 2152 (2154) Leitlinien entwickelt, die die Annahme einer Verhandlungssituation erlauben sollen.

957 *Berger*, ZIP 2006, S. 2149 (2152); *Berger/Kleine*, BB 2007, S. 2137; *Lischek/Mahnken*, ZIP 2007, S. 158 (160 f.).

958 *Berger*, NJW 2010, S. 465 (467).

in § 305 Abs. 1 BGB sowohl für erfahrene Groß- als auch unerfahrene Kleinunternehmer gelten.[959]

Daran anknüpfend spricht sich *Pfeiffer* nicht für eine Änderung des § 305 Abs. 1 S. 3 BGB und Einfügung eines S. 4, sondern für eine Ergänzung des § 310 Abs. 1 BGB aus, „nach der für im Unternehmensverkehr geschlossene Verträge, sofern deren Gegenstandswert einen bestimmten Betrag (z.B. drei Millionen Euro) überschreitet, anstelle des Aushandelns schon ein Verhandeln ausreicht, um eine Klausel AGB-rechtlich kontrollfrei zu stellen".[960] Kleinere Unternehmer mit geringeren Auftragsvolumina und damit einhergehender geringer Durchsetzungskraft im Rahmen von Vertragsabschlüssen wären danach aus dem Anwendungsbereich herausgenommen und ausreichend geschützt.

b) Entwicklung eines Kriterienkatalogs

Andere Teile des Schrifttums[961] sprechen sich für die Entwicklung und Aufnahme eines Kriterienkatalogs mit Vermutungswirkung in das Bürgerliche Gesetzbuch aus. Dieser soll regeln, unter welchen Voraussetzungen im Einzelfall ein „Aushandeln" im unternehmerischen Geschäftsverkehr zu bejahen ist. Es soll sich dabei um Kriterien handeln, bei denen die Wahrscheinlichkeit und die Erfahrung dafür sprechen, dass der Verwender bereit ist, das vorbereitete Vertragsangebot infrage zu stellen und im Einzelfall anzupassen.[962] Ein „Aushandeln" soll danach u.a. dann anzunehmen sein, wenn die Verhandlungen der Vertragsparteien länger als zwei Monate gedauert haben, der Auftrag einen Vertragswert von mindestens einer Million Euro aufweist, der Vertragspartner des Verwenders anwaltliche Beratung in Anspruch genommen hat oder mindestens eine Änderung im Klauseltext durchgesetzt worden ist.[963]

959 Gleiches gilt für den von *Kieninger*, AnwBl 2012, S. 301 (307) gemachten Vorschlag, den derzeit geltenden § 305 Abs. 1 S. 3 BGB um folgenden Satz zu ergänzen: „AGB liegen nicht vor, wenn die Vertragsbedingungen vom Verwender zur Disposition gestellt und von den Vertragsparteien verhandelt worden sind."

960 *Pfeiffer*, ZGS 2004, S. 401.

961 *Müller/Griebeler/Pfeil*, BB 2009, S. 2658 (2661).

962 *Müller/Griebeler/Pfeil*, BB 2009, S. 2658 (2661).

963 *Müller/Griebeler/Pfeil*, BB 2009, S. 2658 (2661 f.); *Kieninger*, AnwBl 2012, S. 301 (305) sieht in dem Kriterienkatalog lediglich eine unverbindliche Hilfestellung.

c) Feste Wertgrenzen

Ähnlich wie *Pfeiffer*[964] schlagen auch *Becker* und andere Stimmen in der Literatur[965] vor, eine feste Wertgrenze in den § 305 Abs. 1 S. 3 BGB bzw. § 310 Abs. 1 BGB aufzunehmen, bei dessen Vorliegen von den strengen Anforderungen des „Aushandelns" abgesehen werden kann.[966] Das Schutzbedürfnis des Vertragspartners und die Anwendung des AGB-Rechts richte sich nämlich vorrangig nach der wirtschaftlichen Bedeutung des abzuschließenden Rechtsgeschäfts. Mit steigender wirtschaftlicher Bedeutung nehme das finanzielle Risiko einer „blinden Einwilligung" in Allgemeine Geschäftsbedingungen und damit auch die Selbstverantwortung des Vertragspartners zu.[967] Es sei daher vorzugswürdig, den Schutz des AGB-Rechts vom Verhältnis der Kosten der Vertragsanalyse zum Vertragswert abhängig zu machen und die Allgemeinen Geschäftsbedingungen ab einem bestimmten Vertragswert nicht mehr der AGB-Kontrolle zu unterstellen – unabhängig davon, ob sie ausgehandelt oder verhandelt wurden.[968]

Unter den Vertretern dieser Auffassung ist sodann allerdings umstritten, wie eine angemessene Wertgrenze festgelegt werden kann. *Becker* spricht sich dafür aus, § 310 Abs. 1 BGB um folgenden S. 4 zu ergänzen: „Auf Allgemeine Geschäftsbedingungen, die gegenüber den in Satz 1 bezeichneten Vertragspartnern verwendet werden, findet dieser Abschnitt keine Anwendung, wenn der Vertragswert 500.000 Euro übersteigt".[969] Andere hingegen fordern als Schwellenwert einer pauschalen vertragswertabhängigen Bereichsausnahme eine[970] bzw. sogar drei Millionen Euro[971] oder aber verzichten ganz auf eine konkrete Festlegung.[972]

---

964 *Pfeiffer*, ZGS 2004, S. 401.

965 *Müller*, BB 2013, S. 1355 (1357); *Leuschner*, JZ 2010, S. 875 (884); *Miethaner*, NJW 2010, S. 3121 (3127); *Leuschner*, AcP 207 (2007), S. 491 (524 f.).

966 *Becker*, JZ 2010, S. 1098 (1104).

967 *Becker*, JZ 2010, S. 1098 (1104).

968 *Becker*, JZ 2010, S. 1098 (1104).

969 *Becker*, JZ 2010, S. 1098 (1106); vgl. *Müller*, BB 2013, S. 1355 (1357); einen ähnlichen Vorschlag macht auch *Leuschner*, AGB-Recht für Verträge zwischen Unternehmen, S. 290, indem er eine an den Gegenstandswert des Vertrags knüpfende Wertgrenze einführen möchte, ab deren Erreichen Verträge vom Anwendungsbereich der §§ 307 ff. BGB ausgeschlossen sein sollen.

970 *Müller/Griebeler/Pfeil*, BB 2009, S. 2658 (2662); *Leuschner*, JZ 2010, S. 875 (884); *Leuschner*, AcP 207 (2007), S. 491 (524 f.); *Miethaner*, NJW 2010, S. 3121 (3127).

971 *Pfeiffer*, ZGS 2004, S. 401.

972 *Leyens/Schäfer*, AcP 210 (2010), S. 771 (792).

d) *Individualvertraglicher Verzicht*

Darüber hinaus möchte *Jansen* die Entscheidung der Anwendung des AGB-Rechts im unternehmerischen Verkehr nicht abstrakt von Rechts wegen treffen, sondern den am Vertragsschluss Beteiligten selbst zuweisen. *Jansen* fordert demzufolge den Ausschluss der AGB-Kontrolle i.S.d. §§ 305 ff. BGB bei Vorliegen eines individualvertraglichen Verzichts beider Vertragsparteien.[973] Dadurch liefe man allerdings Gefahr, dass ein überlegener Verwender mit entsprechender Marktmacht den Vertragspartner derart unter Druck setzt, dass er den Vertragsabschluss stets von der individualvertraglichen Zustimmung zum Ausschluss der AGB-Kontrolle abhängig macht. Ein solches Vorgehen könnte nicht, wie von *Jansen* vorgeschlagen,[974] allein mit den üblichen Instrumentarien des Vertragsrechts (wie z.B. § 138 BGB) bewältigt werden.[975]

Zudem unterliegen die Vorschriften des AGB-Rechts, insbesondere auch der hier zu untersuchende § 305 Abs. 1 S. 3 BGB, nicht der Disposition der Vertragsparteien. Für Verträge, die unter ausschließlicher Beteiligung von Unternehmern geschlossen werden, kann insoweit keine Ausnahme gemacht werden. Der 7. Zivilsenat des Bundesgerichtshofs hat diesbezüglich zu Recht festgestellt, dass es mit dem Schutzzweck der §§ 305 ff. BGB, nach dem ungleiche Verhandlungspositionen ausgeglichen werden sollen, nicht zu vereinbaren ist, wenn „die Vertragsparteien unabhängig von den Voraussetzungen des § 305 Abs. 1 Satz 3 BGB die Geltung des Rechts der Allgemeinen Geschäftsbedingungen individualrechtlich ausschließen" können.[976]

Nichts anderes passiert jedoch durch die von *Jansen* vorgeschlagene Verzichtserklärung. Sie verhindert eine gerichtliche Überprüfung, ob in dem Moment eine gleichberechtigte Verhandlungsposition bestanden hat. Der Ansatz von *Jansen* ist daher von vornherein abzulehnen. Die Vertragsparteien können den Vertragsabschluss nicht von einer individualvertraglichen Zustimmung zum Ausschluss der AGB-Kontrolle abhängig machen.[977]

---

973 *Jansen,* ZEuP 2010, S. 69 (92 f.)

974 *Jansen*, ZEuP 2010, S. 69 (93).

975 So auch *Kraft*, Allgemeine Geschäftsbedingungen in Unternehmen, S. 155.

976 BGH v. 20.3.2014, NJW 2014, S. 1725 (1728).

977 So auch BGH v. 20.3.2014, NJW 2014, S. 1725 (1728).

e) Ergänzung des § 305 Abs. 1 BGB um einen Satz 4 und Satz 5

Schließlich stellte die Frankfurter Initiative zur Fortentwicklung des AGB-Rechts im April 2015 folgenden Gesetzgebungsvorschlag zur Ergänzung des § 305 Abs. 1 BGB um einen zusätzlichen Satz 4 und 5 vor: „Werden Vertragsbedingungen gegenüber einem Unternehmer, einer juristischen Person des öffentlichen Rechts oder einem öffentlich-rechtlichen Sondervermögen verwendet, stellen sie keine Allgemeinen Geschäftsbedingungen dar, soweit die andere Vertragspartei diesen oder dem Vertragswerk insgesamt aufgrund einer selbstbestimmten unternehmerischen Entscheidung zustimmt; einer Abänderung des vorformulierten Vertragstextes bedarf es nicht. Satz 4 gilt nicht, wenn Allgemeine Geschäftsbedingungen gegenüber einem Kleinstunternehmen (entsprechend § 267a HGB) verwendet werden".[978]

f) Stellungnahme

Im Rahmen der Stellungnahme ist mit Blick auf das Gesagte zwischen der Rechtslage *de lege lata* und *de lege ferenda* zu unterscheiden.[979]

(1) De lege lata

Ein wesentlicher Grundgedanke des AGB-Rechts ist es, die missbräuchliche Ausübung der Privatautonomie durch eine Vertragspartei zu verhindern. Denn der schwächere Vertragspartner hat durch die Verwendung Allgemeiner Geschäftsbedingungen keine Möglichkeit, auf deren Inhalt ein- und entgegenzuwirken. Mithilfe der §§ 305 ff. BGB soll der Vertragspartner daher vor allem davor bewahrt werden, dass sich der Verwender der vorformulierten Vertragsbedingungen bedient, um eigene unliebsame Risiken abzuwälzen.[980] Dieser Kontrollmechanismus erscheint jedoch problematisch, wenn sich die Vertragspartner im unternehmerischen Rechtsverkehr auf Augenhöhe begegnen.

Zwar können die Unternehmer den Anwendungsbereich der AGB-Kontrolle gemäß § 305 Abs. 1 S. 3 BGB durch ein „Aushandeln" der Vertragsbedingungen umgehen, da die Klauseln dadurch als nicht mehr einseitig gestellt i.S.d. § 305

---

978 https://www.zvei.org/fileadmin/user_upload/Themen/Maerkte_Recht/Allgemeine_Geschaeftsbedingungen_im_unternehmerischen_Geschaeftsverkehr/pdf/AGB-Initiative-Positionspapier-Stand-06–2018.pdf(zuletzt aufgerufen am 28.3.2019).

979 Vgl. zu dieser Unterscheidung auch *Pfeiffer*, NJW 2017, S. 913 (917).

980 *Basedow* in: MüKo/BGB, Vorb. §§ 305 ff. Rn. 1 ff.; *Stadler* in: Jauernig/BGB, § 305 Rn. 1 ff.; *Brox/Walker*, BGB AT, S. 107 ff.

Abs. 1 S. 1 BGB gelten. Die ständige höchstrichterliche Rechtsprechung stellt an ein solches Aushandeln jedoch hohe Anforderungen. Sie verlangt, wie bereits dargelegt,[981] dass der Verwender im unternehmerischen Rechtsverkehr den gesetzesfremden Kerngehalt der Vertragsbedingungen ernsthaft zur Disposition stellt und dem Verhandlungspartner Gestaltungsfreiheit zur Wahrung eigener Interessen einräumt, mit zumindest der realen Möglichkeit, die inhaltliche Ausgestaltung der Vertragsbedingungen zu beeinflussen.[982] Demzufolge reicht es für ein „Aushandeln" i.S.d. § 305 Abs. 1 S. 3 BGB nicht aus, dass die Unternehmer ihrem Vertrag ein Regelwerk lediglich übereinstimmend zugrunde legen, obwohl sie dadurch ihre Transaktionskosten deutlich reduzieren. Für die Vertragspartner bedeutet dies in der Praxis ein hohes Maß an Rechtsunsicherheit.

Auf den ersten Blick vermag es überraschen, dass der Bundesgerichtshof Verträge zwischen Unternehmer im Ergebnis an denselben strengen Maßstäben wie Verbraucherverträge misst. Denn § 310 Abs. 1 S. 1 BGB ordnet an, dass die Klauselverbote der §§ 308, 309 BGB im unternehmerischen Bereich keine Geltung beanspruchen und § 310 Abs. 1 S. 2, 2. Hs. BGB dem Rechtsanwender aufgibt, auf die im Handelsverkehr geltenden Gewohnheiten Rücksicht zu nehmen. Das Tatbestandsmerkmal des „Aushandelns" im unternehmerischen Rechtsverkehr steht daher zu Recht fortwährend in der Kritik.

De lege lata kann der Begriff des „Aushandelns" im unternehmerischen Geschäftsverkehr allerdings nicht durch ein bloßes „Verhandeln" zu ersetzen werden: Denn „Verhandeln" bedeutet nach dem allgemeinen Sprachverständnis, dass die Vertragsparteien eine Tätigkeit entfalten, um in eingehender Besprechung und Erörterung zu einer Klärung offener Punkte zu gelangen.[983] „Aushandeln" hingegen verlangt, dass sich die Parteien rechtsgeschäftlich einigen und aufgrund von Verhandlungen ein Einverständnis erzielen.[984] Voraussetzung ist danach ein gegenseitiges Geben und Nehmen, in dessen Rahmen eine tatsächliche Einflussnahme auf die Vertragsgestaltung zum Ausdruck gebracht wird.[985]

Mithilfe des Erfordernisses eines „Aushandelns" und den strengen Anforderungen der höchstrichterlichen Rechtsprechung wird daher sichergestellt, dass

---

981 Zum Begriff des „Aushandelns" im unternehmerischen Verkehr siehe Seite 213 f.

982 Vgl. aus der neueren Rechtsprechung BGH v. 22.11.2012, NJW 2013, S. 856 (856 f.).

983 *Löwe*, NJW 1977, S. 1328 (1329); *Huth*, Kontrolle Allgemeiner Geschäftsbedingungen im unternehmerischen Geschäftsverkehr, S. 92.

984 So auch *Roloff* in: Erman/BGB, § 305 Rn. 18; *Löwe*, NJW 1977, S. 1328 (1329); *Huth*, Kontrolle Allgemeiner Geschäftsbedingungen im unternehmerischen Geschäftsverkehr, S. 92.

985 *Westphalen*, BB 1976, S. 1288; *Trinkner*, BB 1977, S. 717 (718).

die infrage stehende Vertragsklausel in den rechtsgeschäftlichen Gestaltungswillen der Vertragspartner aufgenommen worden ist.[986] Gleichzeitig rechtfertigt es dieser Umstand, dass § 305b BGB der Individualabrede den Vorrang vor kollidierenden Allgemeinen Geschäftsbedingungen einräumt und ein funktionales Rangverhältnis zwischen den Vertragsbestandteilen zum Ausdruck bringt. Das bloße „Verhandeln" einer Abrede hingegen vermag dies nicht. Die bloße Entscheidung zum Abschluss des Vertrags in Kenntnis und unter Berücksichtigung der entsprechenden Klauseln, ist nicht ausreichend, um die tatsächliche Möglichkeit zur Ausübung der Vertragsgestaltungsfreiheit der Vertragspartner umfassend sicherzustellen.

Bei einem „Verhandeln", an das keine besonderen Anforderungen gestellt werden, besteht weiterhin die Gefahr, dass inhaltliche Unangemessenheiten nicht ausreichend Berücksichtigung finden. Gleichwohl wäre dem Unternehmer eine Inhaltskontrolle nach den §§ 307 ff. BGB mangels Vorliegen einer Allgemeinen Geschäftsbedingung versperrt und er lediglich auf eine „allgemeine" Inhaltskontrolle (z.B. §§ 134, 138, 242 BGB) verwiesen. Nur wenn man die Klausel „aushandelt", ist es jedoch gerechtfertigt, sich diese Nachteile zuschreiben zu lassen. Anders als bei einem bloßen „Verhandeln" hat man in dieser Situation die infrage stehende Abrede selbst maßgeblich mitgestaltet, unabhängig davon, ob es schließlich zu einer Änderung eines Klauselvorschlags gekommen ist oder nicht.

Mit der Verwendung von Allgemeinen Geschäftsbedingungen ist auch im unternehmerischen Geschäftsverkehr typischerweise die Gefahr verbunden, dass dem Vertragspartner die Vertragsgestaltungsfreiheit genommen und er auf die bloße Vertragsabschlussfreiheit verwiesen wird. Dies führt zu einem funktionellen Versagen der Richtigkeitsgewähr des Vertragsmechanismus, mit der Folge, dass die Schaffung von Vertragsgerechtigkeit, ein angemessener Interessenausgleich und damit die Verwirklichung des Vertragszwecks nicht mehr gewährleistet sind.[987] Die Nichtanwendung des Rechts der Allgemeinen Geschäftsbedingung und ein Vorrang von Individualabreden lässt sich daher auch im unternehmerischen Geschäftsverkehr nur dort begründen, wo die

---

986 Zum Begriff des „Aushandelns" i.S.d. § 305 Abs. 1 S. 3 BGB siehe Seite 103 ff.

987 Vgl. BT-Drucksache 7/3919, S. 9: „Die im BGB vorausgesetzte Funktion der Vertragsfreiheit, durch freies Aushandeln der Vertragsbedingungen zwischen Partnern mit annähernd gleichwertiger Ausgangsposition Vertragsgerechtigkeit zu schaffen, ist dort empfindlich gestört, wo die Vertragsfreiheit für das einseitige Diktat unbilliger oder gar missbräuchlicher AGB in Anspruch genommen wird."

einzelvertragliche Abrede individuell i.S.d. § 305 Abs. 1 S. 3 BGB „ausgehandelt" worden ist. Den Begriff des „Aushandelns" durch ein „Verhandelns" zu ersetzen, ist abzulehnen.

Im Ergebnis sind zur Bestimmung einer „Individualabrede" *de lege lata* dieselben inhaltlichen Anforderungen wie bei Verträgen unter Mitwirkung eines Verbrauchers maßgebend. Der Schutzzweck der Inhaltskontrolle nach den §§ 307 ff. BGB, der darin besteht, „die einseitige Ausnutzung der Vertragsgestaltungsfreiheit durch eine Vertragspartei zu verhindern",[988] muss mit Blick auf den verfassungsrechtlich gebotenen Schutz der materiellen Vertragsgestaltungsfreiheit des sich Allgemeinen Geschäftsbedingungen ausgesetzt sehenden Vertragspartners auch im unternehmerischen Geschäftsverkehr gelten. Die Rechtsprechung ist den Forderungen nach einer Absenkung des Schutzniveaus der AGB-Kontrolle im unternehmerischen Verkehr zu Recht nicht gefolgt.

(2) De lege ferenda

Den Kritiker ist jedoch darin zuzustimmen, dass es „systemfremd" erscheint jeden Unternehmer bei der AGB-Kontrolle unternehmerischer Standardverträge wie einen unerfahrenen Verbraucher „vor sich selbst" zu schützen.[989] In der Praxis sind die Vertragsparteien häufig überrascht, wenn die ohne Beanstandung übereinstimmend akzeptierten Vertragsbedingungen keine Geltung beanspruchen, weil sie nicht im Einzelnen besprochen und ausdrücklich zur Disposition gestellt worden sind.[990]

Anknüpfend daran weist *Leuschner* zu Recht darauf hin, dass das Tatbestandsmerkmal des „Aushandelns" zwei Schwächen aufweist: Zum einen könne das Merkmal des „Aushandelns" dem Umstand nicht gerecht werden, dass die informationelle Unterlegenheit des Vertragspartners nicht nur durch ein (konsensuales) Aushandeln, sondern auch durch eine (einseitige) Analyse der Vertragsbedingungen überwunden werden kann. Zudem werde dadurch im unternehmerischen Rechtsverkehr ein erhebliches Fehlsteuerungspotential hervorgerufen, da der Vertragspartner keinen Anreiz zur eigenverantwortlichen Interessenwahrnehmung habe.[991] Diesen Missstand habe die höchstrichterliche

---

988 So BGH v. 30.6.1994, NJW 1994, S. 2825 (2826); BGH v. 15.2.2017, NJW 2017, S. 2346 (2346 f.); vgl. auch *Stoffels*, AGB-Recht, Rn. 76 ff.

989 *Berger*, NJW 2001, S. 2152 (2154); *Salger/Schröder*, AnwBl 2012, S. 683 (689) sprechen von einer Behandlung der Unternehmer „wie unmündige Kinder".

990 *Stöhr*, Kleine Unternehmen, S. 516.

991 *Leuschner*, JZ 2010, S. 875 (882).

Rechtsprechung durch ihre strengen Anforderungen an das Aushandeln zudem noch erheblich verschärft.[992] *De lege ferenda* ist daher eine Modifikation der Anforderungen an eine Individualabrede im unternehmerischen Rechtsverkehr zu begrüßen.

Problematisch erscheint jedoch der Vorschlag, nach dem das AGB-Recht bei Überschreiten einer bestimmten Wertgrenze keine Anwendung mehr finden soll. Zum einen würden die kleineren Massengeschäfte von Unternehmern weiterhin den strengen Anforderungen des § 305 Abs. 1 S. 3 BGB unterfallen, weshalb eine solche Bereichsausnahme – unabhängig von den Schwierigkeiten bei der Festlegung einer bestimmten Höhe – nur bedingt erfolgreich wäre.[993] Darüber hinaus ist auch die Berechnung des Transaktionsvolumens insbesondere unter Einsatz von Rahmenverträgen, Dauerschuldverhältnissen oder Verträgen, bei denen das Vertragsvolumen zum Verhandlungszeitpunkt noch nicht abschließend feststeht, äußerst aufwendig.[994] Ferner ließe sich mit einer festen Wertgrenze nicht begründen, warum bei ihrem Überschreiten eine selbstbestimmte und autonome Entscheidung des Vertragspartners des Klauselverwenders anzunehmen ist, die eine reduzierte Inhaltskontrolle und einen Vorrang vor anderen, das heißt vor allem in anderen Verträgen aufgenommene inhaltlich kollidierende Allgemeine Geschäftsbedingungen rechtfertigt.

Für eine Ergänzung des § 305 Abs. 1 S. 3 BGB um einen zusätzlichen Kriterienkatalog, nach dem das Vorliegen eines „Aushandelns" vermutet wird, lässt sich anführen, dass so mehr Rechtssicherheit geschaffen werden könnte. Allerdings lassen sich niemals alle Möglichkeiten eines Aushandlungsprozesses in einem Kriterienkatalog erfassen. Zudem kann ein gesetzlicher Kriterienkatalog anders als ein auslegungsbedürftiger Rechtsbegriff nur langsam an veränderte Bedingungen angepasst werden.[995] Er bietet daher im Einzelfall unter Umständen wenig Flexibilität.

Nachdrücklich zu begrüßen ist hingegen der Gesetzesvorschlag der Frankfurter Initiative zur Fortentwicklung des AGB-Rechts im unternehmerischen Rechtsverkehr.[996] In überzeugender Weise rückt er das Kriterium der selbstbestimmten unternehmerischen Entscheidung in den Mittelpunkt der Diskussion.

---

992 *Leuschner*, JZ 2010, S. 875 (882); *Stöhr*, Kleine Unternehmen, S. 516.

993 *Kraft*, Allgemeine Geschäftsbedingungen in Unternehmen, S. 154.

994 *Kieninger*, AnwBl 2012, S. 301 (302).

995 *Axer*, Rechtfertigung und Reichweite der AGB-Kontrolle, S. 271; kritisch auch *Westphalen*, BB 2010, S. 195 (197).

996 *Stöhr*, Kleine Unternehmen, S. 518.

Gleichzeitig ist es positiv zu bewerten, dass der Vorschlag eine Differenzierung für Kleinstunternehmer vorsieht. Problematisch ist jedoch, es sich bei der „selbstbestimmten unternehmerischen Entscheidung" um einen unbestimmten Rechtsbegriff handelt, der einer Konkretisierung durch die Rechtsprechung bedarf und damit ebenfalls zu Rechtsunsicherheit führen kann.

Zu Recht äußert *Kieninger* Zweifel daran, wie festgestellt werden soll, dass die Zustimmung zu den Allgemeinen Geschäftsbedingungen eine selbstbestimmte unternehmerische Entscheidung darstellt.[997] In diesem Zusammenhang ist insbesondere auf § 310 Abs. 1 S. 2, 2. Hs. BGB zu verwiesen, nach dem bei der Anwendung des AGB-Rechts auf Unternehmer „auf die im Handelsverkehr geltenden Gewohnheiten und Gebräuche angemessen Rücksicht zu nehmen [ist]". Bis heute bestehen in der Rechtsprechung Schwierigkeiten, diese Vorgaben angemessen in das Recht der Allgemeinen Geschäftsbedingungen zu übernehmen.[998] Infolgedessen ist es äußerst zweifelhaft, dass dies im Hinblick auf die „selbstbestimmte unternehmerische Entscheidung" anders wäre. Der Vorschlag sollte daher durch die Aufnahme von Regelbeispielen präzisiert werden, bei deren Vorliegen eine selbstbestimmte unternehmerische Entscheidung anzunehmen ist. Im Anschluss daran sollte der Gesetzgeber den § 305 Abs. 1 BGB entsprechend ergänzen.[999]

3. Das kaufmännische Bestätigungsschreiben

In der kaufmännischen Praxis ist es üblich, (fern-)mündliche Vertragsabschlüsse mithilfe eines sog. kaufmännischen Bestätigungsschreibens zur Vermeidung von Missverständnissen und Streitigkeiten schriftlich zu bestätigen, inhaltlich zu konkretisieren sowie durch weitere Nebenabreden zu ergänzen.[1000] Kaufmännische Bestätigungsschreiben dienen so der Verkehrssicherheit, dem Interesse des Handelsverkehrs an Schnelligkeit sowie Leichtigkeit und ermöglichen es Transaktionskosten einzusparen.[1001] In der Regel verweist die Vertragspartei, die das kaufmännische Bestätigungsschreiben aufsetzt, darin gleichzeitig auch auf die eigenen Allgemeinen Geschäftsbedingungen. Dies erfolgt entweder ergänzend zur mündlichen Kernabsprache oder aber durch die Behauptung, man habe

---

997 *Kieninger*, AnwBl 2012, S. 301 (302).

998 *Kraft*, Allgemeine Geschäftsbedingungen in Unternehmen, S. 156.

999 Vgl. auch *Stöhr*, Kleine Unternehmen, S. 518.

1000 *Lindacher*, WM 1981, S. 702; *Dücker*, BB 1996, S. 3.

1001 *K. Schmidt*, Handelsrecht, § 19 III Rn. 69; kritisch zur Reduzierung der Transaktionskosten *Moritz*, BB 1995, S. 420 (421).

deren Geltung vereinbart.[1002] Auf diese Weise ist es nicht ausgeschlossen, dass es zwischen den individuell getroffenen Abreden und den über das kaufmännische Bestätigungsschreiben einzubeziehenden Allgemeinen Geschäftsbedingungen zu Überschneidungen und gegenseitiger Beeinflussung kommen kann. Wie sich das in § 305b BGB niedergelegte Vorrangprinzip zum kaufmännischen Bestätigungsschreiben verhält, ist in Rechtsprechung und Literatur allerdings umstritten. Es wird eine Vielzahl an verschiedenen Lösungsansätzen vertreten, die im Folgenden eingehend zu erörtern sind.

a) Dogmatische Einordnung

Das kaufmännische Bestätigungsschreiben hat sich bereits sehr früh im kaufmännischen Verkehr als Handelsbrauch entwickelt und wird heutzutage einstimmig dem Gewohnheitsrecht zugeordnet.[1003] Ursprünglich zur Beweissicherung gedacht, entwickelte es sich im Laufe der Jahrzehnte immer weiter.[1004] Grundsätzlich wird heute zwischen einem sog. deklaratorischen und sog. konstitutiven Bestätigungsschreiben unterschieden.[1005] Bei einem deklaratorischen Bestätigungsschreiben bestätigt und dokumentiert das Schreiben lediglich einen bereits geschlossenen Vertrag; während bei einem konstitutiven Bestätigungsschreiben der Vertrag nach der Parteivereinbarung erst mit dem Bestätigungsschreiben zustande kommen soll.[1006] Allerdings kann ein an sich deklaratorisches Bestätigungsschreiben konstitutive Wirkung haben, wenn es im Vergleich zum Verhandlungsergebnis Abweichungen enthält.[1007] Widerspricht die andere Vertragspartei dem Schreiben nicht unverzüglich, kommt der Vertrag mit dem abgeänderten Inhalt zustande.

Rechtsprechung[1008] und Teile der Literatur[1009] versuchten, diese Begründungs- bzw. Änderungswirkung des kaufmännischen Bestätigungsschreibens zunächst aus einer Qualität des Schweigens als Willenserklärung herzuleiten. Allerdings kommt dem Schweigen, abgesehen von wenigen Ausnahmefällen (vgl. etwa

---

1002 *Coester*, DB 1982, S. 1551.

1003 *K. Schmidt*, Handelsrecht, § 19 III Rn. 66 f.; *Hopt*, AcP 183 [1983], S. 608 (691).

1004 So auch schon *Raiser*, Das Recht der Allgemeinen Geschäftsbedingungen, S. 192.

1005 Für einen Überblick *K. Schmidt*, Handelsrecht, § 19 III Rn. 84 ff.

1006 *K. Schmidt*, Handelsrecht, § 19 III Rn. 84 f.; *Diederichsen*, JuS 1966, S. 129 (130).

1007 BGH v. 27.1.1965, NJW 1965, S. 965 (966); BGH v. 26.9.1973, NJW 1973, S. 2106 (2107); BGH v. 5.5.1982, NJW 1982, S. 1751.

1008 BGH v. 4.4.1951, NJW 1951, S. 711; OLG Köln v. 8.5.1959, MDR 1959, S. 929.

1009 *Kramer*, Jura 1984, S. 235 (247); *Kellmann*, JuS 1971, S. 609 (616).

§§ 108 Abs. 2 S. 2 BGB, 177 Abs. 2 S. 2, 416 Abs. 2 S. 2 BGB) mangels Erklärungswerts dem Grunde nach keine rechtliche Wirkung zu.[1010] Auch der Ansatz, nach dem bei Schweigen auf ein Bestätigungsschreiben eine Genehmigung des Inhalts durch die andere Vertragspartei fingiert werden soll,[1011] kann nicht überzeugen, da Fiktionen einer gesetzlichen Grundlage bedürfen. Eine solche besteht für das kaufmännische Bestätigungsschreiben allerdings gerade nicht.[1012]

Ebenso ist eine Herleitung der konstitutiven Wirkung eines kaufmännischen Bestätigungsschreibens aus Kontrahierungszwang oder „sozialem Kontakt" abzulehnen, weil dem die negative Vertragsabschlussfreiheit als Ausprägung der Privatautonomie entgegensteht.[1013] Ein Teil des Schrifttums nimmt daher als Grundlage der bindenden Wirkung eine Rechtsscheinhaftung kraft typisiertem Verhalten an.[1014]*Kuchinke* rechtfertigt die Verbindlichkeit des kaufmännischen Bestätigungsschreibens hingegen damit, dass ausnahmsweise die Rechtsbeziehung zwischen den Parteien einseitig, das heißt allein durch den Zugang des Schreibens, umgestaltet würde. Darin liege eine Obliegenheitsverletzung des Empfängers, der folglich widersprechen müsse.[1015]

Überzeugender scheint es jedoch, auf den Zweck des kaufmännischen Bestätigungsschreibens abzustellen. Denn das kaufmännische Bestätigungsschreiben zielt, wie auch § 362 HGB,[1016] auf den Vertrauensschutz ab.[1017] Das Institut des kaufmännischen Bestätigungsschreibens mit seiner Bindungs- und Änderungswirkung wird inzwischen fest dem Gewohnheitsrecht zugerechnet, dessen Voraussetzungen im Wesentlichen feststehen. Naheliegend ist es daher, die Begründung für die bindende Wirkung des kaufmännischen Bestätigungsschreibens in dem Schutz des Vertrauens in die Einhaltung des Handelsbrauchs zu sehen. Im Ergebnis bedarf der Streit hinsichtlich der dogmatischen Einordnung des kaufmännischen Bestätigungsschreibens für das vorliegend zu bearbeitende Thema jedoch keiner abschließenden Klärung. Die Grundlagen der

---

1010 BGH v. 27.10.1953, BGHZ 11, S. 1 (5); *Dücker*, BB 1996, S. 3.

1011 BGH v. 3.3.1956, NJW 1956, S. 869; BGH v. 26.6.1963, NJW 1963, S. 1922 (1923); *Ratz* in: Großkommentar/HGB, § 346 Rn. 44; *Hanau*, AcP 165 [1965], S. 220 (225).

1012 *Dücker*, BB 1996, S. 3.

1013 *Dücker*, BB 1996, S. 3; *K. Schmidt*, Handelsrecht, § 19 III Rn. 70 f.

1014 *Canaris*, Die Vertrauenshaftung im deutschen Privatrecht, S. 207 ff.; *Dücker*, BB 1996, S. 3 (3 f.); *Lettl*, JuS 2008, S. 849 (850); *Diederichsen*, JuS 1966, S. 129 (135 f.).

1015 *Kuchinke*, JZ 1965, S. 167 (174); so auch *Tengelmann*, DB 1968, S. 205 (206); *Hanau*, AcP 165 [1965], S. 220 (236 ff.).

1016 *Ebenroth*, ZVglRWiss 77 [1978], S. 161 (192).

1017 *K. Schmidt*, Handelsrecht, § 19 III Rn. 69 f.

Lehre vom kaufmännischen Bestätigungsschreiben als solche werden dadurch nicht infrage gestellt.

b) Voraussetzungen

Das „kaufmännische" Bestätigungsschreiben beschränkt sich in persönlicher Hinsicht entgegen seinem Namen nicht allein auf Kaufleute i.S.d. §§ 1 ff. HGB. Da sich das Rechtsinstitut aus einem Handelsbrauch ableitet und einen Gewohnheitsrechtssatz darstellt, ist der Normadressat anhand des damit verfolgten Verkehrssicherheitsgedankens zu bestimmen.[1018] Was unter Kaufleuten als „Handels"-Brauch bezeichnet wird, kann als inhaltsgleiche Verkehrssitte auch für andere Unternehmen gelten.[1019] Im Rahmen des Gewohnheitsrechts ist demzufolge von jedem Unternehmensträger ein entsprechend professionelles, den Grundsätzen des Vertrauens auf bestimmte Verhaltensweisen genügendes Verhalten zu erwarten. Damit können selbst Angehörige eines freien Berufs und Kleingewerbetreibende unabhängig von ihrer Eintragung im Handelsregister mit der konstitutiven Wirkung eines kaufmännischen Bestätigungsschreibens konfrontiert sein, solange von ihnen ein professioneller Umgang damit erwartet werden kann.[1020] Aber auch auf Absenderseite muss nicht notwendigerweise ein Kaufmann i.S.d. §§ 1 ff. HGB tätig werden. Ausreichend ist es, wenn eine Person auftritt, die erwarten kann, dass ihr gegenüber die Gepflogenheiten des Handelsverkehrs eingehalten werden bzw. von der erwartet werden kann, dass sie sich nach kaufmännischer Sitte verhält.[1021]

In sachlicher Hinsicht muss das Schreiben den Inhalt eines (vermeintlich) bereits geschlossenen Vertrags verbindlich festhalten,[1022] wobei kurz vor Versenden des Schreibens tatsächlich Verhandlungen stattgefunden haben müssen.[1023] Es kommt nicht darauf an, ob der Vertrag bereits wirksam geschlossen worden ist, sondern nur darauf, dass das Bestätigungsschreiben ihn als geschlossen bestätigt. Dies hat zur Folge, dass der Absender des Schreibens darin die (Verhandlungs-)Ergebnisse eindeutig abzufassen hat.[1024] Dies ist gemäß §§ 133,

---

1018 *K. Schmidt*, Handelsrecht, § 19 III Rn. 72 f.

1019 *K. Schmidt*, Handelsrecht, § 19 III Rn. 72 f.

1020 BGH v. 26.6.1963, NJW 1963, S. 1922 (1922 f.); BGH v. 18.10.1973, WM 1973, S. 1376; OLG Koblenz v. 26.6.2006, NJW-RR 2007, S. 813 (814); *Pfeiffer*, NJW 1999, S. 169 (171); *Lettl*, JuS 2008, S. 849 (850 f.); *K. Schmidt*, Handelsrecht, § 19 III Rn. 73.

1021 BGH v. 26.6.1963, NJW 1963, S. 1922 (1922 f.).

1022 *Kuchinke*, JZ 1965, S. 167 (173); *Diederichsen*, JuS 1966, S. 129 (131).

1023 OLG Düsseldorf v. 24.11.1981, DB 1982, S. 592; *Dücker*, BB 1996, S. 3 (4 f.).

1024 BGH v. 5.12.1960, NJW 1965, S. 965 (966); *Diederichsen*, JuS 1966, S. 129 (131).

157 BGB durch Auslegung zu ermitteln. Er muss erkennen lassen, dass die Verhandlungen aus seiner Sicht zu einem Vertragsschluss geführt haben und dementsprechend das Schreiben von einer Gegenbestätigung unabhängig sein soll.[1025]

Ferner muss das Schreiben dem Adressaten nach den allgemeinen Regeln zugehen.[1026] Bei einem deklaratorischen Bestätigungsschreiben muss der Zugang alsbald nach den Vertragsverhandlungen erfolgen, damit der zeitliche Zusammenhang zwischen dem Bestätigungsschreiben und den Verhandlungen erkennbar ist.[1027] Schließlich setzt die konstitutive Wirkung des kaufmännischen Bestätigungsschreibens voraus, dass kein rechtzeitiger Widerspruch gegen das Bestätigungsschreiben erfolgt ist. Nach herrschender Meinung ist dies der Fall, wenn er ohne schuldhaftes Zögern, das heißt unverzüglich (§ 121 Abs. 1 S. 1 BGB) erklärt worden ist.[1028]

Zu beachten ist jedoch, dass der konstitutiven Wirkung eines kaufmännischen Bestätigungsschreibens Verkehrsschutzinteressen entgegenstehen können. Dies ist zum einen dann der Fall, wenn der Absender unredlich ist, das heißt, wenn er positive Kenntnis davon hatte, dass das Bestätigungsschreiben nicht mit dem Verhandlungsergebnis übereinstimmt.[1029] Der Normzweck des kaufmännischen Bestätigungsschreibens liegt nämlich im Vertrauen des Absenders auf die Billigung des Schreibens. Ein solches kann sich bei Arglist allerdings nicht bilden. Zudem wäre es treuwidrig, sich im Wissen um die wesentliche Abweichung von den geführten Vertragsverhandlungen auf die konstitutive Wirkung des Bestätigungsschreibens zu berufen. Darüber hinaus ist eine konstitutive Wirkung des kaufmännischen Bestätigungsschreibens immer dann zu versagen, wenn die inhaltlichen Abweichungen gegenüber dem ursprünglichen Verhandlungsergebnis zu groß sind. In dieser Situation kann der Absender des Bestätigungsschreibens ebenfalls – unabhängig von einer positiven Kenntnis – nicht mehr mit dem Einverständnis des Adressaten rechnen.[1030]

1025 *K. Schmidt*, Handelsrecht, § 19 III Rn. 87.

1026 BGH v. 27.1.1965, NJW 1965, S. 965 (966); BGH v. 18.1.1978, NJW 1978, S. 886; *Diederichsen*, JuS 1966, S. 129 (137).

1027 *K. Schmidt*, Handelsrecht, § 19 III Rn. 100; *Dücker*, BB 1996, S. 3 (5).

1028 *K. Schmidt*, Handelsrecht, § 19 III Rn. 101; *Diederichsen*, JuS 1966, S. 129 (131 f.).

1029 *K. Schmidt*, Handelsrecht, § 19 III Rn. 111.

1030 So bereits RG v. 25.2.1919, RGZ 95, S. 48 (51); BGH v. 30.1.1985, NJW 1985, S. 1333; *Diederichsen*, JuS 1966, S. 129 (138); *Lettl*, JuS 2008, S. 849 (852).

c) *Einbeziehung Allgemeiner Geschäftsbedingungen*

Anknüpfend daran gehen die ständige Rechtsprechung und herrschende Meinung in der Literatur davon aus, dass der erstmalige Verweis des Bestätigenden auf seine Allgemeinen Geschäftsbedingungen grundsätzlich keine so schwerwiegende Abweichung von dem zuvor Besprochenen darstellt, sodass dieser redlicherweise nicht mit dem Einverständnis des Empfängers rechnen kann.[1031] Zu beachten sind jedoch die im Handelsverkehr für die Einbeziehung Allgemeiner Geschäftsbedingungen allgemein geltenden Regeln.[1032]

Für das kaufmännische Bestätigungsschreiben gilt insoweit zunächst nichts anderes. Indem der Vertragspartner im Bestätigungsschreiben auf die Allgemeinen Geschäftsbedingungen hinweist, behauptet er damit allerdings gleichzeitig, dass diese Voraussetzungen in den Verhandlungen erfüllt worden sind. Der Bundesgerichtshof verlangt daher zu Recht, dass der Verweis auf die Allgemeinen Geschäftsbedingungen ausdrücklich zu erfolgen hat.[1033] Eine Beifügung soll dagegen nicht erforderlich sein.[1034] Allerdings muss der andere Vertragspartner selbstverständlich von den Allgemeinen Geschäftsbedingungen Kenntnis nehmen können.[1035]

Teilweise wird in der Literatur zusätzlich der Vorbehalt gemacht, dass es sich bei den Allgemeinen Geschäftsbedingungen lediglich um branchenübliche und nicht ungewöhnliche bzw. solche handeln darf, die nur unerheblich vom dispositiven Recht abweichen. Andernfalls könne mit dem Einverständnis des Empfängers nicht gerechnet werden.[1036] Dem ist jedoch entgegenzuhalten, dass allein die Branchenunüblichkeit von Allgemeinen Geschäftsbedingungen nicht dazu führt, dass jede darin enthaltene Einzelregelung damit automatisch auch als überraschend oder inhaltlich unangemessen einzustufen ist. Die Einbeziehungskontrolle ist an dieser Stelle daher der falsche Prüfungsstandort. Vielmehr muss überprüft werden, ob die konkret im Streit befindliche Klausel der negativen

---

1031 BGH v. 24.9.1952, NJW 1952, S. 1369; *Grüneberg* in: Palandt/BGB, § 305 Rn. 52; *H. Schmidt*, NJW 2011, S. 3329 (3333).

1032 *Spruß*, Die Einbeziehung Allgemeiner Geschäftsbedingungen, S. 349.

1033 BGH v. 24.9.1952, NJW 1952, S. 1369 (1369 f.); *Ulmer/Habersack* in: Ulmer/Brandner/Hensen, § 305 Rn. 178.

1034 *Ulmer/Habersack* in: Ulmer/Brandner/Hensen, § 305 Rn. 178; *Schlosser* in: Staudinger/BGB, 2013, § 305 Rn. 157.

1035 *Ulmer/Habersack* in:Ulmer/Brandner/Hensen, § 305 Rn. 178.

1036 *Pfeiffer* in: Wolf/Lindacher/Pfeiffer, § 305 Rn. 135; *Ulmer/Schäfer*, Ulmer/Brandner/Hensen, § 305c Rn. 56.

Einbeziehungskontrolle nach §§ 305c Abs. 1, 305b BGB und der Inhaltskontrolle gemäß §§ 307 ff. BGB standhält.

d) Kollision mit einer widersprechenden Individualabrede

In Rechtsprechung und Literatur umstritten ist allerdings, wie sich der in § 305b BGB niedergelegte Vorrang der Individualabreden zum kaufmännischen Bestätigungsschreiben verhält. Einigkeit besteht lediglich insoweit, als dass § 305b BGB auch im Rahmen des kaufmännischen bzw. unternehmerischen Verkehrs zu beachten ist.[1037] Bei der Frage, welche rechtlichen Folgen die Kollision einer Individualabrede mit Allgemeinen Geschäftsbedingungen, die mithilfe eines kaufmännischen Bestätigungsschreibens einbezogen werden sollen, mit sich bringt, sind zudem grundsätzlich die folgenden zwei Situationen zu unterscheiden:

(1) Kollision im kaufmännischen Bestätigungsschreiben

Zunächst kann die Kollision unmittelbar im kaufmännischen Bestätigungsschreiben auftreten. Denkbar ist dies, wenn darin ausgeführt wird, dass der Vertrag unter bestimmten Individualabreden und unter Bezugnahme auf die Allgemeinen Geschäftsbedingungen des Bestätigenden bzw. der anderen Partei geschlossen worden ist. In dieser Situation finden die allgemeinen Grundsätze zum Vorrangprinzip Anwendung,[1038] das heißt die im Widerspruch zu den individuell getroffenen Abreden stehenden AGB-Klauseln werden aufgrund der negativen Einbeziehungsvoraussetzung in § 305b BGB nicht Vertragsbestandteil.

(2) Individualabrede nicht im kaufmännischen Bestätigungsschreiben enthalten

Problematischer ist es, wenn die im Bestätigungsschreiben enthaltenen Allgemeinen Geschäftsbedingungen den vereinbarten Individualabreden widersprechen, diese allerdings nicht im Bestätigungsschreiben aufgenommen worden sind. Enthält das Verhandlungsergebnis hinsichtlich eines Punkts überhaupt keine Regelung und wird dieser Punkt im Bestätigungsschreiben durch den erstmaligen Verweis auf die Allgemeinen Geschäftsbedingungen erstmals „aufgefüllt", so stellt dies den klassischen Fall der konstitutiven Wirkung des kaufmännischen Bestätigungsschreibens dar. Ob sich § 305b BGB daher auch in dieser Situation

1037 *Spruß*, Die Einbeziehung Allgemeiner Geschäftsbedingungen, S. 353.
1038 *U. Stein* in: Soergel/BGB, § 4 AGBG Rn. 21; *Lindacher*, WM 1981, S. 702 (708).

gegenüber der konstitutiven Wirkung des kaufmännischen Bestätigungsschreibens durchsetzt, wird in Rechtsprechung und Literatur unterschiedlich beurteilt.

Stein geht davon aus, dass die ursprünglich von den Parteien geschlossenen Individualabreden, die sodann jedoch nicht schriftlich in dem kaufmännischen Bestätigungsschreiben bestätigt worden sind, durch die Bezugnahme auf die abweichenden Allgemeinen Geschäftsbedingungen umfassend ersetzt werden.[1039] Die Anwendbarkeit des § 305b BGB sei somit aufgrund des für kaufmännische Bestätigungsschreiben geltenden Grundsatzes, nach dem mündliche Abreden unbeachtlich sind, soweit sie dem Inhalt des Bestätigungsschreibens widersprechen, grundsätzlich ausgeschlossen.[1040] Die AGB-Klauseln in kaufmännischen Bestätigungsschreiben gingen den anderslautenden mündlichen Individualabreden ungeachtet der Vorschrift des § 305b BGB deshalb prinzipiell vor, sodass der Vertrag zwischen den Parteien allein mit dem Inhalt des Bestätigungsschreibens zustande komme.

Gleichzeitig korrigiert *Stein* ihr Ergebnis und einen dadurch drohenden Leerlauf des § 305b BGB jedoch, indem sie annimmt, dass die Bezugnahme auf individualabredewidrige Allgemeine Geschäftsbedingungen in einem kaufmännischen Bestätigungsschreiben eine erhebliche Abweichung vom Ergebnis der Vertragsverhandlungen darstelle, mit der die andere Partei nicht zu rechnen brauche, sofern es sich nicht nur um eine unwesentliche Nebenabrede handelt. In dieser Situation könnten die Allgemeinen Geschäftsbedingungen daher durch eine widerspruchslose Entgegennahme des Bestätigungsschreibens nicht Vertragsbestandteil werden, soweit sie einer zuvor getroffenen Individualabrede widersprechen.[1041]

Batsch hingegen vertritt die Auffassung, dass Bestätigungsschreiben, in denen vom erklärten Willen abweichende Allgemeine Geschäftsbedingungen aufgenommen sind, aufgrund des Vorrangprinzips in § 305b BGB keine konstitutive Wirkung entfalten.[1042] Treffen die Parteien unter Berücksichtigung der allgemeinen Auslegungsgrundsätze eine unvollständige Vereinbarung, tritt in die verbleibenden Lücken das dispositive Gesetzesrecht. Alles zusammen stellt nach *Batsch* im Ergebnis den „Individualvertrag“ dar, der den durch das Bestätigungsschreiben in Bezug genommenen Allgemeinen Geschäftsbedingungen

1039 *U. Stein* in: Soergel/BGB, § 4 AGBG Rn. 21

1040 Vgl. auch *Hopt* in: *Baumbach/Hopt*, § 346 HGB Rn. 25.

1041 *U. Stein* in: Soergel/BGB, § 4 AGBG Rn. 21.

1042 *Batsch*, NJW 1980, S. 1731 (1731 f.); ähnlich auch *Ulmer/Schäfer* in: Ulmer/Brandner/Hensen, § 305b Rn. 51;a.A.*Koch/Stübing*, § 4 AGBG Rn. 17.

entgegensteht.[1043] Für eine vertragsmodifizierende Wirkung der mithilfe eines kaufmännischen Bestätigungsschreibens nachträglich eingezogenen Allgemeinen Geschäftsbedingungen bliebe daher „kein Raum mehr".[1044]

Für diese Betrachtungsweise spricht, dass sie der Stellung des privatautonomen Handelns der Vertragsparteien umfassend Rechnung trägt.[1045] Allerdings widerspricht die Annahme, dass stets auch das negative Verhandlungsergebnis mit Wirkung einer Individualabrede i.S.d. § 305b BGB „festgegossen" sei, dem Vertrauensschutzgedanken des kaufmännischen Bestätigungsschreibens.[1046] Zudem liegt § 305b BGB eine derart weite Auslegung des Begriffs der Individualabrede, bei der ein individueller Wille der Vertragsparteien in keinster Weise zum Ausdruck gebracht wird, nicht zugrunde.[1047] Legen die Parteien bestimmte Punkte nicht positiv dar, haben sie sich in der Regel auch nicht darüber geeinigt.[1048] Etwas anderes gilt nur, wenn die Nichtregelung eines oder mehrerer Punkte ein tatsächliches Verhandlungsergebnis der Vertragsparteien darstellt.[1049] Die pauschale Annahme von *Batsch* allerdings ist abzulehnen.

Coester führt in diesem Zusammenhang zu Recht an, dass der Inhalt des unwidersprochen gebliebenen Bestätigungsschreibens grundsätzlich als vereinbart gilt.[1050] Verweist das Bestätigungsschreiben auf die Allgemeinen Geschäftsbedingungen des Absenders, muss sich der Empfänger allerdings so behandeln lassen, als seien diese von vornherein vertraglich einbezogen worden. In dieser Situation muss das Vorrangprinzip in § 305b BGB, das nach seinem Wortlaut keine Ausnahme für die Fälle des kaufmännischen Schriftverkehrs vorsieht, Geltung für sich beanspruchen. Die einzelnen Klauseln in den Allgemeinen Geschäftsbedingungen können daher selbst bei einer originären Einbeziehung die individualvertraglichen Abreden nicht verdrängen.

1043 *Batsch*, NJW 1980, S. 1731 (1732).

1044 *Batsch*, NJW 1980, S. 1731 spricht daher auch konsequent von einem „Abschied vom sogenannten kaufmännischen Bestätigungsschreiben".

1045 *Spruß*, Die Einbeziehung Allgemeiner Geschäftsbedingungen, S. 354.

1046 *Spruß*, Die Einbeziehung Allgemeiner Geschäftsbedingungen, S. 354.

1047 *Lindacher*, WM 1981, S. 702 (709).

1048 So aber *Batsch*, NJW 1980, S. 1731 (1732) mit Verweis auf ein weiter gefasstes Verständnis des Begriffs der „Individualabrede" bei *Trinkner* in: *Löwe/Westphalen/Trinkner*, § 4 AGBG Rn. 10; wie hier *Ulmer/Schäfer* in: Ulmer/Brandner/Hensen, § 305b Rn. 51.

1049 *Coester*, DB 1982, S. 1551 (1554); *Lindacher*, WM 1981, S. 702 (708).

1050 Zum Ganzen *Coester*, DB 1982, S. 1551 (1552).

Auch wertungsmäßig scheint eine Gleichstellung geboten. Soweit der Absender den Vertrag nicht individuell wiedergibt, sondern pauschal auf seine Allgemeinen Geschäftsbedingungen verweist, kann sein Vertrauen bzgl. des gegnerischen Einverständnisses nicht weitergehen als bei einer anfänglichen Globaleinbeziehung der Allgemeinen Geschäftsbedingungen. Die auf dem Schweigen beruhende Fiktion in dem Sinne, dass jeder Einzelinhalt der AGB-Klauseln als individualvertraglich ausgehandelt und vereinbart gälte, ist aus der Vertrauenslage heraus nicht begründet. Verweist der Erklärende allerdings auf seine Allgemeinen Geschäftsbedingungen und nennt im Schreiben ferner noch die Verhandlungsergebnisse inklusive der kollidierenden Vertragsklauseln, greift § 305b BGB hinsichtlich der behaupteten Allgemeinen Geschäftsbedingung ein.[1051] Diese werden selbst unter Berücksichtigung der konstitutiven Wirkung des Bestätigungsschreibens nicht Vertragsbestandteil, da sich wegen der Nennung der kollidierenden einzelvertraglichen Klausel kein zu schützendes Vertrauen in deren Geltung bilden konnte. Vielmehr werden demzufolge nur diejenigen Klauseln nach den Grundsätzen des kaufmännischen Bestätigungsschreibens Vertragsbestandteil, die nicht mit den genannten Individualabreden kollidieren.

Im Ergebnis ist somit festzuhalten, dass § 305b BGB auch gegenüber einem kaufmännischen Bestätigungsschreiben, welches die im konkreten Einzelfall getroffene Individualabrede nicht enthält, eingreifen kann.[1052] Die widerspruchlose Entgegennahme eines kaufmännischen Bestätigungsschreibens hindert die Vertragspartner nicht daran, den Nachweis zu führen, dass über seinen Inhalt hinaus noch weitere und gegebenenfalls von den Allgemeinen Geschäftsbedingungen abweichende Individualabreden getroffen worden sind.[1053] Allerdings kann § 305b BGB einzig in Bezug auf solche Individualabreden zur Anwendung gelangen, deren Existenz von der anderen Vertragspartei bewiesen worden ist.

Zudem darf sie nicht im Widerspruch zu den Individualabreden stehen, die ihrerseits im kaufmännischen Bestätigungsschreiben bestätigt worden sind. Denn Sinn und Zweck des kaufmännischen Bestätigungsschreibens ist es, dass

---

1051 *Lindacher/Hau* in: Wolf/Lindacher/Pfeiffer, § 305b Rn. 53; *Lindacher*, WM 1981, S. 702 (709); *Coester*, DB 1982, S. 1551 (1552 f.).

1052 BGH v. 20.10.1994, NJW-RR 1995, S. 179 (180); *Ulmer/Schäfer* in: Ulmer/Brandner/Hensen, § 305b Rn. 51; *Roloff* in: Erman/BGB, § 305b Rn. 16; *Mäsch* in: Staudinger/BGB, 2019, § 305b Rn. 1; *Lindacher/Hau* in: Wolf/Lindacher/Pfeiffer, § 305b Rn. 52 f.; *Lindacher*, WM 1981, S. 702 (708); *Coester*, DB 1982, S. 1551 (1553).

1053 BGH v. 22.1.1964, NJW 1964, S. 589; BGH v. 8.12.1976, NJW 1977, S. 384 (385); *Roloff* in: Erman/BGB, § 305b Rn. 16.

auch der Verwender ein berechtigtes Interesse daran hat, auf die Rechtslage nach dem Inhalt des Bestätigungsschreibens vertrauen zu dürfen, wenn kein Widerspruch vom Vertragspartner erhoben wird. Anders als der Verwender des kaufmännischen Bestätigungsschreibens ist der Vertragspartner in dieser Situation nämlich bereits aufgrund seiner Widerspruchsmöglichkeit, der Arglisteinschränkung, § 305c Abs. 1 BGB und des Verbots der erheblichen Abweichung ausreichend stark geschützt.

II. Verbraucherverträge i. S. d. § 310 Abs. 3 BGB

Neben dem unternehmerischen Rechtsverkehr enthält das AGB-Recht in § 310 Abs. 3 BGB auch für Verträge zwischen einem Unternehmer und einem Verbraucher (sog. Verbraucherverträge) von den allgemeinen Grundsätzen abweichende Sonderregelungen. Die Vorschrift entspricht seiner Vorgängernorm in § 24a AGBG, die zur Umsetzung der Klauselrichtlinie nachträglich in das Gesetz zur Regelung des Rechts der Allgemeinen Geschäftsbedingungen eingefügt worden ist. § 310 Abs. 3 BGB umfasst dabei drei Maßgaben, welche die AGB-Kontrolle ausweiten und modifizieren:

Erstens begründet sie eine Vermutung dafür, dass die Allgemeinen Geschäftsbedingungen von dem Unternehmer eingeführt worden sind (Nr. 1). Zweitens führt sie zur Anwendung bestimmter AGB-rechtlicher Vorschriften auf vorformulierte Einzelverträge (Nr. 2), bei denen das für die AGB-Definition konstitutive Vielzahl-Kriterium ohne Bedeutung ist. Es genügt hier bereits die Vorformulierung für einen Einzelfall durch den Verwender (Unternehmer) und die deshalb fehlende Einflussmöglichkeit des Vertragspartners (Verbraucher) auf den Vertragsinhalt. Drittens ordnet sie die Berücksichtigung der den Vertragsschluss begleitenden Umstände bei der Feststellung einer unangemessenen Benachteiligung i.S.d. § 307 Abs. 1, 2 BGB an (Nr. 3). Fraglich ist, ob und wie diese Modifikationen Einfluss auf das Vorrangprinzip in § 305b BGB haben.

1. Standardverträge gemäß § 310 Abs. 3 Nr. 1 BGB

Gemäß § 310 Abs. 3 Nr. 1 BGB gelten Allgemeine Geschäftsbedingungen als vom Unternehmer gestellt, es sei denn, dass sie durch den Verbraucher in den Vertrag eingeführt worden sind. Die Vorschrift erweitert damit den Anwendungsbereich des AGB-Begriffs in § 305 Abs. 1 BGB. In Verbraucherverträgen unterliegen Allgemeine Geschäftsbedingungen daher bereits dann der Klauselkontrolle, wenn es sich bei der jeweiligen Klausel um eine Vertragsbedingung handelt, die für eine Vielzahl von Verträgen vorformuliert worden ist.[1054] Auf die weitere Voraussetzung des § 305 Abs. 1 BGB, das heißt das „Stellen" der Vertragsbedingung durch den Verwender, kommt es nicht an. Dadurch wird die Diskrepanz zwischen § 305 Abs. 1 BGB und der alle vorformulierten Klauseln erfassenden Regelung in Art. 3 Abs. 1 der Klauselrichtlinie („eine Vertragsklausel, die nicht im Einzelnen ausgehandelt wurde") weitestgehend überwunden.

Der Rechtsnatur nach handelt es sich bei § 310 Abs. 3 Nr. 1 BGB um eine gesetzliche Fiktion und nicht bloß um eine tatsächliche Vermutung.[1055] Soweit die Fiktion greift, ist eine Widerlegung daher grundsätzlich nicht möglich. Unbeachtlich sind daneben auch alle sonstigen Umstände, die den Verbraucher zur Zustimmung zur Klausel veranlasst haben mögen.[1056] Eine Ausnahme davon ist nur dann zu machen, wenn die Klausel im Einzelnen gemäß § 305 Abs. 1 S. 3 BGB ausgehandelt[1057] oder vom Verbraucher in den Vertrag eingeführt worden ist.

Der Begriff des „Einführens" ist dabei anders als der des „Stellens" in § 305 Abs. 1 S. 1 BGB zu verstehen. Ein „Stellen" setzt danach voraus, dass der Verwender die Einbeziehung der Allgemeinen Geschäftsbedingungen verlangt.[1058] Beim „Einführen" der Allgemeinen Geschäftsbedingungen reicht es hingegen bereits aus, wenn die Klausel aufgrund eines zielgerichteten Vorschlags des Verbrauchers zum Vertragsbestandteil wird. Er muss die maßgebliche Ursache für die Einbeziehung der Klausel gewesen sein.[1059] Dies ist nicht der Fall, wenn der Verbraucher weiß, dass der ihm überlegene Vertragspartner den Vertrag nur zu seinen Bedingungen abschließt und daher dessen Klauseln seiner eigenen Erklärung in „vorauseilendem Gehorsam" zugrunde legt.[1060]

Praktische Bedeutung hat die Fiktion nach § 310 Abs. 3 Nr. 1 BGB vor allem in Fällen, in denen die jeweilige Klausel von einem neutralen Dritten vorgegeben wurde.[1061] Denn anders als im allgemeinen Rechtsverkehr[1062] muss sich der Unternehmer bei Verbraucherverträgen gemäß § 310 Abs. 3 Nr. 1 BGB das

1054 BGH v. 15.4.2008, NJW 2008, S. 2250 (2251 f.).
1055 *Pfeiffer* in: Wolf/Lindacher/Pfeiffer, § 310 Abs. 3 Rn. 15.
1056 *Pfeiffer* in: Wolf/Lindacher/Pfeiffer, § 310 Abs. 3 Rn. 15.
1057 *Ulmer/Schäfer* in: Ulmer/Brander/Hensen, § 310 Rn. 72.
1058 *Ulmer/Habersack* in: Ulmer/Brandner/Hensen, § 305 Rn. 26.
1059 *Pfeiffer* in: Wolf/Lindacher/Pfeiffer, § 310 Abs. 3 Rn. 16.
1060 BGH v. 4.3.1997, NJW 1997, S. 2043.
1061 *Basedow* in: MüKo/BGB, § 310 Rn. 92.
1062 Siehe dazu *Becker* in: BeckOK/BGB, § 305 Rn. 27.

Verhalten des Dritten stets zurechnen lassen,[1063] soweit es nicht auf den bestimmenden Einfluss des Verbrauchers zurückgeht.[1064] Da § 310 Abs. 3 Nr. 1 BGB im Ergebnis lediglich das Vorliegen des „Stellens" fingiert, beschränkt sich seine Wirkung darauf, solche Klauseln, die für eine Vielzahl von Verträgen vorformuliert wurden, den Allgemeinen Geschäftsbedingungen i.S.d. § 305 Abs. 1 S. 1 BGB gleichzustellen.[1065]

An den allgemeinen Grundsätzen und dem funktionellen Rangverhältnis zu ausgehandelten Individualabreden i.S.d. § 305 Abs. 1 S. 3 BGB ändert sich dadurch nichts. § 310 Abs. 3 Nr. 1 BGB führt daher in seinen Rechtsfolgen auch zu einer vollen Anwendbarkeit sämtlicher AGB-rechtlicher Regelungen.[1066] Für Standard-Verbraucherverträge i.S.d. § 310 Abs. 3 Nr. 1 BGB gelten deshalb im Hinblick auf § 305b BGB keine Besonderheiten.[1067] Die Vorschrift findet auf sie ebenso Anwendung wie auf Allgemeine Geschäftsbedingungen i.S.d. § 305 Abs. 1 BGB.[1068]

2. Einmalbedingungen gemäß § 310 Abs. 3 Nr. 2 BGB

Darüber hinaus erweitert § 310 Abs. 3 Nr. 2 BGB in Einklang mit Art. 3 Abs. 1 der Klauselrichtlinie 93/13/EWG, die das „Vielzahl"-Kriterium nicht zum konstitutiven Merkmal für den Verbraucherschutz gegenüber missbräuchlichen Vertragsbedingungen macht,[1069] den Anwendungsbereich bestimmter Vorschriften des AGB-Rechts auf sog. vorformulierte Individualklauseln.[1070] Unter einer vorformulierten Individualklausel i.S.d. § 310 Abs. 3 Nr. 2 BGB versteht man grundsätzlich alle individuellen, nicht ausgehandelten Zusatzklauseln, die auf Verlangen des Unternehmers in den Vertrag aufgenommen werden.[1071] Anders

1063 BGH v. 10.3.1999, NJW 1999, S. 2180 (2181); *Grüneberg* in: Palandt/BGB, § 310 Rn. 12; *Becker* in: BeckOK/BGB, § 310 Rn. 16 f.

1064 *Becker* in: BeckOK/BGB, § 310 Rn. 17.

1065 *Grüneberg* in: Palandt/BGB, § 310 Rn. 10.

1066 Ganz h.M., vgl. nur *Pfeiffer* in: Wolf/Lindacher/Pfeiffer, § 310 Abs. 3 Rn. 17; *Ulmer/Schäfer* in: Ulmer/Brandner/Hensen, § 310 Rn. 78.

1067 *Ulmer/Schäfer* in: Ulmer/Brandner/Hensen, § 305b Rn. 3b, *dies.* in: Ulmer/Brandner/Hensen, § 310 Rn. 78.

1068 Zur Frage der Vereinbarkeit des § 310 Abs. 3 Nr. 1 BGB i.V.m. § 305b BGB mit den Vorgaben der Klauselrichtlinie, *Ulmer/Schäfer* in: Ulmer/Brandner/Hensen, § 305b Rn. 3b.

1069 Vgl. *Kreft* in: Clemenz/Kreft/Krause, § 310 Rn. 26.

1070 Vgl. BGH v. 6.7.2011, NJOZ 2012, S. 204 (205).

1071 BGH v. 6.7.2011, VersR 2012, S. 204 (205); *Pfeiffer* in: Wolf/Lindacher/Pfeiffer, § 310 Abs. 3 Rn. 19; *Becker* in: BeckOK/BGB, § 310 Rn. 18.

als Allgemeine Geschäftsbedingungen i.S.d. § 305 Abs. 1 BGB sind diese jedoch nur zur einmaligen Verwendung bestimmt. Allerdings muss die Klausel vorformuliert i.S.d. § 305 Abs. 1 S. 1 BGB sein, das heißt sie muss schon vor Abschluss des Vertrags in einer vom Unternehmer bzw. Dritten hergestellten, sprachlich fertigen Fassung vorliegen, ohne dass auf sie bezogene Vorverhandlungen mit dem Verbraucher stattgefunden haben.[1072]

Der Anlass der Vorformulierung ist dabei gleichgültig. Die Vorschrift erfasst gleichermaßen Klauseln, die als Individualklauseln in einem Einzelfall innerhalb eines AGB-Klauselwerks einer nicht passenden, aber ansonsten verwandten AGB-Klausel ersetzen sollen, als auch jene in gänzlich individuell vorformulierten Vertragswerken.[1073] Der Verbraucher kann jedoch aufgrund der Vorformulierung der Klausel wie bei Allgemeinen Geschäftsbedingungen keinen Einfluss auf ihren Inhalt nehmen. Aufgrund dieser eingeschränkten Entscheidungsfreiheit erscheint die Anwendung des AGB-Rechts daher gerechtfertigt.[1074]

Im Unterschied zu den grundsätzlich uneingeschränkt dem AGB-Recht unterliegenden Standardverträgen sind die auf die vorformulierten Einzelverträge anwendbaren Normen allerdings in § 310 Abs. 3 Nr. 2 BGB enumerativ aufgeführt. Es wird darin lediglich auf die Vorschriften der §§ 305c Abs. 2, 306 und 307 bis 309 BGB, das heißt auf die Unklarheitenregel, Aufrechterhaltung des Restvertrags und Inhaltskontrolle verwiesen. Es handelt sich dabei genau um die Regelungsbereiche, die in Art. 3 bis 6 der Klauselrichtlinie ausdrücklich vorgesehen sind. Daneben sind bei Einmalbedingungen nach § 310 Abs. 3 Nr. 3 BGB bei der Beurteilung einer unangemessenen Benachteiligung i.S.d. § 307 Abs. 1 und Abs. 2 BGB auch die den Vertragsschluss begleitenden Umstände zu berücksichtigen und kollisionsrechtlich Art. 46b EGBGB[1075] zu beachten.

Die Verweisung in § 310 Abs. 3 Nr. 2 BGB erstreckt sich damit für vorformulierte Individualklauseln in Verbraucherverträgen nicht auf die Vorrangregel in § 305b BGB. Bereits der Gesetzgeber hatte im Rahmen der AGBG-Novelle im Jahr 1996 für Einzelverbraucherverträge in § 24a Nr. 2 AGBG von einer Verweisung auf § 4 AGBG abgesehen. Auch im Rahmen der Schuldrechtsreform 2002 wurde § 305b BGB nicht nachträglich aufgenommen oder in der Gesetzesbegründung erwähnt. Dies überrascht deshalb, da § 305b BGB naturgemäß eine einzelfallbezogene Betrachtung, das heißt kein generalisierender

1072 *Kreft* in: Clemenz/Kreft/Krause, § 310 Rn. 28.
1073 *Pfeiffer* in: Wolf/Lindacher/Pfeiffer, § 310 Abs. 3 Rn. 18.
1074 *Pfeiffer* in: Wolf/Lindacher/Pfeiffer, § 310 Abs. 3 Rn. 18.
1075 Vgl. dazu *Kollmann* in: NK/BGB, § 310 Rn. 44.

überindividueller Maßstab, zugrunde liegt.[1076] Das in § 305b BGB kodifizierte Vorrangprinzip ist infolgedessen – anders als die Begriffsdefinition der Allgemeinen Geschäftsbedingungen in § 305 Abs. 1 S. 1 BGB und die Einbeziehungsvoraussetzungen in § 305 Abs. 2 Nr. 1, Abs. 3 BGB[1077] – mit der Konzeption der Einmalbedingung nicht von vornherein unvereinbar.

Insoweit wird in § 310 Abs. 3 Nr. 2 BGB daher zu Recht nicht auf § 305 Abs. 1 BGB verwiesen.[1078] Im Hinblick auf das Ziel der Klauselrichtlinie, einen umfassenden Verbraucherschutz zu gewährleisten, erscheint die fehlende Verweisung auf § 305b BGB auf den ersten Blick allerdings als unpassend.[1079] *Däubler* erklärt sich die fehlende Verweisung damit, dass ein derartiges Kollisionsproblem bei Einmalbedingungen sehr viel seltener auftreten wird.[1080] Dies mag für die Praxis zwar stimmen, ersetzt jedoch keine sich inhaltlich mit der Problematik auseinandersetzende Diskussion.

a) Kollision von Individualabrede und Einmalbedingung

Nach Auffassung *Schmidt-Salzers* entspricht die fehlende Verweisung des § 310 Abs. 3 Nr. 2 BGB auf § 305b BGB, wie bereits zuvor dargelegt,[1081] der einzelvertraglichen Konzeption der Klauselrichtlinie.[1082] Eine auf einer Hierarchie beruhende Kollision zwischen einer echten Individualabrede und einer vorformulierten Einmalbedingung sei danach von vornherein nicht möglich, sodass es auch der Anwendbarkeit des § 305b BGB nicht bedürfe. Die Klauselrichtlinie betrachte den konkreten Einzelvertrag stets als eine Einheit, bei der auftretende inhaltliche Widersprüche über die Unklarheitenregel zu lösen seien.[1083]

Dagegen spricht jedoch der Wortlaut des Art. 3 Abs. 2 Klauselrichtlinie, wonach „eine Vertragsklausel, die nicht im einzelnen ausgehandelt wurde", unter bestimmten Voraussetzungen als missbräuchlich anzusehen sein kann. Der

---

1076 *Kollmann* in: NK/BGB, § 305b BGB Rn. 4.

1077 *Deinert* in: Däubler/Bonin/Deinert, § 310 Rn. 17 f.

1078 Zur Kritik an der fehlenden Verweisung auf §§ 305 Abs. 2 Nr. 2, 305c BGB auch *Deinert* in: Däubler/Bonin/Deinert, § 310 Rn. 19 f.

1079 *Schwerdtfeger*, DStR 1997, S. 499 (501).

1080 *Däubler* in: Däubler/Bonin/Deinert, § 305b Rn. 2; ähnlich auch *Peterhänsel* in: Boecken/Düwell/Diller/Hanau, § 305b Rn. 3; *Pfeiffer*, NJW 2017, S. 913 (914) „erforderlich war lediglich eine Minimalumsetzung".

1081 Siehe dazu Seite 72.

1082 *Schmidt-Salzer*, NJW 1995, S. 1641 (1643).

1083 *Schmidt-Salzer*, NJW 1995, S. 1641 (1643).

europäische Gesetzgeber unterscheidet demzufolge selbst zwischen ausgehandelten und nicht ausgehandelten Vertragsbedingungen und statuiert dadurch – wie das nationale Recht – ein Rangverhältnis zwischen den beiden Vertragsbestandteilen.[1084] Auch die vorformulierte Einmalbedingung fällt unter die nicht ausgehandelte Vertragsbedingung und konstituiert damit eine zusätzliche Kategorie zwischen der frei ausgehandelten Individualabrede und den für eine Vielzahl von Verträgen vorformulierten Allgemeinen Geschäftsbedingungen.[1085] Eine Kollision von einer ausgehandelten Individualabrede mit einer vorformulierten Einmalbedingung ist demzufolge im Hinblick auf die Klauselrichtlinie, anders als *Schmidt-Salzer* meint, nicht von vornherein ausgeschlossen.[1086] Denkbar ist sie vor allem dann, wenn zusätzliche mündliche Individualabreden getroffen worden sind, die sodann aber in dem vorformulierten Einzelvertrag keine Berücksichtigung gefunden haben.[1087]

b) Richtlinienkonforme Auslegung des § 310 Abs. 3 Nr. 2 BGB

Aufgrund des Umstands, dass in § 310 Abs. 3 Nr. 2 BGB nicht auf § 305b BGB verwiesen wird, kann jedoch zur Auflösung einer Kollision von Individualabrede und Einmalbedingung nicht auf das dort normierte Vorrangprinzip zurückgegriffen werden. Allerdings sieht die Klauselrichtlinie das in § 305b BGB zum Ausdruck kommende Prinzip und ein Rangverhältnis von ausgehandelten und nicht ausgehandelten Vertragsbestandteilen vor.[1088] Fraglich ist demzufolge zunächst, ob darüber hinaus aus Gründen der richtlinienkonformen Auslegung des § 310 Abs. 3 Nr. 2 BGB eine Erstreckung auf § 305b BGB geboten ist.[1089]

1084 *Spruß*, Die Einbeziehung Allgemeiner Geschäftsbedingungen, S. 282 f.

1085 *Spruß*, Die Einbeziehung Allgemeiner Geschäftsbedingungen, S. 282; *Hommelhoff/Wiedenmann*, ZIP 1993, S. 562 (566 f.).

1086 So auch BAG v. 24.8.2016, NZA 2017, S. 58 (61); *Däubler* in: Däubler/Bonin/Deinert, § 305b Rn. 2; *Schwerdtfeger*, DStR 1997, S. 499 (502); *Spruß*, Die Einbeziehung Allgemeiner Geschäftsbedingungen, S. 282 f.

1087 *Westphalen*, BB 1996, S. 2101 (2104).

1088 Siehe dazu Seite 73 ff.

1089 Dafür *H. Schmidt* in: BeckOK/BGB, § 305b Rn. 4; *Clemenz* in: Clemenz/Kreft/Krause, § 305b Rn. 4; *Schwerdtfeger*, DStR 1997, S. 499 (502); *Ulmer/Schäfer* in: Ulmer/Brandner/Hensen, § 305b Rn. 3c lassen dies im Ergebnis offen, da sie in § 305b BGB nur die Kodifizierung eines allgemeinen Grundsatzes der Rechtsgeschäftslehre sehen, nach dem speziellere Abreden Vorrang gegenüber generellen, d.h. den Vertragsrahmen betreffenden Vereinbarungen genießen; a.A. *Roloff* in: Erman/BGB, § 305b Rn. 3; *Schwerdtfeger*, DStR 1997, S. 499 (502) spricht sich für eine Anwendung der §§ 133, 157 BGB aus.

Als Umsetzungsvorschrift zur Klauselrichtlinie 93/13/EWG gelten für die Anwendung des § 310 Abs. 3 BGB in besonderem Maße die allgemeinen Grundsätze des Unionsprivatrechts und damit auch die Regeln über die richtlinienkonforme Auslegung.[1090] Die Grenze einer solchen Auslegung ist jedoch stets der Wortlaut der nationalen Vorschrift[1091] und § 310 Abs. 3 Nr. 2 BGB ist diesbezüglich an dieser Stelle eindeutig. Es wird ausdrücklich nur auf die §§ 305c Abs. 2, 306 und 307 bis 309 BGB verwiesen. Aufgrund dieser abschließenden Aufzählung und der fehlenden AGB-Qualität vorformulierter Einmalbedingungen sollen die sonstigen Vorschriften des AGB-Rechts, das heißt auch das Vorrangprinzip in § 305b BGB, auf diese Verträge nach dem Willen des nationalen Gesetzgebers daher gerade keine Anwendung finden.[1092] Einer richtlinienkonformen Auslegung des § 310 Abs. 3 Nr. 2 BGB, um § 305b BGB Geltung zu verschaffen, steht der Wortlaut der Vorschrift entgegen.[1093]

c) Grundsätze der allgemeinen Rechtsgeschäftslehre

Bei einer auftretenden Kollision von Individualabrede und Einmalbedingung i.S.d. § 310 Abs. 3 Nr. 2 BGB kann deshalb nur auf die allgemeinen Regeln der Rechtsgeschäftslehre und der Geltung ihrer Auslegungsgrundsätze zurückgegriffen werden.[1094] *Mäsch* geht dabei davon aus, dass § 305b BGB eine Ausprägung des allgemeinen Prinzips sei, nach dem speziellere Abreden Vorrang vor generellen haben und daher ohne Weiteres auch bei Einmalbedingungen i.S.d. § 310 Abs. 3 Nr. 2 BGB zum Tragen komme.[1095] Dagegen ist indes anzuführen, dass auch die Einmalbedingung des § 310 Abs. 3 Nr. 2 BGB per definitionem nur für den konkreten Vertrag vorformuliert wurde und damit ebenso „speziell" ist wie eine Individualabrede.[1096]

1090 *Pfeiffer* in: Wolf/Lindacher/Pfeiffer, § 310 Abs. 3 Rn. 4; *Schütt*, Die Vertragskontrolle von Ausgleichsquittungen, S. 142.

1091 *Pieckenbrock/Schulze*, WM 2002, S. 521 (524).

1092 *Ulmer/Schäfer* in: Ulmer/Brandner/Hensen, § 310 Rn. 91.

1093 *Spruß*, Die Einbeziehung Allgemeiner Geschäftsbedingungen, S. 282.

1094 BAG v. 24.8.2016, NZA 2017, S. 58 (61); *Boemke/Ulrici* in: HK/ArbR, § 305b Rn. 2; *dies.* in: HK/ArbR, § 310 Rn. 16; *Grüneberg* in: Palandt/BGB, § 310 Rn. 18; *Schlosser* in: Staudinger/BGB, 2013, § 310 Rn. 67; *Pfeiffer* in: Wolf/Lindacher/Pfeiffer, § 310 Abs. Rn. 29; *Roloff* in: Erman/BGB § 310 Rn. 21; *Westphalen*, BB 1996, S. 2101 (2104).

1095 *Mäsch* in: Staudinger/BGB, 2019, § 305b Rn. 1.

1096 *H. Schmidt* in: BeckOK/BGB, § 305b Rn. 4.

In der Literatur zeigt sich überwiegend die Tendenz, dass bei einem Konflikt zwischen einer vorformulierten Klausel und einer Individualabrede Letztere aufgrund von §§ 133, 157 BGB Vorrang habe.[1097] Unter Berücksichtigung des von den Vertragsparteien beiderseits tatsächlich Gewolltem führe dies ebenfalls zu einem „Vorrang" der Individualabrede. Der nur einseitige Gestaltungswille des Unternehmers in Form der Einmalbedingung i.S.d. § 310 Abs. 3 Nr. 2 BGB habe insoweit zurückzutreten.[1098]

Richtig daran ist, dass ein solches Vorgehen der in der allgemeinen Rechtsgeschäftslehre existierenden Auslegungsregel entspricht, nach der die konkrete Einigung der Vertragsparteien einer bloßen Bezugnahme vorgeht, sofern beide Absprachen einander widersprechen und zeitgleich erfolgen.[1099] Fehlt es an einem zeitlichen Zusammentreffen, ändert hingegen nach den allgemeinen Auslegungsgrundsätzen und in Anlehnung an den Grundsatz „*lex posterior derogat legi priori*" die zeitlich nachfolgende Einigung die zeitlich frühere grundsätzlich ab.[1100] Das in § 305b BGB normierte Vorrangprinzip verschafft der individuell zwischen den Vertragsparteien ausgehandelten Einigung indes immer, das heißt unabhängig von der zeitlichen Reihenfolge des auftretenden unmittelbaren oder mittelbaren Widerspruchs, den Vorrang.[1101] Ein solch umfassender Geltungsvorrang lässt sich mit den allgemeinen Auslegungsgrundsätzen der §§ 133, 157 BGB nicht erreichen.[1102]

Vereinzelt wird deswegen vertreten, den Vorrang der Individualabrede bei auftretender Kollision mit einer Einmalbedingung durch eine richtlinienkonforme Anwendung des § 242 BGB unter Treuwidrigkeitsgesichtspunkten herzuleiten, wonach es bei einer nur einseitig vorformulierten Klausel keine Rückzugsmöglichkeit geben darf, wenn damit eine im Einzelnen ausgehandelte Individualabrede kollidiert.[1103]

1097 *Pfeiffer* in: Wolf/Lindacher/Pfeiffer, § 310 Abs. 3 Rn. 29; *Grüneberg* in: Palandt/BGB, § 310 Rn. 18; *Schlosser* in: Staudinger/BGB, 2013, § 310 Rn. 67; *Roloff* in: Erman/BGB, § 305b Rn. 3; *ders.* in: Erman/BGB § 310 Rn. 21; *Westphalen*, BB 1996, S. 2101 (2104).

1098 *Westphalen*, BB 1996, S. 2101 (2104).

1099 *Boemke/Ulrici* in: HK/ArbR, § 305b Rn. 2.

1100 *Boemke/Ulrici* in: HK/ArbR, § 305b Rn. 2.

1101 *Boemke/Ulrici* in: HK/ArbR, § 305b Rn. 2.

1102 BAG v. 24.8.2016, NZA 2017, S. 58 (61); *Deinert* in: Däubler/Bonin/Deinert, § 310 Rn. 18.

1103 *Spruß*, Die Einbeziehung Allgemeiner Geschäftsbedingungen, S. 282 f.

Vorzugswürdig erscheint jedoch die konsequente Anwendung des dem § 305b BGB zugrunde liegenden allgemeinen Rechtsgrundsatz, nach dem einer individuell ausgehandelten Klausel im Vergleich zu einer einseitig vorformulierten Einmalklausel, auf deren Inhalt der andere Vertragspartner keinen Einfluss nehmen konnte, stets eine stärkere Legitimation zukommt, da sie von allen Vertragsparteien gewollt ist.[1104]. Eine Einmalklausel steht wie eine Allgemeine Geschäftsbedingung i.S.d. § 305 Abs. 1 BGB im Rang unter der Individualabrede. Denn die im Einzelnen von den Vertragsparteien ausgehandelte Individualabrede weist auch gegenüber einer Einmalklausel den höheren Grad an Individualität und Legitimation auf. Sie ist umfassend durch den Grundsatz der Privatautonomie geschützt und muss daher im Anwendungsbereich des § 310 Abs. 3 Nr. 2 BGB ebenfalls den Vorrang haben.

Damit ließe sich auch für Individualabreden, denen die Einmalbedingungen i.S.d. § 310 Abs. 3 Nr. 2 BGB zeitlich erst nachfolgen, ein insgesamt ähnlicher Schutz wie bei Allgemeinen Geschäftsbedingungen i.S.d. § 305 Abs. 1 BGB garantieren. Auch den unionsrechtlichen Vorgaben würde dadurch ausreichend entsprochen.[1105] Eine abschließende Klärung und vollständige Rechtssicherheit kann jedoch nur durch eine Änderung des § 310 Abs. 3 Nr. 2 BGB seitens des Gesetzgebers erreicht werden, indem dieser auch den § 305b BGB in die enumerative Aufzählung der für Verbraucherverträge anwendbaren AGB-Vorschriften aufnimmt.[1106]

III. Bereichsausnahme gemäß § 310 Abs. 4 S. 1 BGB

Ausweislich des § 310 Abs. 4 S. 1 BGB findet das Vorrangprinzip in § 305b BGB auf dem Gebiet des Erb-, Familien- und Gesellschaftsrechts sowie auf Tarifverträge, Betriebs- und Dienstvereinbarungen keine Anwendung. Beschränkt sich die Kollision von Allgemeinen Geschäftsbedingungen und Individualabrede auf Verträge aus den genannten Bereichen, so ist § 305b BGB daher unanwendbar. Anders ist es jedoch, wenn eine AGB-Klausel in einem Vertrag aus

---

1104 So im Ergebnis auch BAG v. 24.8.2016, NZA 2017, S. 58 (61); *Gotthardt*, Arbeitsrecht nach der Schuldrechtsreform, Rn. 254; *Spruß*, Die Einbeziehung Allgemeiner Geschäftsbedingungen, S. 282 f.

1105 Vgl. *Spruß*, Die Einbeziehung Allgemeiner Geschäftsbedingungen, S. 282 f.

1106 *Westphalen*, BB 1996, S. 2101 (2104) geht insoweit zu Recht von einem Redaktionsversehen des Gesetzgebers aus; auch *Deinert* in: Däubler/Bonin/Deinert, § 310 Rn. 18 hält die Nichtverweisung des § 310 Abs. 3 Nr. 2 BGB auf § 305b BGB für nicht gerechtfertigt.

den von § 310 Abs. 4 S. 1 BGB genannten Rechtsgebieten mit einer Individualabrede in einem Vertrag kollidiert, der nicht unter die Bereichsausnahme fällt. Hier ist § 305b BGB zur Geltungsdurchsetzung der Individualabrede weiterhin einschlägig.[1107]

Dennoch ist es nicht ausgeschlossen, dass z.B. in Gesellschaftsverträgen inhaltliche Widersprüche zwischen vorformulierten Geschäftsbedingungen und individuell ausgehandelten Abreden auftreten. Derartige Kollisionen sind mithilfe des allgemeinen Grundsatzes vom Vorrang der Individualabrede[1108] aufzulösen.[1109] Die sachliche Bereichsausnahme des § 310 Abs. 4 S. 1 BGB schließt einen Rückgriff auf die allgemeinen Rechtsvorschriften und -prinzipien nicht aus. Bei Schaffung des § 310 Abs. 4 S. 1 BGB stellte der Gesetzgeber ausdrücklich klar, dass es auch für die Inhaltskontrolle der vorformulierten Vertragsbedingungen bei den „bisher geltenden Vorschriften" bleiben soll.[1110] Aufgrund des funktionalen Rangverhältnisses ist der Individualabrede daher im Rahmen des § 310 Abs. 4 S. 1 BGB ebenfalls ein Vorrang vor den inhaltlich widersprüchlichen Allgemeinen Geschäftsbedingungen einzuräumen.

IV. Das Vorrangprinzip im Arbeitsrecht

Seit jeher kommt jedoch auch den Arbeitsverträgen bei der AGB-Kontrolle eine gewisse Sonderstellung zu.[1111] Da der Arbeitnehmer zur Bestreitung des eigenen Lebens auf die Gegenleistung des Arbeitgebers besonders angewiesen ist, besteht zwischen den beiden Vertragsparteien in der Regel ein für den Arbeitnehmer nachteilhaftes strukturelles Ungleichgewicht. Aus diesem erwächst ein besonderes Missbrauchspotenzial bei der Verwendung Allgemeiner Arbeitsbedingungen durch den Arbeitgeber. Die Gerichte waren deshalb bereits vor Inkrafttreten des Gesetzes zur Regelung des Rechts der Allgemeinen Geschäftsbedingungen bemüht, eine enge Vertragskontrolle anhand der allgemeinen Regeln durchzuführen, das heißt vor allem nach den §§ 134, 138, 242, 315 BGB, um so missbräuchlichen Vertragsgestaltungen des Arbeitgebers entgegenzuwirken.[1112]

1107 *Lehmann-Richter* in: BeckOGK/BGB, § 305b Rn. 24.1.

1108 Zu den dogmatischen Grundlagen des allgemeinen Prinzips vom Vorrang der Individualabrede, siehe Seite 34 ff.

1109 Vgl. auch *Basedow* in: MüKo/BGB, § 310 Rn. 120, der im Rahmen der Inhaltskontrolle auf § 242 BGB i.V.m. dem Vorrangprinzip abstellt.

1110 BT-Drucksache 7/3919, S. 41.

1111 *Reinecke*, DB 2002, S. 583; vgl. auch *Coester-Waltjen*, AcP 190 [1990], S. 1 (5 ff.).

1112 Vgl. *Lingemann*, NZA 2002, S. 181 (182).

Bei Schaffung des AGB-Gesetzes entschied sich der Gesetzgeber gleichwohl zunächst dafür, dass das Recht der Allgemeinen Geschäftsbedingungen auf dem Gebiet des Arbeitsrechts keine Anwendung finden sollte (vgl. § 23 Abs. 1 AGBG). Die Bereichsausnahme wurde damit begründet, dass bereits ein ausreichender Schutz „durch ein dichtes Netz von zwingenden Vorschriften und durch das besondere System der kollektivrechtlichen Vereinbarungen" sichergestellt werde. Darüber hinausgehende Verbesserungen des Schutzes von Arbeitnehmern sollten durch gesetzgeberische Maßnahmen auf dem Gebiet des Arbeitsrechts und nicht durch die Bestimmungen über Allgemeine Geschäftsbedingungen erreicht werden.[1113]

Im Rahmen der Schuldrechtsreform und Überführung des AGB-Gesetzes in das Bürgerliche Gesetzbuch wurde die Bereichsausnahme allerdings in § 310 Abs. 4 S. 1 BGB aufgehoben. Seither finden die §§ 305–310 BGB grundsätzlich auch für das Arbeitsrecht und die dort häufig verwendeten Formulararbeitsverträge Anwendung.

1. Besonderheiten des Arbeitsrechts gemäß § 310 Abs. 4 S. 2 Hs. 1 BGB

Gemäß § 310 Abs. 4 S. 2 Hs. 1 BGB sind bei der Anwendung der Vorschriften des AGB-Rechts allerdings „die Besonderheiten des Arbeitsrechts angemessen zu berücksichtigen". In der Begründung der Bundesregierung für die Streichung der arbeitsrechtlichen Bereichsausnahme heißt es dazu, dass „die besonderen Klauselverbote [der §§ 308, 309 BGB] ohne Wertungsmöglichkeit im Arbeitsrecht nicht zwingend uneingeschränkt zur Anwendung kommen. Vielmehr sollen hier die besonderen Bedürfnisse eines Arbeitsverhältnisses berücksichtigt werden können."[1114] Ausweislich der Ausschussbegründung sollte damit „den Besonderheiten spezifischer Bereiche des Arbeitsrechts wie z.B. des kirchlichen Arbeitsrechts angemessen Rechnung getragen werden (können)."[1115] Was allerdings unter den besonderen Bedürfnissen, das heißt den im Arbeitsrecht geltenden Besonderheiten, zu verstehen ist, wird dadurch nicht ausreichend deutlich.

Im Schrifttum ist daher eine Vielzahl unterschiedlichster Ansätze herausgearbeitet worden, mit deren Hilfe die Besonderheiten des Arbeitsrechts i.S.d. § 310

1113 BT-Drucksache 7/3919, S. 41; *Medicus*, JuS 1996, S. 761 (765); vgl. auch *Reinecke*, NZA-Beil. 2000, S. 23; *Lingemann*, NZA 2002, S. 181 (182).

1114 BT-Drucksache 14/6857, S. 54.

1115 Beschlussempfehlung der Berichte des Rechtsausschusses zu § 310 Abs. 4 BGB, BT-Drucksache 14/7052, S. 189.

Abs. 4. S. 2 BGB definiert werden sollen.[1116] Ausgangspunkt der Überlegungen ist stets die Intention des Gesetzgebers, der mittels Aufgabe der Bereichsausnahme sicherstellen wollte, dass das Schutzniveau der Vertragsinhaltskontrolle im Arbeitsrecht nicht hinter demjenigen des Zivilrechts zurückbleibt.[1117] Ob eine Besonderheit des Arbeitsrechts i.S.d. § 310 Abs. 4 S. 2 BGB vorliegt, lässt sich daher grundsätzlich anhand einer Rechtsfolgenbetrachtung feststellen.

Führt die Anwendung der §§ 305 ff. BGB auf das Arbeitsrecht zu einer anderen Rechtsfolge als vor der Schuldrechtsreform, ist danach eine Besonderheit des Arbeitsrechts grundsätzlich zu bejahen. In diesem Fall weicht das Arbeitsrecht von den Grundsätzen des allgemeinen Zivilrechts ab und es ist zu prüfen, inwieweit diese Unterschiede bei der Anwendung der AGB-Vorschriften zu berücksichtigen sind.[1118] Sind die Rechtsfolgen bei Anwendung der §§ 305–310 BGB hingegen identisch mit der bisher geltenden Rechtslage, besteht schon keine Notwendigkeit, eventuelle Unterschiede im Arbeitsrecht gegenüber dem allgemeinen Zivilrecht zu berücksichtigen. In diesen Fällen liegen keine arbeitsrechtlichen Besonderheiten i.S.d. § 310 Abs. 4 S. 2 Hs. 1 BGB vor.[1119]

a) Grundsätzliches Verhältnis zu § 305b BGB

Auch im Arbeitsrecht ist ein Nebeneinander von einseitig vorformulierten Vertragsbedingungen und individuellen Absprachen zwischen Arbeitgeber und Arbeitnehmer nicht ausgeschlossen.[1120] Das Prinzip des Vorrangs der Individualabrede galt daher nach der höchstrichterlichen Rechtsprechung des Bundesarbeitsgerichts[1121] und ganz herrschenden Meinung in der Literatur[1122] bereits vor

1116 Für einen Überblick *Lindemann*, Flexible Gestaltung von Arbeitsbedingungen, S. 140 ff.; *Reinecke*, DB 2002, S. 583 (584 f.).

1117 *Müller-Glöge* in: MüKo/BGB, § 611 Rn. 51 f.; *Schütt*, Die Vertragskontrolle von Ausgleichsquittungen, S. 168 f.

1118 *Lindemann*, Flexible Gestaltung von Arbeitsbedingungen, S. 142 f.; *Schütt*, Die Vertragskontrolle von Ausgleichsquittungen, S. 169.

1119 *Lindemann*, Flexible Gestaltung von Arbeitsbedingungen, S. 142 f.

1120 *Stoffels* in: Wolf/Lindacher/Pfeiffer, ArbR Rn. 56.

1121 BAG v. 16.8.1983, AP Nr. 2 zu § 1 BetrAVG Hinterbliebenenversorgung, Gründe II 2.; BAG v. 30.11.1994, NZA 1995, S. 695 (696); offen gelassen wohl zuletzt noch von BAG v. 24.6.2003, NZA 2003, S. 1145 (1147 f.).

1122 *Fenski*, AuR 1989, S. 168; *Fenn*, FS Söllner, S. 333 (359); *Pauly*, NZA 1997, S. 1030 (1032); *B. Preis*, AuR 1979, S. 97 (107); *Mook*, DB 1987, S. 2252 (2253); *Küttner*, RdA 1999, S. 59 (62 f.); *Wolf*, RdA 1988, S. 270 (276); *Reincke*, NZA 2000, Beil. 3, S. 23 (27); *Zöllner*, RdA 1989, S. 152 (157).

der Schaffung des Gesetzes zur Regelung des Rechts der Allgemeinen Geschäftsbedingungen. Es bestand zu Recht dahin gehend Einigkeit, dass der Grundsatz vom Vorrang der Individualabrede ein allgemeines zivilrechtliches Prinzip darstellt und demzufolge auch im Arbeitsrecht zur Verstärkung des Günstigkeitsprinzips eingreift.[1123]

Verschiedentlich wurde dieses Ergebnis mithilfe einer analogen Anwendung des § 4 AGBG hergeleitet[1124] oder aber auf § 242 BGB abgestellt[1125]. Am Ergebnis selbst, das heißt dem Vorrang der Individualabrede vor widersprüchlichen Allgemeinen Arbeitsbedingungen vermochte diese systematische Einordnung allerdings nichts zu verändern.[1126] Das Bundesarbeitsgericht setzte dies ebenfalls als selbstverständlich voraus.[1127] Aufgrund der damit identischen Rechtsfolge einer Kollision zwischen Individualabreden und den vorformulierten Arbeitsbedingungen vor und nach der Schuldrechtsreform, findet das Vorrangprinzip in § 305b BGB demzufolge auch bei Arbeitsverträgen umfassend Anwendung.[1128]

Im Arbeitsrecht geltende Besonderheiten i.S.d. § 310 Abs. 4 S. 2 BGB stehen dem nicht entgegen,[1129] sodass die im Rahmen der vorliegenden Arbeit entwickelten Grundsätze und Anwendungsvoraussetzungen grundsätzlich auch für das Arbeitsrecht gelten und übertragen werden können.[1130] Dennoch werden in der arbeitsrechtlichen Literatur und Rechtsprechung einige im Zusammenhang

---

1123 *Wolf*, RdA 1988, S. 270 (276).

1124 *Fenski*, AuR 1989, S. 168; *Fenn*, FS Söllner, S. 333 (359); *Pauly*, NZA 1997, S. 1030 (1032); *B. Preis*, AuR 1979, S. 97 (107); *Mook*, DB 1987, S. 2252 (2253); *Küttner*, RdA 1999, S. 59 (62 f.); *Wolf*, RdA 1988, S. 270 (276); *Reinecke*, NZA-Beil. 2000, S. 23 (27).

1125 *Zöllner*, RdA 1989, S. 152 (158); *Reinecke*, NZA-Beil. 2000, S. 23 (27).

1126 *Hromadka*, NJW 2002, S. 2523 (2525); Richardi, NZA 2002, S. 1057 (1059).

1127 Vgl. BAG v. 25.4.2007, NZA 2007, S. 801 (803).

1128 Für die uneingeschränkte Anwendung des Vorrangprinzips zu Recht auch *Gotthardt*, Arbeitsrecht nach der Schuldrechtsreform, Rn. 253; so auch *Lakies*, AR-Blattei SD 35, Rn. 78.

1129 *Däubler* in: Däubler/Bonin/Deinert, § 305b Rn. 2; *Boemke/Ulrici* in: HK/ArbR, § 305b Rn. 3; *Gotthardt*, ZIP 2002, S. 277 (279); *Lingemann*, NZA 2002, S. 181 (185); *Stoffels*, AGB-Recht, Rn. 345; *Richardi*, NZA 2002, S. 1057 (1059); a.A. für die betriebliche Übung *Clemenz* in: Clemenz/Kreft/Krause, § 305b Rn. 4, 12; *Roloff*, NZA 2004, S. 1191 (1197).

1130 An dieser Stelle sei mit *Preis* in: Der Arbeitsvertrag, I C Rn. 85 (S. 95 f.) jedoch darauf hingewiesen, dass in der arbeitsrechtlichen Praxis viele Allgemeine Arbeitsbedingungen durch Betriebsvereinbarungen ersetzt worden sind, auf die § 305b BGB keine Anwendung findet. Die Bedeutung des Vorrangprinzips sinkt dadurch im Arbeitsrecht zunehmend.

mit dem Vorrangprinzip in § 305b BGB kontrovers diskutierte Probleme angeführt. Die wichtigsten von ihnen werden daher im letzten Teil der vorliegenden Arbeit thematisiert und diskutiert.

b) Verhältnis des § 305b BGB zum Günstigkeitsprinzip

Wie bereits angedeutet, korrespondiert das Vorrangprinzip im Arbeitsrecht mit dem Günstigkeitsprinzip.[1131] Dieses ist Ausdruck eines im Arbeitsrecht geltenden allgemeinen Prinzips für das Verhältnis von Regelungen auf verschiedenen Rangstufen. Es sieht vor, dass sich grundsätzlich die Regelung auf der höheren Rangebene durchsetzt, es sei denn, die Regelung auf der niederen Rangebene ist für den Arbeitnehmer günstiger.[1132] Seine gesetzliche Grundlage findet das Günstigkeitsprinzip für das Verhältnis der Individualabrede zum Tarifvertrag in § 4 Abs. 3 Var. 2 TVG.[1133] Gemäß § 4 Abs. 3 Var. 2 TVG sind danach vom Tarifvertrag abweichende Abmachungen lediglich zulässig, soweit sie eine Änderung der Regelungen zugunsten des Arbeitnehmers enthalten. In dieser Situation genießen die individuell getroffenen Abreden den Vorrang.[1134]

§ 4 Abs. 3 Var. 2 TVG wirkt damit wie eine gesetzliche Tariföffnung, mit deren Hilfe die zwingende Wirkung des Tarifvertrags zum Vorteil des Arbeitnehmers aufgehoben wird. Hintergrund dieser Regelung ist, dass sich die Vertragsfreiheit des Arbeitnehmers aufgrund seiner strukturellen Unterlegenheit gegenüber dem Arbeitgeber nicht immer in Gänze verwirklichen lässt. Durch den Zusammenschluss in Gewerkschaften erlangt der einzelne Arbeitnehmer jedoch die Möglichkeit, seine Interessen effektiver durchzusetzen. Indem die Gewerkschaft im Namen ihrer Mitglieder Tarifverträge abschließt, sichert sie einen tariflichen Mindestschutz. Der Kollektivautonomie kommt damit der Vorrang vor der Privatautonomie des einzelnen Arbeitnehmers zu.[1135]

Es handelt sich dabei allerdings nur um einen Mindest-, nicht zugleich auch Maximalschutz des Arbeitnehmers.[1136] Soweit der einzelne Arbeitnehmer seine

---

1131 *Stoffels* in: Wolf/Lindacher/Pfeiffer, ArbR Rn. 56.

1132 *Franzen* in: ErfK/ArbR, § 4 TVG Rn. 31.

1133 Daneben findet sich eine gesetzliche Ausprägung des Günstigkeitsprinzips in § 28 Abs. 2 S. 2 SprAuG.

1134 Zum Vorrang des vorformulierten Arbeitsvertrags vor pauschal in Bezug genommenen Tarifbestimmungen, vgl. BAG v. 13.3.2013, NZA 2013, S. 680 (684); BAG v. 25.9.2013, NZA 2014, S. 94 (95); BAG v. 28.1.2015, AP AÜG § 10 Nr. 51; BAG v. 23.3.2017, NZA 2017, S. 773 (774).

1135 BAG v. 16.9.1986, NZA 1987, S. 168 (170).

1136 *Deinert* in: Däubler/TVG, § 4 TVG Rn. 612.

Position durch den Abschluss eines Individualvertrags bzw. einzelner Individualabreden gegenüber dem Tarifvertrag tatsächlich verbessern kann, setzt sich die Individualabrede gegenüber dem Tarifvertrag durch.[1137] Dies gilt auch dann, wenn die Individualabrede vor dem Tarifvertrag abgeschlossen worden ist. Die Lehre, wonach Tarifverträge günstigere Individualabmachungen verschlechtern können, ist mittlerweile überholt und findet keine Anwendung mehr.[1138] Das arbeitsrechtliche Günstigkeitsprinzip ist folglich eine verfassungsrechtlich gebotene Schranke der Tarifautonomie zum Schutz der Privatautonomie der Arbeitnehmer. Es gilt grundsätzlich auch für das Verhältnis vom Tarifvertrag zur Betriebsvereinbarung. Allerdings wird dies selten praktisch werden, da Arbeitsentgelte und sonstige Arbeitsbedingungen, die durch Tarifvertrag geregelt sind oder üblicherweise geregelt werden, nach § 77 Abs. 3 BetrVG nicht gleichzeitig auch Gegenstand einer Betriebsvereinbarung sein können. Damit soll die Tarifautonomie vor Regelungskonkurrenz durch die Betriebspartner geschützt werden.

Der Vorrang der Individualabrede, wie ihn § 305b BGB anordnet, kann infolgedessen im Arbeitsrecht häufig schon durch die Anwendung des Günstigkeitsprinzips erzielt werden.[1139] Allerdings ist sein Anwendungsbereich auf das Verhältnis von Individualabreden zu normativ wirkenden Kollektivverträgen, das heißt der ranghöheren Rechtsquelle beschränkt.[1140] Bedeutung hat die Regel in § 305b BGB daher weiterhin für das von ihr zu regelnde Verhältnis zwischen den einzeln ausgehandelten Abreden zu den in den Arbeitsvertrag einbezogenen vorformulierten Allgemeinen Arbeitsbedingungen.[1141]

c) *Anwendung des § 305b BGB allein zugunsten des Arbeitnehmers*

Bereits vor dem Wegfall der Bereichsausnahme der AGB-Kontrolle auf Arbeitsverträge befürworteten Teile der Literatur eine analoge Anwendung des

1137 BAG v. 15.12.1960, AP TVG § 4 Angleichungsrecht Nr. 2, 3; BAG v. 26.2.1986, NZA 1986, S. 790 (791).

1138 Unzulässig ist allein die Umgehung oder Verschlechterung des tarifvertraglich festgelegten Mindestschutzes. Die individualvertragliche Vereinbarung findet in diesem Fall keine Anwendung, da sie durch den Tarifvertrag verdrängt wird, vgl. BAG v. 7.11.1989, NZA 1990, S. 816 (819).

1139 *Gotthardt* in: Hennssler/Willemsen/Kalb, § 305b Rn. 2.

1140 *Stoffels* in: Wolf/Lindacher/Pfeiffer, ArbR Rn. 56; *Gotthardt*, Arbeitsrecht nach der Schuldrechtsreform, Rn. 252; *Richardi*, NZA 2002, S. 1057 (1059).

1141 *Gotthardt*, Arbeitsrecht nach der Schuldrechtsreform, Rn. 252.

§ 4 AGBG, da dadurch das Günstigkeitsprinzip[1142] des Arbeitsrechts intensiviert würde.[1143] Daran anknüpfend wird vereinzelt vertreten, dass § 305b BGB aufgrund der Besonderheiten des Arbeitsrechts i.S.d. § 310 Abs. 4 S. 2 BGB bei Arbeitsverträgen einschränkend auszulegen sei und lediglich hinsichtlich der für den Arbeitnehmer günstigen Abreden Geltung beanspruche.[1144] Dagegen spricht jedoch, dass § 305b BGB (früher § 4 AGBG) seinem Wortlaut nach der Individualabrede umfassend den Vorrang einräumt, unabhängig davon, ob die Individualabrede eine für den Arbeitnehmer günstige oder ungünstige Regelung vorsieht.[1145]

Zudem ist ein Arbeitnehmer, welcher die infrage stehende Individualabrede i.S.d. § 305b BGB i.V.m. § 305 Abs. 1 S. 3 BGB frei aushandeln konnte, ebenso wie bei Vertragsabschlüssen außerhalb des Arbeitsrechts, aufgrund der von ihm erfolgten freien Ausübung seiner Privatautonomie nicht mehr gleichermaßen und umfassend schutzwürdig. Hat er sich mit der Geltung einer für ihn nachteiligen Abrede im Rahmen individueller Verhandlungen einverstanden erklärt, ist dieser Abrede – unabhängig von einer unter Umständen günstigeren Allgemeinen Arbeitsbedingung – der Vorrang einzuräumen.[1146] Es handelt sich dabei, wie bereits festgestellt, um einen allgemeinen vertragsrechtlichen Grundsatz, der sowohl zum Vor- und Nachteil des Arbeitnehmers gelten muss.[1147] Das Günstigkeitsprinzip greift insoweit nicht ein. Es bleibt auf die Fälle beschränkt, in denen eine Tarifnorm oder Betriebsvereinbarung unmittelbar gilt.

1142 Zum Günstigkeitsprinzip ausführlich *Preis*, Grundfragen der Vertragsgestaltung im Arbeitsrecht, S. 32 ff.

1143 *Pauly*, NZA 1997, S. 1030 (1032); *Wolf*, RdA 1988, S. 270 (276); vgl. auch *Gotthardt*, ZIP 2002, S. 277 (279); *Preis*, Grundfragen der Vertragsgestaltung im Arbeitsrecht, S. 264 f.

1144 So unabhängig vom Arbeitsrecht wohl das OLG Karlsruhe, VersR 1984, S. 829 (830); *Reich*, ZVP 1978, S. 236 (244) spricht davon, dass eine Individualabrede i.S.d. § 4 AGBG (heute: § 305b BGB) nur dann anzunehmen sein werde, wenn sie den Verbraucher wirklich besser stelle.

1145 *Däubler* in: Däubler/Bonin/Deinert, § 305b Rn. 9; *Schlosser* in: Staudinger/BGB, 2013, § 305b Rn. 14; *Richardi*, NZA 2002, S. 1057 (1059).

1146 So im Ergebnis auch *Däubler* in: Däubler/Bonin/Deinert, § 305b Rn. 9; *Stoffels* in: Wolf/Lindacher/Pfeiffer, ArbR Rn. 56; *Clemenz* in: Kreft/Krause/Clemenz, § 305b Rn. 17; *Richardi*, NZA 2002, S. 1057 (1059).

1147 *Gotthardt*, ZIP 2002, S. 277 (279); *Annuß*, BB 2006, S. 1333 (1335).

2. Schriftformklauseln

Das Vorrangprinzip in § 305b BGB wird damit vor diesem Hintergrund nur für Kollisionen zwischen individuell im Arbeitsvertrag getroffenen Abreden und den einbezogenen Allgemeinen Arbeitsbedingungen relevant. Wie im allgemeinen Zivilrecht kommt dabei insbesondere dem Problem des Zusammenspiels von mündlichen Individualabreden und Schriftformklauseln besondere Bedeutung zu. Aufgrund des Vorrangs der Privatautonomie der Vertragsparteien ist es auch im Arbeitsrecht prinzipiell in der zuvor bereits besprochenen Art und Weise zu lösen:[1148] Eine Schriftformklausel in Allgemeinen Arbeitsbedingungen kann damit die Wirksamkeit einer mündlich gefassten und im Übrigen mit dem Gesetz in Einklang stehenden Individualabrede nicht verhindern. Dies gilt selbst dann, wenn es sich um eine sog. „doppelte" Schriftformklausel handelt.[1149] Besonderheiten des Arbeitsrechts i.S.v. § 310 Abs. 4 S. 2 BGB sind dabei nicht ersichtlich.[1150]

a) § 2 NachwG

An diesem Ergebnis vermag auch das am 28.7.1995 in Deutschland in Kraft getretene Nachweisgesetz nichts zu ändern.[1151] Zwar ist der Arbeitgeber danach seither gemäß § 2 Abs. 1 S. 1 NachwG verpflichtet, spätestens einen Monat nach dem vereinbarten Beginn des Arbeitsverhältnisses die wesentlichen Vertragsbedingungen schriftlich niederzulegen, die Niederschrift zu unterzeichnen und dem Arbeitnehmer auszuhändigen. Ein Verstoß dagegen führt jedoch nicht zu einer Beeinträchtigung der Wirksamkeit des Arbeitsvertrags bzw.

1148 *Däubler* in: Däubler/Bonin/Deinert, § 305b Rn. 12; *Hromadka*, NJW 2002, S. 2523 (2525); *Lingemann*, NZA 2002, S. 181 (185); *Gotthardt*, ZIP 2002, S. 277 (279); *Lakies*, AR-Blattei SD 35, Rn. 72 ff.

1149 BAG v. 20.5.2008, NZA 2008, S. 1233 (1235 f.); *Stoffels* in: Wolf/Lindacher/Pfeiffer, ArbR Rn. 189 f.; *Roloff*, NZA 2004, S. 1191 (1196).

1150 BAG v. 20.5.2008, NZA 2008, S. 1233 (1235 f.); *Stoffels* in: Wolf/Lindacher/Pfeiffer, ArbR Rn. 56, 190; *Gotthardt*, ZIP 2002, S. 277 (279); *Bloching/Ortolf*, NJW 2009, S. 3393 (3395); *Melot de Beauregard*, BB 2008, S. 2691; *Schramm/Kröpelin*, DB 2008, S. 2362; *Schewiola*, EWiR 2008, S. 705; *Lingemann*, NJW 2009, S. 268; *Leder/Scheuermann*, NZA 2008, S. 1222 (1224); *Schmitt-Rolfes*, AuA 2008, S. 583; *Barthel*, AuA 2009, S. 52.

1151 *Bloching/Ortolf*, NJW 2009, S. 3393.

einzelner – gegebenenfalls auch individualvertraglich – getroffener Abreden.[1152] Es handelt sich bei § 2 Abs. 1 S. 1 NachwG nicht um eine gesetzliche Formbestimmung, deren Verletzung nach § 125 S. 1 BGB zur Nichtigkeit führt.[1153] Vielmehr steht es dem Arbeitnehmer aus §§ 2, 3 NachwG zu, die nachträgliche Niederlegung, Unterzeichnung und Aushändigung der Niederschrift zu verlangen[1154] und ggf. Schadensersatz wegen Verzugs aus §§ 280 Abs. 1, 2, 286 BGB geltend zu machen.[1155]

Diese für das deutsche Zivilrecht ungewöhnliche Regelungstechnik ist darauf zurückführen, dass das Nachweisgesetz der Umsetzung der EG-Richtlinie 91/533/EWG vom 14. Oktober 1991[1156] dient.[1157] Ausweislich ihrer zweiten Begründungserwägung zielt die Richtlinie darauf ab, „die Arbeitnehmer besser vor etwaiger Unkenntnis ihrer Rechte zu schützen und den Arbeitsmarkt transparenter zu gestalten“.[1158] Die nach § 2 NachwG erforderliche schriftliche Niederschrift der aus dem Arbeitsvertrag resultierenden Rechte und Pflichten bezweckt damit eine Stärkung der Rechtssicherheit und -klarheit im Arbeitsverhältnis.[1159] Eine Nichtigkeit der vertraglichen Abreden soll auf diese Weise gerade nicht herbeigeführt werden.

b) *Anwendung zugunsten des Arbeitgebers*

Anders als die zivilrechtliche Rechtsprechung,[1160] zweifelt das Landesarbeitsgericht Köln jedoch daran, dass sich der Arbeitgeber als Verwender einer

---

1152 EuGH v. 8.2.2001, Rs. C-350/99, NJW 2001, S. 955 (956); BAG v. 20.5.2008, NZA 2008, S. 1233 (1236); *Kliemt* in: Henssler/Willemsen/Kalb, Vorb. NachwG Rn. 14; *Preis* in: ErfK/ArbR, §§ 305–310 BGB Rn. 28.

1153 *Kliemt* in Henssler/Willemsen/Kalb, Vorb. NachwG Rn. 14.

1154 *Kliemt* in: Henssler/Willemsen/Kalb, Vorb. NachwG Rn. 30; *Preis* in: ErfK/ArbR, § 2 NachwG Rn. 37.

1155 BAG v. 14.7.2002, NZA 2002, S. 1096 (1098); *Preis* in: ErfK/ArbR, § 2 NachwG Rn. 38.

1156 Richtlinie 91/533/EWG des Rates vom 14.10.1991 über die Pflicht des Arbeitgebers zur Unterrichtung des Arbeitnehmers über die für seinen Arbeitsvertrag oder sein Arbeitsverhältnis geltenden Bedingungen, ABl. EG Nr. L 288 v. 18.10.1991, S. 32 ff.

1157 Eingehend *Kliemt* in: Henssler/Willemsen/Kalb, Vorb. NachwG Rn. 3 f.

1158 Vgl. dazu auch EuGH v. 4.12.1997, verb. Rs. C-253/96 bis C-258/96 (Kampelmann), NZA 1998, S. 137.

1159 *Kliemt* in: Henssler/Willemsen/Kalb, Vorb. NachwG Rn. 4.

1160 BGH v. 22.1.1990, NJW-RR 1990, S. 613 (614); ebenso für die Rechtslage im Arbeitsrecht, *Salamon*, RdA 2011, S. 266 (268).

doppelten Schriftformklausel auf deren Unwirksamkeit nach den §§ 305 ff. BGB und damit auch auf eine formlose Individualabrede i.S.d. § 305b BGB berufen kann.[1161] Das Gericht ging in der Entscheidung vom 21. August 2013 davon aus, dass die klagende Arbeitnehmerin durch die von der beklagten Arbeitgeberin verwendete Schriftformklausel unangemessen i.S.d. § 307 Abs. 1 BGB benachteiligt werde, da sie bei ihr den Eindruck erwecke, eine mündliche Abrede sei entgegen § 305b BGB unwirksam.[1162] Dies betreffe allerdings einzig den die klagende Arbeitnehmerin belastenden Teil. Der die Verwenderin belastende Teil bleibe von der Inhaltskontrolle unberührt, da die Inhaltskontrolle lediglich einen Ausgleich für die einseitige Inanspruchnahme der Vertragsfreiheit durch den Klauselverwender schaffe. Sie diene damit gerade nicht dem Schutz des Klauselverwenders vor den von ihm selbst eingeführten Formularbestimmungen. Der Verwender einer unwirksamen Klausel könne sich deshalb gegenüber dem Vertragspartner nicht auf die Unwirksamkeit berufen.[1163]

Dabei verkennt das Landesarbeitsgericht Köln, dass es für die Anwendbarkeit des § 305b BGB nicht auf die Unwirksamkeit der infrage stehenden Klausel nach den Vorschriften der Inhaltskontrolle ankommt.[1164] Der Grundsatz vom Vorrang der Individualabrede, wie er in § 305b BGB kodifiziert worden ist, besagt, dass sich auch formlose individuell ausgehandelte Abreden im Kollisionsfall gegenüber doppelten Schriftformklauseln durchsetzen. Allgemeine Arbeitsbedingungen können insoweit keine inhaltlichen Anforderungen für die Wirksamkeit einer im Rang funktional über ihnen stehenden Individualabrede formulieren. Es handelt sich dabei um einen allgemeinen vertragsrechtlichen Grundsatz, der unabdingbar ist und insofern auch zugunsten des Arbeitgebers gelten muss.[1165] Als Verwender einer inhaltlich unwirksamen doppelten Schriftformklausel kann sich der Arbeitgeber ebenfalls auf eine gleichberechtigt ausgehandelte und im Übrigen wirksame Individualabrede berufen.[1166]

1161 LAG Köln v. 21.8.2013, BeckRS 2013, 73936, Gründe II 3.

1162 Vgl. dazu BAG v. 20.5.2008, NZA 2008, S. 1233 (1237).

1163 Vgl. auch BAG v. 27.10.2005, NZA 2006, S. 257 (258); BGH v. 2.4.1998, NJW 1998, S. 2280 (2281).

1164 Zum Konkurrenzverhältnis von § 305b BGB und §§ 307 ff. BGB siehe Seite 91 ff.

1165 So auch *Lapp/Salamon* in: juris-PK/BGB, § 305b Rn. 31; *Stoffels* in: Wolf/Lindacher/Pfeiffer, ArbR Rn. 56; *Däubler* in: Däubler/Bonin/Deinert, § 305b Rn. 9; *Lakies*, AGB im Arbeitsrecht, Rn. 107; *Gotthardt*, ZIP 2002, S. 277 (279); *Annuß*, BB 2006, S. 1333 (1335); *Richardi*, NZA 2002, S. 1057 (1059).

1166 *Salamon*, RdA 2011, S. 266 (268).

c) *Verhältnis zur betrieblichen Übung*

Ebenso wie das Günstigkeitsprinzip stellt auch die betriebliche Übung ein typisches arbeitsrechtliches Rechtsinstitut dar.[1167] Die betriebliche Übung wird allgemein definiert als die regelmäßige vorbehaltlose Wiederholung bestimmter Verhaltensweisen des Arbeitgebers, zu denen er nicht verpflichtet ist und aus denen die Arbeitnehmer schließen können, ihnen solle künftig eine Leistung gewährt oder Vergünstigung auf Dauer eingeräumt werden.[1168] Sie ist für jeden Gegenstand denkbar, der arbeitsvertraglich in einer so allgemeinen Form geregelt werden kann.[1169] Besteht für die gewährte Leistung bzw. Vergünstigung keine sonstige vorrangige Anspruchsgrundlage aus Gesetz, Arbeits- oder Tarifvertrag oder Betriebsvereinbarung, kommt ihr für die Zukunft eine anspruchsbegründende Wirkung zu.[1170]

(1) Dogmatischer Hintergrund

Wie sich diese anspruchsbegründende Wirkung der betrieblichen Übung begründen lässt, ist seit jeher umstritten.[1171] Das Bundesarbeitsgericht[1172] und einzelne Teile des Schrifttums[1173] gehen davon aus, dass die Bindung des Arbeitgebers an die betriebliche Übung aus den allgemeinen Regeln über Willenserklärungen herzuleiten sei. Die anspruchsbegründende Wirkung der betrieblichen Übung liege somit in einem Vertragsschluss zwischen Arbeitgeber und den

---

1167 BAG v. 28.7.2004, NJW 2004, S. 3652; *Waltermann*, RdA 2006, S. 257; *Preis*, NZA 2009, S. 281.

1168 BAG v. 28.7.2004, NJW 2004, S. 3652 (3653); für eine Rechtsprechungsübersicht siehe *Bepler*, RdA 2004, S. 226 ff.

1169 BAG v. 20.1.2004, NJOZ 2005, S. 2305 (2308); BAG v. 20.5.2008, NZA 2008, S. 1233 (1234).

1170 BAG v. 27.6.1985, AP Nr. 14 zu § 77 BetrVG 1972, Gründe 4 b); BAG v. 9.2.1989, AP Nr. 40 zu § 77 BetrVG 1972, Gründe II 2; BAG v. 24.11.2004, EzA Nr. 5 zu § 242 BGB Betriebliche Übung, Gründe II 4.

1171 Vgl. für einen umfassenden Überblick *Waltermann*, RdA 2006, S. 257 (259 f.); *Fischinger* in: MüKo/ArbR, Band 1, § 10 Rn. 3 ff.; zur heute überholten „normativen Theorie“ auch *Picker*, Die betriebliche Übung, S. 9 ff.; *Hennig*, Betriebliche Übung und AGB-Kontrolle, S. 13 ff.

1172 Vgl. nur BAG v. 1.3.1972, AP Nr. 11 zu § 4 TVG Übertariflicher Lohn und Tariflohnerhöhung, Gründe 2; BAG v. 4.9.1985, AP Nr. 22 zu § 242 BGB Betriebliche Übung; BAG v 19.5.2005, NZA 2005, S. 889 (890 f.).

1173 *Ahrendt* in: Schaub/Arbeitsrechts-Handbuch, § 110 Rn. 1; *Mengel*, Die betriebliche Übung, S. 70 ff.; *Helml*, AiB 2005, S. 645 (646).

Arbeitnehmern, das heißt, die üblich gewordenen Leistungen werden durch einen rechtsgeschäftlichen Abschluss i.S.d. §§ 145 ff. BGB zum Inhalt der einzelnen Arbeitsverträge.[1174] Dabei sei das Verhalten des Arbeitgebers als Vertragsangebot zu werten, welches von den Arbeitnehmern durch widerspruchslose Inanspruchnahme der Leistung angenommen werde. Der Zugang der Annahmeerklärung sei dabei gemäß § 151 S. 1 BGB entbehrlich.

Der überwiegende Teil in der Literatur lehnt diese sog. Vertragstheorie ab und vertritt, dass der Zurechnungsgrund für die Bindung des Arbeitgebers vielmehr in dem Vertrauen der Arbeitnehmer auf eine Fortsetzung der bisherigen Übung als ein rechtsgeschäftliches Leistungsversprechen liege.[1175] Ist der Arbeitnehmer im Vertrauen auf den Fortbestand schutzwürdig, so stelle das einseitige Einstellen der Leistung durch den Arbeitgeber einen Verstoß gegen den Grundsatz von Treu und Glauben dar.[1176]

Bei all den Kontroversen um die dogmatische Konstruktion ist die Rechtsfolge der betrieblichen Übung im Ergebnis selbst jedoch unbestritten. Von beiden Auffassungen wird ein ausdrücklicher Anspruch des Arbeitnehmers aus einem rein tatsächlichen Verhalten des Arbeitgebers abgeleitet, ohne dass dieser eine konkrete Erklärung abgegeben haben muss. Die betriebliche Übung kann insoweit als gewohnheitsrechtlich anerkannt gelten. Eine darüber hinausgehende Einordnung zur Vertrags- oder Vertrauenstheorie ist daher für das hier bearbeitete Vorrangprinzip nicht erforderlich.

(2) Individualabrede i. S. d. § 305 b BGB

Es ist jedoch zu klären, ob und unter welchen Voraussetzungen die betriebliche Übung eine Individualabrede i.S.d. § 305b BGB ist. Die Frage stellt sich, wenn man die betriebliche Übung mit dem Bundesarbeitsgericht und Teilen des Schrifttums dogmatisch als konkludente Vertragsänderung bzw. Vertragsergänzung einordnet.[1177] Wurde mithilfe der betrieblichen Übung ein Anspruch des Arbeitnehmers begründet, lässt sich dieser dem Grunde nach lediglich durch

---

1174 Ausführlich dazu *Hoffmann*, Betriebliche Übung und AGB-Kontrolle, S. 6 ff.; *Hennig*, Betriebliche Übung und AGB-Kontrolle S. 43 ff.

1175 *Canaris*, Die Vertrauenshaftung im deutschen Privatrecht, S. 389 f.; *Hromadka*, NZA 1984, S. 241 (243); *Preis* in: ErfK/ArbR, § 611a BGB Rn. 220a; anders aber wohl *Preis* in: Der Arbeitsvertrag, II S 30 Rn. 13 (S.1196 f.), wo er die Vertragslösung favorisiert; kritisch *Picker*, Die betriebliche Übung, S. 92 ff.

1176 *Hromadka*, NZA 1984, S. 241 (244).

1177 *Picker*, Die betriebliche Übung, S. 250.

eine individuelle Änderung des Arbeitsvertrags wieder beseitigen.[1178] Mit Ausnahme der Änderungskündigung bedarf es dafür stets der Mitwirkung und des Einverständnisses beider Vertragsparteien.[1179] Die nachträgliche Aufhebung eines mithilfe der betrieblichen Übung begründeten Anspruchs ist für den Arbeitgeber folglich mit erheblichen Schwierigkeiten verbunden. Aufgrund dieser weitreichenden Wirkungen für die Zukunft möchten sich viele Arbeitgeber bereits gegen das Entstehen einer betrieblichen Übung schützen.

Gängige Praxis ist dabei die Verwendung von Schriftformklauseln. Da eine betriebliche Übung in der Regel nicht schriftlich verfasst ist, soll mit ihrer Hilfe eine Änderung des Vertrags von vornherein verhindert werden. In Bezug auf eine einfache Schriftformklausel, nach der Änderungen und Ergänzungen des Vertrags der Schriftform bedürfen, besteht allerdings Einigkeit darüber, dass diese auch durch eine betriebliche Übung ohne Einhaltung eines Formerfordernisses aufgehoben werden kann.[1180] In Betracht kommt demnach von vornherein nur die Verwendung von doppelten Schriftformklauseln. Danach werden, wie bereits aufgezeigt,[1181] sowohl die Vertragsänderung als auch Änderungen der Schriftformklausel der Schriftform unterstellt.

Allerdings gilt es, auch in dieser Situation den Vorrang der Individualabrede zu beachten. Es stellt sich die Frage, ob die betriebliche Übung ihrerseits eine Individualabrede i.S.d. § 305b BGB darstellt und damit der formularmäßigen doppelten Schriftformklausel vorgeht. Dies hätte zur Folge, dass eine doppelte Schriftformklausel, unabhängig von ihrer inhaltlichen Wirksamkeit, nicht geeignet wäre, eine betriebliche Übung zu verhindern.

(a) Meinungsstand im Schrifttum

Unter Zugrundelegung der Vertragstheorie, nach welcher die betriebliche Übung durch Angebot und Annahme zwischen Arbeitgeber und Arbeitnehmer zustande kommt, wird teilweise vertreten, dass dadurch eine Änderung des jeweiligen Arbeitsvertrags eintrete und demnach eine Individualabrede

---

1178 Zu der nicht mehr zulässigen negativen betrieblichen Übung, BAG v. 18.3.2009, NZA 2008, S. 601 ff.

1179 Zur Beseitigung der Bindung einer betrieblichen Übung ausführlich, *Hennig*, Betriebliche Übung und AGB-Kontrolle, S. 105 ff.; *Hoffmann*, Betriebliche Übung und AGB-Kontrolle, S. 289 ff.

1180 BAG v. 28.10.1987, NZA 1988, S. 425 (426); BAG v. 20.5.2008, NZA 2008, S. 1233 (1234); eine ausführliche Streitdarstellung bei *Kliemt*, Formerfordernisse im Arbeitsverhältnis, S. 450 ff.; *Hennig*, Betriebliche Übung und AGB-Kontrolle, S. 175 ff.

1181 Siehe Seite 130.

i.S.d. § 305b BGB anzunehmen sei.[1182] Die betriebliche Übung wirke sich auf eine Vielzahl von Verträgen und damit kollektiv aus, kraft vertraglicher Abrede komme ihr jedoch in jedem einzelnen Arbeitsvertrag Geltung zu. Die betriebliche Übung gehe daher einer doppelten Schriftformklausel i.S.d. § 305 Abs. 1 S. 1 BGB vor.[1183] Arbeitsrechtliche Besonderheiten stünden diesem Ergebnis nicht entgegen. Zwar sei die betriebliche Übung eine im Arbeitsleben bestehende Besonderheit, allerdings werde sie nach den allgemeinen Grundsätzen der Rechtsgeschäftslehre über das potenzielle Erklärungsbewusstsein und § 151 S. 1 BGB hergeleitet.[1184]

Die Rechtsprechung[1185] und Teile des Schrifttums[1186] hingegen gehen davon aus, dass der Vorrang von Individualabreden für die betriebliche Übung nicht gelte. Die betriebliche Übung stelle gerade keine Individualabrede dar, da sie durch ein einseitiges Verhalten des Arbeitgebers gegenüber allen Arbeitnehmern entstehe und insofern gerade nicht i.S.d. § 305 Abs. 1 S. 3 BGB ausgehandelt werde.

(b) Stellungnahme

Eine Individualabrede i.S.d. § 305b BGB verlangt, wie dargelegt,[1187] unabhängig vom Zeitpunkt ihres Abschlusses stets ein Aushandeln ihres Inhalts gemäß § 305 Abs. 1 S. 3 BGB. Aus der „Natur" der betrieblichen Übung folgt indes, dass ein derartiges Aushandeln gerade nicht stattfindet. Das Bundesarbeitsgericht betont zu Recht, dass sich die betriebliche Übung immer an eine Vielzahl von

---

1182 *Hefermehl* in: Soergel/BGB AT, § 125 Rn. 33; *Däubler*, FS Richardi, S. 205 (215); *Preis* in: Der Arbeitsvertrag, II S 30 Rn. 13 f. (S. 1196 f.); *Lakies*, AR-Blattei SD 35, Rn. 80 f.; *Roloff*, NZA 2004, S. 1191 (1196 f.).

1183 *Preis* in: Der Arbeitsvertrag, II S 30 Rn. 13 ff. (S. 1196 ff.); *Coester* in: Staudinger/BGB, 2013, § 310 Rn. 96; so wohl auch *Lakies*, AR-Blattei SD 35, Rn. 81.

1184 A.A. *Roloff*, NZA 2004, S. 1191 (1197), der für Individualabreden nach Vertragsschluss auf das Merkmal des „Aushandelns" i.S.d. § 305 Abs. 1 S. 3 BGB verzichten will.

1185 BAG v. 24.6.2003, NZA 2003, S. 1145 (1147 f.); BAG v. 20.5.2008, NZA 2008, S. 1233 (1236); a.A. noch BAG v. 25.6.1985, AP Nr. 11 zu § 74c HGB, Gründe III 2b).

1186 *Krause* in: Staudinger/BGB, 2013, Anh. zu § 310 Rn. 120; *Däubler* in: Däubler/Bonin/Deinert, § 305b Rn. 13; *Stoffels* in: Wolf/Lindacher/Pfeiffer, ArbR Rn. 41; *Melot de Beauregard*, BB 2003, S. 2467 (2468); *Ulrici*, BB 2005, S. 1902 (1903); *Annuß*, BB 2006, S. 1333 (1335); *Hromadka*, DB 2004, S. 1261 (1264); *Lingemann*, SAE 2005, S. 40 (41 f.); *Walker*, JuS 2007, S. 1 (5).

1187 Siehe Seite 101 ff., 170 f.

Arbeitnehmern richtet.[1188] Richtig ist zwar, dass durch sie ein einzelvertraglicher Anspruch begründet wird,[1189] allerdings entsteht dieser nicht im Wege bilateraler Verhandlungen, sondern durch ein tatsächliches und einseitiges Handeln des Arbeitgebers.[1190]

Der Arbeitgeber gibt stets den konkreten Inhalt der betrieblichen Übung vor, ohne ihn ernsthaft zur Disposition des Arbeitnehmers zu stellen. Dem einzelnen Arbeitnehmer kommt dabei aufgrund seiner strukturellen Unterlegenheit keine Gestaltungsmöglichkeit zu. Er kann durch seine stillschweigende Annahme lediglich die Bindungswirkung der betrieblichen Übung herbeiführen, Einfluss auf ihre inhaltliche Ausgestaltung nimmt er damit allerdings nicht. Ihm verbleibt lediglich die Möglichkeit, das Angebot des Arbeitgebers zu akzeptieren oder vollständig darauf zu verzichten. Eine weitergehende Gestaltungsfreiheit zur Wahrung seiner eigenen Interessen hat der Arbeitnehmer nicht.[1191] Der betrieblichen Übung kommt damit nicht die Richtigkeitsgewähr einer ausgehandelten Vereinbarung zu, sodass sie folgerichtig keine Individualabrede i.S.d. § 305b BGB darstellen kann.[1192]

Wenn *Preis* davon ausgeht, dass eine betriebliche Übung auch gegenüber einem einzelnen Arbeitnehmer entstehe und daher durchaus eine Individualabrede darstelle,[1193] kann dem nicht gefolgt werden. Denn wird eine Übung lediglich gegenüber einem Arbeitnehmer praktiziert, so handelt es sich dabei um eine von der betrieblichen Übung abzugrenzende sog. Individualübung.[1194] Solche individuell an einzelne Arbeitnehmer gerichtete Willenserklärungen des Arbeitgebers unterscheiden sich von der betrieblichen Übung aufgrund ihres kollektiven Bezugs. Letztere richtet sich, wie dargelegt, stets an alle Beschäftigten

---

1188 BAG v. 24.6.2003, NZA 2003, S. 1145 (1148); BAG v. 20.5.2008, NZA 2008, S. 1233 (1236); zustimmend *Ulrici*, BB 2005, S. 1902 (1903).

1189 *Schrübbers*, Rechtsprobleme der Beseitigung betrieblicher Übung, S. 9 bezeichnet die betriebliche Übung daher auch zu Recht als „kollektive Rechtstatsache mit individualrechtlicher Wirkung".

1190 So auch *Ulrici*, BB 2005, S. 1902 (1903).

1191 BAG v. 24.6.2003, NZA 2003, S. 1145 (1148); *Lingemann*, SAE 2005, S. 40 (42); *Hoffmann*, Betriebliche Übung und AGB-Kontrolle, S. 69 f.

1192 *Ulmer/Schäfer* in: Ulmer/Brandner/Hensen, § 305b Rn. 10a; *Lingemann/Gotham*, NJW 2009, S. 268 (269); *Ulrici*, BB 2005, S. 1902 (1903); *Hromadka*, DB 2004, S. 1261 (1264); *E. Schmidt*, DRiZ 1991, S: 81 (84); *Stoffels* in: Wolf/Lindacher/Pfeiffer, ArbR Rn. 41; *Lingemann*, SAE 2005, S. 40 (42).

1193 *Preis* in: Der Arbeitsvertrag, II S 30 Rn. 13 f. (S. 1196 f.).

1194 *Hoffmann*, Betriebliche Übung und AGB-Kontrolle, S. 69.

eines Betriebs oder zumindest kollektiv abgrenzbare Gruppen.[1195] Sie verlangt somit auch die regelmäßige Wiederholung bestimmter Verhaltensweisen seitens des Arbeitgebers, aus denen die Arbeitnehmer des Betriebs insgesamt schließen können, ihnen solle eine Leistung oder eine Vergünstigung auf Dauer eingeräumt werden.[1196] Die Individualabrede bzw. die Individualübung sowie die betriebliche Übung schließen sich daher von vornherein begrifflich aus.

Im Ergebnis handelt es sich bei der zum Vertragsinhalt werdenden betrieblichen Übung vielmehr um eine unter die §§ 305 ff. BGB fallende, nachträgliche Einbeziehung von Allgemeinen Arbeitsbedingungen,[1197] weshalb auch eine analoge Anwendung des § 305b BGB ausscheidet.[1198] Teilweise wird aus der Einordnung als Allgemeine Arbeitsbedingung zu Unrecht geschlussfolgert, dass die vertragliche Wirksamkeit der betrieblichen Übung damit aber gemäß § 305 Abs. 2, 3 BGB auf einem Individualakt beruhe und aufgrund dessen der Vorrang nach § 305b BGB einzuräumen ist.[1199] Diese Argumentation verkennt, dass Allgemeine Arbeits- und Geschäftsbedingungen stets mithilfe eines Vertragsschlusses der Vertragsparteien einbezogen werden.[1200] Gleichwohl sind sie – wie es das Gesetz in den §§ 305 Abs. 1 S. 3, 305b BGB ausdrücklich vorgibt – von den Individualabreden zu unterscheiden.[1201] Damit bleibt festzuhalten, dass das Vorrangprinzip in § 305b BGB zugunsten des Inhalts einer betrieblichen Übung nicht eingreift. Es handelt sich nicht um eine im Einzelnen ausgehandelte Individualabrede i.S.d. § 305 Abs. 1 S. 3 BGB, sodass sie einer doppelten Schriftformklausel nicht vorgeht.[1202]

1195 BGH v. 24.9.2003, NZA 2003, S. 1387 (1388); *Müller-Glöge* in: MüKo/BGB, § 611 Rn. 416.

1196 St. Rspr., vgl. nur BGH v. 16.1.2002, NZA 2002, S. 632 (633); BGH v. 24.9.2003, NZA 2003, S. 1387 (1388).

1197 So ausdrücklich auch BAG v. 27.8.2008, NZA 2009, S. 49 (51); *Müller-Glöge* in: MüKo/BGB, § 611 Rn. 418; zur Einordnung der betrieblichen Übung als Allgemeine Geschäftsbedingung ausführlich, *Hoffmann*, Betriebliche Übung und AGB-Kontrolle, S. 24 ff.

1198 So aber *Roloff*, NZA 2003, S. 1191 (1196).

1199 *Ulrici*, BB 2005, S. 1902 (1903); a.A *Roloff*, NZA 2004, S. 1191 (1197).

1200 Das konkludent oder nach § 151 BGB erklärte Einverständnis hat jedoch zur Folge, dass zumindest eine einfache Schriftformklauseln konkludent abbedungen werden kann, vgl. dazu BAG v. 20.5.2008, NZA 2008, S. 1233 (1234).

1201 *Däubler* in: Däubler/Bonin/Deinert, § 305b Rn. 12; *Ulrici*, BB 2005, S. 1902 (1903).

1202 *Hromadka*, DB 2004, S. 1261 (1264); *Ulrici*, BB 2005, S. 1902 (1903).

(c) Individualübung

Von der betrieblichen Übung ist die sog. Individualübung abzugrenzen. Eine Individualübung liegt vor, wenn sich das wiederholende und gleichförmige Verhalten des Arbeitgebers auf einen einzelnen Arbeitnehmer beschränkt.[1203] Nach der herrschenden Meinung[1204] und Rechtsprechung des Bundesarbeitsgericht[1205] liegt auch in der vorbehaltslosen Leistungsgewährung gegenüber nur einem einzelnen Arbeitnehmer eine konkludente Willenserklärung des Arbeitgebers. Durch die widerspruchslose Entgegennahme der Leistung wird diese vom Arbeitnehmer angenommen und eine Änderung des Arbeitsvertrags herbeigeführt. In der Sache besteht damit bei der Entstehung einer betrieblichen Übung und einer Individualübung kein Unterschied.[1206]

Folglich kommt die Individualübung ebenfalls nicht durch eine individuell ausgehandelte Abrede zwischen den Arbeitsvertragsparteien zustande: Maßgebend ist weiterhin das einseitige und gleichförmige Verhalten des Arbeitgebers. Wie das „Kollektiv“ bei der betrieblichen Übung hat der einzelne Arbeitnehmer typischerweise keine Möglichkeit, die vom Arbeitgeber im Rahmen der Individualübung vorgegebene Ausgestaltung der Leistung zu beeinflussen. Auch bei der Individualübung fehlt es daher in der Regel an einem Aushandeln i.S.d. § 305 Abs. 1 S. 3 BGB. Mithin kann die Individualübung wie die betriebliche Übung nicht als Individualabrede gemäß § 305b BGB qualifiziert werden. Der Umstand, dass sich die Individualübung an einen einzelnen Arbeitnehmer richtet, ist für eine andere rechtliche Bewertung nicht ausreichend. Der Arbeitnehmer muss auf den Leistungsinhalt Einfluss nehmen können. Nur so ist es denkbar, dass die Individualübung den Charakter einer Individualabrede annimmt.

(3) Inhaltliche Wirksamkeit gemäß §§ 307–309 BGB

Doppelte Schriftformklauseln sind daher geeignet, die betriebliche Übung zu verhindern.[1207] Deshalb liegt hier auch ihr wesentlicher Anwendungsbereich in der Praxis. Voraussetzung dafür ist allerdings, dass die doppelte Schriftformklausel ihrerseits wirksam ist. Um überraschende Klauseln gemäß § 305c Abs. 1 BGB handelt es sich dabei grundsätzlich nicht. Die Verwendung derartiger Klauseln

---

1203 *Maties*, Die gegenläufige betriebliche Übung, S. 175.

1204 *Picker*, Die betriebliche Übung, S. 293 f.; *Seiter*, Die Betriebsübung, S. 79.

1205 BAG v. 13.5.2015, NZA 2015, S. 992 (993); BAG v. 21.4.2010, NZA 2010, S. 808 (809).

1206 *Picker*, Die betriebliche Übung, S. 279; *Maties*, Die gegenläufige betriebliche Übung, S. 175; *Wenning*, Betriebliche Übung und Betriebsvereinbarung, S. 24.

1207 So auch BAG v. 24.6.2003, BB 2003, S. 2406; *Annuß*, BB 2006, S. 1333 (1335).

ist so weit verbreitet, dass der Vertragspartner mit ihnen rechnen muss.[1208] Fraglich ist jedoch, ob sie den Anforderungen der Inhaltskontrollvorschriften i.S.d. §§ 307–309 BGB standhält.

(a) § 307 Abs. 3 S. 1 BGB

Gemäß § 307 Abs. 3 S. 1 BGB gelten die Bestimmungen der Inhaltskontrolle nur für Allgemeine Arbeitsbedingungen, durch die von Rechtsvorschriften abweichende oder diese ergänzende Regelungen vereinbart werden. Teilweise wird vertreten, dass die Rechtsvorschrift, von der durch die doppelte Schriftformklausel abgewichen wird, der allgemeine Grundsatz des Vertragsrechts sei, nach dem auch mündliche Abreden Geltung haben.[1209] Andere hingegen gehen davon aus, dass die doppelte Schriftformklausel eine Abweichung von dem seit Langem anerkannten Grundsatz, dass ein rechtsgeschäftlich begründeter Formzwang uneingeschränkt durch nachträgliche formlose Vereinbarungen auch stillschweigend wieder aufgehoben werden kann, darstelle.[1210] Im Ergebnis macht dies jedoch keinen Unterschied, da nach beiden Ansichten die Inhaltskontrolle nach § 307 Abs. 3 S. 1 BGB eröffnet ist.

(b) § 309 Nr. 13 BGB

Am 26. Februar 2016 wurde § 309 Nr. 13 BGB durch das Gesetz zur Umsetzung der Richtlinie über alternative Streitbeilegung in Verbraucherangelegenheiten[1211] und zur Durchführung der Verordnung über Online-Streitbeilegung in Verbraucherangelegenheiten[1212] geändert.[1213] Seither ist eine Bestimmung in Allgemeinen Arbeits- und Geschäftsbedingungen unwirksam, durch die Anzeigen oder Erklärungen, die dem Verwender oder einem Dritten gegenüber abzugeben sind, an eine strengere Form als die schriftliche Form in einem Vertrag,

---

1208 *Zschieschack* in: BeckOGK/BGB, § 307 Schriftformklausel Rn. 14.

1209 BGH v. 15.2.1995, NJW 1995, S. 1488 (1489): „[Die] mündliche Abrede sei entgegen allgemeinen Grundsätzen unwirksam."

1210 *Michalski*, DStR 1998, S. 771 (778); *Hromadka*, DB 2004, S. 1261 (1264); *Teske*, Schriftformklauseln in Allgemeinen Geschäftsbedingungen, S. 317.

1211 Richtlinie 2013/11/EU des Europäischen Parlaments und des Rates vom 21.5.2013 über die alternative Beilegung verbraucherrechtlicher Streitigkeiten und zur Änderung der Verordnung (EG) Nr. 2006/2004 und der Richtlinie 2009/22/EG.

1212 Verordnung (EU) Nr. 524/2013 des Europäischen Parlaments und des Rates vom 21.5.2013 über die Online-Beilegung verbraucherrechtlicher Streitigkeiten und zur Änderung der Verordnung (EG) Nr. 2006/2004 und der Richtlinie 2009/22/EG.

1213 Ausführlich dazu *Wagner/Wagner*, BB 2016, S. 707 ff.

für den durch Gesetz die notarielle Beurkundung vorgeschrieben ist bzw. in allen anderen Verträgen an eine strengere Form als die Textform gebunden werden.[1214] Dies könnte eine Anpassung der „Schriftform" i.S.d. § 126 BGB auf die bloße „Textform" gemäß § 126b BGB notwendig machen. Ausweislich seines Wortlauts erfasst § 309 Nr. 13 BGB allerdings nur einseitige Anzeigen und Erklärungen der Verwendergegenseite, nicht die vertragliche, das heißt einvernehmliche, zweiseitige Abrede zwischen den Parteien selbst.[1215]

Doppelte Schriftformklauseln, die zur Verhinderung der betrieblichen Übung eingesetzt werden, fallen demnach nicht in seinen Anwendungsbereich. Eine Umstellung der doppelten Schriftformklauseln auf die Textform ist infolge des neuen § 309 Nr. 13 BGB nicht erforderlich. Allerdings sei an dieser Stelle darauf hingewiesen, dass das Bundesarbeitsgericht in der Vergangenheit betonte, dass eine doppelte Schriftformklausel insbesondere deshalb nicht generell mit den §§ 307 ff. BGB unvereinbar sei, da § 309 Nr. 13 BGB a.F. auch in Allgemeinen Arbeitsbedingungen ein Schriftformerfordernis für Anzeigen und Erklärungen zulasse.[1216] Dieses Argument kann zukünftig in dieser Absolutheit nicht mehr herangezogen werden.

(c) § 307 Abs. 2 Nr. 1 BGB

In der Literatur wird teilweise vertreten, dass doppelte Schriftformklauseln gegen § 307 Abs. 2 Nr. 1 BGB verstoßen, da sie gegen den wesentlichen Grundsatz des Rechtsgedankens abweichen, nach dem ein vertraglicher Formzwang formlos wieder aufgehoben werden könne.[1217] Danach können sich die Vertragsparteien nicht dauerhaft ihrer Vertragsfreiheit begeben.[1218] Dagegen ist jedoch anzuführen, dass die Privatautonomie durch die Verwendung einer doppelten Schriftformklausel nicht dauerhaft aufgehoben wird. Vielmehr wird diese im Wege der

---

1214 § 309 Nr. 13 BGB a.F. sah nur vor, dass Anzeigen oder Erklärungen, die dem Verwender oder einem Dritten gegenüber abzugeben sind, nicht an eine strengere Form als die Schriftform gebunden werden durften.

1215 *Becker* in: BeckOK/BGB, § 309 Nr. 13 Rn. 2; *Grüneberg* in: Palandt/BGB, § 309 Rn. 111; *Dammann* in: Wolf/Lindacher/Pfeiffer, § 309 Nr. 13 Rn. 10; *Zschieschack* in: BeckOGK/BGB, § 307 Schriftformklausel Rn. 16.

1216 BAG v. 20.5.2008, NZA 2008, S. 1233 (1236).

1217 *Hromadka*, DB 2004, S. 1261 (1264); *Michalski*, DStR 1998, S. 771 (777 f.); *Teske*, Schriftformklauseln in Allgemeinen Geschäftsbedingungen, S. 317 f.

1218 *Preis* in: Der Arbeitsvertrag, II S 30 Rn. 8 f. (S. 1194 f.).

Privatautonomie für eine konkrete Geschäftsbedingung und nur in formeller Hinsicht beschränkt.[1219]

Ulrici betont insofern zu Recht, dass der Umstand, „dass die Vertragsparteien an die vereinbarte Schriftformklausel gebunden sind, Ausdruck des Prinzips ‚*pacta sunt servanda*' und damit eine Form der Ausübung privatautonomer Gestaltung [ist]".[1220] Zudem hat der Arbeitgeber, worauf auch das Bundesarbeitsgericht ausdrücklich hinweist, zumindest im Rahmen der betrieblichen Übung ein anerkennenswertes Interesse daran, von vornherein zu vermeiden, dass ihm gegenüber durch sein tatsächliches Verhalten ohne entsprechenden Rechtsbindungswillen ein vertraglicher Anspruch begründet werden kann.[1221] Es ist demzufolge nicht als ein wesentlicher Grundgedanke der Geltung mündlicher Abreden einzustufen, dass ein Formzwang immer formfrei wieder aufgehoben werden kann.[1222]

(d) § 307 Abs. 1 S. 2 BGB

Bei der konkreten Ausgestaltung einer doppelten Schriftformklausel ist gleichwohl das in § 307 Abs. 1 S. 2 BGB niedergelegte Transparenzgebot zu beachten. Danach kann sich eine unangemessene Benachteiligung daraus ergeben, dass die Bestimmung nicht klar und verständlich ist. Unwirksam ist daher eine doppelte Schriftformklausel, die dem Arbeitnehmer den unzutreffenden Eindruck vermittelt, eine nachträglich vereinbarte formfreie Individualabrede sei formunwirksam und damit gemäß § 125 S. 2 BGB nichtig.[1223] Es wird dadurch über die wahre Rechtslage getäuscht und der Vertragspartner, das heißt der Arbeitnehmer davon abgehalten, sich auf seine Rechte zu berufen, die ihm aufgrund einer wirksamen mündlichen Vereinbarung zustehen.[1224] Um dem Transparenzgebot

---

1219 *Hoffmann*, Betriebliche Übung und AGB-Kontrolle, S. 228; *Ulrici*, BB 2005, S. 1902 (1903).

1220 *Ulrici*, BB 2005, S. 1902 (1903); vgl. auch BGH v. 2.6.1976, NJW 1976, S. 1395.

1221 BAG v. 20.5.2008, NZA 2008, S. 1233 (1236); so auch *Ulrici*, BB 2005, S. 1902 (1903).

1222 *Hoffmann*, Betriebliche Übung und AGB-Kontrolle, S. 228.

1223 BAG v. 20.5.2008, NZA 2008, S. 1233 (1234 f.); *Hromadka*, DB 2004, S. 1261 (1264); *Stoffels*, AGB-Recht, Rn. 354; so auch die zivilrechtliche Rspr., vgl. BGH v. 10.5.2007, NJW 2007, S. 3712 (3713); BGH v. 21.9.2005, NJW 2006, S. 138 (139); BGH v. 15.2.1995, NJW 1995, S. 1488 (1489); BGH v. 28.4.1983, NJW 1983, S. 1853; offen gelassen für eine bloße Textformklausel, OLG Jena v. 7.5.2014, BeckRS 2015, 05352; offen gelassen auch von BGH v. 30.1.2018, NZM 2018, S. 279 (280), da über eine rein deklaratorische Schriftformklausel zu entscheiden war.

1224 BAG v. 20.5.2008, NZA 2008, S. 1233 (1237); *Roloff* in: Erman/BGB, § 305b Rn. 11; *Däubler* in: Däubler/Bonin/Deinert, § 305b Rn. 12.

zu entsprechen, muss infolgedessen bei der inhaltlichen Ausgestaltung einer doppelten Schriftformklausel die Regelung des § 305b BGB Berücksichtigung finden. Dies bedeutet, dass darin ausdrücklich auf die Beachtlichkeit einer entgegenstehenden Individualabrede hingewiesen werden muss.[1225]

Allerdings handelt es sich bei der betrieblichen Übung wie gerade festgestellt um keine Individualabrede i.S.d. § 305b BGB. Es stellt sich daher die Frage, ob die doppelte Schriftformklausel zur wirksamen Verhinderung einer betrieblichen Übung mit Blick auf § 307 Abs. 1 S. 2 BGB ebenfalls eines Hinweises auf die weiterhin bestehende Möglichkeit, formfreie Individualabreden zu vereinbaren, bedarf. Dabei sind grundsätzlich zwei Fälle zu unterscheiden: Teile des Schrifttums schlagen zunächst vor, die Schriftformklausel von vornherein auf einen nicht unter den § 305b BGB fallenden Tatbestand, das heißt konkret die betriebliche Übung, zu beschränken.[1226] In dieser Situation erscheint ein Hinweis auf den Vorrang der Individualabrede im Hinblick auf das Transparenzgebot nicht notwendig, da der Arbeitnehmer sich im Rahmen einer betrieblichen Übung von vornherein nicht auf § 305b BGB berufen kann. Ein Hinweis auf das Vorrangprinzip erscheint daher insgesamt sinnlos.[1227]

Sollen jedoch – wie üblich – mit der doppelten Schriftklausel neben der betrieblichen Übung auch alle anderen Fälle formloser Abreden erfasst und verhindert werden, bleibt es bei den aufgezeigten Grundsätzen. Es bedarf daher aufgrund des § 307 Abs. 1 S. 2 BGB eines ausdrücklichen Hinweises auf den Inhalt von § 305b BGB,[1228] das heißt den uneingeschränkten Vorrang der Individualabreden vor formulierten Allgemeinen Arbeitsbedingungen.[1229] Das Bundesarbeitsgericht erkennt insoweit zu Recht, dass es unerheblich ist, dass der Vorrang der Individualabrede gemäß § 305b BGB auf die betriebliche Übung keine Anwendung findet.[1230] Der Umstand, dass die doppelte Schriftformklausel deshalb teilweise, das heißt soweit dadurch das Entstehen eines Anspruchs aus betrieblicher Übung verhindert werden soll, nicht unangemessen sein kann,

1225 BAG v. 20.5.2008, NZA 2008, S. 1233 (1237).

1226 BAG v. 20.5.2008, NZA 2008, S. 1233 (1236); mit konkreten Formulierungsvorschlägen *Hromadka*, DB 2004, S. 1261 (1265); die Zulässigkeit solcher Klauseln anzweifelnd, *Däubler* in: Däubler/Bonin/Deinert, § 305b Rn. 14.

1227 Vgl. dazu auch *Hoffmann*, Betriebliche Übung und AGB-Kontrolle, S. 230.

1228 *Melot de Beauregard*, BB 2008, S. 2691.

1229 Dieselbe Problematik stellt sich bei der Formulierung von Freiwilligkeitsvorbehalten zur Verhinderung einer betrieblichen Übung, siehe dazu Seite 273 ff.

1230 BAG v. 20.5.2008, NZA 2008, S. 1233 (1237).

führt im Ergebnis nicht zu ihrer Teilwirksamkeit.[1231] Insoweit greift das aus § 306 Abs. 2 BGB abgeleitete – und auch im Arbeitsrecht zur Anwendung gelangende[1232] – Verbot der geltungserhaltenden Reduktion ein.[1233]

(e) § 307 Abs. 1 S. 1 BGB

Schließlich ist eine formularmäßige Vertragsbestimmung gemäß § 307 Abs. 1 S. 1 BGB auch dann unangemessen, wenn der Verwender durch eine einseitige Vertragsgestaltung missbräuchlich eigene Interessen auf Kosten seines Vertragspartners durchzusetzen versucht, ohne von vornherein auch dessen Belange hinreichend zu berücksichtigen und ihm einen angemessenen Ausgleich zu gewähren. Die Feststellung einer unangemessenen Benachteiligung setzt danach stets eine wechselseitige Berücksichtigung und Bewertung der rechtlich anzuerkennenden Interessen der Vertragspartner voraus.[1234]

Diesbezüglich ist hinsichtlich einer doppelten Schriftformklausel zur Verhinderung einer betrieblichen Übung anzuführen, dass sie beide Vertragsparteien gleichermaßen trifft und zur Rechtsklarheit bei der Geltung formfreier Abreden beiträgt.[1235] Insbesondere im Rahmen eines Arbeitsvertrags, der in der Regel Jahre oder Jahrzehnte Bestand hat, existiert ein erhöhtes Bedürfnis nach Beweissicherung und Schutz vor schleichenden Veränderungen. Dem kann gerade mithilfe einer doppelten Schriftformklausel entsprochen werden.[1236] Der Arbeitnehmer wird daher durch sie nicht entgegen den Geboten von Treu und Glauben unangemessen i.S.d. § 307 Abs. 1 S. 1 BGB benachteiligt.[1237]

1231 BAG v. 20.5.2008, NZA 2008, S. 1233 (1237).

1232 BAG v. 28.9.2005, NZA 2006, S. 149 (153).

1233 BGH v. 17.5.1982, NJW 1982, S. 2309 (2310); BGH v. 6.4.2005, NJW 2005, S. 1574 (1576).

1234 BGH v. 4.11.1992, NJW 1993, S. 326 (329); BGH v. 28.1.2003, NZG 2003, S. 433 (434); BAG v. 27.7.2005, NZA 2006, S. 40 (46); *Jacobs* in: BeckOK/ArbR, § 307 Rn. 31; *Roloff* in: Henssler/Willemsen/Kalb, § 307 Rn. 2.

1235 *Hoffmann*, Betriebliche Übung und AGB-Kontrolle, S. 231.

1236 So auch *Hromadka*, DB 2004, S. 1261 (1265), der betont, dass „der Arbeitgeber die Möglichkeit [haben muss], sich durch entsprechende Klauseln gegen die Entstehung betrieblicher Übungen zu schützen“.

1237 So auch BAG v. 20.5.2008, NZA 2008, S. 1233 (1236 f.); zur Unvereinbarkeit mit § 307 Abs. 1 S. 1 BGB, wenn die doppelte Schriftformklausel die Individualabreden i.S.d. § 305b BGB nicht ausnimmt, LAG Düsseldorf v. 13.4.2007, NZA-RR 2007, S. 455 (456).

(4) Formulierungsvorschlag

Mithin hält eine doppelte Schriftformklausel, welche das Entstehen einer betrieblichen Übung verhindern soll, einer Inhaltskontrolle nach den §§ 307–309 BGB stand.[1238] Der Arbeitgeber muss jedoch den Vorrang individueller Abreden ausdrücklich als Ausnahme in die Klausel aufnehmen.[1239] Im Ergebnis könnte eine doppelte Schriftformklausel im Arbeitsvertrag, welche die betriebliche Übung ausschließt, daher wie folgt formuliert werden:

> *„Jede Änderung oder Ergänzung dieses Arbeitsvertrags, die nicht durch eine individuell ausgehandelte Vereinbarung der Vertragsparteien erfolgt, bedarf zu ihrer Wirksamkeit der Schriftform. Dies gilt auch für die Aufhebung dieses Schriftformerfordernisses. Dies bedeutet, dass keine Ansprüche aufgrund betrieblicher Übung entstehen können".*[1240]

d) Freiwilligkeitsvorbehalte

Anknüpfend an die Rechtsprechung zu den doppelten Schriftformklauseln wird eine ähnliche Diskussion im Rahmen der pauschalen Freiwilligkeitsvorbehalte geführt. Mithilfe eines pauschalen Freiwilligkeitsvorbehalts kann der Arbeitgeber die Entstehung einer betrieblichen Übung ebenfalls verhindern. Um eine Rechtsbindung für die Zukunft auszuschließen, kann er den Arbeitnehmer entweder bei der Erbringung einer konkreten Leistung[1241] oder bereits bei Begründung des Arbeitsverhältnisses durch die Aufnahme einer generalisierenden Klausel in den Arbeitsvertrag darauf hinweisen, dass die Gewährung der Leistung keinen Rechtsanspruch auf weitere zukünftige Leistungen begründet.[1242] Bei dem Vorbehalt im Arbeitsvertrag handelt es sich regelmäßig um eine Allgemeine Arbeitsbedingung, die wie folgt ausgestaltet ist:

> *„Sonstige, in diesem Vertrag nicht vereinbarte Leistungen des Arbeitgebers an den Arbeitnehmer sind freiwillig. Auch wenn der Arbeitgeber sie mehrmals und regelmäßig erbringen sollte, erwirbt der Arbeitnehmer dadurch keinen Rechtsanspruch für die Zukunft."*[1243]

1238 Zur Vereinbarkeit dieses Ergebnisses mit der Richtlinie 93/13/EWG, *Zschieschack* in: BeckOGK/BGB, § 307 Schriftformklausel Rn. 11 f.

1239 *Franzen*, SAE 2009, S. 89 (93).

1240 Vgl. *Leder/Scheuermann*, NZA 2008, S. 1222 (1226); weitere Formulierungsbeispiele bei *Lingemann/Gotham*, NJW 2009, S. 268 (270); *Preis*, NZA 2009, S. 281 (286).

1241 Vgl. BAG v. 18.3.2009, NZA 2009, S. 535: „Mit der Zahlung [einer Jahressonderleistung] teilte die Beklagte dem Klager regelmäßig schriftlich mit, dass die Zahlung einmalig sei und zukünftige Ansprüche ausschlösse."

1242 Vgl. BAG v. 30.7.2008, NZA 2008, S. 1173 (1174).

1243 Vgl. BAG v. 14.9.2011, NZA 2012, S. 81; BAG v. 19.3.2014, NZA 2014, S. 595; *Temming* in: Preis/Temming, Rn. 698.

Im Hinblick auf das hier bearbeitete Vorrangprinzip haben die jüngere Rechtsprechung[1244] und Teile des Schrifttums[1245] erhebliche Zweifel an der Zulässigkeit eines pauschalen Freiwilligkeitsvorbehalts geäußert. Zur Begründung führen sie an, dass ein pauschaler Freiwilligkeitsvorbehalt in unzulässiger Weise die laufenden Leistungen zwischen den Arbeitsvertragsparteien einbeziehe.[1246] Der Freiwilligkeitsvorbehalt lasse daher eine Auslegung zu, nach der auch etwaige ausdrückliche Individualabreden erfasst würden. Demzufolge werde der Arbeitnehmer von der Geltendmachung der ihm aus einer Individualabrede zustehenden Rechte abgehalten.[1247] Der pauschale Freiwilligkeitsvorbehalt verstoße damit gegen den in § 305b BGB bestimmten Grundsatz vom Vorrang der Individualabrede. Dies stelle eine unangemessene Benachteiligung im Sinne der § 307 Abs. 1 S. 1 BGB i.V.m. § 307 Abs. 2 Nr. 1 BGB dar.

Die Argumentation ist von der Rechtsprechung zur doppelten Schriftformklausel in Allgemeinen Geschäfts- und Arbeitsbedingungen bekannt.[1248] Eine Erstreckung auf den pauschalen Freiwilligkeitsvorbehalt vermag jedoch nicht zu überzeugen, da die doppelte Schriftformklausel und der pauschale Freiwilligkeitsvorbehalt unterschiedliche Ziele und Anwendungsbereiche aufweisen. Ziel einer doppelten Schriftformklausel ist es, mündliche oder konkludent getroffene (Individual-)Abreden umfassend auszuschließen. Pauschale Freiwilligkeitsvorbehalte hingegen verhindern ausschließlich die Entstehung einer vertraglichen Leistungspflicht nach den Grundsätzen der betrieblichen Übung.

Ausweislich des Wortlauts der Klausel betrifft der pauschale Freiwilligkeitsvorbehalt allein die nicht vereinbarten freiwilligen Leistungen des Arbeitgebers an den Arbeitnehmer. Der pauschale Freiwilligkeitsvorbehalt verschafft dem Arbeitgeber keine Möglichkeit, sich von einer bereits bestehenden Verpflichtung zu lösen. Er greift mithin auch nicht in die bereits vereinbarten, laufenden Leistungen ein. Der pauschale Freiwilligkeitsvorbehalt verhindert lediglich, dass ein wiederholendes und gleichförmiges Verhalten des Arbeitgebers zu einer betrieblichen Übung und damit nach Auffassung der Vertragstheorie zu einer Vertragsänderung führt.[1249]

1244 BAG v. 14.9.2011, NZA 2012, S. 81 (84); BAG v. 19.3.2014, NZA 2014, S. 595 (600 f.).
1245 *Preis/Sagan*, NZA 2012, S. 697 (702 f.).
1246 BAG v. 14.9.2011, NZA 2012, S. 81 (84).
1247 BAG v. 14.9.2011, NZA 2012, S. 81 (85); BAG v. 19.3.2014, NZA 2014, S. 595 (600).
1248 Vgl. etwa BAG v. 20.5.2008, NZA 2008, S. 1233.
1249 *Hromadka*, DB 2012, S. 1037 (1039).

Anders als die doppelte Schriftformklausel steht der pauschale Freiwilligkeitsvorbehalt folglich auch in keinerlei Bezug zu einer Individualabrede. Denn wie zuvor aufgezeigt,[1250] handelt es sich bei der betrieblichen Übung gerade nicht um eine im Einzelnen zwischen den Arbeitsvertragsparteien aushandelte Individualabrede. Bei den Arbeitnehmern kann nicht der Eindruck erweckt werden, eine individuell ausgehandelte Abrede sei entgegen § 305b BGB unwirksam.[1251] Der pauschale Freiwilligkeitsvorbehalt muss deshalb – anders als die doppelten Schriftformklauseln – Individualabreden auch nicht ausdrücklich aus seinem Anwendungsbereich ausschließen. Das in § 305b BGB geregelte Vorrangprinzip wird durch ihn nicht umgangen und der Arbeitnehmer nicht gemäß § 307 Abs. 1 BGB i.V.m. § 307 Abs. 2 Nr. 1 BGB unangemessen benachteiligt.

1250 Siehe dazu Seite 261 ff.

1251 Vgl. dazu BAG v. 20.5.2008, NZA 2008, S. 1233 (1237).

G. Fazit und Schlussbetrachtung

1. Obwohl das Vorrangprinzip in der zivil- und arbeitsrechtlichen Praxis bereits seit vielen Jahrzehnten als ein allgemeines Rechtsprinzip anerkannt ist, gelang es der Rechtsprechung und Literatur bis zum Inkrafttreten des Gesetzes zur Regelung der Allgemeinen Geschäftsbedingungen nicht, eine klare dogmatische Struktur sowie einheitliche Voraussetzungen und Rechtsfolgen zu erarbeiten. Die Schaffung des § 4 AGBG (heute § 305b BGB) stellte daher, anders als vom Gesetzgeber zunächst beabsichtigt, nicht nur die gesetzliche Fixierung eines durch die richterrechtliche Rechtsfortbildung entwickelten Grundsatzes des AGB-Rechts dar. Dem Vorrangprinzip kommt erst seither ein eigenständiger und fester Platz im Kontrollsystem der Allgemeinen Geschäftsbedingungen zu, welches vom Rechtsanwender uneingeschränkt zu beachten ist.
2. Das Vorrangprinzip in § 305b BGB bringt das funktionale Rangverhältnis zwischen den beiden Vertragsbestandteilen „Individualabrede und Allgemeine Geschäftsbedingung" zum Ausdruck. In ihrem unterschiedlichen Zustandekommen zeigt sich eine Rangabstufung, aufgrund derer den Allgemeinen Geschäftsbedingungen bei Auftreten einer inhaltlichen Kollision der Nachrang hinter der Individualabrede einzuräumen ist. Denn anders als die einseitig vorformulierten und vom Verwender gestellten Allgemeinen Geschäftsbedingungen werden Individualabreden von den Vertragsparteien ausgehandelt. Die Vertragsparteien üben durch sie gleichberechtigt die ihnen von Verfassung wegen zustehende Privatautonomie in Form der Vertragsfreiheit aus. Anders als Allgemeine Geschäftsbedingungen unterliegen sie daher auch nur einer eingeschränkten Inhaltskontrolle (z.B. §§ 134, 138, 242 BGB).
3. Von seiner Rechtsnatur ist das in § 305b BGB kodifizierte Vorrangprinzip eine negative Einbeziehungsvoraussetzung für Allgemeine Geschäftsbedingungen. Der Schutz der Individualabrede wird dadurch sichergestellt, dass die kollidierende Klausel in den Allgemeinen Geschäftsbedingungen nicht wirksam in den Vertrag einbezogen werden kann. Als die von den Vertragsparteien stärker legitimierte Rechtsquelle geht die Individualabrede den Allgemeinen Geschäftsbedingungen im Kollisionsfall unabhängig von ihrer inhaltlichen Ausgestaltung und dem Parteiwillen vor. § 305b BGB kann deshalb auch nicht als Auslegungsregel verstanden werden.

4. Diese Ergebnisse stehen mit den Vorgaben des Unionsrechts und speziell der Richtlinie 93/13/EWG in Einklang. Der sog. Klauselrichtlinie kann aus Art. 3 Abs. 1, Abs. 2 sowie den Klauselbeispielen Nr. 1 lit. j, lit. k und lit. n des Anhangs zu Art. 3 Abs. 3 ebenfalls indirekt ein Vorrang der Individualabrede entnommen werden. Darüber hinaus untersagt sie dem nationalen Gesetzgeber dem Grunde nach nicht, in ihrem Anwendungsbereich Einbeziehungsvorschriften zu erlassen.
5. Die gesetzlichen Einbeziehungsvoraussetzungen in §§ 305 Abs. 1, 2, 305a BGB und das Überraschungsverbot gemäß § 305c Abs. 1 BGB stehen gleichberechtigt neben dem Vorrangprinzip in § 305b BGB. Dem Rechtsanwender steht es deshalb frei, die Nichteinbeziehung der AGB-Klausel kumulativ oder wahlweise auf eine der genannten Vorschriften zu stützen. Die Prüfung des § 305c Abs. 2 BGB ist der Prüfung des § 305b BGB hingegen zwingend vorgelagert. Die Inhaltskontrolle der kollidierenden AGB-Klauseln hat dem Vorrangprinzip denklogisch nachzufolgen. Liegen die Voraussetzungen des § 305b BGB vor, vermag auch eine inhaltlich wirksame AGB-Klausel am Vorrang der Individualabrede nichts zu ändern. Dies gilt ebenfalls für die sog. tendenziell individualvertragswidrigen Klauseln in den §§ 308, 309 BGB; § 305b BGB ist ihnen gegenüber die speziellere Vorschrift.
6. Eine Abbedingung des Vorrangprinzips ist sowohl mithilfe einer Allgemeinen Geschäftsbedingung als auch einer Individualabrede nicht möglich. Es handelt sich bei § 305b BGB um eine zwingende Vorschrift, die ein vom Willen der Vertragsparteien unabhängiges Rangverhältnis zwischen zwei Vertragsabreden und damit gleichzeitig ein fundamentales Prinzip des Privatrechts zum Ausdruck bringt.
7. Als Individualabrede gemäß § 305b BGB ist jede Vereinbarung zu verstehen, die zwischen den Vertragsparteien i.S.d. § 305 Abs. 1 S. 3 BGB ausgehandelt worden ist. Auch im Falle der nachträglichen Einbringung ist die Individualabrede an den Anforderungen des § 305 Abs. 1 S. 3 BGB zu messen. Der Schutzzweck des § 305b BGB erlaubt nicht, die Anforderungen der am Vorrangprinzip teilnehmenden Individualabrede herabzusetzen. Sowohl das funktionale Rangverhältnis als auch die einer Individualabrede zugrunde liegende sog. „Richtigkeitsgewähr“ ließe sich dadurch andernfalls nicht mehr ausreichend begründen und sicherstellen.
8. Die Individualabrede muss zudem inhaltlich wirksam sein. Lässt sich ihre Wirksamkeit nicht abschließend feststellen, besteht für ein Eingreifen des Vorrangprinzips kein Anlass. Die Individualabrede wird in dieser Situation nicht zum Vertragsbestandteil, sodass es bereits an der von § 305b BGB vorausgesetzten Kollisionslage mit einer AGB-Klausel fehlt. Auf die

Wirksamkeit der infrage stehenden AGB-Klausel kommt es hingegen nicht an. Selbst eine nach den §§ 307–309 BGB inhaltlich wirksame Allgemeine Geschäftsbedingung muss hinter der stärker legitimierten Individualabrede im Rang zurücktreten. Sie vermag sich ihr gegenüber nicht durchzusetzen.

9. Aufgrund des zwingenden funktionalen Rangverhältnisses von Individualabreden und Allgemeinen Geschäftsbedingungen entfalten alle Maßnahmen des Verwenders, die darauf abzielen, diese auszuhöhlen, keine Wirkung. Entsprechend können vorformulierte „einfache" als auch „doppelte" Schriftformklauseln keine Wirkung entfalten. Aufgrund der Vertragsfreiheit ist es den Parteien allerdings erlaubt, individuell eine doppelte Schriftformklausel auszuhandeln, um dergestalt Formvorgaben für spätere Individualabreden zu machen. In dieser Situation kollidieren zwei im Rang gleichberechtigt nebeneinanderstehende Vertragsbestandteile, sodass das Vorrangprinzip in § 305b BGB keine Anwendung findet.
10. Unabhängig vom Kollisionszeitpunkt greift das Vorrangprinzip sowohl bei direkten als auch indirekten Widersprüchen zwischen einer Individualabrede und einer AGB-Klausel. Der Inhalt beider Vertragsbestandteile ist nach den jeweils für sie geltenden Auslegungsregeln zu bestimmen. Die Auslegung der Allgemeinen Geschäftsbedingungen wird nicht durch die Individualabrede beeinflusst. Eine eigenständige Kategorie von Allgemeinen Geschäftsbedingungen, welche der Individualabrede wegen einer Erweiterung ihres Funktionsbereichs widersprechen, ist abzulehnen.
11. § 305b BGB findet zur Auflösung einer inhaltlichen Kollision von Allgemeinen Geschäftsbedingungen keine Anwendung. Allgemeine Geschäftsbedingungen i.S.d. § 305 Abs. 1 S. 1 BGB stehen nicht in dem dafür notwendigen Über- und Unterordnungsverhältnis. Trifft allerdings eine individualvertraglich vereinbarte Beschaffenheitsvereinbarung i.S.d. § 434 Abs. 1 S. 1 BGB auf einen individualvertraglich ausgehandelten Gewährleistungsausschluss, ist durch sorgfältige Auslegung zu ermitteln, ob Letzterer nach dem Willen der Parteien so weit reichen soll, dass er die Verkäuferhaftung auf Fälle der Arglist beschränkt. Eine formularvertragliche Haftungsfreizeichnung vermag sich indes bereits aufgrund des Vorrangprinzips nicht gegen eine davon abweichende vertragliche Individualabrede durchzusetzen. Kollidiert eine formularvertragliche Beschaffenheitsangabe dagegen mit der kaufrechtlichen Beschaffenheitsfiktion i.S.d. § 434 Abs. 1 S. 2 Nr. 2, S. 3 BGB, so geht ihr die Allgemeine Geschäftsbedingung bei inhaltlicher Wirksamkeit vor. Aufgrund ihrer Einbeziehung in den Vertrag beruht sie auf einer rechtsgeschäftlichen Vereinbarung der Vertragsparteien – mit

der Folge, dass die Fiktion der Normalbeschaffenheit nicht zur Anwendung gelangen kann.

12. Da es sich bei § 305b BGB um eine negative Einbeziehungsvoraussetzung handelt, wird die inhaltlich mit einer Individualabrede kollidierende AGB-Klausel nicht Vertragsbestandteil. Sie entfällt vollständig und gilt vorbehaltlich einer ausdrücklich getroffenen Vereinbarung, in der die Vertragsparteien ihren „Wiederauflebewillen" deutlich machen, nicht „ersatzweise" im Hintergrund weiter. Durch die Nichteinbeziehung der AGB-Klausel entsteht in der Regel auch keine Lücke im Vertrag, da die Vertragsparteien den Regelungsgegenstand gerade mithilfe der Individualabrede ausfüllen wollen. Einer Anwendung des § 306 Abs. 2, 3 BGB bedarf es nicht.
13. § 305b BGB ist im Individualprozess inzident im Rahmen der Anspruchsprüfung zu berücksichtigen. Im Verbandsklageverfahren gemäß § 1 UKlaG hat die Überprüfung der Allgemeinen Geschäftsbedingungen auf einen abstrakten Verstoß gegen die Vorschriften der Inhaltskontrolle zu erfolgen. Das Vorrangprinzip findet hier über § 307 Abs. 2 Nr. 1 BGB i.V.m. § 305b BGB und über das in § 307 Abs. 1 S. 2 BGB niedergelegte Transparenzgebot Beachtung.
14. Das Gesetz enthält in § 310 Abs. 1 S. 1 BGB keine Bereichsausnahme für § 305b BGB. Das Vorrangprinzip findet infolgedessen uneingeschränkt auch für Allgemeine Geschäftsbedingungen Anwendung, die gegenüber einem Unternehmer verwendet werden. Gleiches gilt bei der Verwendung von kaufmännischen Bestätigungsschreiben. § 305b BGB greift sowohl gegenüber den darin ausdrücklich genannten Individualabreden als auch solchen, die nicht schriftlich fixiert worden sind. Problematisch ist allerdings, dass der Vertragspartner vortragen und beweisen muss, dass die Individualabrede tatsächlich vereinbart worden ist. Zur Bestimmung einer „Individualabrede" gelten im unternehmerischen Geschäftsverkehr dieselben inhaltlichen Anforderungen wie bei Verträgen unter Mitwirkung eines oder mehrerer Verbraucher. Somit sind hier ebenfalls die Anforderungen des § 305 Abs. 1 S. 3 BGB einzuhalten. Der Gesetzgeber und die Rechtsprechung sind den Forderungen nach einer Absenkung des Schutzniveaus der AGB-Kontrolle im unternehmerischen Verkehr bislang zu Recht nicht nachgekommen.
15. Die Klauselrichtlinie geht davon aus, dass das Vorrangprinzip auch für vorformulierte Einmalklauseln gilt. Eine richtlinienkonforme Auslegung des § 310 Abs. 3 Nr. 2 BGB, nach dem diese Klauseln im nationalen Recht nicht dem § 305b BGB unterworfen sind, ist aufgrund des klaren und eindeutigen

Wortlauts jedoch nicht möglich. Allerdings kann ein richtlinienkonformes Ergebnis weitestgehend über eine konsequente Anwendung des dem § 305b BGB zugrunde liegenden funktionalen Rangprinzips, nach welchem eine individuell ausgehandelte Klausel immer noch stärker legitimiert ist als eine vorformulierte Einmalklausel, erreicht werden. Abschließende Rechtssicherheit lässt sich an dieser Stelle durch die Aufnahme des § 305b BGB in die enumerative Aufzählung der im Rahmen des § 310 Abs. 3 Nr. 2 BGB anwendbaren AGB-Vorschriften durch den Gesetzgeber erreichen.

16. Der Vorrang der Individualabrede wird im Arbeitsrecht häufig bereits durch die konsequente Anwendung des Günstigkeitsprinzips erzielt. Allerdings ist sein Anwendungsbereich auf das Verhältnis von Individualabreden zu normativ wirkenden Kollektivverträgen, das heißt der ranghöheren Rechtsquelle, beschränkt. § 305b BGB findet daher weiterhin bei zwischen den Arbeitsvertragsparteien einzeln ausgehandelten Abreden und den vorformulierten Allgemeinen Arbeitsbedingungen Anwendung. Im Arbeitsrecht geltende Besonderheiten i.S.d. § 310 Abs. 4 S. 2 BGB stehen dem nicht entgegen. § 305b BGB findet umfassend zugunsten beider Vertragsparteien, das heißt sowohl dem Arbeitgeber als auch dem Arbeitnehmer, Anwendung.
17. Bei der zum Vertragsinhalt werdenden betrieblichen Übung handelt es sich nicht um eine ausgehandelte (konkludente) Individualabrede i.S.d. § 305 Abs. 1 S. 3 BGB, sondern um eine unter die §§ 305 ff. BGB fallende nachträgliche Einbeziehung Allgemeiner Arbeitsbedingungen. Die betriebliche Übung geht einer inhaltlich wirksam ausgestalteten doppelten Schriftformklausel daher nicht gemäß § 305b BGB vor. Aufgrund des Transparenzgebots gemäß § 307 Abs. 1 S. 2 BGB muss der Arbeitgeber den Vorrang individueller Abreden – anders als beim pauschalen Freiwilligkeitsvorbehalt – ausdrücklich als Ausnahme in die Klausel aufnehmen.

Abkürzungsverzeichnis

a.A.	andere Ansicht
ABl.	Amtsblatt der Europäischen Union
Abs.	Absatz
AcP	Archiv für civilistische Praxis (Zeitschrift)
AEUV	Vertrag über die Arbeitsweise der Europäischen Union
AG	Die Aktiengesellschaft (Zeitschrift)
AGB	Allgemeine Geschäftsbedingung/Allgemeine Geschäftsbedingungen
AGBG	Gesetz zur Regelung des Rechts der Allgemeinen Geschäftsbedingungen
AiB	Arbeitsrecht im Betrieb (Zeitschrift)
Alt.	Alternative
Anm.	Anmerkung
AnwBl.	Anwaltsblatt (Zeitschrift)
AP	Arbeitsrechtliche Praxis (Zeitschrift)
AR-Blattei-SD	Arbeitsrechts-Blattei, Systematische Darstellungen
ArbR	Arbeitsrecht (Zeitschrift)/Arbeitsrecht
AuA	Arbeit und Arbeitsrecht (Zeitschrift)
Aufl.	Auflage
AuR	Arbeit und Recht (Zeitschrift)
Art.	Artikel
BAG	Bundesarbeitsgericht
BAGE	Sammlung der Entscheidungen des Bundesarbeitsgerichts (Zeitschrift)
BB	Der Betriebs-Berater (Zeitschrift)
Bd.	Band
BeckGOK	Beck'scher Online-Großkommentar
BeckOK	Beck'scher Online-Kommentar
BeckRS	Beck-Rechtsprechung
Begr.	Begründer/Begründung
BetrVG	Betriebsverfassungsgesetz
BGB	Bürgerliches Gesetzbuch
BGBl.	Bundesgesetzblatt
BGH	Bundesgerichtshof

BGHZ	Sammlung der Entscheidungen des Bundesgerichtshofs (Zeitschrift)
BR	Bundesrat
Bsp.	Beispiel
BT	Bundestag
BVerfG	Bundesverfassungsgericht
BVerfGE	Entscheidungen des Bundesverfassungsgerichts
bzgl.	bezüglich
bzw.	beziehungsweise
DAR	Deutsches Autorecht (Zeitschrift)
DB	Der Betrieb (Zeitschrift)
DCFR	Draft Common Frame of Reference
ders.	derselbe
das heißt	das heißt
dies.	dieselbe
DJT	Deutscher Juristentag
DNotZ	Deutsche Notar-Zeitschrift
DRiZ	Deutsche Richterzeitung (Zeitschrift)
DStR	Deutsches Steuerrecht (Zeitschrift)
EG	Europäische Gemeinschaft
EGBGB	Einführungsgesetz zum Bürgerlichen Gesetzbuche
EGV	Vertrag zur Gründung der Europäischen Gemeinschaft
Einl.	Einleitung
ErfK	Erfurter Kommentar zum Arbeitsrecht
EuGH	Europäischer Gerichtshof
EuZW	Europäische Zeitschrift für Wirtschaftsrecht
EWiR	Entscheidungen zum Wirtschaftsrecht (Zeitschrift)
f.	folgende Seite
ff.	folgende Seiten
Fn.	Fußnote
FS	Festschrift
GG	Grundgesetz
ggf.	gegebenenfalls
GmbHR	GmbH-Rundschau (Zeitschrift)
GS	Gedächtnisschrift
h.M.	herrschende Meinung
HGB	Handelsgesetzbuch
Hrsg.	Herausgeber
Hs.	Halbsatz

IMR	Immobilien- und Mietrecht (Zeitschrift)
i.S.d.	im Sinne des/im Sinne der
i.S.v.	im Sinne von
i.V.m.	in Verbindung mit
i.w.S.	im weitesten Sinne
JA	Juristische Arbeitsblätter (Zeitschrift)
juris-PK/BGB	Juris Praxiskommentar BGB
JuS	Juristische Schulung (Zeitschrift)
JZ	Juristenzeitung (Zeitschrift)
Kap.	Kapitel
KG	Kammergericht
LAG	Landesarbeitsgericht
LG	Landgericht
lit.	Buchstabe
LMK	Lindenmaier-Möhring Kommentierte BGH-Rechtsprechung
m.w.N.	mit weiteren Nachweisen
MDR	Monatsschrift für Deutsches Recht (Zeitschrift)
MietRB	Miet-Rechtsberater (Zeitschrift)
MüKo	Münchner Kommentar
NachwG	Nachweisgesetz
n.F.	neue Fassung
NJ	Neue Justiz (Zeitschrift)
NJW	Neue Juristische Wochenschrift (Zeitschrift)
NJW-RR	Rechtsprechungs-Report Zivilrecht (Zeitschrift)
Nr.	Nummer
NZA	Neue Zeitschrift für Arbeitsrecht
NZA Beil.	Beilage Neue Zeitschrift für Arbeitsrecht
OLG	Oberlandesgericht
OLGZ	Entscheidungssammlung der Oberlandesgerichte in Zivilsachen (Zeitschrift)
PECL	Principles in European Contract Law
RabelsZ	Rabels Zeitschrift für ausländisches und internationales Privatrecht
RdA	Recht der Arbeit (Zeitschrift)
RegE	Regierungsentwurf
RG	Reichsgericht
RIW	Recht der internationalen Wirtschaft (Zeitschrift)
RL	Richtlinie (der Europäischen Union)
Rn.	Randnummer

Rspr.	Rechtsprechung
S.	Satz
SAE	Sammlung Arbeitsrechtlicher Entscheidungen (Zeitschrift)
sog.	sogenannter/sogenannte/sogenanntes
st. Rspr.	ständige Rechtsprechung
u.a.	unter anderem
UKlaG	Unterlassungsklagengesetz
UWG	Gesetz gegen den unlauteren Wettbewerb
v.	von/vom
verb. Rs.	verbundene Rechtssache
VersR	Versicherungsrecht (Zeitschrift)
vgl.	Vergleiche
Vor/Vorb./Vorbem.	Vorbemerkung
VRRL	Verbraucherrechte-Richtlinie
VRRL-E	Vorschlag für eine Richtlinie über Rechte der Verbraucher
VVG	Versicherungsvertragsgesetz
WM	Zeitschrift für Wirtschafts- und Bankrecht
WuB	Entscheidungsanmerkungen zum Wirtschafts- und Bankrecht (Zeitschrift)
z.B.	zum Beispiel
ZEuP	Zeitschrift für Europäisches Privatrecht
ZfA	Zeitschrift für Arbeitsrecht
ZfIR	Zeitschrift für Immobilienrecht
ZGS	Zeitschrift für Vertragsgestaltung, Schuld- und Haftungsrecht
ZIP	Zeitschrift für das Wirtschaftsrecht
ZMR	Zeitschrift für Miet- und Raumrecht
ZR	Revisionen in Zivilsachen
ZRP	Zeitschrift für Rechtspolitik
ZVP	Zeitschrift für Verbraucherpolitik

Literaturverzeichnis

Annuß, Georg, Grundstrukturen der AGB-Kontrolle von Arbeitsverträgen, BB 2006, S. 1333–1339.

Arnold, Stefan, Zum Verhältnis von Rechtsphilosophie, Rechtstheorie und europäischem Vertragsrecht, in:Arnold, Stefan (Hrsg.), Grundlagen eines europäischen Vertragsrechts, München 2014, S. 1–18.

Arnold, Stefan, Vollharmonisierung im europäischen Verbraucherrecht, RIW 2009, S. 679–685.

Axer, Constantin, Rechtfertigung und Reichweite der AGB-Kontrolle im unternehmerischen Geschäftsverkehr, Frankfurt am Main 2011 (zitiert: *Axer*, Rechtfertigung und Reichweite der AGB-Kontrolle).

Bamberger, Heinz Georg/Roth, Herbert/Hau, Wolfgang/Poseck, Roman, Beck'scher Online-Kommentar zum BGB, 49. Edition (Stand: 1.2.2019), München 2018 (zitiert: *Bearbeiter* in: BeckOK/BGB).

Bar, Christian von/Clive, Eric/Schulte-Nölke, Hans, Principles, Definitions and Model Rules of European Private Law. Draft Common Frame of Reference – Outline Edition, München 2009 *(zitiert: Bar/Clive/Schulte-Nölke,* Principles, Definitions and Model Rules of European Private Law).

Barthel, Thomas, Doppelte Schriftformklausel – AGB-Kontrolle, AuA 2009, S. 52–53.

Batsch, Karlludwig, Abschied vom sogenannten kaufmännischen Bestätigungsschreiben?, NJW 1980, S. 1731–1732.

Basedow, Jürgen, Die Europäische Union zwischen Marktfreiheit und Überregulierung – Das Schicksal der Vertragsfreiheit, in: Gesellschaft für Rechtspolitik/Institut für Rechtspolitik an der Universität Trier (Hrsg.), Bitburger Gespräche Jahrbuch 2008/I, München 2009, S. 85–104 (zitiert: *Basedow*, Die Europäische Union zwischen Marktfreiheit und Überregulierung).

Bastian, Günther/Böhm, Klaus R., Schutz der Kaufleute vor Allgemeinen Geschäftsbedingungen, BB 1974, S. 110–113.

Baumann, Peter, Schriftformklausel und Individualabrede, BB 1980, S. 551–552.

Baumbach, Adolf/Hopt, Klaus J. (Hrsg.), Handelsgesetzbuch, 38. Auflage, München 2018 (zitiert: *Bearbeiter* in: Baumbach/Hopt).

Becker, Felix, Die Reichweite der AGB-Inhaltskontrolle im unternehmerischen Geschäftsverkehr aus teleologischer Sicht, JZ 2010, S. 1098–1106.

Becker, Thomas, Die Auslegung des § 9 Abs. 2 AGB-Gesetz. Eine systematische Darstellung der Grundlagen des Rechts der Inhaltskontrolle Allgemeiner

Geschäftsbedingungen, Heidelberg 1986 (zitiert: *Becker*, Die Auslegung des § 9 Abs. 2 AGB-Gesetz).

Benedict, Jörg, Zum Vorrang der mündlichen Individualvereinbarung vor einer Schriftformklausel, EWiR 2006, S. 131–132.

Bepler, Klaus, Betriebliche Übungen, RdA 2004, S. 226–241.

Berger, Klaus-Peter, Abschied von der Privatautonomie im unternehmerischen Geschäftsverkehr? Zum Differenzierungsgebot im AGB-Recht, ZIP 2006, S. 2149–2156.

Berger, Klaus-Peter, Aushandeln von Vertragsbedingungen im kaufmännischen Geschäftsverkehr. Stellen, Handeln, Behandeln, Verhandeln, Aushandeln?, NJW 2001, S. 2152–2154.

Berger, Klaus-Peter, Für eine Reform des AGB-Rechts im Unternehmerverkehr, NJW 2010, S. 465–470.

Berger, Klaus-Peter/Kleine, Lucas, AGB-Kontrolle im unternehmerischen Geschäftsverkehr, BB 2007, S. 2137–2141.

Berger, Maria, Zu europäischen Entwicklungen im Internationalen Privatrecht und im Verbraucherschutz, ZEuP 2009, S. 451–455.

Bieber, Hans-Jürgen, Vorrang mündlicher Vereinbarungen vor Schriftformklauseln, BGH-Report 2006, S. 78–79.

Bieder, Marcus, Zur Verwendung „qualifizierter" Schriftformklauseln in Formulararbeitsverträgen, SAE 2007, S. 379–382.

Bloching, Micha/Ortolf, Daniel, Schriftformklauseln in der Rechtsprechung von BGH und BAG. Zukunfts- oder Auslaufmodell, insbesondere beim Schutz gegen betriebliche Übungen?, NJW 2009, S. 3393–3397.

Boecken, Winfried/Düwell, Franz Joseph/Diller, Martin/Hanau, Hans (Hrsg.), Gesamtes Arbeitsrecht, Baden Baden 2016 (zitiert: *Bearbeiter* in: Boecken/Düwell/Diller/Hanau).

Böhle, Jan, Widersprüchliche Vertragsabreden in ergänzungsbedürftigen Formularverträgen, JuS 2019, S. 523–527.

Boudon, Ulrich, AGB-Kontrolle – neue Regeln für den Entwurf von Arbeitsverträgen, ArbRB 2003, S. 150–153.

Brandner, Hans-Erich, Die Umstände des einzelnen Falles bei der Auslegung und Beurteilung von Allgemeinen Geschäftsbedingungen, AcP 162 [1963], S. 237–264.

Brandner, Hans-Erich, Wege und Zielvorstellungen auf dem Gebiet der Allgemeinen Geschäftsbedingungen, JZ 1973, S. 613–618.

Brandner, Hans-Erich/Ulmer, Peter, EG-Richtlinie über missbräuchliche Klauseln in Verbraucherverträgen. Kritische Bemerkungen zum Vorschlag der EG-Kommission, BB 1991, S. 701–709.

Breitling, Siegfried, Bedeutung und Wirkung von Schriftformklauseln, Pfaffenweiler 1994.

Buck-Heeb, Petra/Dieckmann, Andreas, Selbstregulierung im Privatrecht, Tübingen 2010.

Bührer, Marc P., AGB-Kollisionen, „the battle of forms“ und weitere Probleme beim Verweis auf Allgemeine Geschäftsbedingungen, Zürich 1987 (zitiert: *Bührer*, AGB-Kollisionen).

Bundesminister der Justiz (Hrsg.), Arbeitsgruppe zur Verbesserung des Verbraucherschutzes gegenüber Allgemeinen Geschäftsbedingungen beim Bundesminister der Justiz, Vorschläge zur Verbesserung des Schutzes der Verbraucher gegenüber Allgemeinen Geschäftsbedingungen, Erster Teilbericht März 1974, Bonn 1974 (zitiert: Bundesminister der Justiz (Hrsg.), Erster Teilbericht).

Bunte, Hermann Josef, Gedanken zur Rechtsharmonisierung in der EG auf dem Gebiet der mißbräuchlichen Klauseln in Verbraucherverträgen, in: Löffelmann, Peter/Korbion, Hermann (Hrsg.), Festschrift für Horst Locher zum 65. Geburtstag, Düsseldorf 1990, S. 325–336 (zitiert: *Bunte*, FS Locher).

Bunte, Hermann-Josef, Handbuch der Allgemeinen Geschäftsbedingungen, München 1982.

Burckhardt, Katrin, Das AGB-Gesetz unter dem Einfluss der EG-Richtlinie über mißbräuchliche Klauseln in Verbraucherverträgen. Mit vergleichender Betrachtung des französischen Rechts, Baden Baden 2000 (zitiert: *Burckhardt*, Das AGB-Gesetz unter dem Einfluss der EG-Richtlinie).

Busche, Jan, Privatautonomie und Kontrahierungszwang, Tübingen 2009.

Canaris, Claus-Wilhelm, Die Neuregelung des Leistungsstörungs- und des Kaufrechts – Grundstrukturen und Problemschwerpunkte, in: Lorenz, Egon (Hrsg.), Karlsruher Forum 2002: Schuldrechtsmodernisierung, Karlsruhe 2003, S. 5–100 (zitiert: *Canaris*, Die Neuregelung des Leistungsstörungs- und des Kaufrechts, Karlsruher Forum 2002).

Canaris, Claus-Wilhelm, Die Vertrauenshaftung im deutschen Privatrecht, München 1971, unveränderter Nachdruck 1981.

Canaris, Claus-Wilhelm, Gesamtunwirksamkeit und Teilgültigkeit rechtsgeschäftlicher Regelungen, in: Bauer, Jürgen F./Hopt, Klaus J./Mailänder, K. Peter (Hrsg.), Festschrift für Ernst Steindorff zum 70. Geburtstag, Berlin 1990, S. 519–571 (zitiert: *Canaris*, FS Steindorff).

Canaris, Claus-Wilhelm, Verfassungs- und europarechtliche Aspekte der Vertragsfreiheit in der Privatrechtsgesellschaft, in: Badura, Peter/Lerche, Peter (Hrsg.), Wege und Verfahren des Verfassungslebens, Festschrift für Peter Lerche zum 65. Geburtstag, München 1993, S. 873–892 (*Canaris*, FS Lerche).

Clemenz, Susanne/Kreft, Burghart/Krause, Rüdiger, AGB-Arbeitsrecht, Kommentar zu den §§ 305–310 BGB, Köln 2013 (zitiert: *Bearbeiter* in: Clemenz/Kreft/Krause).

Coester, Michael, Kaufmännisches Bestätigungsschreiben und Allgemeine Geschäftsbedingungen: Zum Vorrang der Individualabrede nach § 4 AGBG, DB 1982, S. 1551–1554.

Coester, Michael, Das Recht der Allgemeinen Geschäftsbedingungen im Spannungsfeld zwischen Deutschem Recht und Europäischem Gemeinschaftsrecht, in: Arkan, Sabih/Yongalik, Aynur, Festschrift Liber Amicorum Tugrul Ansay zum 75. Geburtstag, Zuidpoolsingel 2006, S. 61–69 (zitiert: *Coester*, FS Ansay).

Coester-Waltjen, Dagmar, Die Inhaltskontrolle von Verträgen außerhalb des AGBG, AcP 190 [1990], S. 1–33.

Daele, Wolfgang van den, Probleme des gegenseitigen Vertrages. Untersuchungen zur Äquivalenz gegenseitiger Leistungspflichten, Hamburg 1968 (zitiert: *Daele*, Probleme des gegenseitigen Vertrages).

Damm, Reinhard, Europäisches Verbrauchervertragsrecht und AGB-Recht – Zur Umsetzung der EG-Richtlinie über mißbräuchliche Klauseln in Verbraucherverträgen, JZ 1994, S. 161–178.

Dammann, Jens, Die Berücksichtigung der konkreten Umstände des Vertragsschlusses bei der Auslegung Allgemeiner Geschäftsbedingungen, in: Dammann, Jens/Grunsky, Wolfgang/Pfeiffer, Thomas (Hrsg.), Gedächtnisschrift für Manfred Wolf, München 2011, S. 11–26 (zitiert: *Dammann*, GS Wolf).

Däubler, Wolfgang (Hrsg.), Tarifvertragsgesetz: mit Arbeitnehmerentsendegesetz, Kommentar zum Tarifvertragsgesetz, 4. Auflage, Baden-Baden 2016 (zitiert: *Bearbeiter* in: Däubler/TVG).

Däubler, Wolfgang, Der Änderungsvertrag – das vergessene Problem, in: Annuß, Georg/Picker, Eduard/Wißmann, Hellmut (Hrsg.), Festschrift für Reinhard Richardi, München 2007, S. 205–218 (zitiert: *Däubler*, FS Richardi).

Däubler, Wolfgang/Bonin, Birger/Deinert, Olaf (Hrsg.), AGB-Kontrolle im Arbeitsrecht, Kommentar zu den §§ 305 bis 310 BGB, 4. Auflage, München 2014 (zitiert: *Bearbeiter* in: Däubler/Bonin/Deinert).

Däubler, Wolfgang/Hjort, Jens Peter/Schubert, Michael/Wolmerath, Martin (Hrsg.), Arbeitsrecht. Individualarbeitsrecht mit kollektivrechtlichen Bezügen: Handkommentar, 4. Auflage, Baden-Baden 2017 (zitiert: *Bearbeiter* in: HK/ArbR).

Dauner-Lieb, Barbara, Kodifikation von Richterrecht, in: Ernst, Wolfgang/Zimmermann, Reinhard (Hrsg.), Zivilrechtswissenschaft und Schuldrechtsreform. Zum Diskussionsentwurf eines Schuldrechtsmodernisierungsgesetzes des Bundesministeriums der Justiz, Tübingen 2001, S. 305–328 (zitiert: *Dauner-Lieb*, Kodifikation von Richterrecht).

Dauner-Lieb, Barbara/Langen, Werner (Hrsg.), Nomos-Kommentar BGB, Bürgerliches Gesetzbuch: Schuldrecht, Band 2/1: §§ 241–610, 3. Auflage, 2016 (zitiert: *Bearbeiter* in: NK/BGB).

Dette, Hans Walter Sebastian, Venire contra factum proprium nulli conceditur: Zur Konkretisierung eines Rechtssprichworts, Berlin, 1985.

Diederichsen, Uwe, Der „Vertragsschluß" durch kaufmännisches Bestätigungsschreiben, JuS 1966, S. 129–139.

Dietlein, Max Josef/Rebmann, Eberhard, AGB aktuell, Erläuterungen zum Gesetz zur Regelung des Rechts der Allgemeinen Geschäftsbedingungen, Köln 1976 (zitiert: *Bearbeiter* in: Dietlein/Rebmann).

Dittmann, Klaus/Stahl, Henning, Allgemeine Geschäftsbedingungen, Kommentar für den Geschäftsverkehr in Handel, Industrie, Handwerk und Dienstleistungsgewerbe, Wiesbaden 1977 (zitiert: *Dittmann/Stahl*, AGB-Kommentar).

Dücker, Hans-Gerd von, Das kaufmännische Bestätigungsschreiben in der höchstrichterlichen Rechtsprechung, BB 1996, S. 3–10.

Ebenroth, Carsten Thomas, Das kaufmännische Bestätigungsschreiben im internationalen Handelsverkehr, ZVglRWiss 77 [1978], S. 161–206.

Eberstein, Hans Herrmann, Die zweckmäßige Ausgestaltung von Allgemeinen Geschäftsbedingungen im kaufmännischen Geschäftsverkehr. Anleitung mit Klauselvorschlägen für Allgemeine Lieferbedingungen, 4. Auflage, Heidelberg 1997 (zitiert: *Eberstein*, Die zweckmäßige Ausgestaltung von Allgemeinen Geschäftsbedingungen im kaufmännischen Geschäftsverkehr).

Eggert, Christoph, Die Haftung des Gebrauchtwagenverkäufers beim Verkauf umgerüsteter Personenwagen, DAR 1985, S. 143–150.

Eggert, Christoph, Händlerhaftung für TÜV-Fehler?, NJW 1990, S. 549–554.

Eith, Wolfgang, Zum Schutzbedürfnis gegenüber Allgemeinen Geschäftsbedingungen, NJW 1974, S. 16–20.

Emmerich, Volker, Schuldrecht BT: Schriftform des Mietvertrags, JuS 2017, S. 1024–1025.

Emmert, Reinhold, Vereinbarte Beschaffenheit der Kaufsache und Haftungsausschluss des Verkäufers, NJW 2006, S. 1765–1768.

Endebrock, Frank David, Anmerkung zu BGH, Beschluss vom 25.1.2017 - XII ZR 69/16. Zum Vorrang der Individualabrede, bezüglich der Erweiterung des Nutzungszwecks, auch bei formularmäßig vereinbarter doppelter Schriftformklausel, ZfIR 2017, S. 275–276.

Erfurter Kommentar zum Arbeitsrecht, *Müller-Glöge, Rudi/Preis, Ulrich/ Schmidt, Ingrid (Hrsg.)*, 19. Auflage, München 2019 (zitiert: *Bearbeiter* in: ErfK/ArbR).

Erman, Walter (Begr.), Handkommentar zum Bürgerlichen Gesetzbuch, Band 1, §§ 1–758, 15. Auflage, Köln 2017 (zitiert: *Bearbeiter* in: Erman/BGB).

Esser, Josef, Richterrecht, Gerichtsgebrauch und Gewohnheitsrecht, in: Esser, Josef/Thieme, Hans (Hrsg.), Festschrift für Fritz von Hippel, Tübingen 1967, S. 95–130 (zitiert: *Esser*, FS v. Hippel).

Fastrich, Lorenz, Richterliche Inhaltskontrolle im Privatrecht, München 1992.

Faust, Florian, Anmerkung zu BGH, Urteil vom 6.11.2015 - V ZR 78/14, Zur Bedeutung einer Beschaffenheitsvereinbarung außerhalb des notariellen Grundstückskaufvertrages, JZ 2016, S. 1012–1016.

Fehl, Norbert, Systematik des Rechts der Allgemeinen Geschäftsbedingungen. Die Auswirkungen des AGB-Gesetzes auf den Hypothekarkredit nach dem Hypothekenbankgesetz, Heidelberg 1979 (zitiert: *Fehl*, Systematik des Rechts der Allgemeinen Geschäftsbedingungen).

Fehl, Norbert, Unwirksame Nachfristklausel in AGB eines Fertighausherstellers, BB 1985, S. 1559–1560.

Fenn, Herbert, Formulararbeitsverträge, gesamteinheitliche Arbeitsbedingungen und das AGBG, in: Köbler, Gerhard u.a. (Hrsg.), Europas universale rechtsordnungspolitische Aufgabe im Recht des dritten Jahrtausends: Festschrift für Alfred Söllner zum 70. Geburtstag, 2000, S. 333–365 (zitiert: *Fenn*, FS Söllner).

Fenski, Martin, Ausschlußklauseln in Allgemeinen Arbeitsbedingungen, AuR 1989, S. 168–173.

Flume, Werner, Allgemeiner Teil des Bürgerlichen Rechts, Band 2, Das Rechtsgeschäft, 4. Auflage, Berlin, Heidelberg, New York 1992 (zitiert: *Flume*, BGB AT, Bd. II).

Franzen, Martin, Doppelte Schriftformklausel – Vorrang der Individualabrede nach § 305b BGB und betriebliche Übung, SAE 2009, S. 89–93.

Frey, Kaspar, Wie ändert sich das AGB-Gesetz, ZIP 1993, S. 572–580.

Fuchs, Andreas, Der Anwendungsbereich der AGB-Kontrolle im unternehmerischen Geschäftsverkehr – Überlegungen zur normzweckkonformen Konkretisierung des „Aushandelns" i.S.d. § 305 Abs. 1 Satz 3 BGB, in: Jung, Peter/Lamprecht, Philipp/Blasek, Katrin/Schmidt-Kessel, Martin (Hrsg.), Einheit und Vielheit im Unternehmensrecht: Festschrift für Uwe Blaurock zum 70. Geburtstag, 2013, S. 91–103 (zitiert: *Fuchs,* FS Blaurock).

Gaul, Hans Friedhelm, Die Erstreckung und Durchbrechung der Urteilswirkungen nach §§ 19, 21 AGBG, in: Sandrock, Otto (Hrsg.), Festschrift für Günther Beitzke zum 70. Geburtstag am 26. April 1979, Berlin 1979, S. 997–1050 (zitiert: *Gaul*, FS Beitzke).

Geldsetzer, Annette, Einvernehmliche Änderung und Aufhebung von Verträgen: eine rechtsvergleichende Darstellung des deutschen, des amerikanischen Rechts und des Einheitskaufrechts, Baden-Baden 1993 (zitiert: *Geldsetzer*, Einvernehmliche Änderung und Aufhebung von Verträgen).

Gerstenmaier, Klaus-A., Die Beurkundung der Anteilsabtretung beim share deal – ein Fallstrick?, in: Geiss, Karlmann/Gerstenmaier, Klaus-A./Winkler, Rolf M./Mailänder, Peter (Hrsg.), Festschrift für Karl Peter Mailänder zum 70. Geburtstag am 23. Oktober 2006, Berlin 2006, S. 329–348 (zitiert: *Gerstenmaier*, FS Mailänder).

Ghassemi-Tabar, Nima/Guhling, Hartmut/ Weitemeyer, Birgit (Hrsg.), Gewerberaummiete, 2. Auflage, München 2019 (zitiert: *Bearbeiter* in: Gewerberaummiete/BGB).

Gotthardt, Michael, Arbeitsrecht nach der Schuldrechtsreform. Neue Rechtslage für bestehende Arbeitsverträge ab 1.1.2003, 2. Auflage, München 2003 (zitiert: *Gotthardt*, Arbeitsrecht nach der Schuldrechtsreform).

Gotthardt, Michael, Der Arbeitsvertrag auf dem AGB-rechtlichen Prüfstand, ZIP 2002, S. 277–289.

Grabitz, Eberhard/Hilf, Meinhard/Nettesheim, Martin (Hrsg.), Das Recht der Europäischen Union, 37. Ergänzungslieferung, München 2008 (zitiert: *Bearbeiter* in: Grabitz/Hilf/Nettesheim).

Grigoleit, Christoph/Herresthal, Carsten, Die Beschaffenheitsvereinbarung und ihre Typisierung in § 434 I BGB, JZ 2003, S. 233–239.

Großmann-Doerth, Hans, Selbstgeschaffenes Recht der Wirtschaft und staatliches Recht, Freiburg im Breisgau, 1933.

Grunsky, Wolfgang, Erwiderung zu Löwe in BB 1972, S. 185 ff., BB 1972, S. 189–191.

Gsell, Beate, „Einfache" Beschaffenheitsvereinbarung und Haftungsausschluss beim Kauf einer gebrauchten Sache, in: Huber, Christian (Hrsg.), Festschrift für Christoph Eggert zum 65. Geburtstag am 04.10.2008, 2008, S. 1–13 (zitiert: *Gsell*, FS Eggert).

Gsell, Beate, Anmerkung zu BGH, Urteil vom 19.12.2012 – VIII ZR 96/12, Transportobliegenheit des Käufers im Rahmen des Nacherfüllungsverlangens, JZ 2013, S. 423–424.

Gsell, Beate/Krüger, Wolfgang/Lorenz, Stephan/Reymann, Christoph (Hrsg.), Beck-Online Großkommentar, Stand: 1.4.2019 (zitiert: *Bearbeiter* in: BeckOGK/BGB).

Gutzeit, Martin, Anmerkung zu BGH, Urteil vom 29.11.2006 – VIII ZR 92/06, NJW 2007, S. 1350–1351.

Habersack, Mathias, Vertragsfreiheit und Drittinteressen – eine Untersuchung zu den Schranken der Privatautonomie unter besonderer Berücksichtigung der Fälle typischerweise gestörter Vertragsparität, Berlin 1992 (zitiert: *Habersack*, Vertragsfreiheit und Drittinteressen).

Hägele, Joachim, Allgemeine Geschäftsbedingungen nach neuem Recht. Die große Reform des Kleingedruckten, Stuttgart 1982 (zitiert: *Hägele*, Allgemeine Geschäftsbedingungen nach neuem Recht).

Hager, Günter, Die Zulässigkeit von Freizeichnungsklauseln im Gebrauchtwagenhandel, NJW 1975, S. 2276–2279.

Hanau, Peter, Freiheit und Gleichheit bei der Gestaltung des Arbeitsrechts; in: Festschrift der Rechtswissenschaftlichen Fakultät zur 600-Jahr-Feier der Universität zu Köln, 1988, S. 183–208 (zitiert: *Hanau*, FS zur 600-Jahr-Feier der Universität Köln).

Hanau, Peter, Objektive Elemente im Tatbestand der Willenserklärung, AcP 165 [1965], S. 220–284.

Hansen, Udo, Das sogenannte Transparenzgebot im System des AGB-Gesetzes, WM 1990, S. 1521–1528.

Hau, Wolfgang, Vertragsanpassung und Anpassungsvertrag, Tübingen 2003.

Hebestreit, Christoph, Allgemeine Geschäftsbedingungen: Einführung, Hinweise und Checklisten für die Praxis, 3. Auflage, Planegg, München 1991 (zitiert: *Hebestreit*, Allgemeine Geschäftsbedingungen).

Heinrichs, Helmut (Hrsg.), Zehn Jahre AGB-Gesetz, Köln 1987 (zitiert: *Bearbeiter* in: Zehn Jahre AGB-Gesetz).

Heinrichs, Helmut, Der Rechtsbegriff der Allgemeinen Geschäftsbedingungen, NJW 1977, S. 1505–1509.

Heinrichs, Helmut, Der Anhang zur EG-Richtlinie über mißbräuchliche Klauseln in Verbraucherverträgen (93/13/EWG vom 5.4.1993) und seine Bedeutung für das Deutsche Recht, in: Krämer, Ludwig/Micklitz, Hans-Wolfgang/

Tonner, Klaus (Hrsg.), Recht und diffuse Interessen in der Europäischen Rechtsordnung, Festschrift für Norbert Reich, Baden-Baden 1997, S. 527–553 (zitiert: *Heinrichs*, FS Reich).

Heinrichs, Helmut, Das Gesetz zur Änderung des AGB-Gesetzes. Umsetzung der EG-Richtlinie über mißbräuchliche Klauseln in Verbraucherverträgen durch den Bundesgesetzgeber, NJW 1996, S. 2190–2197.

Hellwege, Phillip, Allgemeine Geschäftsbedingungen, einseitig gestellte Vertragsbedingungen und die allgemeine Rechtsgeschäftslehre, Tübingen 2010 (zitiert: *Hellwege*, Allgemeine Geschäftsbedingungen).

Helm, Johann Georg, Grundlagen einer normativen Theorie allgemeiner Geschäftsbedingungen; in: Hubmann, Heinrich/Hübner, Heinz (Hrsg.), Festschrift für Ludwig Schnorr von Carolsfeld zum 70. Geburtstag, München, Berlin, Bonn, Köln 1973, S. 125–146 (zitiert: *Helm*, FS Schnorr von Carolsfeld).

Helml, Ewald, Der Weihnachtsgeldanspruch – Betriebliche Fragen und praktische Antworten, AiB 2005, S. 645–649.

Henke, Matthias Felix, Enthält die Liste des Anhangs der Klauselrichtlinie 93/13/EWG Grundregeln des Europäischen Vertragsrechts?, Tübingen 2010 (zitiert: *Henke*, Liste des Anhangs der Klauselrichtlinie).

Hennig, Andreas, Betriebliche Übung und AGB-Kontrolle, Hamburg 2009.

Hensen, Horst-Diether, Zur Einbeziehung von AGB in den Vertrag, ZIP 1984, S. 145–147.

Hensen, Horst-Diether, Zur Entstehung des AGB-Gesetzes, in: Recht im Spannungsfeld von Theorie und Praxis, Festschrift Helmut Heinrichs, 1998, S. 335–354 (zitiert: *Hensen*, FS Heinrichs).

Henssler, Martin/Willemsen, Heinz Josef/Kalb, Heinz-Jürgen (Hrsg.), Arbeitsrecht Kommentar, 8. Auflage, Köln 2018 (zitiert: *Bearbeiter* in: Henssler/Willemsen/Kalb).

Herberger, Maximilian/Martinek, Michael/Rüßmann, Helmut/Weth, Stephan (Hrsg.), juris.PraxisKommentar BGB Band 1 – Allgemeiner Teil, 8. Auflage 2017 (zitiert: *Bearbeiter* in: juris-PK/BGB).

Herrmann, Elke, Die Abschlussfreiheit – ein gefährdetes Prinzip, ZfA 1996, S. 19–68.

Hildebrandt, Heinz, Das Recht der Allgemeinen Geschäftsbedingungen, AcP 143 [1937], S. 326–348.

Hoffbauer, Christiane, Der Rahmenvertrag in der Lieferbeziehung, Berlin 2010.

Hoffmann, Claudia, Betriebliche Übung und AGB-Kontrolle, Berlin 2009.

Höfling, Wolfram, Vertragsfreiheit: Eine grundrechtsdogmatische Studie, Heidelberg 1991 (zitiert: *Höfling*, Vertragsfreiheit).

Hohenstatt, Klaus-Stephan/Schramm, Nils, Neue Gestaltungsmöglichkeiten zur Flexibilisierung der Arbeitszeit, NZA 2007, S. 238–244.

Hommelhoff, Peter, Zivilrecht unter dem Einfluß europäischer Rechtsangleichung, AcP 192 [1992], S. 71–107.

Hommelhoff, Peter/Wiedenmann, Kai-Udo, Allgemeine Geschäftsbedingungen gegenüber Kaufleuten und unausgehandelte Klauseln in Verbraucherverträgen. Grundsätzliches zur Transformation der EG-Klauselrichtlinie ins deutsche Recht, ZIP 1993, S. 562–572.

Hopt, Klaus, Nichtvertragliche Haftung außerhalb von Schadens- und Bereicherungsausgleich, AcP 183 [1983], S. 608–720.

Hromadka, Wolfgang, Die betriebliche Übung, NZA 1984, S. 241–246.

Hromadka, Wolfgang, Schuldrechtsmodernisierung und Vertragskontrolle im Arbeitsrecht, NJW 2002, S. 2523–2530.

Hromadka, Wolfgang, Schriftformklauseln in Arbeitsverträgen, DB 2004, S. 1261–1266.

Hromadka, Wolfgang, Was bleibt vom vertraglichen Freiwilligkeitsvorbehalt?, DB 2012, S. 1037–1041.

Hübner, Heinz, Rechtsgeschäftslehre und Verbraucherschutz, in: Bauer, Jürgen F./Müller-Graff, Peter-Christian/Zuleeg, Manfred (Hrsg.), Festschrift für Bodo Börner zum 70. Geburtstag, Köln, Berlin, Bonn, München 1992, S. 717–727 (zitiert: *Hübner*, FS Börner).

Huth, Elise, Kontrolle Allgemeiner Geschäftsbedingungen im unternehmerischen Geschäftsverkehr unter Berücksichtigung geltender Gewohnheiten und Gebräuche, Berlin 2017 (zitiert: *Huth*, Kontrolle Allgemeiner Geschäftsbedingungen im unternehmerischen Geschäftsverkehr).

Jaeger, Wolfgang, „Stellen" und „Aushandeln" vorformulierter Vertragsbedingungen, NJW 1979, S. 1569–1575.

Jansen, Nils, Klauselkontrolle im europäischen Privatrecht: Ein Beitrag zur Revision des Verbraucheracquis, ZEuP 2010, S. 69–106.

Jauernig, Bürgerliches Gesetzbuch, Mit Rom-I-. Rom-II, Rom-III-VO, EG-UntVO HUntProt und EuErbVO, Kommentar, Stürner, Rolf (Hrsg.), 17. Auflage, München 2018 (zitiert: *Bearbeiter* in: Jauernig/BGB).

Jud, Brigitta/Wendehorst, Christiane (Hrsg.), Neuordnung des Verbraucherprivatrechts in Europa?, zum Vorschlag einer Richtlinie über Rechte der Verbraucher, Wien 2009 (zitiert: *Jud/Wendehorst*, Neuordnung des Verbraucherprivatrechts in Europa).

Kaeding, Nadja, Die Inhaltskontrolle von Geschäftsbedingungen im unternehmerischen Geschäftsverkehr, BB 2016, S. 450–455.

Kapnopoulou, Elissavet N., Das Recht der missbräuchlichen Klauseln in der Europäischen Union, Tübingen 2001.

Kaufhold, Sylvia, „Echte" und „unechte" AGB in der Klauselkontrolle Vertragsgestaltung mittels (vor-)formulierter Vertragsbedingungen, BB 2012, S. 1235–1241.

Kaufhold, Sylvia, AGB-Anschein trotz Verhandlungsbestätigung – Ist der Individualvertrag im Unternehmerverkehr noch zu retten?, NJW 2014, S. 3488–3492.

Kellmann, Christoph, Grundprobleme der Willenserklärung, JuS 1971, S. 609–617.

Kiel, Heinrich/Lunk, Stefan/Oetker, Hartmut (Hrsg.), Münchener Handbuch zum Arbeitsrecht, Individualarbeitsrecht I, Band 1, 4. Auflage, München 2018 (zitiert: *Bearbeiter* in: MüKo/ArbR, Band 1).

Kieninger, Eva-Maria, AGB bei B2B-Verträgen: Rückbesinnung auf die Ziele des AGB-Rechts – Konkrete Perspektiven für eine Änderung der AGB-Kontrolle im unternehmerischen Geschäftsverkehr, AnwBl. 2012, S. 301–307.

Kieninger, Eva-Maria, The Full Harmonisation of Standard Contract Terms – a Utopia? Die Vollharmonisierung des Rechts der Allgemeinen Geschäftsbedingungen – eine Utopie?, RabelsZ 73 (2009), S. 793–817.

Kliemt, Michael, Formerfordernisse im Arbeitsverhältnis, Heidelberg 1995.

Kniffka, Rolf/Koeble, Wolfgang (Hrsg.), Kompendium des Baurechts: privates Baurecht und Bauprozess, 4. Auflage, München 2014 (zitiert: *Bearbeiter* in: Kniffka/Koeble).

Knops, Kai-Oliver, Die „weite" Sicherungszweckerklärung des persönlich schuldenden Eigentümers in der AGB-Kontrolle, ZIP 2006, S. 1965–1972.

Koch, Frank A., Computer-Vertragsrecht: umfassende Erläuterungen, Beispiele und Musterformulare für Erwerb und Nutzung von EDV-Systemen, 7. Auflage, Freiburg im Breisgau, München, Berlin 2009 (zitiert: *Koch*, Computer-Vertragsrecht).

Koch, Eckart/Stübing, Jürgen, Allgemeine Geschäftsbedingungen – Kommentar zum Gesetz zur Regelung des Rechts der Allgemeinen Geschäftsbedingungen, Neuwied 1977 (zitiert: *Bearbeiter* in: Koch/Stübing).

Köndgen, Johannes, Grund und Grenzen des Transparenzgebots im AGB-Recht – Bemerkungen zum „Hypothekenzins-" und zum „Wertstellungs-Urteil" des BGH, NJW 1989, S. 943–952.

Körnig, Joachim, Schriftformklausel und mündliche Abreden ein Beitrag zu 125 Satz 2 BGB, München 1972.

Kötz, Hein, Schriftformklauseln – Eine rechtsvergleichende Anmerkung, JZ 2018, S. 988–991.

Kraft, Bettina, Allgemeine Geschäftsbedingungen in Unternehmen – Am Beispiel der Automobilzuliefererbranche, Würzburg 2015 (zitiert: *Kraft*, Allgemeine Geschäftsbedingungen in Unternehmen).

Kramer, Ernst A., Schweigen als Annahme eines Antrags, Jura 1984, S. 235–250.

Kreienbaum, Birgit, Transparenz und AGB-Gesetz. Eine Untersuchung des Inhalts und der Schranken des Transparenzgebotes, Berlin 1997 (zitiert: *Kreienbaum*, Transparenz und AGB-Gesetz).

Kretschmar, Christian, Die Richtlinie 93/13/EWG des Rates vom 5.4.1993 über mißbräuchliche Klauseln in Verbraucherverträgen und das deutsche AGB-Gesetz, europäischer Verbraucherschutz: Umsetzungsaspekte und Auswirkungen auf das deutsche Recht, Frankfurt am Main 1998 (zitiert: *Kretschmar*, Die Richtlinie 93/13/EWG).

Krüger, Wolfgang/Rauscher, Thomas (Hrsg.), Münchner Kommentar zur Zivilprozessordnung, Band 3, 5. Auflage, München 2017 (zitiert: *Bearbeiter* in: MüKo/ZPO).

Kuchinke, Kurt, Zur Dogmatik des Bestätigungsschreibens, JZ 1965, S. 167–176.

Küttner, Wolfdieter, Arbeitsrecht und Vertragsgestaltung, RdA 1999, S. 59–64.

Lakies, Thomas, AGB im Arbeitsrecht. Kontrolle vorformulierter Arbeitsvertragsinhalte: Reichweite und Grenzen, Heidelberg, München, Berlin 2006 (zitiert: *Lakies*, AGB im Arbeitsrecht).

Lakies, Thomas, AGB-Kontrolle im Arbeitsrecht, in: Schwab, Brent (Hrsg.), Arbeitsrecht-Blattei: Systematische Darstellungen (AR-Blattei SD), Nr. 35, Heidelberg, München, Landsberg, Berlin, 174. Ergänzungslieferung Stand: Dezember 2007 (zitiert: *Lakies*, AR-Blattei SD 35).

Lando, Ole/Beale, Hugh (Hrsg.), Principles of European Contract Law, Parts I und II, The Hague, London, Boston 2000 (zitiert: *Lando/Beale*, Principles of European Contract Law).

Langheid, Theo/Wandt, Manfred (Hrsg.), Münchener Kommentar zum Versicherungsvertragsgesetz: VVG, Band 1: §§ 1–99, VVG-InfoV, 2. Auflage, München 2016 (zitiert: *Bearbeiter* in: MüKo/VVG).

Larenz, Karl, Methodenlehre der Rechtswissenschaft, 6. Auflage, Berlin 1991.

Larenz, Karl, Lehrbuch des Schuldrechts Allgemeiner Teil, Band 1, 14. Auflage, München 1987.

Leder, Tobias/Scheuermann, Philipp, Schriftformklauseln in Arbeitsverträgen – das Ende einer betrieblichen Übung?, NZA 2008, S. 1222–1226.

Leenen, Detlef, BGB Allgemeiner Teil: Rechtsgeschäftslehre, 2. Auflage, Berlin 2015 (zitiert: *Leenen*, BGB AT).

Lettl, Tobias, Das kaufmännische Bestätigungsschreiben, JuS 2008, S. 849–854.

Leuschner, Lars, AGB-Recht für Verträge zwischen Unternehmen – Unter besonderer Berücksichtigung von Haftungsbeschränkungen, Forschungsprojekt im Auftrag des Bundesministeriums der Justiz und für Verbraucherschutz, Abschlussbericht vom 30. September 2014 (zitiert: *Leuschner*, AGB-Recht für Verträge zwischen Unternehmen).

Leuschner, Lars, Gebotenheit und Grenzen der AGB-Kontrolle, AcP 207 [2007], S. 491–529.

Leuschner, Lars, AGB-Kontrolle im unternehmerischen Verkehr – Zu den Grundlagen einer Reformdebatte, JZ 2010, S. 875–884.

Leuschner, Lars, Reformvorschläge für die AGB-Kontrolle im unternehmerischen Rechtsverkehr, ZIP 2015, S. 1045–1052.

Leuschner, Lars, Noch einmal: Reformvorschläge für die AGB-Kontrolle im unternehmerischen Rechtsverkehr, ZIP 2015, S. 1326–1332.

Leyens, Patrick C./Schäfer, Hans-Bernd, Inhaltskontrolle Allgemeiner Geschäftsbedingungen: Rechtsökonomische Überlegungen zu einer einheitlichen Konzeption von BGB und DCFR, AcP 210 (2010), S. 771–803.

Lieb, Manfred, Das Leitbild des Finanzierungs-Leasing im Spannungsfeld von Vertragsfreiheit und Inhaltskontrolle, DB 1988, S. 946–954.

Lindacher, Walter F., Zur Einbeziehung Allgemeiner Geschäftsbedingungen durch kaufmännisches Bestätigungsschreiben, WM 1981, S. 702–710.

Lindacher, Walter F., Revisionsrichterliche Überprüfung der Auslegung Allgemeiner Geschäftsbedingungen, in: Berger, Klaus Peter/Borges, Georg/Herrmann, Harald/Schlüter, Andreas/Wackerbarth, Ulrich (Hrsg.), Festschrift für Norbert Horn zum 70. Geburtstag, Berlin 2006, S. 83–93 (zitiert: *Lindacher*, FS Horn).

Lindemann, Viola, Flexible Gestaltung von Arbeitsbedingungen nach der Schuldrechtsreform, Köln 2003 (zitiert: *Lindemann*, Flexible Gestaltung von Arbeitsbedingungen).

Lindner-Figura, Jan/Reuter, Ulla, Die Entwicklung des Gewerbemietrechts 2017, NJW 2018, S. 1060–1064.

Lingemann, Stefan, Allgemeine Geschäftsbedingungen und Arbeitsvertrag, NZA 2002, S. 181–192.

Lingemann, Stefan, Betriebliche Übung und Schriftformklausel – Anmerkung zu BAG Urteil vom 24.6.2003 – 9 AZR 302/02, SAE 2005, S. 40–42.

Lingemann, Stefan/Gotham, Meike, Doppelte Schriftformklausel – gar nicht einfach!, NJW 2009, S. 268–272.

Lischek, Jan/Mahnken, Volker, Vertragsverhandlungen zwischen Unternehmern und AGB – Anmerkungen aus Sicht der Praxis, ZIP 2007, S. 158–163.

Locher Horst, Das Recht der Allgemeinen Geschäftsbedingungen, 3. Auflage, München 1997.

Lode, Helge, Formfreie Abweichungen vom notariellen Treuhandvertrag?, BB 1986, S. 84–88.

Lorenz, Stephan, Beschaffenheitsangabe bei Privatverkauf eines Pkw im Internet ist nicht ohne Weiteres eine Beschaffenheitsgarantie, LMK 2007, 215088.

Löwe, Walter, Der Schutz des Verbrauchers vor Allgemeinen Geschäftsbedingungen: Eine Aufgabe für den Gesetzgeber. Eine rechtspolitische Betrachtung, in: Paulus, Gotthard/Diederichsen, Uwe/Canaris, Claus-Wilhelm (Hrsg.), Festschrift für Karl Larenz zum 70. Geburtstag, München 1973, S. 373–407 (zitiert: *Löwe*, FS Larenz).

Löwe, Walter, Voraussetzungen für ein Aushandeln von AGB, NJW 1977, S. 1328–1330.

Löwe, Walter/Westphalen, Friedrich Graf von/Trinkner, Reinhold, Kommentar zum Gesetz zur Regelung des Rechts der Allgemeinen Geschäftsbedingungen, Heidelberg 1977 (zitiert: *Bearbeiter* in: Löwe/Westphalen/Trinkner).

Mackenrodt, Mark-Oliver, Technologie statt Vertrag? Sachmangelbegriff, negative Beschaffenheitsvereinbarungen und AGB beim Kauf digitaler Güter, Tübingen 2015 (zitiert: *Mackenrodt*, Technologie statt Vertrag).

Maier-Reimer, Georg, AGB-Recht im unternehmerischen Rechtsverkehr – Der BGH überdreht die Schraube, NJW 2017, S. 1–6.

Martens, Sebastian A. E., Ein Europa, ein Privatrecht – Die Bestrebungen zur Vereinheitlichung des Europäischen Privatrecht, EuZW 2010, S. 527–530.

Maties, Martin, Die gegenläufige betriebliche Übung, Berlin 2003.

Matt, Peter C., Das Transparenzgebot in der deutschen AGB-Rechtsprechung: Ein Mittel zur Aktivierung von Art. 8 UWG?, Basel, Frankfurt am Main 1997 (zitiert: *Matt*, Das Transparenzgebot in der deutschen AGB-Rechtsprechung).

Medicus, Dieter, Schutzbedürfnisse (insbesondere der Verbraucherschutz) und das Privatrecht, JuS 1996, S. 761–767.

Medicus, Dieter/Petersen, Jens, Allgemeiner Teil des BGB, 11. Auflage, Heidelberg 2016 (zitiert: *Medicus/Petersen*, BGB AT).

Meller-Hannich, Caroline, Verbraucherschutz im Schuldvertragsrecht. Private Freiheit und staatliche Ordnung, Tübingen 2005 (zitiert: *Meller-Hannich*, Verbraucherschutz im Schuldvertragsrecht).

Melot de Beauregard, Paul, Doppelte Schriftformklausel im Arbeitsvertrag contra betriebliche Übung, BB 2003, S. 2467–2468.

Melot de Beauregard, Paul, Unwirksamkeit doppelter Schriftformklausel, BB 2008, S. 2691–2692.

Mengel, Horst, Die betriebliche Übung, München 1967.

Mertens, Hans Joachim, Leges praeter legem, AG 1982, S. 29.

Merz, Hans, Privatautonomie heute – Grundsatz und Rechtswirklichkeit. Vortrag gehalten vor der Juristischen Studiengesellschaft in Karlsruhe am 20. April 1970, Karlsruhe 1970 (zitiert: *Merz*, Privatautonomie heute).

Meyer, Justus, BB-Europareport: Auf dem Weg zu einem Europäischen Zivilgesetzbuch, BB 2004, S. 1285–1293.

Meyer, Susanne, „Gleichschritt-Rechtsprechung“ und individuelles Aushandeln WM 2014, S. 980–985.

Meyer-Cordning, Ulrich, Die Rechtsnormen, Tübingen 1971.

Michalski, Lutz, Schriftformklauseln in Individual- und Formularverträgen DStR 1998, S. 771–780.

Micklitz, Hans-Wolfgang/Reich, Norbert, Der Kommissionsvorschlag vom 8.10.2008 für eine Richtlinie über „Rechte der Verbraucher“, oder: „der Beginn des Endes einer Ära...“, EuZW 2009, S. 279–286.

Miethaner, Tobias, AGB oder Individualvereinbarung – die gesetzliche Schlüsselstelle „im Einzelnen ausgehandelt“, NJW 2010, S. 3121–3127.

Miethaner, Tobias, AGB-Kontrolle versus Individualvereinbarung: Zweck und Grenzen der Inhaltskontrolle vorformulierter Klauseln, Tübingen 2010 (zitiert: *Miethaner*, AGB-Kontrolle versus Individualvereinbarung).

Mittwoch, Anne-Christin, Die Vereinheitlichung des Privatrechts in Europa – auf dem Weg zu einem Europäischen Zivilgesetzbuch?, JuS 2010, S. 767–771.

Möllers, Thomas M. J., Zur Zulässigkeit einer formularmäßigen Zustimmung zu einer Telefonwerbung, JZ 1999, S. 1122–1124.

Mook, Klaus-Georg, Einseitig vorformulierte Rechtswahlklauseln in Arbeitsverträgen – Ein Problem im Spannungsfeld von Arbeitsrecht, internationalem Privatrecht und dem Recht der Allgemeinen Geschäftsbedingungen, DB 1987, S. 2252–2256.

Moritz, Klaus, Vertragsfixierung durch kaufmännisches Bestätigungsschreiben, BB 1995, S. 420–423.

Müller, Werner, Die AGB-Kontrolle im unternehmerischen Geschäftsverkehr – Standortnachteil für das deutsche Recht, BB 2013, S. 1355–1357.

Müller, Werner, Plädoyer für eine weniger starre AGB-Kontrolle im unternehmerischen Geschäftsverkehr am Beispiel des Gewerberaummietrechts, NZM 2016, S. 185–192.

Müller, Werner/Griebeler, Carsten/Pfeil, Julia, Für eine maßvolle AGB-Kontrolle im unternehmerischen Geschäftsverkehr, BB 2009, S. 2658–2665.

Müller-Graff, Peter-Christian, Das Gesetz zur Regelung des Rechts der Allgemeinen Geschäftsbedingungen, JZ 1977, S. 245–255.

Nicklisch, Fritz, Zum Anwendungsbereich der Inhaltskontrolle Allgemeiner Geschäftsbedingungen, BB 1974, S. 941–949.

Niebling, Jürgen, AGB-Recht, Anwaltkommentar, 2. Auflage, Bonn 2014 (zitiert: *Bearbeiter* in: Niebling/AGB-Recht).

Oechsler, Jürgen, Vertragliche Schuldverhältnisse, 2. Auflage, Tübingen 2017.

Palandt, Otto, Bürgerliches Gesetzbuch mit Nebengesetzen, 78. Auflage, München 2019 (zitiert: *Bearbeiter* in: Palandt/BGB).

Paulus, Christoph G./Zenker, Wolfgang, Grenzen der Privatautonomie, JuS 2001, S. 1-9.

Pauly, Holger, Analoge Anwendung des AGB-Gesetzes auf Formulararbeitsverträge?, NZA 1997, S. 1030–1034.

Pfeiffer, Thomas, Anmerkung zu BGH, Urteil vom 10.10.1991, VII ZR 189/90, WuB IV B, § 1 AGBG 1.92, S. 563.

Pfeiffer, Thomas, Vom kaufmännischen Verkehr zum Unternehmensverkehr, NJW 1999, 169–174.

Pfeiffer, Thomas, Systemdenken im neuen Leistungsstörungs- und Gewährleistungsrecht, ZGS 2002, S. 23–32.

Pfeiffer, Thomas, Aushandlung und Verhandlung von Vertragsklauseln im Unternehmensverkehr: Die Korrekturbedürftigkeit des deutschen AGB-Begriffs, ZGS 2004, S. 401.

Pfeiffer, Thomas, Neues Schuldrecht – neues Leitbild im AGB-Recht, in: *Dauner-Lieb, Barbara/Konzen, Horst/Schmidt, Karsten (Hrsg.)*, Das neue Schuldrecht in der Praxis: Akzente, Brennpunkte, Ausblick, Köln, Berlin, Bonn, München 2003, S. 225–251 (zitiert: *Pfeiffer* in: Dauner-Lieb/Konzen/Schmidt).

Pfeiffer, Thomas, Von den Principles of European Contract Law zum Draft Common Frame of Reference, ZEuP 2008, S. 679–708.

Pfeiffer, Thomas, Entwicklungen und aktuelle Fragestellungen des AGB-Rechts, NJW 2017, S. 913–918.

Pflug, Hans-Joachim, Kontrakt und Status im Recht der Allgemeinen Geschäftsbedingungen, München 1986.

Picker, Christian, Die betriebliche Übung, Tübingen 2011.

Picker, Eduard, Positive Forderungsverletzung und culpa in contrahendo – Zur Problematik der Haftungen „zwischen" Vertrag und Delikt, AcP 183 [1983], S. 369–520.

Pieckenbrock, Andreas/Schulze, Götz, Die Grenzen richtlinienkonformer Auslegung – autonomes Richterrecht oder horizontale Direktwirkung, WM 2002, S. 521–529.

Pilz, Knut, Missverständliche AGB – Ein Beitrag zum Verhältnis von Auslegung und Transparenzkontrolle untersucht am Beispiel Allgemeiner Versicherungsbedingungen, Karlsruhe 2010 (zitiert: *Pilz*, Missverständliche AGB).

Ponik, Ann-Kathrin, Die Richtlinie über mißbräuchliche Klauseln in Verbraucherverträgen und ihre Umsetzung im Vereinigten Königreich, Münster 2003 (zitiert: *Ponik*, Die Richtlinie über mißbräuchliche Klauseln in Verbraucherverträgen).

Präve, Peter, Versicherungsbedingungen und AGB-Gesetz, München 1998.

Preis, Bernd, Abschied von der Ausgleichsquittung?, AuR 1979, S. 97–109.

Preis, Ulrich, Der langsame Tod der Freiwilligkeitsvorbehalte und die Grenzen betrieblicher Übung, NZA 2009, S. 281–289.

Preis, Ulrich, Grundfragen der Vertragsgestaltung im Arbeitsrecht, Köln 1993.

Preis, Ulrich (Hrsg.), Der Arbeitsvertrag. Handbuch der Vertragsgestaltung, 5. Auflage, Köln 2015 (zitiert: *Bearbeiter* in: Der Arbeitsvertrag).

Preis, Ulrich/Sagan, Adam, Der Freiwilligkeitsvorbehalt im Fadenkreuz der Rechtsgeschäftslehre – Chronik eines angekündigten Toden, NZA 2012, S. 697–706.

Preis, Ulrich/Temming, Felipe, Arbeitsrecht – Individualarbeitsrecht, 6. Auflage, Köln 2020 (zitiert: *Bearbeiter* in: Preis/Temming).

Prütting, Hanns/Wegen, Gerhard/Weinreich, Gerd, BGB Kommentar, 13. Auflage, Köln 2018 (zitiert: *Bearbeiter* in: PWW/BGB).

Rabe, Dieter, Die Auswirkungen des AGB-Gesetzes auf den kaufmännischen Verkehr, NJW 1987, S. 1978–1985.

Raiser, Ludwig, Das Recht der Allgemeinen Geschäftsbedingungen, 2. Auflage, Bad Homburg vor der Höhe 1961 (Erstauflage 1935).

Raiser, Ludwig, Vertragsfunktion und Vertragsfreiheit, in: von Caemmerer, Ernst/Friesenhahn, Ernst/Lange, Richard (Hrsg.), Hundert Jahre Deutsches Rechtsleben, Festschrift zum hundertjährigen Bestehen des Deutschen

Juristentages, 1860–1960, Karlsruhe 1960, S. 101–134 (zitiert: *Raiser*, FS 100 Jahre DJT).

Reich, Norbert, Verbraucherpolitische Probleme bei der Anwendung des Gesetzes zur Regelung des Rechts der Allgemeinen Geschäftsbedingungen (AGBG). Zugleich eine Würdigung neu erschienener Erläuterungsliteratur, ZVP 1978, S. 236–247.

Reich, Norbert, Zur Theorie des Europäischen Verbraucherrechtes, ZEuP 1994, S. 381–407.

Reich, Norbert/Tonner, Klaus, AGB-Gesetz und Verbraucher-Kaufverträge, JA 1977, S. 145–150.

Reinecke, Gerhard, Kontrolle Allgemeiner Arbeitsbedingungen nach dem Schuldrechtsmodernisierungsgesetz, DB 2002, S. 583–588.

Reinecke, Gerhard, Vertragskontrolle im Arbeitsrecht, NZA Beil. 2000, S. 23–33.

Reinel, Peter, Die Verbandsklage nach dem AGBG: Voraussetzungen, Entscheidungswirkungen und dogmatische Einordnung, Köln 1979 (zitiert: *Reinel*, Die Verbandsklage).

Reinicke, Dietrich, Die Bedeutung der Schriftformklausel unter Kaufleuten. Eine Besprechung des BGH-Urteils VIII ZR 97/74 vom 2.6.1976, DB 1976, S. 2289–2291.

Reinking, Kurt, Beschränkung des Ausschlusses der Sachmängelhaftung durch einfache Beschaffenheitsvereinbarungen am Beispiel von Kilometerangaben, Anmerkung zu BGH, Urteil vom 29.11.2006 - VIII ZR 92/06, DAR 2007, S. 255–257.

Reinking, Kurt, Zur Reichweite des individuell vereinbarten Gewährleistungsausschlusses beim Autokauf, EWiR 2007, S. 361–362.

Research Group on the Existing EC Private Law (Acquis Group), Contract II: General provisions, delivery of goods, package travel and payment services: [including a revision of "contract I"], München 2009 (zitiert: *Bearbeiter* in: Contract II, Acquis-principles).

Richardi, Reinhard, Gestaltung der Arbeitsverträge durch AGB nach dem Schuldrechtsmodernisierungsgesetz, NZA 2002, S. 1057–1064.

Rittner, Franz, Die wirtschaftsrechtliche Ordnung der EG und das Privatrecht, JZ 1990, S. 838–846.

Röder, Daniel/Schimang, Tamay, „Aushandeln unmöglich - der BGH kreiert den Rechtsbegriff der „gewissen Verhandlungsbereitschaft", wodurch sogar Verhandlungsangebote bedeutungslos werden", BB 2016, S. 851.

Rolfs, Christian/Giesen, Richard/Kreikebohm, Ralf/Udsching, Peter, Beck'scher Online-Kommentar Arbeitsrecht, 51. Edition, München 2019 (zitiert: *Bearbeiter* in: BeckOK/ArbR).

Roloff, Sebastian, Vertragsänderungen und Schriftformklauseln, NZA 2004, S. 1191–1198.

Säcker, Franz-Jürgen/Rixecker, Roland/Oetker, Hartmut/Limperg, Bettina (Hrsg.), Münchner Kommentar zum Bürgerlichen Gesetzbuch, 8. Aufl., München 2019 (zitiert *Bearbeiter* in: MüKo/BGB).

Salamon, Erwin, Auswirkungen der AGB-Kontrolle auf die Sozialauswahl bei der betriebsbedingten Kündigung, RdA 2011, S. 266–270.

Schäfer, Christoph, Anerkannt, gut und bewährt – eine Analyse des Kampfs um das „Kleingedruckte", BB 2012, S. 1231–1234.

Schaub, Günter (Begr.), Arbeitsrechts-Handbuch, 17. Auflage, München 2017 (zitiert: *Bearbeiter* in: Schaub/Arbeitsrechts-Handbuch).

Schewiola, Sascha, Zur doppelten Schriftformklausel, EWiR 2008, S. 705–706.

Schindler, Benjamin, Die Kontrolle Allgemeiner Geschäftsbedingungen im Wettbewerbsrecht, Frankfurt am Main 2007 (zitiert: *Schindler,* Die Kontrolle Allgemeiner Geschäftsbedingungen).

Schinkels, Boris, Zur Abgrenzung von zulässiger Beschaffenheitsvereinbarung und Umgehung der Gewährleistung beim Verbrauchsgüterkauf, ZGS 2003, S. 310–316.

Schlechtriem, Peter/Schwenzer, Ingeborg H./Schroeter, Ulrich (Hrsg.), Kommentar zum Einheitlichen UN-Kaufrecht – Das Übereinkommen der Vereinten Nationen über Verträge über den internationalen Warenkauf – CISG, 7. Auflage, München 2019 (zitiert: *Bearbeiter* in: Schlechtriem/Schwenzer/Schroeter).

Schlosser, Peter/Coester-Waltjen, Dagmar/Graba, Hans-Ulrich, Kommentar zum Gesetz zur Regelung des Rechts der Allgemeinen Geschäftsbedingungen, Bielefeld 1977 (zitiert: *Bearbeiter* in: Schlosser/Coester-Waltjen/Graba).

Schmidt, Eike, Grundlagen und Grundzüge der Inzidentkontrolle allgemeiner Geschäftsbedingungen nach dem AGB-Gesetz, JuS 1987, S. 929–936.

Schmidt, Eike, AGB-Gesetz und Schuldvertragsrecht des BGB. Ranggleiches Nebeneinander oder modifizierter status quo ante?, ZIP 1987, S. 1505–1509.

Schmidt, Eike, Inhaltskontrolle von Schuldverträgen, DRiZ 1991, S. 81–88.

Schmidt, Harry, Vertragsfolgen der Nichteinbeziehung und Unwirksamkeit von Allgemeinen Geschäftsbedingungen, Heidelberg 1986 (zitiert: *Schmidt,* Vertragsfolgen der Nichteinbeziehung).

Schmidt, Hubert, Einbeziehung von AGB im unternehmerischen Geschäftsverkehr, NJW 2011, S. 3329–3334.

Schmidt, Karsten, Handelsrecht, 6. Auflage, Köln 2014.

Schmidt-Kessel, Martin, AGB im unternehmerischen Geschäftsverkehr: Marktmacht begrenzen – Überlegungen zur Neuausrichtung des Anwendungsbereichs der AGB-Kontrolle, AnwBl. 2012, S. 308–313.

Schmidt-Kessel, Martin, Ein einheitliches europäisches Kaufrecht? Eine Analyse des Vorschlags der Kommission, München 2012 (zitiert: *Bearbeiter* in: Schmidt-Kessel).

Schmidt-Rimpler, Walther, Grundfragen einer Erneuerung des Vertragsrechts, AcP 147 [1941], S. 130–197.

Schmidt-Rimpler, Walther, Zum Vertragsproblem, in: Baur, Fritz; Esser, Josef; Kübler, Friedrich; Steindorff, Ernst (Hrsg.), Festschrift für Ludwig Raiser zum 70. Geburtstag, Tübingen 1974, S. 3–26 (zitiert: *Schmidt-Rimpler*, FS Raiser).

Schmidt-Salzer, Joachim, Das Recht der Allgemeinen Geschäfts- und Versicherungsbedingungen, Berlin 1967 (zitiert: *Schmidt-Salzer*, Allgemeine Geschäfts- und Versicherungsbedingungen).

Schmidt-Salzer, Joachim, Anmerkung zu BGH, Urteil vom 29.5.1968 – VIII ZR 77/66, NJW 1968, S. 1622–1625.

Schmidt-Salzer, Joachim, Allgemeine Geschäftsbedingungen, 2. Auflage, München 1977.

Schmidt-Salzer, Joachim, Das Gesetz zur Regelung des Rechts der Allgemeinen Geschäftsbedingungen, NJW 1977, S. 129–141.

Schmidt-Salzer, Joachim, Das textliche Zusatz-Instrumentarium des AGB-Gesetzes gegenüber der EG-Richtlinie über missbräuchliche Klauseln in Verbraucherverträgen, NJW 1995, S. 1641–1645.

Schmidt-Salzer, Joachim, Recht der AGB und der mißbräuchlichen Klauseln – Grundfragen, JZ 1995, S. 223–231.

Schmidt-Salzer, Joachim, Transformation der EG-Richtlinie über mißbräuchliche Klauseln in Verbraucherverträgen in deutsches Recht und AGB-Gesetz, BB 1995, S. 733–740.

Schmitt-Rolfes, Günter, Aus für Schriftformklauseln?, AuA 2008, S. 583.

Schneehain, Alexander, Anmerkung zu BGH, Beschluss vom 25.01.2017 (XII ZR 69/16) – Zur Wirksamkeit doppelter Schriftformheilungsklauseln in Formularverträgen, MietRB 2017, S. 96–98.

Schramm, Nils/Kröpelin, Andrea, Neue Anforderungen an die arbeitsvertragliche Gestaltung von Schriftformklauseln – zugleich Besprechung von BAG vom 20.5.2008 – 9 AZR 382/07, DB 2008, S. 2362–2365.

Schroeder, Dirk, Die Einbeziehung Allgemeiner Geschäftsbedingungen nach dem AGB-Gesetz und die Rechtsgeschäftslehre, Berlin 1983 (zitiert: *Schroeder*, Die Einbeziehung Allgemeiner Geschäftsbedingungen).

Schrübbers, Michael, Rechtsprobleme der Beseitigung betrieblicher Übungen, Köln 1976.

Schulte-Nölke, Hans, Anforderungen an haftungseinschränkende Beschaffenheitsvereinbarungen beim Verbrauchsgüterkauf, ZGS 2003, S. 184–188.

Schultheiß, Jörg, Allgemeine Geschäftsbedingungen im UN-Kaufrecht: eine vergleichende Analyse des Einheitsrechts mit dem Recht Deutschlands, Österreichs, der Schweiz, Frankreichs und der USA, Frankfurt am Main; Berlin; Bern; Wien [u.a.] 2004 (zitiert: *Schultheiß*, Allgemeine Geschäftsbedingungen im UN-Kaufrecht).

Schulze, Reiner/Dörner, Heinrich/Ebert, Ina (Hrsg.), Bürgerliches Gesetzbuch, Handkommentar, 9. Auflage, Baden-Baden 2017 (zitiert: *Bearbeiter* in: HK/BGB).

Schütt, Philipp, Die Vertragskontrolle von Ausgleichsquittungen, Frankfurt am Main 2008.

Schwab, Martin, AGB-Recht, Tipps und Taktik, Heidelberg, Berlin, Landsberg, 3. Auflage, München 2019 (zitiert: *Schwab*, AGB-Recht).

Schweitzer, Philipp, Anmerkung zu BGH, Beschluss vom 25.1.2017 - XII ZR 69/16. Zum Vorrang der Individualvereinbarung gegenüber einer doppelten Schriftformklausel, NZM 2017, S. 191.

Schwenzer, Ingeborg/Hachem, Pascal/Kee, Christopher,Global Sales and Contract Law, Oxford 2012.

Schwerdtfeger, Jörg, Änderungen des AGB-Gesetzes durch Umsetzung der Verbrauchsvertragsrichtlinie, DStR 1997, S. 499–503.

Seiter, Hugo, Die Betriebsübung, Düsseldorf 1967.

Singer, Reinhard/Schreiber, Alexander, Wirksamkeit mündlicher Vereinbarungen bei Formklausel im BGB, BGH vom 21.9.2005 - XII ZR 312/02, LMK 2006, 178298.

Sirena, Pietro, Die Rolle wissenschaftlicher Entwürfe im europäischen Privatrecht, ZEuP 2018, S. 838–861.

Soergel, Hans Theodor, Kommentar zum Bürgerlichen Gesetzbuch, Band 1, Allgemeiner Teil, §§ 1–240 BGB, 12. Auflage, Stuttgart, Berlin, Köln, Mainz 1987 (zitiert: *Bearbeiter* in: Soergel/BGB AT).

Soergel, Hans Theodor, Kommentar zum Bürgerlichen Gesetzbuch, Band 3, Schuldrecht II, §§ 433–515 BGB, 12. Auflage, Stuttgart, Berlin, Köln, Mainz 1991 (zitiert: *Bearbeiter* in: Soergel/BGB).

Spindler, Gerald/Schuster, Fabian, Recht der elektronischen Medien, 4. Auflage, München 2019 (zitiert: *Bearbeiter* in: Spindler/Schuster).

Spruß, Christian, Die Einbeziehung Allgemeiner Geschäftsbedingungen im deutschen Recht unter besonderer Berücksichtigung des europäischen und des UN-Kaufrechts, Frankfurt am Main; Berlin; Bern; Wien [u.a.] 2010 (zitiert: *Spruß*, Die Einbeziehung Allgemeiner Geschäftsbedingungen).

Staudinger, Julius von (Begr.), Kommentar zum Bürgerlichen Gesetzbuch mit Einführungsgesetz und Nebengesetzen, Eckpfeiler des Zivilrechts, Neubearbeitung 2018, Berlin 2018 (zitiert: *Bearbeiter* in: Staudinger/Eckpfeiler).

Staudinger, Julius von (Begr.),Kommentar zum Bürgerlichen Gesetzbuch mit Einführungsgesetz und Nebengesetzen, Buch 2: Recht der Schuldverhältnisse, Einleitung zum Schuldrecht, §§ 241–243 (Treu und Glauben), Neubearbeitung 2015, Berlin (zitiert: *Bearbeiter* in: Staudinger/BGB, 2015).

Staudinger, Julius von (Begr.), Kommentar zum Bürgerlichen Gesetzbuch mit Einführungsgesetz und Nebengesetzen, Buch 2: Recht der Schuldverhältnisse, §§ 305–310; UKlaG, Recht der Allgemeinen Geschäftsbedingungen, Neubearbeitung 2013, Berlin (zitiert: *Bearbeiter* in: Staudinger/BGB, 2013).

Staudinger, Julius von (Begr.), Kommentar zum Bürgerlichen Gesetzbuch mit Einführungsgesetz und Nebengesetzen, Buch 2: Recht der Schuldverhältnisse, §§ 305–310; UKlaG, Recht der Allgemeinen Geschäftsbedingungen, Neubearbeitung 2019, Berlin (zitiert: *Bearbeiter* in: Staudinger/BGB, 2019).

Stein, Axel, Gesetz zur Regelung des Rechts der Allgemeinen Geschäftsbedingungen, Stuttgart, Berlin, Köln, Mainz 1977 (zitiert: *A. Stein*, AGB-Gesetz).

Stoffels, Markus, AGB-Recht, 3. Auflage, München 2015.

Stöhr, Alexander, Kleine Unternehmen, Tübingen 2019.

Stölting, Carsten, Beschaffenheitsvereinbarung in Allgemeinen Geschäftsbedingungen, ZGS 2003, S. 462–466.

Sutschet, Holger, Doppelte Schriftformklausel – AGB-Kontrolle, RdA 2009, S. 386–391.

Taupitz, Jochen/Wille, Sophia, Die Entwicklung des BGB unter europäischem Einfluss, JA 2005, S. 383–390.

Tengelmann, Curt, Widerstreit der Einkaufs- und Verkaufsbedingungen, DB 1968, S. 205–209.

Teske, Wolfgang, Schriftformklauseln in Allgemeinen Geschäftsbedingungen, Köln 1990.

Tettinger, Peter W., Nichts Halbes und nichts Ganzes? Der Kommissionsvorschlag einer europäischen Richtlinie über Rechte der Verbraucher, ZGS 2009, S. 106–108.

Thamm, Manfred/Pilger, Gerhard, Taschenkommentar zum AGB-Gesetz, Heidelberg 1998 (zitiert: *Thamm/Pilger*, Taschenkommentar zum AGBG).

Thüsing, Gregor/Steinau-Steinrück, Robert von/Heise, Dietmar, (Hrsg.), BGB, Kommentar, Personaloffice Professional (EDV Datenbank), Freiburg im Breisgau 2008 (zitiert: *Bearbeiter* in: Thüsing/Steinau-Steinrück/Heise).

Tiedtke, Klaus, Die Bedeutung des Verzichts auf die Geltendmachung mündlicher Vertragsänderungen, MDR 1976, S. 367–368.

Tiedtke, Klaus, Zur Rechtsprechung des BGH auf dem Gebiet des Kaufrechts – Teil 2, JZ 2008, S. 452–462.

Trinkner, Reinhold, Vorrang der Individualabreden bei Verwendung Allgemeiner Geschäftsbedingungen; in: Liber amicorum Ernst J. Cohn: Festschrift für Ernst J. Cohn zum 70. Geburtstag, Heidelberg 1975, S. 191–195 (zitiert: *Trinkner*, FS Cohn).

Trinkner, Reinhold, Zur Abgrenzung allgemeiner Geschäftsbedingungen von Individualvereinbarungen, BB 1977, S. 717–718.

Ulmer, Peter, Sondertagung Schuldrechtsmodernisierung. Das AGB-Gesetz – ein eigenständiges Kodifikationswerk, JZ 2001, S. 491–497.

Ulmer, Peter, Zur Anpassung des AGB-Gesetzes an die EG-Richtlinie über mißbräuchliche Klauseln, EuZW 1993, S. 337–347.

Ulmer, Peter, Die Lando-Principles und das AGB-Recht, in: Keller, Erhard/Plassmann, Clemens/Falck, Andreas (Hrsg.), Festschrift für Winfried Tilmann zum 65. Geburtstag, Köln, Berlin, Bonn, München 2003, S. 1001–1015 (zitiert: *Ulmer*, FS Tilmann).

Ulmer, Peter/Brandner, Hans Erich/Hensen, Horst-Diether, AGB-Recht, Kommentar zum Gesetz zur Regelung des Rechts der Allgemeinen Geschäftsbedingungen, 11. Auflage, Köln 2011 (zitiert: *Bearbeite*r in: Ulmer/Brandner/Hensen, 11. Aufl. 2011).

Ulmer, Peter/Brandner, Hans Erich/Hensen, Horst-Diether, AGB-Recht, Kommentar zum Gesetz zur Regelung des Rechts der Allgemeinen Geschäftsbedingungen, 12. Auflage, Köln 2016 (zitiert: *Bearbeite*r in: Ulmer/Brandner/Hensen).

Ulrici, Bernhard, Betriebliche Übung und AGB-Kontrolle, BB 2005, S. 1902–1905.

Wackerbarth, Ulrich, Unternehmer, Verbraucher und die Rechtfertigung der Inhaltskontrolle vorformulierter Verträge, AcP 200 [2000], S. 45–90.

Wagner, Eric/Wagner, Simon, Abschied von der Schriftform: Zum Änderungsbedarf bei AGB für B2C-Geschäfte nach der jüngsten Änderung des AGB-Rechts, BB 2017, S. 707–710.

Walker, Wolf-Dietrich, Die betriebliche Übung, JuS 2007, S. 1–10.

Waltermann, Raimund, Die betriebliche Übung, RdA 2006, S. 257–269.

Weick, Günter, Schuldrechtsreform, Transparenz und Gesetzgebungstechnik, JZ 2002, S. 442–445.

Weigel, Michael, Schriftformklauseln in Allgemeinen Geschäftsbedingungen, Frankfurt am Main, Bern, New York, Paris 1989 (zitiert: *Weigel*, Schriftformklauseln).

Weischer, Jan-Willem, Das Grundrecht der Vertragsfreiheit und die Inhaltskontrolle von Absatzmittlungsverträgen: Zum Maßstab der AGB-Inhaltskontrolle des Bundesgerichtshofes, Berlin 2013 (zitiert: *Weischer*, Das Grundrecht der Vertragsfreiheit und die Inhaltskontrolle von Absatzmittlungsverträgen).

Wenning, Joachim, Betriebliche Übung und Betriebsvereinbarung, Tübingen 2019.

Westermann, Harm Peter, Sondertagung Schuldrechtsmodernisierung. Das neue Kaufrecht einschließlich des Verbrauchsgüterkaufs, JZ 2001, S. 530–542.

Westphalen, Friedrich Graf von, Zur Abgrenzung von AGB-Verträgen von Individualvereinbarungen, BB 1976, S. 1288–1289.

Westphalen, Friedrich Graf von, Eigentumsvorbehaltsklauseln unter dem Blickwinkel des AGB-Gesetzes, DB 1977, S. 1685–1688.

Westphalen, Friedrich Graf von, Schattenseiten des Verbraucherschutzes, DB 1981, S. 61–67.

Westphalen, Friedrich Graf von, Die Novelle zum AGB-Gesetz, BB 1996, S. 2101–2106.

Westphalen, Friedrich Graf von, Nach der Schuldrechtsreform: Neue Grenzen für Haftungsfreizeichnungs- und Haftungsbegrenzungsklauseln, BB 2002, S. 209–213.

Westphalen, Friedrich Graf von, AGB-Recht ins BGB – Eine erste „Bestandsaufnahme“, NJW 2002, S. 12–25.

Westphalen, Friedrich Graf von, Vertragliche Risikobegrenzung – Fehlanzeige?, ZGS 2003, S. 107–113.

Westphalen, Friedrich Graf von, AGB-Recht im Jahr 2005, NJW 2006, S. 2228–2235.

Westphalen, Friedrich Graf von, 30 Jahre AGB-Recht – Eine Erfolgsbilanz, ZIP 2007, S. 149–158.

Westphalen, Friedrich Graf von, Stellen vs Aushandeln von AGB-Klauseln im unternehmerischen Geschäftsverkehr – der BGH weist die Lösung, ZIP 2010, S. 1110–1115.

Westphalen, Friedrich Graf von, Wider die angebliche Unattraktivität des AGB-Rechts, BB 2010, S. 195–202.

Westphalen, Friedrich Graf von, Schwellenwert und Neuregelung einer vertraglichen Haftungsbegrenzung – ist das der „Königsweg" einer Reform des AGB-Rechts?, ZIP 2015, S. 1316–1326.

Westphalen, Friedrich Graf von, Trennlinie zwischen AGB-Klauseln im Verbraucherrecht und im unternehmerischen Bereich, BB 2017, S. 2051–2058.

Westphalen, Friedrich Graf von,AGB-Recht im ersten Halbjahr 2017, NJW 2018, S. 205–208.

Westphalen, Friedrich Graf von/Thüsing, Gregor, Vertragsrecht und AGB-Klauselwerke, 41. Auflage, Stand: 42. Ergänzungslieferung, München 2019 (zitiert: *Bearbeiter* in: Westphalen, AGB-Klauselwerke).

Wieacker, Franz, Zur rechtstheoretischen Präzisierung des § 242 BGB, Tübingen 1956.

Willemsen, Heinz Joseph, Schutz des Verbrauchers vor Aufrechterhaltung unwirksamer AGB-Klauseln als „Individualvereinbarungen", NJW 1982, S. 1121–1126.

Witz, Wolfgang/Salger, Hanns-Christian/Lorenz, Manuel, International Einheitliches Kaufrecht, 2. Auflage, Frankfurt am Main 2016 (zitiert: *Bearbeiter* in: Witz/Salger/Lorenz).

Wolf, Manfred, Rechtsgeschäftliche Entscheidungsfreiheit und vertraglicher Interessenausgleich, Tübingen 1970 (zitiert: *Wolf*, Rechtsgeschäftliche Entscheidungsfreiheit).

Wolf, Manfred, Individualvereinbarung im Recht der Allgemeinen Geschäftsbedingungen, NJW 1977, S. 1937–1943.

Wolf, Manfred, Normsetzung durch private Institutionen, JZ 1973, S. 229–232.

Wolf, Manfred, Preisanpassungsklauseln in Allgemeinen Geschäftsbedingungen unter Kaufleuten, ZIP 1987, S. 341–342.

Wolf, Manfred, Inhaltskontrolle von Arbeitsverträgen. Am Beispiel der Befristung einzelner Arbeitsbedingungen, RdA 1988, S. 270–276.

Wolf, Manfred, Vertragsfreiheit und Vertragsrecht im Lichte der AGB-Rechtsprechung des Bundesgerichtshofs, in: Canaris, Claus Wilhelm/Heldrich, Andreas/Schmidt, Karsten/Roxin, Claus/Widmaier, Gunter (Hrsg.), 50 Jahre Bundesgerichtshof, München 2000, S. 111–127 (zitiert: *Wolf*, 50 Jahre Bundesgerichtshof).

Wolf, Manfred/Lindacher, Walter F./Pfeiffer, Thomas, AGB-Recht, Kommentar, 6. Auflage, München 2013 (zitiert: *Bearbeiter* in: Wolf/Lindacher/Pfeiffer).

Wolf, Manfred/Neuner, Jörg, Allgemeiner Teil des Bürgerlichen Gesetzbuchs, 11. Auflage, München 2016.

Wolf, Manfred/Pfeiffer, Thomas, Der richtige Standort des AGB-Rechts innerhalb des BGB, ZRP 2001, S. 303–306

Zander, Talbot, Kostenfallen im Internet. Schutzmechanismen des Verbraucherrechts auf dem Prüfstand, Wiesbaden 2014 (zitiert: *Zander*, Kostenfallen im Internet).

Zoller, Edgar, Dogmatik, Anwendungsprobleme und die ungewisse Zukunft des Vorrangs individueller Vertragsvereinbarungen vor Allgemeinen Geschäftsbedingungen (§ 4 AGBG), JZ 1991, S. 850–855.

Zöllner, Wolfgang, Privatautonomie und Arbeitsverhältnis, AcP 176 [1976], S. 221–246.

Zöllner, Wolfgang, Immanente Grenzen arbeitsvertraglicher Regelungen, RdA 1989, S. 152–162.

Zöllner, Wolfgang, Regelungsspielräume im Schuldvertragsrecht. Bemerkungen zur Grundrechtsanwendung im Privatrecht und zu den sogenannten Ungleichgewichtslagen, AcP 196 [1996], S. 1–36.

Zöllner, Wolfgang, Kontrahierungszwang und Vertragsfreiheit – Negation oder Immanenz?, in: Koziol, Helmut/Rummel, Peter (Hrsg.), Im Dienste der Gerechtigkeit, Festschrift für Franz Bydlinski, Wien, New York 2002, S. 517–531 (zitiert: *Zöllner*, FS Bydlinski).

www.ingramcontent.com/pod-product-compliance
Ingram Content Group UK Ltd.
Pitfield, Milton Keynes, MK11 3LW, UK
UKHW021839290926
8980IPUK00005B/549

9 783631 849125